Standardsoftware
versus Individualsoftware

Europäische Hochschulschriften

Publications Universitaires Européennes
European University Studies

Reihe V
Volks- und Betriebswirtschaft

Série V Series V
Sciences économiques, gestion d'entreprise
Economics and Management

Bd./Vol. 2667

PETER LANG
Frankfurt am Main · Berlin · Bern · Bruxelles · New York · Oxford · Wien

Heike Wellmeyer

Standardsoftware versus Individualsoftware

Datenermittlungsverfahren als Anwendungsvoraussetzung für vergleichende Investitionsrechnungen

Mit einem Geleitwort von Raimund Schirmeister

PETER LANG
Europäischer Verlag der Wissenschaften

Die Deutsche Bibliothek - CIP-Einheitsaufnahme

Wellmeyer, Heike:

Standardsoftware versus Individualsoftware : Datenermittlungsverfahren als Anwendungsvoraussetzung für vergleichende Investitionsrechnungen ; mit einem Geleitwort von Raimund Schirmeister / Heike Wellmeyer. - Frankfurt am Main ; Berlin ; Bern ; Bruxelles ; New York ; Oxford ; Wien : Lang, 2000

(Europäische Hochschulschriften : Reihe 5, Volks- und Betriebswirtschaft ; Bd. 2667)
Zugl: Düsseldorf, Univ., Diss., 2000
ISBN 3-631-37032-6

D 61
ISSN 0531-7339
ISBN 3-631-37032-6

für Sylvia
und Stephan

GELEITWORT

Der Markt für Softwareprodukte gehört seit vielen Jahren zu den kontinuierlich wachsenden – und diese Entwicklung wird voraussichtlich noch längerfristig anhalten. Aus einzelwirtschaftlicher Sicht ist die Beschaffung dieser Software eine *Investitionsentscheidung*, insbesondere dann, wenn die Ausgaben hoch sind, die internen, etwa organisatorischen Anpassungserfordernisse einschneidend greifen und die externen Wettbewerbsvorteile nachhaltig wirken (sollen). Dennoch wird die Entscheidung für oder gegen Software kaum mit den Instrumenten analysiert und fundiert, die ansonsten in der Betriebswirtschaftslehre bzw. betrieblichen Praxis bei Investitionen empfohlen werden. Dieser Aufgabe stellt sich Frau Heike Wellmeyer in der vorliegenden Untersuchung, indem sie Voraussetzungen und Eignung von *Investitionsrechnungen* dahingehend überprüft, ob sie die Softwareentscheidung adäquat zu strukturieren, mithin betriebswirtschaftlich zu unterstützen vermögen. Hierbei ist die (idealtypische) Trennung in *Standard-* und *Individualsoftware* insofern fruchtbar, als deren stark unterschiedliche Merkmale und Bedingungen zu divergenten Prozessen bei ihrer Entwicklung resp. Implementierung und ihrer Wartung führen, somit die Vorteilhaftigkeit der Entscheidung wesentlich beeinflußt. Der Grund für die generelle Zurückhaltung bei der Bewertung dieser (Un-)Vorteilhaftigkeit mit Hilfe von Investitionsrechnungen ist in der fehlenden Datenbasis zu suchen: Im Vergleich zu kostenrechnerischen Ansätzen oder gar zu Scoring-Modellen sind die *Datenanforderungen* einer Investitionsrechnung erheblich umfangreicher und vor allem bestimmter. Denn zum einen werden quantitative Eingangsinformationen in Form von künftig erwarteten Einnahmen und Ausgaben erfragt, die zum anderen noch termingenau erfaßt werden müssen. Die Grundthese dieser Arbeit behauptet nun die prinzipielle Bewältigung dieser Aufgabe, da sich charakteristische Zahlungsstrukturen sowohl für Standard- als auch für Individualsoftware herausarbeiten lassen, aus denen situativ die benötigten Zahlungen betragsmäßig und zeitgerecht abgeleitet werden können. Mit dem *Vermögens-*

endwert nach Steuern wird dabei der allgemeinste finanzmathematische Modellansatz präferiert, da nur dieser die Anwendungsvoraussetzungen zur Software-Bewertung tatsächlich erfüllt: Im Unterschied beispielsweise zum Kapitalwert ist es beim Vermögensendwert bekanntlich möglich, verschiedenartigen Finanzierungsnotwendigkeiten zu genügen. Genau diese finden sich aber bei den beiden Softwaretypen, da sich deren Zahlungsstrukturen – etwa Wartungs- und Lizenzgebühren bei fremdbezogener, Personalausgaben bei selbsterstellter Stoftware – markant voneinander abheben. Da zudem eine differenzierte steuerliche Behandlung zu berücksichtigen ist, bietet sich allein der Vermögensendwert als angemessen an. Das sich damit natürlich verschärfende Problem der Datengewinnung für diese umfassendere Modellrechnung ist Gegenstand dieser Arbeit. Während nun die Ausgabenströme, die sich auf die benötigte Personalkapazität fokussieren lassen, kostenrechnerische Überlegungen bedingen, sind die mit der Softwareinvestition zu generierenden künftigen Einnahmen Ergebnis von Kunden- und Konkurrenzverhalten, spiegeln sich folglich in Wettbewerbsprozessen wieder. Aufbauend auf Erkenntnissen der Wirtschaftsinformatik wie auf Erfahrungen der Informationstechnik wird demnach eine ureigenste betriebswirtschaftliche Fragestellung, nämlich die des „Make or Buy", in einer gleichermaßen theoretisch komplexen wie praktisch bedeutsamen Ausprägung aufgegriffen und diskutiert, der eine nachhaltige Beachtung zu wünschen ist.

Düsseldorf, im Juni 2000 Univ.-Prof. Dr. Raimund Schirmeister

VORWORT

Die vorliegende Arbeit wurde im Mai 2000 von der Wirtschaftswissenschaftlichen Fakultät der Heinrich-Heine-Universität Düsseldorf als Dissertation angenommen. An dieser Stelle möchte ich mich bei allen Bedanken, die mein Vorhaben unterstützt und somit zum Gelingen der Arbeit beigetragen haben.

Besonderer Dank gebührt meinem akademischen Lehrer, Herrn Prof. Dr. Raimund Schirmeister, der mein Interesse an betriebswirtschaftlichen Fragestellungen weckte, und mich durch konstruktive Kritik und Diskussionsbereitschaft stets unterstützt hat. Weiterhin gilt mein Dank Herrn Prof. Dr. Horst Degen für die Erstellung des Zweitgutachtens sowie Herrn Prof. Dr. Klaus-Peter Franz für die Übernahme des Vorsitzes der Prüfungskommission.

Darüber hinaus möchte ich mich bei meinen Vorgesetzten im Landesamt für Datenverarbeitung und Statistik NRW bedanken, die mir durch eine flexible Arbeits(teil)zeitgestaltung ermöglichten, Promotionsvorhaben und Beruf zu vereinbaren. Für das entgegengebrachte Verständnis danke ich insbesondere meinem früheren Vorgesetzten Herrn Dipl.-Ing. Werner Storchmann.

Herzlich bedanken möchte ich mich ferner bei allen Freundinnen, Freunden, Kolleginnen und Kollegen, die mich auf meinem Weg begleitet und dabei auf vielfältige Weise fachlich und moralisch unterstützt haben. Besonders erwähnt seien Frau Dr. rer. pol. Armgard Wippler, Herr Dr. rer. pol. Manfred Jäger, meine Schwester Frau Dr. med. Sylvia Wellmeyer und mein Lebensgefährte Herr Dipl.-Kfm. Stephan Weitzel.

Auch den vielen Helfern, die sich in den verschiedenen Entstehungsphasen meiner Arbeit Zeit zum Korrekturlesen genommen und wertvolle Vorschläge gemacht haben, bin ich dankbar. Dies sind Frau Regina Wippler (M.A.), Herr Dr. rer. nat. Holger Naundorf, Frau Helga Naundorf, Herr Dipl.-Ing. Rolf Büttinghaus und meine Mutter.

Meerbusch, im Mai 2000 Heike Wellmeyer

INHALTSVERZEICHNIS

ABKÜRZUNGSVERZEICHNIS

Abs.	Absatz
Abschn.	Abschnitt
BFH	Bundesfinanzhof
BFuP	Betriebswirtschaftliche Forschung und Praxis
BIOFA	Betriebswirtschaftliches Institut für Organisation und Automatisierung
BStBl	Bundessteuerblatt
bzw.	beziehungsweise
CAD	Computer Aided Design
CAPSIM	Computer am Arbeitsplatz-Simulation
CIM	Computer Integrated Manufacturing
d.h.	das heißt
DBW	Die Betriebswirtschaft
DM	Deutsche Mark
DStR	Deutsches Steuerrecht
DV	Datenverarbeitung
EDV	elektronische Datenverarbeitung
EStG	Einkommenssteuergesetz
EStR	Einkommenssteuerrichtlinie
e.V.	eingetragener Verein
f.	folgende
FAOR	Functional Analysis of Office Requirements
ff.	fortfolgende
ggf.	gegebenenfalls
GI	Gesellschaft für Informatik
GPSS	General Purpose Simulation System
HMD	Handbuch der modernen Datenverarbeitung
Hrsg.	Herausgeber
i.d.R.	in der Regel
i.e.S.	im engeren Sinn
IT	Informationstechnik
KRP	Kostenrechnungspraxis
LBG	Lieferbereitschaftsgrad
m.a.W.	mit anderen Worten
Mio.	Million
o.V.	ohne Verfasser
ODBC	Open Database Connectivity
PC	Personal Computer
PM	Personenmonate
PT	Personentage
q.e.d.	quod erat demonstandum
S.	Seite
SQL	Structured Query Language

TDM	Tausend Deutsche Mark
TSTS	Time-Saveing-Time-Salary
u.a.	und andere
Univ.-Diss.	Universitäts-Dissertation
usw.	und so weiter
vgl.	vergleiche
WAN	Wide Area Network
WI	Wirtschaftsinformatik
WiSt	Wirtschaftswissenschaftliches Studium
WISU	Das Wirtschaftsstudium
z.B.	zum Beispiel
ZfB	Zeitschrift für Betriebswirtschaft
ZfbF	Schmalenbachs Zeitschrift für betriebswirtschaftliche Forschung

SYMBOLVERZEICHNIS

1. Basissymbole

A	investierendes Unternehmen
A	Ausgaben
a	Umfang der Käuferschicht von A
AB	Abschreibungen
aw	Anzahl der Anpassungs-Wartungsprozesse
B	Konkurrent
b	direkte Preiswirkung A
$\underline{b}$	latente Nachfrage A
c	indirekte Preiswirkung A
C	Konstante
d	Umfang der Käuferschicht von B
D	Konstante
DB	Differenz aus Einnahmen und Ausgaben
E	Einnahmen
e	direkte Preiswirkung B
$\underline{e}$	latente Nachfrage B
EK	Eigenkapitalanteil
f	indirekte Preiswirkung B
F	Konstante
FK	Fremdkapitalanteil
g	Steuersatz
g	Kostenfunktion von B
G	Konstante
$grad$	Gradient
GSA	Gehalts- und Sachausgaben
H	Wiederanlagebetrag
h	Habenzinsfuß
HP	Hauptprozeß
k	Kostenfunktion von A
K	Kreditaufnahme
kef	kritischer Erfolgsfaktor
KST	Kostenstellenkosten
kw	Anzahl der Korrektiv-Wartungsprozesse
l	Anzahl beteiligter Unternehmen
ln	Logarithmus
$\underline{M}$	Menge
M	monatlicher (Personal-)Ressourcenbedarf
m	Anzahl angebotener Produkte
MA	Marktanteil
max	Maximum

n	Planungshorizont
$\mathbb{N}$	Menge der natürlichen Zahlen
o	Anzahl kritischer Erfolgsfaktoren
P	Absatzpreis
PAS	Personalausgabensatz
PKS	Prozeßkostensatz
$PMenge$	Prozeßmenge
S	Schuldenbestand
s	Sollzinsfuß
T	Tilgung(santeil)
TP	Teilprozeß
V	Vermögens(end)wert
v	Verpflichtungen aus Verträgen
w	Element
x	Absatzmenge
y	Element
z	Element
ZHP	Zeitaufwand Hauptprozeß
ZTP	Zeitaufwand Teilprozeß
$\forall$	Allquantor
$\exists$	Existenzquantor
$\sum$	Summe
β	nicht negative Konstante
Δ	Abstand
δ	nicht negative Konstante
ε	Preiselastizität
η	Mengenverhältnis der Teilprozesse im Hauptprozeß
θ	relativer Zeitaufwand der Teilprozesse
κ	Gewicht
λ	Funktion
φ	Metrik

2. Indizes

A	investierendes Unternehmen
alt	Wert vor der Investition
B	Konkurrent
EK	Eigenkapital
f	fixer Anteil
FK	Fremdkapital
HP	Hauptprozeß
i	Objektindex
In	Individualsoftware
j	Zeitindex
k	Objektindex

max	Maximum der betroffenen Variable
min	Minimum der betroffenen Variable
neu	Wert nach der Investition
St	Steuern
Sta	Standardsoftware
t	Zeitindex, absolute Position im Zeithorizont
t_0	fixierter Zeitpunkt
t_1	fixierter Zeitpunkt
t_2	fixierter Zeitpunkt
TP	Teilprozeß
v	variabler Anteil
Δ	Funktionswert bei Verminderung der unabhängigen Variable um den Abstand Δ

ABBILDUNGSVERZEICHNIS

TABELLENVERZEICHNIS

1 Grundlegung

1.1 Problemstellung und Gang der Untersuchung

Informationen besitzen einen hohen Wert für Unternehmen, da sie den gesamten Prozeß der Beschaffung, Erstellung und des Vertriebs von Gütern und Dienstleistungen begleiten: So besteht jede Beschaffung neben dem eigentlichen „Tauschgeschäft" aus Informationsprozessen, die die Zusammenarbeit zwischen den Unternehmen vorbereiten, durchführen und abrechnen helfen. In der Produktion werden Informationen verwendet, um die Produktionsfaktoren im Hinblick auf das Unternehmensziel optimal zu kombinieren. Schließlich basiert das gesamte Beziehungsgeflecht zum Absatzmarkt, angefangen beim Eruieren von Bedürfnissen über die konkrete Abwicklung des Kaufgeschäfts bis hin zu Servicefunktionen, auf Informationsprozessen.[1] Angesichts dieser hohen Bedeutung ist ihre aktive Gestaltung notwendige Voraussetzung für die Erreichung der Unternehmensziele.

Zur Handhabung von Informationsprozessen wird *Software* eingesetzt, die als *vollständige Anweisung an eine Datenverarbeitungsanlage zur Lösung einer branchen- oder funktionsbezogenen Aufgabenstellung* definiert werden kann.[2] Während Software früher überwiegend Rationalisierungszwecken diente, eröffnet der rasche Fortschritt der Informationstechnik (IT) heute neue Gestaltungsmöglichkeiten, die es erlauben, ganze Unternehmensprozesse bezüglich Zeit, Qualität und Produktivität zu verbessern. Als Konsequenz hieraus entstehen Potentiale für Wettbewerbsvorteile, die sich in höheren Einnahmen niederschlagen sollen. Dem stehen bereits vor dem Zeitpunkt, an dem ein Echtbetrieb nach Durchführung aller Tests erstmalig erfolgt (= Produktionszeitpunkt/Produktionsbeginn[3]), umfangreiche Ausgaben für die Beschaffung, Implemen-

---

[1] Vgl. Zangl [1990], S. 94f. Da jede Tätigkeit im Unternehmen Informationen erfordert und auch hervorbringt, werden letztere neben Arbeit, Betriebsmitteln und Werkstoffen heute als vierter Produktionsfaktor bezeichnet (vgl. ebenda, S. 95).

[2] Vgl. Mertens/Hartinger/Dittrich [1991], S.11.

[3] Zum Begriff vgl. Heinrich [1996b], S. 23.

tierung oder Entwicklung gegenüber. Und auch danach fließen finanzielle Mittel für Wartung und Betrieb ab. Gesamtwirtschaftlich schlägt sich dieser Sachverhalt in einem Markt für Software- und Computer-Dienstleistungen nieder, der seit seinem Entstehen ständig expandiert und vermutlich noch weiter wächst. 1998 wies er in Deutschland ein Volumen von 49,2 Milliarden Deutsche Mark auf.[4] Jeder Entscheidung für Software liegt folglich ein *(strategisches) Investitionsproblem* zugrunde, bei dem das Unternehmen die anfallenden Ausgaben mit Einnahmen aus Wettbewerbsvorteilen abwägen muß.

Mangels Alternativen wurde Software zunächst als sogenannte *Individualsoftware, d.h. unternehmensspezifisch zur Erfüllung ganz bestimmter Aufgaben*[5] erstellt, welche sich jedoch durch beträchtliche Ausgaben auszeichnete. Zur Verminderung dieses Nachteils erfolgten verschiedene Bemühungen, die sich in zwei Richtungen bewegten: Einerseits wurden komfortable Programmiersprachen, Vorgehensmodelle sowie Entwicklungs- und Wartungsmethoden zur Senkung der Ausgaben für Individualsoftware erarbeitet. Andererseits schien es vorteilhaft, eine einmal existierende Software in mehreren Unternehmen einzusetzen und so die Entwicklungsausgaben aufzuteilen. Die Verschiedenartigkeit der dort praktizierten Aufgabenerledigung stand einer unmittelbaren Übertragung von Individualsoftware jedoch entgegen. Daher begannen einige Anbieter, Software *unabhängig von dem konkreten Einsatz in einem Unternehmen für einen breiten Benutzerkreis* zu realisieren. Die so entstandene *Standardsoftware*[6] zeichnet sich durch Instrumente aus, die schnelle und mit geringen Ausgaben verbundene Anpassungen an die Anforderungen des Käufers versprechen. In dieser Modifikationserfordernis und ihren Grenzen liegt ein wesentlicher Unterschied zur Individualsoftware. Als Konsequenz beider Entwicklungen muß heute im Rahmen einer Software-Investition zwischen zwei Typen gewählt werden.

---

[4] Gegenüber dem Vorjahr handelt es sich um eine Steigerung von 8,5% (vgl. Kröger [1999], S. 5f.).

[5] Zum Begriff vgl. z.B. Ott [1991], S. 1; Hansen [1996], S. 172.

[6] Zum Begriff vgl. z.B. Pietsch [1994], S. 4; Mertens/Hartinger/Dittrich [1991], S. 11; Hansen [1996], S. 172.

Obgleich Unternehmen ihre Aufgabenabwicklung zumeist durch Software unterstützen, erfordern technische, organisatorische und marktbedingte Anlässe, über einen Ersatz nachzudenken und damit zwischen Standardsoftware und Individualsoftware zu wählen. Überwiegend technische Ursachen betreffen i.d.R. „alte" Anwendungen, die noch ohne systematisches „ingenieurmäßiges" Vorgehen erstellt wurden und sich daher häufig durch mangelhafte Qualität sowie schlechte Wartbarkeit auf der einen und wachsende Änderungs- und Modifikationsanforderungen auf der anderen Seite auszeichnen. Ein Ersatz ist zwingend, wenn fremdbezogene Komponenten wie Hardware, Betriebssystem oder die Anwendung selbst nicht mehr gewartet werden. Organisatorische Gründe basieren auf der Entstehung neuer Aufgaben oder deren Umgestaltung. Die Notwendigkeit einer Entscheidung zwischen Standardsoftware und Individualsoftware besteht in diesem Zusammenhang nicht nur bei Neugründungen, sondern häufig auch bei Organisationsänderungen und Unternehmenszusammenschlüssen. Eine weitere wichtige Triebfeder ist der Markt. Um im Wettbewerb zu bestehen, ist es heute nötig, neue innovative Ideen zur effektiveren und effizienteren Nutzung des Erfolgsfaktors „Information" zu entwickeln oder zumindest aufzugreifen. Der Einsatz moderner Methoden des Software-Engineerings oder der Implementierung schützen in diesem Zusammenhang zwar vor technischer, aber nicht vor wirtschaftlicher Überalterung. Als Folge kann allein das Bestreben, die eigene Position im Markt nicht zu verschlechtern, die Erfordernis zum Ersatz (wartungsfreundlicher) Anwendungen begründen. Dies wirft die Frage auf, welcher Softwaretyp für die Erreichung der Unternehmensziele vorteilhaft ist.

Gegen die Implementierung von Standardsoftware spricht, daß die unternehmensspezifischen Anforderungen trotz vielfältiger Anpassungsmöglichkeiten nicht vollständig erfüllt werden.[7] Dieser Umstand verleitet zu der Schlußfolgerung, daß eine diesbezügliche Entscheidung den Verzicht auf Differenzierungsmöglichkeiten gegenüber Wettbewerbern und somit Wettbewerbsvorteilen

[7] Vgl. z.B. Stickel/Groffmann/Rau [1997], S. 670; Mertens u.a. [1998], S. 167. Ein Abdeckungsgrad von mehr als 65% ist bereits als guter Wert anzusehen (vgl. Giesecke [1994], S. 54).

bedeute.[8] Abgesehen davon, daß Differenzierung auch durch den erstmaligen Einsatz der Standardsoftware in einer Branche erreichbar ist, wird ebenfalls die Auffassung vertreten, daß eine vor dem Hintergrund von Organisationsoptimierungen durchgeführte geschickte Auswahl und Verknüpfung der Anpassungsvarianten ebenfalls Potentiale für Wettbewerbsvorteile birgt.[9] Da Standardsoftware auf einem festgelegten Unternehmensmodell basiert, unterliegen entsprechende Perfektionierungsbemühungen jedoch Grenzen, die nicht selten ihrerseits die Notwendigkeit organisatorischer Änderungen begründen.[10] Letzteres schließt Verbesserungen natürlich nicht aus. Läßt sich kein besser geeigneter Ansatz finden, würde das Konzept aber auch in alternative Individualsoftware integriert, die diesbezüglich folglich keine schlechteren Ergebnisse erzielt. Insgesamt führt die unscharfe Abdeckung der Anforderungen durch Standardsoftware zu geringeren Einnahmenerwartungen, was als wesentlicher Nachteil anzusehen ist.

Als Hauptargumente für Standardsoftware werden geringe Gesamtkosten sowie eine kurze Durchlaufzeit des Implementierungsprojekts genannt.[11] Während in diesem Zusammenhang verminderte Wartungskosten[12] oftmals als wesentlicher

---

[8] Vgl. Österle [1990a], S. 21f.; Davenport [1999], S. 90, der in einigen Fällen jedoch auch Wettbewerbsvorteile durch Standardsoftware nicht ausschließt (vgl. ebenda, S. 92ff.).

[9] Wettbewerbsvorteile durch Interaktionen von Standardsoftware, Organisation u.a. Faktoren konstatieren Füller/Thomae [1990], S. 47. Möglichkeiten zu besseren Wettbewerbswirkungen durch eine kürzere Durchlaufzeit des Standardsoftware-Projekts führt Zangl [1990], S. 109 an. Zeitgemäßes Informationsmanagement durch Ausschöpfung des Chancenpotentials von Customizing-Prozessen zwecks positiver Wettbewerbsbeeinflussung beschreibt Meister [1990], S. 31ff.

[10] Vgl. z.B. Keil/Lang [1998], S. 851; Stickel/Groffmann/Rau [1997], S. 670; Schwarze [1997], S. 230; Davenport [1999], S. 90ff. Einige Autoren sehen diesen Aspekt als Möglichkeit zum Erwerb organisatorischen Know-hows und dessen zügige Umsetzung (vgl. z.B. Österle [1990a], S. 22). Andere bewerten ihn als Einschränkung in der optimalen Gestaltung von Unternehmensprozessen negativ (vgl. Gremillion [1982], S. 53f.; Steinmann [1988], S. 263). Keil/Lang [1998], S. 848ff. gehen der Frage nach, inwieweit der Einsatz von Standardsoftware im Vergleich zur Individualsoftware zu einer Einschränkung der organisatorischen Flexibilität führt. Sie kommen zu dem Schluß, daß beide Softwaretypen diesbezüglich Grenzen unterliegen.

[11] Vgl. Österle [1990a], S. 23; Steinmann [1988], S. 263; Zangl [1990], S. 98; Berkau/Kraemer/Scheer [1989], S. 35; Hansen/Maier [1980], S. 21; Keil/Lang [1998], S. 851; Stickel/Groffmann/Rau [1997], S. 670; Mertens u.a. [1998], S. 167.

[12] Vgl. z.B. Österle [1990a], S. 28; Tödtli [1990], S. 136; Steinmann [1988], S. 266; Lehner [1989], S. 93; Feyhl/Feyhl [1996], S. 67.

Vorteil anführt werden, ist einschränkend zu berücksichtigen, daß die Kosten bis zum produktiven Einsatz durchaus hoch sein können, da neben dem Kaufpreis umfangreiche und komplexe Anpassungsarbeiten der Standardsoftware an die unternehmensspezifischen Gegebenheiten durchzuführen sind.[13] Neben der Konfiguration ist hier insbesondere die Integration in eine bestehende DV-Landschaft zeitintensiv: Während Individualsoftware hinsichtlich dieses Aspekts bereits konzipiert wird, erfordert der Transfer abweichender Standardsoftware-Strukturen komplizierte Schnittstellen.[14] Materielle Verluste sind dabei nicht immer zu vermeiden.

Eine der wichtigsten Ursachen für Unterschiede zwischen beiden Softwaretypen liegt in dem durch die kurze Standardsoftware-Durchlaufzeit möglichen frühen Produktionszeitpunkt, der sich auf zweierlei Weise auswirkt: Erstens entsteht ein Zeitraum mit Einnahmenerwartungen, in dem vergleichbare Individualsoftware noch gar nicht existiert. Zweitens stellen Wettbewerbsvorteile in der Regel ein temporäres, von Imitation bedrohtes Phänomen dar. Aus dieser Perspektive eröffnet ein früher Produktionszeitpunkt die Chance, Wettbewerbsvorteile besser auszuschöpfen.[15] Infolge *abweichender Zeitaspekte* fließen in die Investitionsentscheidung zwischen Standardsoftware und Individualsoftware folglich auch strategische Gesichtspunkte ein, die sich langfristig in Einnahmen konkretisieren sollen, wodurch die Auswahl einer Alternative eine *hohe Bedeutung* für das Unternehmen erlangt.[16]

---

[13] Vgl. z.B. Keil/Lang [1998], S. 848; Steinmann [1988], S. 266. Beispielsweise sind im R/2-Paket von SAP Parameter in über 1200 Tabellen einzustellen (vgl. Österle [1990a], S. 28). Selbst ein Produktionsplanungssystem auf PC-Basis umfaßt ca. 1400 Parameter (vgl. Grupp [1994], S. 105).

[14] Vgl. Österle [1990a], S. 24.

[15] Vgl. Zangl [1990], S. 109.

[16] Vgl. Keil/Lang [1998], S. 852. Neben den dargelegten Argumenten und Unterschieden in der steuerlichen Behandlung (vgl. hierzu Buhl [1993], S. 912ff.) werden eine Reihe weiterer eher qualitativer Vorteile und Nachteile beider Softwaretypen genannt: So soll die Akzeptanz von Individualsoftware bei Datenverarbeitern höher sein, während Fachanwender Standardsoftware bevorzugen. Letztere verringert zwar die Abhängigkeit von eigenen Programmierern, schafft mit der Marktpräsenz des Softwarehauses aber neue Bindungen. Während Individualsoftware vorwiegend Personalkapazitäten in der Datenverarbeitung bindet, liegt der Fokus von Standardsoftware auf der Fachabteilung. Schließlich wird beiden Softwaretypen hinsicht-

Dennoch ist dieses spezifische Software-Entscheidungsproblem bislang nur selten Gegenstand von betriebswirtschaftlichen Veröffentlichungen. Software, so scheint es, führt immer noch ein Dasein im „Spezialistendenken" der (Wirtschafts-)Informatiker.[17] In der Betriebswirtschaftslehre werden jedoch mit Scoring-Modellen, Kosten-/Gewinnvergleichsrechnungen sowie finanzmathematischen Investitionsrechnungen generelle Lösungsansätze zur Strukturierung von Investitionsentscheidungen entwickelt. Die Übertragbarkeit dieser Modelle auf das vorliegende Problem könnte hilfreich sein. Im folgenden werden die drei Ansätze im Hinblick auf ihre diesbezügliche Eignung untersucht.

Scoring-Modelle, die qualitative Zielkriterien zunächst isoliert bewerten und dann im sogenannten Nutzwert aggregieren, sind methodisch mit einer Reihe von Problemen behaftet, die sich schlagwortartig mit (Un-)abhängigkeit der Zielkriterien, Meßprobleme bezüglich des Erfüllungsgrads der Zielkriterien, Festlegung des Aggregationsmechanismus für den Nutzwert sowie Subjektivität bei der Gewichtung zusammenfassen lassen.[18] Sie sind darüber hinaus nicht geeignet, die Konsequenzen abweichender *Zeitaspekte* angemessen zu strukturieren, *weil entsprechende Zielkriterien zu allen Nutzen oder Kosten erfassenden Merkmalen interdependent wären:* Letztere hängen in ihrer Ausprägung einerseits von der Anzahl der Perioden ab, in denen sie anfallen, da absolute Bewertungen eine entsprechende Summation erfordern. Andererseits gebietet der strategische Charakter, die Investition im Hinblick auf eine Beeinflussung des Wettbewerbs einzurichten. Das Ausmaß der auf dem Markt realisierbaren Vorteile wird aber maßgeblich von den gerade dort herrschenden Randbedingungen und damit dem Zeitpunkt des Wirksamwerdens der Nutzeneffekte bestimmt. Entsprechende Kriterien würden sich mit anderen Worten in ihrer Aus-

---

lich verschiedener Aspekte wechselseitig eine höhere Software-Qualität bescheinigt (vgl. Österle [1990a], S. 21ff.; Mertens u.a. [1998], S. 167f. (ohne Akzeptanz); Stickel/Groffmann/Rau [1997], S. 670 (ohne Akzeptanz, ohne Art der gebundenen Kapazitäten); Berkau/Kraemer/Scheer [1989], S. 25ff. (ohne Abhängigkeiten); Koch [1988], S. 25ff. und Steinmann [1988], S. 236ff. (beide ohne Akzeptanz)).

[17] Vgl. Zanger [1991], S. 2.

[18] Vgl. Zäpfel [1989a], S. 1060. Zur Darstellung und Beurteilung von Scoring-Modellen vgl. z.B. Zangemeister [1976], S. 45ff.; Strebel [1975], S. 34ff.

prägung gegenseitig beeinflussen und daher Doppelbewertungen implizieren. Hieraus folgt, daß sich zeitliche Faktoren mit Scoring-Modellen nicht angemessen strukturieren lassen, so daß ein entsprechender Einsatz wenig zweckmäßig ist.

Kosten-/Gewinnvergleichsrechnungen[19] stellen durchschnittliche Kosten/Gewinne gegenüber. Ihre wesentliche Charakteristik liegt darin, daß die zeitlichen Unterschiede beim Anfallen der Zahlungen einer Investition wertmäßig nicht berücksichtigt werden.[20] Sie strukturieren also gerade den Aspekt unpräzise, dem im Zusammenhang mit der Investitionsentscheidung zwischen Standardsoftware und Individualsoftware besondere Bedeutung zukommt. Mithin erscheint ein diesbezüglicher Einsatz ebenfalls nicht sinnvoll.

Mittels finanzmathematischer Investitionsrechnungen werden die Zahlungsströme der Handlungsalternativen vergleichend bewertet. Die dabei zum Einsatz kommenden Modelle (Kapitalwert, Vermögensendwert usw.) berücksichtigen die Konsequenzen von Standardsoftware und Individualsoftware in der Zeitstruktur ihrer Einnahmen und Ausgaben, in denen sich letztendlich alle diskutierten Aspekte niederschlagen (sollen). Dabei werden die zu unterschiedlichen Zeitpunkten anfallenden Zahlungen mit Hilfe der Zinseszinsrechnung vergleichbar gemacht. Hier liegt ein möglicher Lösungsansatz vor.

Eine wichtige Aufgabe im Rahmen finanzmathematischer Investitionsrechnungen ist die Generierung der Einnahmen und Ausgaben. Für ein solches Vorhaben steht jedoch nur unzureichendes Datenmaterial zur Verfügung.[21] Eine Ur-

[19] Kosten-/Gewinnvergleichsrechnungen werden in der Literatur auch als statische Investitionsrechnungen bezeichnet (vgl. z.B. Kruschwitz [1998], S. 28ff.). Genauer handelt es sich jedoch lediglich um die Anwendung der Kostenrechnung auf ein spezifisches Beschaffungsproblem.

[20] Vgl. Blohm/Lüder [1995], S. 49.

[21] Vgl. Buhl [1993], S. 911; Keil/Lang [1998], S.852; Hansen/Maier [1980], S. 23; Rands [1993], S. 276; Scheer [1978], S. 305; Kemmner [1991], S. 18. Blohm/Lüder [1995], S. 232 vertreten die Auffassung, daß die primären Schwierigkeiten bei der Bewertung aller strategischen Investitionen in der Datenbeschaffung liegen. Einige Autoren veranlaßt dieses Problem sogar, auf die weniger zweckmäßigen Scoring-Modelle oder Kostenvergleiche zurückzugreifen (vgl.

sache für diesen Mißstand liegt darin, daß die dem Zahlungsbereich zugrunde liegenden Variablen und Abhängigkeiten weitgehend unbekannt sind. Aufgabe der Forschung ist es, das Beziehungsgeflecht mit seinen wesentlichen Faktoren zu strukturieren und darauf aufbauend Wege zur Generierung der Einnahmen und Ausgaben aufzuzeigen. Dabei ist zu beachten, daß letztere durch ihre Höhe und ihren Zahlungszeitpunkt determiniert sind und folglich zwei zu prognostizierende Dimensionen besitzen, wobei der zweiten, wie ausgeführt, eine besondere Bedeutung zukommt.

Generell ist das Problem der Datengenerierung in der Betriebswirtschaftslehre nicht neu. Insbesondere Kostenrechnung und Marktforschung beschäftigen sich mit dieser Fragestellung. Die bislang entwickelten Methoden beziehen sich jedoch auf einen anderen Erkenntnisgegenstand und können daher nicht unmittelbar auf die hier untersuchten Investitionsalternativen übertragen werden. Sie liefern möglicherweise einen methodischen Bezugsrahmen, den es bezüglich der Entscheidung zwischen Standardsoftware- und Individualsoftware-Investitionen zu konkretisieren gilt.

Einige spezifische Ansätze zur Quantifizierung von IT-Investitionen wurden dagegen in der Wirtschaftsinformatik entwickelt, die sich aus einer stark praxisorientierten Sichtweise mit diesem Thema beschäftigt. Hier findet man Bausteine zur Abschätzung verschiedener Aspekte *einer Dimension* der Einnahmen und Ausgaben, nämlich ihrer *Höhe*: So existieren mehrere Schätzverfahren zur Planung des gesamten Zeitaufwands für Individualsoftware-Entwicklungen und gelegentlich auch für Individualsoftware-Wartung.[22] Entsprechende Hilfestellungen finden sich im Fall der Verwendung von Standardsoftware dagegen nicht. Ferner gibt es einige Ansätze zur Bewertung von Nutzeneffekten, die aber überwiegend qualitativ orientiert sind.[23] Werkzeuge zur monetären Bewertung

---

Zanger [1991], S.12; Buhl [1993], S. 911; Stahlknecht [1995], S. 274ff.; Heinrich [1996b], S. 153ff.; Gsell [1971], S. 30ff.).

[22] Einen Überblick über die wichtigsten Methoden liefert Lehner [1992], S. 21ff.

[23] Sie werden von Nagel [1990], S. 39ff. zusammengefaßt. Für eine kurze Übersicht vgl. Schumm [1996], S. 139ff.

kommen nur vereinzelt vor und ihre Anwendung ist zumeist auf einen engen Bereich potentieller Nutzeneffekte beschränkt. Aus betriebswirtschaftlicher Perspektive sind zwei wesentliche Defizite zu vermerken: Zum einen wird der Frage nach der Generierung von Standardsoftware-Ausgaben nicht nachgegangen, und zum anderen fehlen übergreifende Konzepte, in denen die isoliert nebeneinander stehenden Ansätze ihren Platz finden. Ein analoger Stand läßt sich für die wichtigere zeitliche Dimension der Zahlungsströme nicht konstatieren. Hier existieren lediglich einige, auf abgeschlossenen Projekten basierende Untersuchungen über die prozentuale Aufteilung der Individualsoftware-Kosten auf verschiedenartig abgegrenzte Phasen im Lebenszyklus.[24] *Theoretisch fundierte Aussagen zur zeitlichen Struktur von Einnahmen und Ausgaben sowie deren Unterschiede zwischen Standardsoftware und Individualsoftware fehlen bisher völlig.*

Die vorliegende Untersuchung knüpft an diese Ausgangssituation an. Zentrales Anliegen ist es, ein betriebswirtschaftlich fundiertes Verfahren zur Quantifizierung der Einnahmen und Ausgaben zu entwickeln.

Entsprechend den aufgezeigten Forschungslücken soll dabei die Beantwortung der folgenden Fragen im Zentrum stehen:

- *Wie ist die zeitliche Verteilung der Einnahmen und Ausgaben von Standardsoftware und Individualsoftware beschaffen?*
- *Wo liegen entscheidungsrelevante Differenzen zwischen den zeitlichen Verteilungen der Einnahmen und Ausgaben von Standardsoftware und Individualsoftware?*
- *Wie kann die Höhe der Einnahmen und Ausgaben im konkreten Einzelfall generiert werden?*

Die Beantwortung dieser Fragen soll schließlich die Generierung softwaretypspezifischer Normkurven und die Heranziehung zweckmäßiger Instrumente zur Quantifizierung der Einnahmen- und Ausgaben-Höhe ermöglichen.

---

[24] Biethahn/Mucksch/Ruf [1996], S. 359ff. stellen die wesentlichen Ergebnisse zusammen.

Läßt sich die als besonders relevant erachtete zeitliche Zahlungsstrom-Strukturierung und damit die Gestalt der Normkurven vor einer Entscheidung zwischen Standardsoftware und Individualsoftware bestimmen, ist eine Basis zur Datengenerierung geschaffen. Durch die ergänzende Abschätzung der Einnahmen und Ausgaben in markanten Zeitpunkten entsteht dann ein vollständiges Verfahren, das in der folgenden Grundthese niedergelegt ist: *Die investitionsrechnerisch zu bewertenden Zahlungsströme von Standardsoftware und Individualsoftware weisen Mustercharakteristiken auf, die sich situativ durch Einsatz weiterer Instrumente zu Einnahmen und Ausgaben konkretisieren lassen.*

Die zu generierenden Zahlungsströme bestehen aus Einnahmen infolge des Echtbetriebs und Ausgaben für Entwicklung, Implementierung und Wartung. Dabei basieren die zwei Teilbereiche auf gänzlich verschiedenen Beziehungsgeflechten, wodurch ihre separate Untersuchung zweckmäßig wird. Demgemäß sind in dieser Arbeit die zwei Hauptpunkte „Quantifizierung der Ausgaben" und „Quantifizierung der Einnahmen" abzuhandeln.

Nach Präzisierung der finanzmathematischen Investitionsmodelle und der von ihnen benötigten Daten im folgenden Teil von Kapitel 1, widmet sich *Kapitel 2* der Quantifizierung der Ausgaben. Methodisch werden dazu ein Phasenmodell und eine (modifizierte) Prozeßkostenrechnung über den Prozeßgedanken verknüpft. Während ersteres den Zeitaspekt betont, ermöglicht letztere die Zuordnung monetärer Werte. In Kapitel 2.1 erfolgt die zeitliche Strukturierung der Software-Bereitstellung in sieben Phasen. Darüber hinaus wird die Prozeßkostenrechnung hinsichtlich der hier verfolgten Ziele und an die Besonderheiten von Software-Investitionen angepaßt. Das Ergebnis liefert eine Vorgehensweise zur Ausgaben-Generierung und damit den weiteren Aufbau des Kapitels. Aufgrund abweichender Problemstrukturen wird dabei insbesondere zwischen Entwicklung bzw. Implementierung (Kapitel 2.2) und Wartung (Kapitel 2.3) unterschieden.

In *Kapitel 3* soll die Quantifizierung der Einnahmen aus der Software-Nutzung untersucht werden. Dazu wird das zugrunde liegende (Markt-)Variablengefüge mit seinen wesentlichen Faktoren und Beziehungen in einem Wettbewerbsmodell exemplarisch strukturiert. Ausgerichtet am Leitgedanken der Vermögensendwert-Maximierung entsteht so ein spieltheoretisches Problem, das sich im Hinblick auf Veränderungen durch Standardsoftware und Individualsoftware analysieren läßt. Die phasenbezogene Systematisierung der Auswirkungen beider Handlungsalternativen auf die Modellparameter ermöglicht dann Aussagen über die zeitliche Verteilung der Einnahmen. Kapitel 3.1 greift das der Einnahmen-Generierung zugrunde liegende Problem sowie die in der Literatur existierenden Lösungsansätze und Lücken auf. Kapitel 3.2 führt die verwendete Methodik ein, mit der in Kapitel 3.3 schließlich charakteristische Beziehungen zwischen der Zeit und den Einnahmen aufgezeigt werden.

1.2 Investitionsrechnerischer Ansatz mit dem allgemeinen Vermögensendwert

Software-Investitionen sind durch hohe Ausgaben, langfristige Bindung finanzieller Mittel, aber auch durch hohe Erfolgspotentiale gekennzeichnet. Als Alternativen stehen heute Standardsoftware und Individualsoftware bereit, deren Unterschiede sich letztendlich in Einnahmen und Ausgaben niederschlagen, die bezüglich Höhe und zeitlichem Anfall differieren, deren finanzielle Mittel sich in Höhe und Bindungsdauer unterscheiden und die steuerlich ungleich behandelt werden. Zur Strukturierung dieser Aspekte eignen sich finanzmathematische Investitionsrechnungen.

Traditionell unterscheidet die finanzmathematische Investitionstheorie den Kapitalwert, den Endwert, die Annuität, die Rentabilität und die Amortisationsperiode mit und ohne Berücksichtigung von Steuerwirkungen, wobei die Kriterien auf abweichenden Zielsetzungen basieren.[25] Diese, auf der Prämisse des

[25] Eine ausführliche Darstellung kann zB. Kruschwitz [1998], S. 40ff. oder Schneider [1992], S. 74ff. entnommen werden.

vollkommenen Kapitalmarkts beruhenden Investitionsmodelle werden durch Betrachtung abweichender Soll- und Habenzinsfüße in rekursiv definierte Entscheidungskriterien überführt, wobei der *allgemeine Vermögensendwert* im Mittelpunkt steht.[26] Für eine Investition, mit den Einnahmen $E_0, E_1, ... E_n$, den Ausgaben $A_0, A_1, ... A_n$ und der Bedingung $E_t = 0$ oder $A_t = 0 \; \forall \; t \leq n$ ist er definiert durch:[27]

$$\begin{aligned} V_0 &= E_0 - A_0 \\ V_t &= E_t + (1+h)H_{t-1} - A_t - (1+s)S_{t-1}, \quad t = 1,2,..n, \text{ mit} \\ s &= \text{Sollzinsfuß} \\ h &= \text{Habenzinsfuß} \\ H_{t-1} &= \text{Wiederanlagebetrag aus } t\text{-}1 \\ S_{t-1} &= \text{Schuldenbestand aus } t\text{-}1. \end{aligned} \tag{1}$$

Hieraus folgt:[28]

$$H_0 = E_0; S_0 = A_0 \text{ und } V_t = H_t - S_t, \quad t = 1,2,..n. \tag{1a}$$

Eine Investition ist vorteilhaft, wenn ihr allgemeiner Vermögensendwert am Planungsende größer oder gleich Null ist.[29] Stehen mehrere, sich gegenseitig ausschließende Alternativen zur Auswahl, ist die mit dem maximalen Vermögensendwert auszuwählen.[30]

Mit diesem Ansatz werden eine Reihe praxisrelevanter Fragen aufgeworfen, die beim traditionellen Konzept des vollkommenen Kapitalmarkts durch dessen Definition ausgeschlossen sind. So beeinflussen die situativen Finanzierungs-

---

[26] Vgl. Schirmeister [1990], S. 17ff.

[27] Vgl. Schirmeister [1990], S. 46, der neben dieser sogenannten *Strukturformel* weitere Darstellungsmöglichkeiten des allgemeinen Vermögensendwerts entworfen hat (vgl. ebenda, S. 36ff.). Ferner ist es möglich, periodenspezifische Zinsfüße zu erfassen (vgl. ebenda, S. 53ff.). Die generell geforderte Bedingung $E_t=0$ oder $A_t=0$ läßt sich durch periodenbezogene Saldierung der anfallenden Zahlungen immer erreichen (vgl. ebenda, S. 17f.). Entsprechende Maßnahmen sind für die hier gewählte Darstellung nicht zwingend erforderlich. Die Annahme wird sich aber in Kapitel 3.2, S. 155ff. als zweckmäßig erweisen.

[28] Vgl. Schirmeister [1990], S. 40.

[29] Vgl. Schirmeister [1990], S. 38.

[30] Vgl. Schirmeister [1990], S. 239.

modalitäten den Umfang der periodisch mit Soll- und Habenzinsfuß zu gewichtenden Beträge und damit den allgemeinen Vermögensendwert. Erfolgt die Finanzierung beispielsweise über ein Darlehen, können die Investitionseinnahmen frühzeitig zur Tilgung desselben verwandt werden. Genauso ist aber die vollständige Rückzahlung aller aufgenommenen Kredite am Ende der Nutzungsdauer bei einer zwischenzeitlichen Anlage der Investitionsüberschüsse zum Habenzinsfuß denkbar. Während in der ersten Variante mit dem Abbau des Darlehens frühzeitig Sollzinsen eingespart werden, erwirtschaftet die zweite Variante statt dessen Habenzinsen. Da keine Übereinstimmung von Soll- und Habenzinsfuß gegeben ist, folgt, daß die zugehörigen allgemeinen Vermögensendwerte ebenfalls differieren. In Abhängigkeit von den situativ gegebenen Finanzierungsmodalitäten sind für eine Investition also verschiedene Vermögensendwerte denkbar.

Obigem Aspekt kommt bei einer Investitionsentscheidung zwischen Standardsoftware und Individualsoftware besondere Bedeutung zu, da die ungleichen zeitlichen Zahlungsstrukturen beider Softwaretypen abweichende Anforderungen an Höhe und Zeitpunkt der vorzuhaltenden Finanzmittel stellen. Bereits aus diesem Grund sind gleiche Finanzierungsmodalitäten wenig realitätsnah. Hinzu kommt, daß die Art der Ausgaben differiert: So stehen den Lizenz- und Wartungsgebühren für Standardsoftware überwiegend Personalausgaben für Entwicklung und Wartung von Individualsoftware gegenüber. Die Zuteilung gleicher Finanzierungsmodalitäten ist hier wenig gebräuchlich.

Auch Ertragssteuern werden durch Standardsoftware und Individualsoftware aufgrund abweichender Zahlungsstrukturen und ungleicher steuerlicher Behandlung in verschiedenem Maße tangiert, da beide Aspekte die Steuerbemessungsbasis beeinflussen. Darüber hinaus ist in diesem Zusammenhang das Eigenkapital/Fremdkapitalverhältnis relevant, da Fremdkapitalzinsen steuerabzugsfähig sind, Eigenkapitalzinsen jedoch nicht. Dies hat zur Folge, daß situativ gegebene Unterschiede im Finanzierungsverhältnis über verschiedene Steuerbelastungen ebenfalls differierende Vermögensendwerte implizieren.

Die notwendige Integration der Ertragssteuern in den allgemeinen Vermögensendwert führt schließlich zu folgender Rekursionsformel:[31]

$$
\begin{aligned}
V_0^{St} &= (1-g)(E_0 - A_0) + gAB_0 \\
V_t^{St} &= (1-g)(E_t - A_t) + (1+h^{St})H_{t-1}^{St} - (1+s^{St})S_{t-1}^{St} + gAB_t,\ t = 1,2, \dots n, \text{ mit}
\end{aligned}
\qquad (2)
$$

$h^{St} = h(1-g)$

$s^{St} = s_{EK} EK(EK+FK)^{-1} + s_{FK}(1-g)FK(EK+FK)^{-1}$ = Sollzinsfuß nach Steuern

g = Grenzsteuersatz

EK = Eigenkapitalanteil der Finanzierung

FK = Fremdkapitalanteil der Finanzierung

s_{EK} = Sollzinsfuß Eigenkapital

s_{FK} = Sollzinsfuß Fremdkapital

AB_t = Abschreibungsbetrag in t (ohne Ausgaben in Periode t)

H_{t-1}^{St} = Wiederanlagebetrag nach Steuern aus t-1

S_{t-1}^{St} = Schuldenbestand nach Steuern aus t-1

Sofern die in der vorliegenden Arbeit diskutierte Frage der Datengenerierung den Rückgriff auf ein konkretes Entscheidungskriterium erfordert, wird der allgemeine Vermögensendwert nach Steuern ($=V_n^{St}$) verwandt.

1.3 Datenbasis für den allgemeinen Vermögensendwert

Grundlage jeder Entscheidung ist die Gewinnung, Strukturierung und Selektion von Daten. Soll die Alternativenwahl, wie für Standardsoftware und Individualsoftware vorgeschlagen, durch den allgemeinen Vermögensendwert nach Steuern unterstützt werden, setzt dies bezüglich der Datengenerierung die Beantwortung folgender Fragen voraus: *Welche Ausgaben und Einnahmen fallen wann und in welcher Höhe an? Welches sind die relevanten Zinssätze? Wie hoch sind die zu berücksichtigenden Steuersätze und Abschreibungen?*

---

[31] Vgl. Schirmeister [1990], S. 83, der unter dem Symbol AB_t jedoch neben den Abschreibungen auch die Ausgaben der betroffenen Periode subsumiert. Die hier gewählte Darstellung wird sich in Kapitel 3.2, S. 155ff. als zweckmäßig erweisen.

Dabei interessieren genau diejenigen finanzwirtschaftlichen Implikationen, die sich durch die Entscheidung gegenüber der Alternative, auf die Investition zu verzichten, verändern. Für die Einnahmen und Ausgaben ist dies die Differenz zwischen der Situation bei Durchführung und Unterlassung der Software-Investition. Die so definierten Zahlungen bilden die Bezugsbasis für die Verzinsung. Daher müssen Soll- und Habenzinsfuß ebenfalls Grenzzinssätze sein, die die tatsächliche Rentabilität der Wiederanlagen und tatsächlichen Renditeforderungen der Kapitalgeber für die betrachtete Investition ausdrücken. Analoges gilt für den heranzuziehenden Steuersatz. Nur so wird jede Software-Handlungsalternative im Sinne einer zusätzlichen Maßnahme als *Grenzhandlung* erfaßt.[32]

1. *Zins- und Steuersätze* hängen von der Ertragslage sowie den situativ zur Verfügung stehenden Wiederanlage- und Finanzierungsmodalitäten ab. Ihre Bestimmung ist mit keinen besonderen Schwierigkeiten behaftet, wenn Kenntnisse über die (separat zu eruierenden) Software-Einnahmen und -Ausgaben sowie deren steuerliche Behandlung vorliegen. Aus diesem Grund wird auf eine gesonderte Erörterung der Zins- und Steuersätze im Rahmen der vorliegenden Arbeit verzichtet.

Abschreibungen resultieren aus der Höhe der aktivierungsfähigen/aktivierungspflichtigen Geldeinheiten sowie der herangezogenen Abschreibungsmethode. Steuerrechtlich ist die Frage der Aktivierungsfähigkeit/Aktivierungspflicht, die im Zusammenhang mit Software verschiedentlich diskutiert wurde,[33] mit dem Begriff *Wirtschaftsgut* verbunden. In seinem Grundsatzurteil vom 03.07.87 hat der Bundesfinanzhof entschieden, daß Computerprogramme immaterielle Wirtschaftsgüter darstellen, da der Anwender in erster Linie am geistigen Inhalt des Programms interessiert ist.[34] Steuerrechtlich sind immaterielle Wirtschaftsgüter

[32] Vgl. Schirmeister [1990], S. 30.

[33] Vgl. z.B. Stapperfend [1991], S. 15ff.; Buhl [1993], S. 913ff.; Treiber [1993], S. 887ff.

[34] Vgl. III R 7/86, BStBl II 1987, S. 728. Diese Auffassung ist in der Literatur für Individualsoftware unstrittig, während für Standardsoftware gelegentlich andere Ansichten existieren, die in Stapperfend [1991], S. 15ff. und Treiber [1993], S. 887ff. diskutiert werden.

zu aktivieren, wenn sie entgeltlich erworben werden.[35] In diesem Fall ist die lineare Abschreibung obligatorisch.[36] Andernfalls besteht ein Aktivierungsverbot.[37] Die Frage, wann ein entgeltlicher Erwerb vorliegt, kann indes nur in Abhängigkeit von der Software-Vertragsgestaltung untersucht werden. Nach vorherrschender Meinung ist dies der Fall, wenn entweder ein Kaufvertrag (bei Individualsoftware auch Werkvertrag) oder ein Nutzungsüberlassungsvertrag besteht, indem der Nutzungszeitraum kürzer als der Zahlungszeitraum ist. Die im Einzelfall festzulegende Abschreibungsdauer beträgt im allgemeinen für Individualsoftware fünf und für Standardsoftware drei Jahre.[38] Dabei wird die kürzere Nutzungsdauer mit regelmäßig angebotenen neuen Versionen (= Releasen) begründet, die die ursprüngliche Standardsoftware veralten lassen.[39] Bestehen im Rahmen eines Nutzungsüberlassungsvertrags Zahlungsverpflichtungen über die gesamte Nutzungsdauer oder wurde Individualsoftware per Arbeits- oder Dienstvertrag (selbst) erstellt, wird ein entgeltlicher Erwerb und damit die Aktivierung verneint.

Liegt im konkreten Einzelfall eine Aktivierungspflicht vor, ist die Höhe des anzusetzenden Betrags bedeutsam. Wartungsausgaben, auch solche für Verträge, die neue Release beinhalten, sind ebensowenig einzubeziehen wie die zur Erstellung von Rahmenplänen für Projekteinführungen und Schulungen.[40] Während letztere für Standardsoftware einen erheblichen Umfang annehmen können,[41] wird aktivierungspflichtige, also entgeltlich erworbene Individualsoftware bereits bei der Erstellung auf das Unternehmen zugeschnitten. Demgemäß erfordert die Einführung weniger Schulungs- und keine Anpassungsaktivitäten,

[35] Vgl. § 5 Abs. 2 EStG.

[36] Vgl. Abschn. 42 Abs. 5 EStR.

[37] Vgl. § 5 Abs. 2 EStG.

[38] Vgl. Buhl [1993], S. 919.

[39] Vgl. Stapperfend [1991], S. 123ff. Eine solche Begründung erscheint befremdlich, denn die neuen Release sind nur zusammen mit der ursprünglichen Standardsoftware einsatzfähig. Letztere veraltet durch neue Versionen nicht. Vielmehr liegt eine Weiterentwicklung bzw. Verbesserung vor.

[40] Vgl. Treiber [1993], S. 889.

[41] Vgl. z.B. Keil/Lang [1998], S. 848; Steinmann [1988], S. 266.

was für einen höheren aktivierungsfähigen Anteil als bei vergleichbarer Standardsoftware spricht. Im konkreten Einzelfall läßt sich die Höhe der Abschreibungen z.B. auf der Basis von Angeboten ermitteln.

2. Die Quantifizierung der Einnahmen und Ausgaben wirft dagegen in der Praxis erhebliche Probleme auf. Entsprechend der Zielsetzung dieser Arbeit gilt es hier, Wege zur Generierung der Zahlungsströme aufzuzeigen.

Ausgaben werden durch die *Software-Bereitstellung* verursacht, unter der alle Maßnahmen subsumiert werden, die Voraussetzung für einen Echtbetrieb sind. *Sachlich* zählen dazu Personalausgaben für Entwicklung bzw. Implementierung und Wartung, Lizenzgebühren, Ausgaben für Fremdunterstützung, Schulungsgebühren für Standardsoftware und laufende Ausgaben für Material, Räume, Hardware, maschinelle Hilfsmittel usw.

Unproblematisch ist in diesem Zusammenhang die Quantifizierung der Lizenzgebühren und Ausgaben für Fremdunterstützung, da sie nach Höhe und Zahlungszeitpunkt vertraglich festgeschrieben sind. In der Literatur herrscht Einigkeit, daß es sich unter Vernachlässigung dieses Aspekts *bei der Software-Bereitstellung vornehmlich um Personalausgaben handelt,* die durch alle an ihr beteiligten Personen (Organisatoren, Systemanalytiker, Programmierer, Fachanwender usw.) verursacht werden.[42] Ein entsprechender Ressourceneinsatz bewirkt aber nur dann investitionsrechnerisch relevante Ausgaben, wenn er im Fall der Unterlassung nicht zu ungenutzten Kapazitäten führt. Andernfalls wären die Gehälter ebenfalls zu entrichten, so daß der diesbezügliche Abfluß finanzieller Mittel gegenüber der Software-Investition keine Veränderung erfährt.

In jedem Zeitpunkt *t* werden die Personalausgaben durch die zwei Größen (zusätzlicher) Kapazitätsbedarf in *t* und zugehöriger Personalausgabensatz beeinflußt. Letzterer läßt sich aus den Lohn- bzw. Gehaltszahlungen ableiten

---

[42] Genauer werden zumeist Personalkosten als wesentlicher Kostenfaktor angeführt vgl. z.B. Pocsay [1987], S. 22 (für Entwicklung); Pocsay [1987], S. 29 (für Wartung); Lehner [1992], S. 21 (für Entwicklung); Biethahn/Mucksch/Ruf [1996], S. 358 (für Entwicklung); Herrmann [1983], S. 53f (für Entwicklung); Sneed [1987], S. 52f.

und bildet daher keinen Schwerpunkt der folgenden Ausführungen. Der Kapazitätsbedarf wird auf Basis der benötigten Zeit berechnet, wobei als Maßgröße Personenmonate (PM), Personentage (PT) usw. fungieren. Folglich reduziert sich die Frage nach den Ausgabenströmen von Standardsoftware und Individualsoftware materiell auf die eingesetzten Personalkapazitäten und ihre Position auf der Zeitachse. Entsprechende Aussagen erfordern eine Analyse der für die Software-Bereitstellung notwendigen Tätigkeiten und ihre *zeitliche Verteilung* im Software-Lebenszyklus.

Aus einer ablauforganisatorischen Perspektive besteht der erste Schritt im Standardsoftware- und Individualsoftware-Projekt in der Zusammenstellung aller Anforderungen an Funktionen und Daten im sogenannten *Fachkonzept*.[43] Erst danach unterscheiden sich beide Handlungsalternativen. Da mit fortschreitender Zeit die Menge und Genauigkeit beschaffbarer Informationen wächst, ist es sinnvoll, nach Beendigung des Fachkonzepts die Entscheidung zwischen Standardsoftware und Individualsoftware zu treffen. Folglich sind investitionsrechnerisch auch nur die nach diesem Zeitpunkt anfallenden Ausgaben zu berücksichtigen. Da gelegentlich aber zusätzliche Aussagen über die Wirtschaftlichkeit der einzelnen Handlungsalternativen von Nutzen sind, werden die Überlegungen zur Datengenerierung im folgenden auf das Fachkonzept ausgedehnt.

Ein weiterer markanter Zeitpunkt im Software-Lebenszyklus ist der Produktionsbeginn. Um ihn zu erreichen, sind umfangreiche Vorarbeiten erforderlich, deren Abwicklung organisatorisch im Rahmen eines nicht selten mehrjährigen Projekts erfolgt: So wird das Fachkonzept im Fall der Individualsoftware in eine

[43] Vgl. z.B. Gantenbein/Zanga [1990], S. 81ff.; Feyhl/Feyhl [1996], S. 20, 66; Brenner [1990], S. 19 (für Standardsoftware); Marent [1995], S. 307 (für Standardsoftware); Sneed [1987], S. 27 (für Individualsoftware). Dabei wird der Begriff *Fachkonzept* zum Teil variiert. So sprechen Gantenbein/Zanga [1990], S. 81 von einem *Pflichtenheft* für Standardsoftware, das den Phasen *Vorstudie, Konzeption und Spezifikation* von Individualsoftware entspricht. Brenner [1990], S. 19 verwendet den Begriff *Soll-Informationssystem* im Zusammenhang mit Standardsoftware. Marent [1995], S. 307 wählt *benötigter Funktionsumfang* und *unternehmensweites Datenmodell.* Sneed [1987], S. 27 verweist für Individualsoftware auf eine Vielzahl von Phasenmodellen und -bezeichnungen, unter denen sich als erstes gemeinsames Ergebnis das Fachkonzept abgrenzen läßt.

konkrete Anwendung überführt, während es bei Standardsoftware als Vorlage für den unternehmensindividuellen Zuschnitt fungiert. Danach gilt es, eine kontinuierliche Verfügbarkeit über Funktionen und Daten zu garantieren, da nur so die Möglichkeit besteht, die Vorteile der Investition zu nutzen und folglich Einnahmenerwartungen auszuschöpfen. Diesbezügliche Anstrengungen umfassen nicht nur die Software selbst, sondern auch Hardware, Netzwerke und Betriebssysteme. Die Zuverlässigkeit der letzten drei Faktoren muß jedoch unabhängig von der Entscheidung für einen Softwaretyp gesichert werden, so daß keine, originär auf die Investition zurückzuführenden, zusätzlichen Zahlungen auftreten.[44] Typische Aufgaben des *Betriebs* bestehen in regelmäßigen Datensicherungen oder periodisch zu aktivierenden Stapelverarbeitungsprogrammen (= Batch-Jobs). Sie sind aufgrund ihrer weitgehenden Automatisierbarkeit mit einem geringen Zeitaufwand verbunden und werden daher im folgenden nicht separat erörtert. Zur Aufrechterhaltung der Funktionsfähigkeit produktiver Software gehören Fehlerkorrekturen und Anpassungen an veränderte Rahmenbedingungen. Diese umfangreichen und komplexen Aufgaben werden unter der Bezeichnung *Wartung* subsumiert.[45]

3. Den Ausgaben aus der Software-Bereitstellung stehen *Einnahmen* aus der Software-Nutzung gegenüber, die weit in die Zukunft gerichtet und damit besonders schwer zu quantifizieren sind. Durch den produktiven Einsatz werden zum einen Routineaufgaben automatisiert und somit die kapazitätsbedingte Notwendigkeit zur Arbeitsteilung vermindert. Zum anderen verliert der Kommunikationsprozeß seine räumliche und zeitliche Dimension, wodurch sich die zugehörigen Informationsprozesse effektiver und effizienter einrichten lassen.[46] Je nach Einsatzbereich und Ausgestaltung der Software entstehen hieraus eine Vielzahl sachlich verschiedener Nutzeneffekte wie Ausgabenreduzierungen,

---

[44] Von softwarespezifischen Neuanschaffungen einmal abgesehen.

[45] Vgl. Sneed [1987], S. 26.

[46] Beide Faktoren ändern die Bedingungen der organisatorischen Gestaltung arbeitsteiliger Aufgaben, wie sie z.B. in Kieser/Kubicek [1992], S. 77ff. beschrieben sind. Infolgedessen gebietet die Optimierung des Unternehmensziels eine andere Teilaufgabenzerlegung. Software-Investitionen und organisatorische Umgestaltungen gehen m.a.W. Hand in Hand.

Produktivitätssteigerungen, Qualitäts- und Flexibilitätsverbesserungen, Erweiterung des Leistungsangebots und Wettbewerbsveränderungen,[47] die nach verschiedenen Kriterien gruppiert werden.[48] Deren konkrete Ausgestaltung hängt zudem von den Faktoren Organisation, Mensch und Technik ab. Denn potentielle Vorteile lassen sich nur dann (vollständig) realisieren, wenn die Technik eine weitgehend reibungsfreie Nutzung ermöglicht, Anwender die Software (richtig) einsetzen, und der gesamte Prozeß durch eine effektive Organisation unterstützt wird.

Letztendlich sollen sich alle Nutzeneffekte in geringeren Ausgaben oder verbesserten Produkten und Dienstleistungen niederschlagen. Erstere implizieren Einnahmen, wenn es gelingt, die Umsatzerlöse durch Preisvorteile zu steigern. Letztere zielen darauf ab, über eine Einzigartigkeitsposition den Spielraum für Gewinne zu erhöhen. Ein entsprechender Zahlungsstrom entsteht also nicht durch Software selbst, sondern erst durch entsprechende Wechselwirkungen mit dem Markt. Damit rücken Variablen wie Kunden und Konkurrenten sowie deren Beziehungen untereinander und zum eigenen Unternehmen in den Mittelpunkt der Betrachtungen. Sie zeichnen sich durch einen hohen Komplexitätsgrad sowie geringe Beeinflußbarkeit aus und begründen folglich eine wesentliche Problematik der Einnahmen-Generierung.[49]

Dabei genügt eine singuläre, statische Offenlegung des Beziehungsgeflechts nicht: Die Investition löst ein Interdependenzgefüge von Aktion und Reaktion aus, das auf der Zeitachse betrachtet werden muß. So versuchen Konkurrenten möglicherweise an erzielten Vorteilen zu partizipieren oder Marktanteilsverluste durch Gegenmaßnahmen abzumildern (Imitation), was wiederum zu Rückwirkungen auf die eigenen Einnahmen führen kann. Ein weiterer Schwerpunkt

---

[47] Vgl. Schumann [1993], S. 168.

[48] Vgl. z.B. Schumm [1996], S. 139ff.; IBM [1984], S. 6ff.; Nagel [1990], S. 24ff.

[49] Dies kann sogar zur Veränderung der Spielregeln ganzer Branchen und zum Entstehen neuer Wirtschaftszweige führen (vgl. Overlack [1988], S. 52). Natürlich sind situativ auch „kleine" Softwareprojekte ohne strategische Dimension denkbar, die nur geringe Ausgabensenkungen implizieren. Sie werden in dieser Arbeit nicht betrachtet, da die Datengenerierung dann nicht so problembehaftet ist.

dieser Arbeit muß daher auf den erzeugten Wettbewerbsprozessen und damit dem *Zeitbezug* des Variablengefüges liegen.

2 Quantifizierung der Ausgaben

2.1 Prozeßmodell als Grundlage der Ausgaben-Generierung

Die Ermittlung monetärer Konsequenzen komplexer Sachverhalte wie der Software-Bereitstellung wird durch deren Strukturierung wesentlich vereinfacht. Hierbei stellt die idealtypische Gliederung in verschiedene Phasen in Anlehnung an den Produktlebenszyklus[50] ein wichtiges Element dar. Gerade diese Sichtweise erlaubt es, die erforderlichen Maßnahmen zeitlich zu systematisieren. Mithin entsteht ein Fundament zur Planung notwendiger Ressourcen und zur Ableitung möglicher monetärer Konsequenzen. Letzteres wird mit der Konkretisierung grober Phasenmodelle durch Prozesse erleichtert, weil ein Verknüpfungselement zur Prozeßkostenrechnung existiert, die (anzupassende) Methoden zur Datengenerierung liefert. Dabei sollen unter Prozessen Tätigkeitsbündel mit den Charakteristika Aktivitätenfolge, Befristung und Isolierbarkeit verstanden werden: Zunächst sind Prozesse durch eine *Folge von Aktivitäten* (=Verrichtungen an Objekten) definiert, die inhaltlich miteinander verknüpft sind, was ihre Wiederholung und parallele Durchführung nicht ausschließt. Ferner liegt eine *Befristung* vor, d.h., daß ein zeitlicher Rahmen existiert. Er beginnt mit dem erstmaligen Ressourcenverbrauch und endet mit einem festgelegten Ergebnis (Leistungsoutput). Letzteres ist so angelegt, daß es die *Isolation* verschiedener Prozesse voneinander erlaubt.[51]

2.1.1 Zeitliche Strukturierung der Software-Bereitstellungsprozesse

In Analogie zum Produktlebenszyklus, der zwischen Entstehungs- und Marktzyklus differenziert, grenzt der Produktionszeitpunkt zwei Zeitabschnitte voneinander ab: Vor dem Produktionsbeginn schaffen Entwicklung bzw. Implementierung die Voraussetzung zur Software-Nutzung. Danach garantiert die Wartung

---

[50] Vgl. Pfeiffer/Bischof [1974], S. 635ff.

[51] Vgl. Hauschildt [1997], S. 343f. für die Nennung und Beschreibung der Eigenschaften. Dabei läßt er bezüglich der Befristung neben der Ergebnisfixierung auch eine Datumsfixierung zu. Letztere ist hier unzweckmäßig, da die monetären Konsequenzen von *Ergebnissen* den gesuchten Zahlungsstrom bilden.

deren Funktionsfähigkeit. Die abweichende Zielsetzung, die beiden Zeitabschnitten zugrunde liegt, rechtfertigt deren separate Behandlung im Rahmen der Phasenabgrenzung von Standardsoftware und Individualsoftware.

Insgesamt entsteht ein Prozeßmodell, das sich genetisch nach Fachkonzept, DV-Konzept, Realisation, Abnahme, Einführung, Stabilität und Ersatz gliedern läßt. Dabei strukturieren die ersten vier Phasen die Entwicklung bzw. Implementierung, während die restlichen Abschnitte der Wartung zuzurechnen sind.

2.1.1.1 Phasenmodell der Individualsoftware-Bereitstellung

1. Alle im Rahmen der *Individualsoftware-Entwicklung* zu erledigenden Aufgaben werden organisatorisch in einem Projekt zusammengefaßt, das sich genetisch nach Fachkonzept (Phase I), DV-Konzept (Phase II), Realisation[52] im Sinne von Programmierung und Test (Phase III) sowie Abnahme[53] (Phase IV) untergliedern läßt.[54] Dabei ist der Abschluß jedes so definierten Abschnitts durch ein Sachergebnis und einen Fertigstellungstermin gekennzeichnet.

Die im Projektrahmen abzuwickelnden Aufgaben sind in verschiedener Weise voneinander abhängig: Während ihre Reihenfolge zum Teil zwingend vorgegeben ist, besteht in anderen Bereichen die Möglichkeit zur Parallelisierung. Beispielsweise können Programme erst nach ihrer Erstellung getestet werden, während die Reihenfolge der Codierung von Funktionen nicht immer zwingend ist. Dies macht deutlich, daß auf allgemeiner Ebene lediglich ein grobes Grundmodell bereitgestellt werden kann, das für verschiedene Konkretisierungen offen ist. Entsprechend sind in der Literatur eine große Anzahl alternativer

---

[52] Der Begriff Realisation wird hier gewählt, um später Parallelen zur Standardsoftware-Implementierung aufzuzeigen und eine einheitliche Phasenabgrenzung für beide Softwaretypen zu ermöglichen.

[53] Einige Autoren bezeichnen diese Phase als „Einführung" (vgl. z.B. Stahlknecht [1995], S. 237ff.; Biggs/Birks/Atkins [1980], S. 115). In anderen Publikationen und in dieser Arbeit wird die erste Produktionsphase mit dem Begriff „Einführung" belegt (vgl. Heinrich [1996a], S. 235f.).

[54] Sneed [1987], S. 27ff. bezeichnet die Phasen mit Anwendungsspezifikation (Hauptergebnis: Fachkonzept), Systementwurf (Hauptergebnis: DV-Konzept), Programmierung, Test und Abnahme.

Phasenmodelle dokumentiert,[55] die aber alle obige Grundstruktur aufweisen, wobei eine Fülle verschiedener Begriffe Verwendung finden.[56] Ferner stimmen die Phasengrenzen nicht immer präzise überein.

Gelegentlich werden unter den Stichworten Prototyping, evolutionäre Software-Entwicklung usw. Alternativen zum klassischen Phasenmodell vorgeschlagen.[57] Hierbei handelt es sich jedoch nicht um Strukturierungsvarianten, sondern um Konkretisierungen klassischer Phasenmodelle: Einige Autoren unterscheiden exploratives, experimentelles und evolutionäres Prototyping.[58] Ersteres zielt auf eine vollständige Fachspezifikation ab. Dazu wird ein Musterprogramm zur Überprüfung konkreter Anwendungsbeispiele entwickelt. Dies erleichtert die Lokalisierung gewünschter Softwarefunktionen, also die Erstellung des Fachkonzepts.[59] Das Ziel des *experimentellen Prototyping* liegt dagegen in einer vollständigen Spezifikation der softwaretechnischen Anforderungen als Grundlage für die Realisation. Dazu wird ein Musterprogramm ausgearbeitet, das es erlaubt, anhand konkreter Anwendungsbeispiele die Zweckmäßigkeit der Schnittstellen, deren Flexibilität und Erweiterbarkeit im Experiment zu erproben.[60] Dies vereinfacht die Anfertigung des DV-Konzepts. Exploratives und experimentelles Prototyping können so als Werkzeuge zur Aufgabenerledigung in den Phasen Fachkonzept und DV-Konzept interpretiert werden.

Unter *evolutionärem Prototyping* oder *evolutionärer Software-Entwicklung* wird für gewöhnlich eine sukzessive Vorgehensweise verstanden, bei der zunächst eine erste Softwareversion nach klar definierten Anforderungen realisiert und

---

55 Einen Überblick über gängige Phasenschemata kann Droste [1986], S. 169 entnommen werden.

56 Vgl. Sneed [1987], S. 27; Pocsay [1987], S. 32. In der Praxis sind die Begriffe nicht trennscharf, zumal Rückkopplungen zwischen den Phasen auftreten können. Dabei ist eine *Rückkopplung* eine i.d.R. kleine Korrektur von Arbeitsergebnissen einer vorhergehenden Phase, deren Notwendigkeit zur Revidierung erst später erkannt wird.

57 Vgl. z.B. Sneed [1987], S. 25; Schmidt [1996], S. 50.

58 Vgl. Heinrich [1996b], S. 61f.; Biethahn/Mucksch/Ruf [1996], S. 213ff.

59 Vgl. Heinrich [1996b], S. 61.

60 Vgl. Heinrich [1996b], S. 61f.

produktiv wird. Darauf aufbauend erfolgt die Entwicklung einer Folgeversion, die weitere Benutzerwünsche integriert und mit der der gesamte Prozeß von neuem beginnt.[61] Jeder Schritt wird im Rahmen eines Projekts unter Anwendung eines Phasenmodells realisiert und basiert daher ebenfalls auf der hier eingeführten Grundstruktur.

Die Phasen fassen ihrerseits Prozesse zusammen, die in Tabelle 1 mit ihrem Leistungsoutput (Ergebnis) skizziert sind.

Phase	Prozesse	Ergebnis (Leistungsoutput)
I: Fachkonzept	Anforderungen sammeln und analysieren, logische Strukturierung der Funktionen, Daten und Schnittstellen	Leistungsbeschreibung, Funktionenmodell, Datenmodell
II: DV-Konzept	Erstellung von Programmiervorgaben für Programme, Schnittstellen und Migration (d.h. Altdatenübernahme), physische Strukturierung der Daten	physisches Datenbankschema, Programmentwurf, Schnittstellenspezifikation, Migrationskonzept
III: Realisation	Codierung und Test von Programmen, Schnittstellen und Migration	ausführbare Programme und ladefähige Datenbanken für Anwendung, Schnittstellen und Migration
IV: Abnahme[62]	Einarbeitung der Anwender und Anwenderbetreuung, Fehlerbeseitigung, Migration	produktive Software, Datenbank mit Altdaten, fachkundige Anwender

Tabelle 1: Prozesse und Ergebnisse der Individualsoftware-Entwicklung im Phasenmodell[63]

Neben den umrissenen Prozessen erfordern zielkonforme Ergebnisse in allen Phasen begleitende Tätigkeiten des Projekt-, Qualitäts- und Konfigurationsmanagements. Ferner sind über die rein DV-technische Software-Erstellung hin-

[61] Vgl. Heinrich [1996b], S. 62.

[62] In einigen Veröffentlichungen, wie z.B. Droste [1986], S. 168, 223 umfaßt die letzte Phase der Software-Entwicklung zusätzlich einen Teil der Nutzungsdauer.

[63] Ähnliche Phaseninhalte und zeitabschnittbezogene Ergebnisse beschreibt Sneed [1987], S. 27ff. Dabei wird hier mit dem expliziten Einbezug von Migration, Schnittstellen und betreuenden Aktivitäten eine stärkere Differenzierung vorgenommen, um später Unterschiede und Parallelen zur Standardsoftware aufzuzeigen.

aus, die im folgenden als *Entwicklung im engeren Sinn* bezeichnet wird, eine Reihe weiterer Maßnahmen vornehmlich organisatorischer Art notwendig. Sie liegen außerhalb der Mensch/Computer-Schnittstelle und werden mit dem Begriff *Rahmenorganisation* belegt.[64] Die verschiedenen Ergebnisse setzen sich - über die in Tabelle 1 skizzierte Untergliederung hinaus - ihrerseits aus Teilresultaten (Prozessen) zusammen, die unternehmensintern definiert und daher einer allgemeinen Analyse nicht mehr zugänglich sind. Dabei werden auch Prozesse für die vorher angesprochenen begleitenden Tätigkeiten abgegrenzt und Phasen zugeordnet.

2. Mit Übergabe der Software an die Produktion beginnt die *Wartung,* die in Ermangelung einer einheitlichen Definition zunächst begrifflich präzisiert werden soll. Nach ihrer Ursache werden in der Literatur Korrektiv-Wartung, Anpassungs-Wartung und Erweiterungs-/Verbesserungs-Wartung unterschieden.[65]

Korrektiv-Wartung[66] umfaßt die Beseitigung von Fehlern, die sich auch auf Änderungs- und kleine Erweiterungswünsche kurz nach Produktionsbeginn erstreckt. Ihre Ursache liegt darin, daß die Anwender aufgrund des Fachkonzepts nur eine unscharfe Vorstellung von der fertigen Software entwickeln können, so daß ihnen ihre Anforderungen erst mit Produktionsbeginn vollständig bewußt werden. Mithin sind die zu beseitigenden Mängel im Fachkonzept begründet. Schließlich lassen sich Fehler in der Benutzerführung auf unzulängliche Benutzerschulung bzw. -beratung zurückführen, die durch Betreuungsmaßnahmen im Rahmen der Korrektiv-Wartung zu beseitigen sind.[67]

---

[64] Vgl. Gantenbein/Zanga [1990], S. 86.

[65] Vgl. Swanson [1976], S. 492f.; Pocsay [1987], S. 81f.

[66] Heinrich [1996a], S. 236 verwendet den Begriff Korrektur-Wartung.

[67] In der Literatur wird dieser Aspekt meist nicht benannt und daher auch nicht unter dem Terminus „Korrektiv-Wartung" subsumiert. Da die investitionsrechnerische Erfassung der entsprechenden Ausgaben aber notwendig ist, und die betroffenen Aktivitäten sich über die angesprochene Interpretation in die gewählte Systematik einfügen, erfolgt hier eine entsprechende Ausdehnung des Begriffs.

Alle Aktivitäten zur Anpassung der Software an veränderte Umweltbedingungen mit dem Ziel, deren Funktionsfähigkeit aufrecht zu erhalten, werden unter dem Begriff *Anpassungs-Wartung* subsumiert. Letzterer können sowohl technikbezoge (z.B. Umstellungen im Betriebssystem) als auch fachlich-organisatorische (z.B. geänderte gesetzliche Bestimmungen, neue Anwendergruppen) Ursachen zugrunde liegen.

Darüber hinaus wird der Wartungsbegriff von einigen Autoren auf die Realisation nachträglicher Anforderungen der Anwender an Funktionalität und Qualität ausgeweitet.[68] Die dazu notwendigen Aktivitäten werden mit dem Terminus *Erweiterungs-/Verbesserungs-Wartung* belegt. Im Gegensatz zur Anpassungs-Wartung zielen sie nicht auf die Erhaltung, sondern auf die Verbesserung der Leistung produktiver Software ab. Da entsprechende Maßnahmen nicht zur Wartung im hier definierten Sinn gehören, sollen sie auch nicht berücksichtigt werden.[69] Diese Festlegung ist zweckmäßig, da jede Realisation nachträglicher Anforderungen eine separate Entscheidung und somit eine Wirtschaftlichkeitsbetrachtung voraussetzt, die mindestens auf einer groben Abschätzung der zu erwartenden Ausgaben und Einnahmen unter Berücksichtigung der Restnutzungsdauer basieren sollte. Der Einbezug dieser Zahlungsströme in die vorliegende Investitionsentscheidung zwischen Standardsoftware und Individualsoftware ist daher nicht notwendig.[70]

Hinsichtlich des so präzisierten Wartungsbegriffs läßt sich feststellen: Jede Fehlerkorrektur und jede Anpassungsmaßnahme ist durch eine befristete Kette von Aktivitäten mit eigenständigem Leistungsoutput (Software ohne Fehler x, an Situation y angepaßte Software) gekennzeichnet und folglich ein Prozeß.

---

[68] Vgl. Swanson [1976], S. 492ff.; Lehner [1989], S. 50ff.; Heinrich [1996b], S. 57.

[69] Zur Definition vgl. Kapitel 1.3, S. 14ff.

[70] Eine entsprechende Integration müßte darüber hinaus nicht nur die Prognose der zukünftig auftretenden diesbezüglichen Entscheidungen, sondern auch die dabei gewählte Alternative umfassen, was in der Praxis nur mit hohen Unsicherheiten bewerkstelligt werden kann.

Abweichend zur Individualsoftware-Entwicklung kann die Unterschiedlichkeit der Prozesse bei der Wartung nicht unmittelbar zur zeitlichen Strukturierung verwendet werden, da sowohl Korrektiv-, als auch Anpassungs-Maßnahmen während der gesamten Nutzungsdauer erforderlich sind. Mittelbar verändert sich aber die Relevanz der Prozesse im Zeitablauf, so daß sich genetisch drei Phasen abgrenzen lassen:[71]

Da kein Test die Produktionsbedingungen perfekt simulieren kann, dominieren in *Phase V (Einführung)* die Korrektiv-Wartungsprozesse. Ziel ist es, die Routineaufgaben mit der neuen Software abzuwickeln. Folglich treten Konzeptions- und Codierfehler in häufig angesprochenen Programmmodulen zutage. Weiter werden durch mangelhafte Datenbestände Migrationsfehler ersichtlich. Auch die Geschwindigkeit, mit der die Software Daten verarbeitet und auf Benutzereingaben reagiert (= Laufzeitverhalten), ist häufig mangelhaft, weil entsprechende Abschätzungen während der Konzeption nur sehr ungenau und mit hohem Zeitaufwand möglich sind.[72] Verbesserungen erfordern hier sogenannte *Tuningmaßnahmen*. Da die Anwender mit der Software nicht vertraut sind, kennzeichnet weiter eine hohe Anzahl von Betreuungsprozessen dieses Stadium. Fehlerhafte Annahmen im Fachkonzept verursachen schließlich eine Reihe kleinerer Änderungs- und Erweiterungswünsche.[73] Diesen umfangreichen Korrektiv-Wartungsprozessen steht eine sehr geringe Anzahl von Anpassungs-Wartungsprozessen gegenüber, da kurzfristig erwartete Umweltentwicklungen bereits adaptiert sind. Mit der Erreichung des Phasenziels löst sich das Projektteam auf. Die Software ist *stabil* (vgl. Tabelle 2).

In *Phase VI (Stabilität)* gilt es vornehmlich, die Eignung der Software zur Unterstützung der Fachaufgabe zu erhalten, was ihre zeitnahe Anpassung an Um-

---

[71] In der Literatur existieren ebenfalls Phasenmodelle mit drei und vier Phasen, die jedoch die Erweiterungs-/Verbesserungs-Wartung mit einbeziehen und daher nicht unmittelbar übertragbar sind (vgl. z.B. Vollmann [1990], S. 146f.; Pocsay [1987], S. 152f.; Lehner [1989], S. 126f.; Heinrich [1996a], S. 235ff.). Es liegt jedoch keine trennscharfe Abgrenzung vor.

[72] Vgl. Sneed [1976], S. 114, 176; Pocsay [1987], S. 152.

[73] Die zügige Realisation dieser ersten Änderungswünsche ist aus Akzeptanzgründen unbedingt erforderlich.

weltentwicklungen (Anpassungs-Wartung) erfordert. Fehler treten lediglich in selten angesprochenen Modulen oder infolge einer bestimmten, eher zufällig ausgeführten Bedienungskonstellation auf. Ferner implizieren Wartungsprozesse neue Korrekturmaßnahmen,[74] insbesondere dann, wenn komplexe und umfangreiche Anpassungen durchgeführt werden. Die Phase endet mit der Entscheidung über den Software-Ersatz, welcher nicht mit dem Ende der Nutzungsdauer verwechselt werden darf (vgl. Tabelle 2).

In *Phase VII (Ersatz)* wird die ausgewählte neue Alternative entwickelt bzw. implementiert. Angesichts der kurzen Restnutzungsdauer sind eine Reihe möglicher Wartungsprozesse nicht mehr zweckmäßig, da die erforderlichen Ausgaben nur in wenigen Perioden Einnahmen erwirtschaften. Ferner wird das Wartungspersonal als Wissenslieferant für das Neuprojekt benötigt, was zur Bindung von Ressourcen führt, die für ihre bisherige Aufgabe nur noch eingeschränkt zur Verfügung stehen. Dies zieht eine Reduktion der realisierten Wartungsprozesse auf die notwendigsten Eingriffe nach sich.[75] Phase VII endet mit der Ablösung der ursprünglichen Software (vgl. Tabelle 2).

Phase	Phasenende	dominierende Prozesse
V: Einführung	Erledigung der Routineaufgaben ohne Fehler durch ausgebildete Anwender	Korrektiv-Wartung
VI: Stabilität	Entscheidung für den Software-Ersatz	Anpassungs-Wartung
VII: Ersatz	Produktionsbeginn der neuen Software	keine

Tabelle 2: Prozesse der Individualsoftware-Wartung im Phasenmodell

3. *Insgesamt läßt sich die Individualsoftware-Bereitstellung durch ein Phasenmodell mit den sieben Phasen Fachkonzept, DV-Konzept, Realisation, Abnahme, Einführung, Stabilität und Ersatz strukturieren, die ihrerseits verschiedene Prozesse zusammenfassen (vgl. Tabelle 1, Tabelle 2).*

---

[74] Vgl. Pocsay [1987], S. 147.

[75] Vollmann [1990], S. 146 überzeichnet diesen Sachverhalt, indem er konstatiert, daß dem Benutzer in der letzten Phase lediglich erklärt wird, wie er Fehler umgehen kann. Vollmann unterscheidet hierbei die vier Zeitabschnitte Nachentwicklung, Evolutionäre Wartung, Konservative Wartung und Benutzerberatung.

2.1.1.2 Phasenmodell der Standardsoftware-Bereitstellung

1. Während Individualsoftware unter dem Stichwort Software-Engineering in der Wirtschaftsinformatik intensiv diskutiert worden ist, beschränken sich die Veröffentlichungen zur Standardsoftware im wesentlichen auf die vergleichende Aufzählung von Vorteilen und Nachteilen. Hierauf aufbauend lassen sich Aussagen über Standardsoftware aus solchen für Individualsoftware durch Berücksichtigung der Unterschiede zwischen beiden Handlungsalternativen gewinnen. Dies erfordert eine gemeinsame Basis, von der aus Abweichungen untersucht werden können.

Vor der Konstruktion eines solchen Ansatzpunktes soll die Standardsoftware-Implementierung begrifflich präzisiert werden: Standardsoftware kann nach ihrem Erwerb nicht unmittelbar in die Produktion übergehen, sondern ist vorab zu *implementieren*. Diese Aufgabe umfaßt den unternehmensindividuellen Zuschnitt - die sogenannte *Implementierung im engeren Sinn* - sowie die *Rahmenorganisation*. Letztere beinhaltet im wesentlichen die Anpassung des Unternehmens an das durch die Standardsoftware vorgegebene betriebswirtschaftliche Modell, die durch Umstrukturierungen der Aufbauorganisation und Veränderungen der Ablauforganisation (z.B. in der Abwicklung von Geschäftsprozessen) erreicht wird.[76] Für die *Implementierung i.e.S.* hat der Hersteller eine Vielzahl von Konfigurationsmöglichkeiten vorgesehen, die im folgenden als *standardsoftwareeigene Anpassungshilfsmittel*[77] bezeichnet werden. Sie können grob nach Parametereinstellungen, User-Exits, Generatoren und Endbenutzersprachen klassifiziert werden: Durch die typischerweise in Tabellen niedergelegten *Parametereinstellungen* wird der Programmablauf modifiziert. Mittels derselben Steuerung erfolgt auch die Detailspezifikation der *Generatoren*, die aufbauend benutzerspezifische Listen, Masken usw. erzeugen. *User-Exits* sind vom Hersteller definierte Schnittstellen, die es erlauben, eigene Unterprogram-

---

[76] Vgl. Pietsch [1994], S. 8. Beispielsweise könnte Standardsoftware eine eindeutige Zuordnung vom Disponenten zum Material besitzen. In diesem Fall kann die Materialdisposition nicht dezentral auf verschiedene Disponenten verteilt werden. Wird bisher dezentral disponiert, zwingt die Standardsoftware zur Neuorganisation (vgl. Kirchmer [1993], S. 137).

[77] Pietsch [1994], S. 7ff. verwendet den Begriff analog.

me in die Standardsoftware zu integrieren. *Endbenutzersprachen* ermöglichen schließlich dem Anwender, Ad-hoc-Abfragen, Updateroutinen usw. zu erstellen.[78] Die Konfiguration der Standardsoftware durch standardsoftwareeigene Anpassungshilfsmittel heißt *Customizing*.[79]

Darüber hinaus wäre ein konkreter Eingriff in den Quellcode des Programms denkbar, der Strukturen und die Funktionalität der Standardsoftware möglicherweise entscheidend verändert. Anpassungen dieser Art werden gelegentlich als *Modifikationen*[80] bezeichnet. Betriebswirtschaftlich betrachtet führen letztere zu einer Mischform zwischen Standardsoftware und Individualsoftware, die in dieser Arbeit nicht berücksichtigt wird: Modifikationen verlieren in der Praxis zunehmend an Bedeutung, da entsprechende Aktivitäten die Hinzuziehung von Spezialisten erfordern.[81] Sie sind mit jedem Releasewechsel zu testen, zum Teil sogar neu zu analysieren und zu codieren, wenn die ursprünglich modifizierten Programme durch neue ersetzt werden. Dies zieht erhebliche Ausgaben nach sich.[82] Schließlich senken Modifikationen auch ohne Releasewechsel die Programmstabilität und Ablaufsicherheit.[83]

Mit der begrifflichen Präzisierung läßt sich eine Vergleichsbasis zur Individualsoftware durch *Interpretation der standardsoftwareeigenen Anpassungshilfsmittel als Programmiersprache* schaffen.[84]

---

[78] Vgl. Pietsch [1994], S. 7ff.

[79] In der Literatur werden die Begriffe *Customizing und Parametrisierung* gelegentlich synonym verwendet (vgl. z.B. Keil/Lang [1998], S. 851). Darüber hinaus bezeichnet Thome [1999], S. 572 diese Tätigkeit nur dann als Customizing, wenn keine zu umfangreichen Anpassungsmöglichkeiten gegeben sind. Die Auswahl, Einrichtung und Einstellung derjenigen Programmstücke, die in einer Softwarebibliothek bereitgestellt sind und für aktuelle betriebliche Aufgaben benötigt werden, bezeichnet Thome [1999], S. 572, als *Adaption*.

[80] Vgl. Meister [1990], S. 36.

[81] Vgl. Tödtli [1990], S.129.

[82] Vgl. Tödtli [1990], S.129; Meister [1990], S. 36; Rieder [1988], S. 68; Hüttenhain [1990], S. 142; Steinmann [1988], S. 271; Füglistaler [1990], S. 159; Wiskot [1996], S. 28; o.V. [1996], S. 22; Buxmann/König [1997], S. 335ff.

[83] Vgl. Grupp [1994], S.106.

[84] Auch Österle [1990a], S. 20 weist darauf hin, daß die standardsoftwareeigenen Anpassungshilfsmittel im weitesten Sinn als Sprachen bezeichnet werden können, mit denen der Anwender seine Software schreibt.

Programmiersprachen bestehen aus Sprachkomponenten wie Befehlen, Worten oder Symbolen. Dabei wird die Zusammensetzbarkeit dieser Elemente durch Vorschriften so geregelt, daß der Computer bestimmte Verarbeitungsschritte ausführt.[85] Die Vorschriften werden auch als *Grammatik* bezeichnet.[86] Sie führen dazu, daß die Funktionsweisen der Programmiersprachen *einfach* zu verstehen sind. Mit der Kenntnis der Grammatik kann (fast) jedes DV-Konzept codiert werden.[87] Programmiersprachen sind folglich auf *universelle* Anforderungen anwendbar. Ferner weisen die i.d.R. gut dokumentierten Grammatiken Ähnlichkeiten auf, die es erlauben, diesbezügliche Kenntnisse ohne langwierige Einarbeitung zu transferieren.[88] Programmiersprachen sind m.a.W. *standardisiert*.

Standardsoftwareeigene Anpassungshilfsmittel basieren dagegen nicht auf „Vorschriften" im Sinne allgemeingültiger Anweisungen, die - einmal erlernt - universell anwendbar sind. Vielmehr stellen sie ein Konglomerat verschiedenster, wechselseitig interdependenter Konfigurationsmöglichkeiten ohne einheitliches Design dar. Dabei sind sie in ihrer Funktionalität und Wirkungsweise selbst von Experten kaum zu überblicken.[89] Das Customizing wird zusätzlich dadurch erschwert, daß den Handbüchern weder alle Anpassungsvarianten entnommen werden können, noch die betriebswirtschaftlichen Zusammenhänge der Parameter ausreichend erklärt sind.[90] Standardsoftwareeigene Anpassungshilfsmittel sind demgemäß *komplex*.

---

[85] Hier werden nur Programmiersprachen der 3./4. Generation betrachtet, da solche der 1./2. Generation zur Entwicklung neuer kommerzieller Anwendungen heute nicht mehr eingesetzt werden.

[86] Vgl. Ott [1991], S. 223.

[87] In der Theoretischen Informatik sind Beispiele für nicht berechen- und folglich nicht programmierbare Funktionalitäten bekannt. Weiter ist in Einzelfällen nicht auszuschließen, daß eine Programmiersprache zwar ein ähnliches, aber nicht genau das gewünschte Oberflächendesign einer Maske zuläßt. Die Verfasserin ist in ihrer vierjährigen Erfahrung mit der Steuerung verschiedener Individualsoftware-Projekte bisher keinem solchen Fall begegnet.

[88] Etwas mehr Zeit benötigt die Umstellung von einer Programmiersprache der 3. auf eine der 4. Generation.

[89] Vgl. Pietsch [1994], S. 2.

[90] Vgl. Mertens/Wedel/Hartinger [1991], S. 572 und Pietsch [1994], S. 28.

Da keine allgemeingültigen Vorschriften existieren, weisen die Konfigurationswerkzeuge verschiedener Handlungsalternativen bzw. Hersteller nur wenige Ähnlichkeiten auf, so daß selbst dann umfangreiche Einarbeitungsaktivitäten notwendig sind, wenn das mit der Implementierung betraute Personal Erfahrung mit alternativer Standardsoftware besitzt. In diesem Sinn können standardsoftwareeigene Anpassungshilfsmittel als *individuell* bezeichnet werden. Ferner sind Customizing-Aktivitäten nur innerhalb eines vorgegebenen *Rahmens* möglich, während mit Programmiersprachen die in der Praxis vorkommenden Fachanforderungen codierbar sind.[91] Dabei ist die Begrenzung vornehmlich durch das der Standardsoftware zugrunde liegende betriebswirtschaftliche Unternehmensmodell definiert. Vorteilhaft ist dagegen, daß bereits wenige Aktionen eine große Wirkung erzielen. So liegt die Anzahl der Customizingeinträge weit unter zehn Prozent der Befehle einer Programmiersprache der 4. Generation. Die vom Hersteller bereitgestellten Konfigurationswerkzeuge sind also sehr viel *mächtiger* als Programmiersprachen.

Mithin lassen sich standardsoftwareeigene Anpassungshilfsmittel durch die Begriffe Komplexität, Individualität, Rahmen und Mächtigkeit charakterisieren, während auf Programmiersprachen Einfachheit, Standardisierung, Universalität und Detaillierung zutrifft. Alle Unterschiede zwischen Standardsoftware und Individualsoftware liegen ursächlich in diesen vier Charakteristiken begründet.

2. Mit der dargestellten deskriptiv-begrifflichen Aufarbeitung wird deutlich, daß im Rahmen der Implementierung Prozesse abzuwickeln sind, die denen der Individualsoftware-Entwicklung entsprechen. Dieser Sachverhalt erlaubt insbesondere eine Strukturierung in vier Phasen, die im folgenden ebenfalls mit Fachkonzept (Phase I), DV-Konzept (Phase II), Realisation (Phase III) und Abnahme (Phase IV) bezeichnet werden:

Nach der Entscheidung für Standardsoftware kann im Rahmen der Phase II (DV-Konzept) nicht unmittelbar mit der Erstellung des Äquivalents zum DV-

[91] Vgl. Fußnote 87.

Konzept der Individualsoftware-Entwicklung begonnen werden. Dies setzt Kenntnisse über Konfigurationsvarianten voraus, die aufgrund ihrer Individualität weder angenommen werden können, noch aus der Erfahrung mit anderer Standardsoftware einfach übertragbar sind.[92] Auch über entsprechende Informationen verfügende externe Berater üben lediglich eine Unterstützungsfunktion aus. Sie ersparen die Ausbildung eigener Mitarbeiter nicht.[93] Folglich beginnt die Phase II, die im folgenden auch mit II/1 (Ausbildung) bezeichnet wird, mit der Schulung und Einarbeitung des gesamten Projektteams.[94]

Nach Beendigung der Ausbildung werden Customizing, Schnittstellen und Migration konzipiert (Phase II/2, Implementierungskonzept). Dabei legt das Customizing-Konzept ein konkretes Vorgehen für die Umsetzung des Fachkonzepts in eine Implementierung fest. Implizit wird so ebenfalls dokumentiert, welche Anforderungen mit Standardsoftware nicht erfüllbar sind.

Ziel der anschließenden Phase III (Realisation) ist die Übergabe der Standardsoftware an den Anwender, wobei an die Stelle der Codierung das Customizing tritt. Zusätzlich sind die Schnittstellen- und Migrations-Programme zu codieren und zu testen. Mit Beendigung dieser Aufgaben beginnt Phase IV (Abnahme), an deren Ende der Produktionszeitpunkt steht. Die dazu erforderlichen Aktivitäten entsprechen denen der Individualsoftware (vgl. Tabelle 3).

Genau wie bei der Individualsoftware-Entwicklung erfordern zielkonforme Ergebnisse neben den umrissenen Prozessen in allen Phasen begleitende Tätigkeiten des Projekt-, Qualitäts- und Konfigurationsmanagements sowie der Rahmenorganisation. Während die Einfachheit der Programmiersprachen darüber hinaus in allen Phasen eine tiefe Prozeßstrukturierung ermöglicht, stehen die Abhängigkeiten der standardsoftwareeigenen Anpassungshilfsmittel, welche

---

[92] Ein partieller Wissenstransfer ist zwischen verschiedenen Komponenten der gleichen Standardsoftware möglich, da hier die bereichsübergreifenden Steuertabellen, das grundsätzliche Handling und die Implementierungshilfen übereinstimmen.

[93] Erfolgt die Einführung ohne ausreichende Einbindung eigener Mitarbeiter besteht die Gefahr, daß spätere Anpassungen nicht durchgeführt werden können (vgl. Thome [1999], S. 576).

[94] Vgl. Grupp [1994], S. 99.

die Komplexität begründen, einer solchen für Implementierungen entgegen. Sofern eine tiefere Strukturierung überhaupt möglich ist, ist sie standardsoftwarespezifisch (Individualität) und muß unternehmensintern für jedes Projekt neu festgelegt werden.

Phase	Prozesse	Ergebnis (Leistungsoutput)
I: Fachkonzept	Anforderungen sammeln und analysieren, logische Strukturierung der Funktionen, Daten und Schnittstellen	Leistungsbeschreibung, Funktionenmodell, Datenmodell
II: DV-Konzept	Ausbildungsaktivitäten, Vorgabenerstellung für Customizing, Schnittstellen und Migration	fachkundige Projektmitglieder, Customizingkonzept, Migrationskonzept
III: Realisation	Customizing, Codierung der Schnittstellenprogramme, Codierung der Migrationsprogramme	konfigurierte Standardsoftware, ausführbare Programme und ladefähige Datenbanken für Schnittstellen und Migration
IV: Abnahme	Einarbeitung der Anwender und Anwenderbetreuung, Fehlerbeseitigung, Migration	produktive Software, Datenbank mit Altdaten, fachkundige Anwender

Tabelle 3: Prozesse und Ergebnisse der Standardsoftware-Implementierung im Phasenmodell

3. Mit der Übergabe der Standardsoftware an die Produktion beginnt die Wartung, die aus den drei Elementen *Wartungslizenz*, *Implementierung neuer Release* und laufende *Customizing- und Schnittstellen-Wartung* besteht:

Standardsoftware wird vom Hersteller durch Fehlerkorrekturen, Anpassungen an Umwelt- und häufig auch Fortentwicklungen regelmäßig gewartet. In periodischen Abständen erfolgt die Bündelung der Ergebnisse zu *Releasen*, deren Einsatz beim Kunden die Legitimation durch eine Wartungslizenz erfordert. Für letztere sind i.d.R. 10 bis 15% des Kaufpreises pro Jahr zu entrichten.[95]

[95] Vgl. Tödtli [1990], S. 136.

Daraus kann jedoch nicht gefolgert werden, daß im Unternehmen keine weiteren Wartungsprozesse notwendig sind. Da die Betriebsbereitschaft alter Versionen vom Hersteller nur für begrenzte Zeit garantiert wird, besteht geradezu ein Zwang, neue *Release* zu implementieren.[96] Die dazu notwendigen Tätigkeiten können mit denen der Erstimplementierung verglichen werden. Sie definieren ein neues Projekt und bedingen einen hohen Zeitaufwand.[97] So bezeichnet Kitzinger den Wechsel, nachdem das Unternehmen zwei Release in Rückstand geraten ist, bereits als Neueinführung.[98]

Weitere Wartungsmaßnahmen erstrecken sich auf *Customizing* und *Schnittstellen,* bei denen große Ähnlichkeiten zur Individualsoftware bestehen: Während die Erstellung letzterer ohnehin unternehmensspezifisch erfolgt, wird die Customizing-Wartung durch Interpretation der standardsoftwareeigenen Anpassungshilfsmittel als Programmiersprache indirekt vergleichbar. Infolgedessen lassen sich diesbezügliche Aktivitäten ebenfalls zu den drei Prozessen Korrektiv-Wartung, Anpassungs-Wartung und Erweiterungs-/Verbesserungs-Wartung bündeln.

Korrektiv-Wartung umfaßt die Korrektur von Schnittstellen- und Customizingfehlern sowie Änderungen, kleinere Erweiterungen und Benutzerberatung kurz nach Produktionsbeginn. Alle Maßnahmen zur Anpassung der Implementierung an neue Umweltbedingungen, um die Funktionsfähigkeit der Standardsoftware aufrecht zu erhalten, werden dagegen unter dem Begriff *Anpassungs-Wartung* subsumiert. Sie resultieren aus Umgestaltungen im technisch/organisatorischen Umfeld oder der Fachaufgabe. Typische Beispiele sind die Aufnahme neuer Kostenarten und Änderungen im Benutzerkreis.

Schließlich wird das Customizing neuer Funktionen bzw. die Programmierung neuer Schnittstellen mit *Erweiterungs-/Verbesserungs-Wartung* bezeichnet, die

[96] Österle [1990a], S. 27.

[97] Vgl. z.B. Schmid [1990], S. 174.

[98] Vgl. Kitzinger [1990], S. 157.

aber in dieser Arbeit nicht berücksichtigt werden soll, da sie eine separate Wirtschaftlichkeitsbetrachtung voraussetzt.[99]

Mit der vorgenommenen deskriptiv-begrifflichen Präzisierung läßt sich das Phasenschema für Individualsoftware auf Customizing- bzw. Schnittstellenwartung übertragen. Zusätzlich sind die Implementierungen neuer Release einzubeziehen. Sie werden zwar durch die Softwarepolitik des Herstellers bestimmt, verteilen sich in ihrer Tendenz aber gleichmäßig über die Laufzeit und stehen obiger Strukturierung somit nicht entgegen. Daher wird Standardsoftware-Wartung im folgenden ebenfalls in die Phasen V (Einführung), VI (Stabilität) und VII (Ersatz) gegliedert (vgl. Tabelle 4).

Phase	Phasenende	dominierende Prozesse	phasenunabhängige Prozesse: Implementierung neuer Release
V: Einführung	Erledigung der Routineaufgaben ohne Fehler durch ausgebildete Anwender	Korrektiv-Wartung für Schnittstellen und Customizing	
VI: Stabilität	Entscheidung für den Software-Ersatz	Anpassungs-Wartung für Schnittstellen und Customizing	
VII: Ersatz	Produktionsbeginn der neuen Software	keine	

Tabelle 4: Prozesse der Standardsoftware-Wartung im Phasenmodell

4. *Insgesamt läßt sich die Standardsoftware-Bereitstellung zeitlich in die sieben Phasen Fachkonzept, DV-Konzept (Ausbildungs- und Implementierungskonzept), Realisation, Abnahme, Einführung, Stabilität und Ersatz strukturieren, die ihrerseits verschiedene Prozesse zusammenfassen, im Vergleich zur Individualsoftware aber weniger tief gegliedert werden können (vgl. Tabelle 3, Tabelle 4).*

Beide Softwaretypen lassen sich m.a.W. durch ein gemeinsames Phasenmodell strukturieren, in dem die Spezifikation der einzelnen Phasen divergiert.

---

[99] Gelegentlich wird argumentiert, daß allein durch die Wartungslizenz eine Weiterentwicklung der Standardsoftware gewährleistet ist (vgl. z.B. Österle [1990a], S. 28). Dies ist aus Sicht des Anwender-Unternehmens nicht der Fall, da der Einsatz jeder echten Weiterentwicklung deren Customizing voraussetzt.

2.1.2 Modifikation der Prozeßkostenrechnung

1. Die Strukturierung von Software-Bereitstellungsprozessen durch ein Phasenmodell ist eine wichtige Voraussetzung für die Ausgaben-Quantifizierung: Jeder auf der Zeitachse positionierte Prozeß verbraucht Ressourcen. Dies wirkt sich zwar nicht unmittelbar auf die Liquidität aus, die erforderlichen Kapazitätseinheiten müssen aber bereitgestellt werden, wobei die damit verbundenen (nicht notwendig externen) Beschaffungsvorgänge i.d.R. Zahlungsströme auslösen. Folglich sind zum einen Beziehungen zwischen dem Ressourcenverbrauch und dem Leistungsoutput herzustellen und zum anderen die Ausgaben vorausgehender Beschaffungsvorgänge zu planen.

Die Bewältigung der ersten Aufgabe erfordert Transparenz in den betroffenen Kostenstellen der Fachabteilungen, Organisation und Datenverarbeitung. Hierbei handelt es sich um einen abteilungsübergreifenden, fertigungsunterstützenden Gemeinkostenbereich. Mit der Untersuchung solcher Gebiete beschäftigt sich die *Prozeßkostenrechnung*[100]. Sie soll die indirekten Bereiche durch Identifizierung von befristeten Aktivitätenketten mit einheitlichem Leistungsoutput und beeinflussenden Faktoren strukturieren und so einer gezielten Planung und Steuerung zugänglich machen.[101] Dabei geht es auch darum, Beziehungen zwischen dem Leistungsoutput und der Ressourceninanspruchnahme herzustellen.[102] Dies motiviert den Einsatz der Prozeßkostenrechnung zur Ausgaben-Generierung.

Abweichend zum gewünschten Datenmaterial für die Investitionsrechnung werden den Prozessen jedoch *Kosten und keine (Grenz-)Ausgaben* zugeordnet, da die (Prozeß-)Kostenrechnung Fragestellungen beantworten will, für die die

[100] Vgl. Franz [1992], S. 607. Andere, in Deutschland synonym benutzte Begriffe sind *Aktivitätsorientierte Kostenrechnung* (vgl. z.B. Schulte [1989], S. 60) und *Vorgangskostenrechnung* (vgl. z.B. Fröhling [1989], S. 67). In den Vereinigten Staaten werden auch die Bezeichnungen *Activity Accounting* (vgl. z.B. Romano [1988], S. 73) und *Activity-Based Costing* (vgl. z.B. Cooper/Kaplan [1988], S. 96) verwendet. Zur Prozeßkostenrechnung vgl. z.B. Franz [1992], S. 605ff.; Franz [1991], S. 21ff.; Freidank [1993], S. 387ff.; Biel [1991], S. 85ff.; Braun [1999]; Fröhling [1992], S. 723ff.; Kilger [1993], S. 101ff.; Coenenberg [1997], S. 220ff.

[101] Vgl. Götze/Meyerhoff [1993], S. 66.

[102] Vgl. Horváth u.a. [1993], S. 612.

Verwendung einer solchen Rechengröße zweckmäßig ist. Um die Relevanz dieses Aspekts für das vorliegende Problem zu klären, sind die erforderlichen Ressourcen nach Art und Umfang aufzulisten und im Hinblick auf Unterschiede zwischen zugehörigen Kosten und Ausgaben zu analysieren: Zur Software-Bereitstellung werden neben Personal und laufenden Gebrauchsmaterialien vor allem Hardware und unterstützende Software benötigt. Dabei ist zu beachten, daß die letzten beiden Faktoren i.d.R. unternehmensweit angeschafft sind und demnach im investitionsrechnerisch angestrebten Vergleich zur Unterlassungsalternative keine Veränderung eintritt.[103] Den zuzuordnenden Kosten[104] stehen also keine (Grenz-)Ausgaben gegenüber. Daher erstrecken sich die hier notwendigen Planungsaktivitäten neben Gebrauchsmaterialien (in geringem Umfang) vornehmlich auf Personalressourcen.[105] Die Ursache dieser Dominanz liegt in den kreativen Aspekten der Aufgabe begründet, die eine starke Standardisierung und damit die Voraussetzung zur Automatisierung verhindern.[106] Aber selbst bei Beschränkung auf das erforderliche Personal entstehen Kosten, aber nicht notwendig investitionsrechnerisch zu erfassende Zahlungsströme. Solche liegen nur vor, wenn mit dem Verzicht auf die Investition auch die Aktivitätenfolge unterbleibt oder die zur Durchführung erforderlichen Ressourcen nicht beschafft bzw. anderweitig eingesetzt werden können. Und selbst wenn keine Leerkapazitäten zu berücksichtigen sind, stimmen Personalkosten und –ausgaben nicht zwingend überein: Obgleich die Zahlungen der Löhne und Gehälter i.d.R. in kurzen Zeitabständen (häufig am Ende des Monats) erfolgen, ist der periodenkonforme Bezug zur erbrachten Leistung nur dann gegeben, wenn keine Gewährung von Gratifikationen wie Urlaubsgeld, Weihnachtsgeld, Prämien usw. erfolgt, die im Zuge der Kostenermittlung auf den betroffenen Zeitraum (meist ein Jahr) verteilt werden.

---

[103] Werden in Ausnahmefällen durch die Investitionsentscheidung spezifische Anschaffungen impliziert, ist die Prognose des Ausgabenstroms notwendig und mit wenig Schwierigkeiten behaftet.

[104] Es wird vorausgesetzt, daß der Software-Einsatz für betriebsbedingte Zwecke erfolgt.

[105] Diese Auffassung wird in der Literatur geteilt (vgl. Kapitel 1.3, S. 14ff.).

[106] Vgl. z.B. Herrmann [1983], S. 53f.

Insgesamt führt diese Sachlage zwar nicht direkt zur Unbrauchbarkeit der Prozeßkostenrechnung für die beabsichtigte Ausgaben-Generierung, zeigt aber, daß Anpassungen unumgänglich sind, um die im Sinne einer Grenzhandlung erforderlichen Prozesse mit ihren (in obigem Sinne indirekten) Auswirkungen auf die Liquidität zu planen: Das zusätzlich bereitzustellende Personal läßt sich als Differenz zwischen den erforderlichen und vorhandenen Kapazitätseinheiten unter Berücksichtigung von Auslastung und etwaiger Abbaubarkeit ermitteln. Da die Prozeßkostenrechnung lediglich die notwendigen Ressourcen liefert, ist sie entsprechend zu erweitern. Eine Modifikation hinsichtlich der Höhe zugeordneter Wertansätze entsteht, wenn das Vorgehen zwar grundsätzlich beibehalten, anstelle von Kosten aber mit den Ausgaben infolge vorhergehender Beschaffungsvorgänge operiert wird.[107] Anders als bei der traditionellen Prozeßkostenrechnung erfolgt damit eine Beschränkung auf zahlungswirksame Bestandteile und ihre Zuordnung zum Termin des Mittelabflusses.[108]

Ein Anliegen der Prozeßkostenrechnung ist es, Transparenz in Gemeinkostenbereichen zu schaffen. Dies wird durch Aufdeckung von Faktoren erreicht, die Niveau und Struktur der dort anfallenden Kosten bestimmen.[109] Mit den hier vorgenommenen Modifikationen werden die Software-Ausgaben durch Aufdekkung des zugrunde liegenden Variablengefüges quantifiziert. Die Prozeßkosten-

---

[107] Mit dieser Modifikation wäre der Begriff *Prozeßausgabenrechnung* zutreffend. Die Bezeichnung Prozeßkostenrechnung wird aber beibehalten, da sie in der Literatur üblich ist. Obgleich im Zusammenhang mit diesem spezifischen Kostenrechnungssystem überwiegend der wertmäßige Kostenbegriff Verwendung findet, ist die Fundierung durch Zahlungen in der Kostenrechnung nicht neu. Beispielsweise orientieren sich Riebel [1978], S. 143 mit seiner Einzelkosten- und Deckungsbeitragsrechnung, Albach [1988], S. 1161 mit seiner Transaktionskostenrechnung und Bohr/Schwab [1984], S. 148 mit ihrem pagatorischen Kostenbegriff an Zahlungsströmen. Zur Nutzung monetärer Größen in Kostenrechnungen vgl. auch Holzwarth [1993], S. 240ff.

[108] Generell folgt hieraus unmittelbar der Ersatz kalkulatorischer Ansätze für Abschreibungen und Mieten durch Lizenzgebühren und ggf. Mietzahlungen sowie der Verzicht auf die kalkulatorische Erfassung von Unternehmerlohn, Zinsen und Wagnissen. Mit Ausnahme des kalkulatorischen Unternehmerlohns bezieht sich der Ausschluß jedoch nur auf die Erfassung im Ausgabenstrom und nicht auf die mittels Investitionsrechnungen generierte Entscheidungsempfehlung, in die Zinsen in Form realisierbarer Finanzierungsalternativen Eingang finden, während Wagnisse mittels Sensitivitätsanalysen offengelegt werden. Die Höhe der Wertansätze stimmt nicht überein.

[109] Vgl. Franz [1992], S. 607.

rechnung wirkt dabei problemstrukturierend, indem sie das Vorgehen zur Erledigung dieser Aufgabe festlegt. Die so vorgegebenen Schritte lassen sich im konkreten Einzelfall durch weitere Instrumente und Verfahren unterstützen, wie sie beispielsweise für Kostenplanungen entwickelt werden.[110] Zu diesem Zweck können auch die isoliert nebeneinanderstehenden Schätzverfahren der Wirtschaftsinformatik herangezogen werden, die so ihrerseits einen übergreifenden, theoretischen Bezugsrahmen erhalten. Schließlich besteht sowohl bei der Entwicklung bzw. Implementierung als auch bei der Wartung ein Gestaltungsspielraum, dem (Prozeß-)Kostenrechnungen mit Planwerten begegnen, die auf der Prämisse wirtschaftlicher Aufgabenabwicklung basieren. Dementsprechend haben die Ergebnisse (mit unterschiedlicher Intensität) nicht nur Vorschau-, sondern auch Vorgabecharakter.

Im folgenden sollen die modifizierte Prozeßkostenrechnung und ihre Anwendung auf das hier vorliegende, spezifische Problem skizziert werden. Im Mittelpunkt stehen Prozesse, die als primäres Zurechenobjekt für Ausgaben dienen.[111] Zur Definition von Prozessen wird der Untersuchungsbereich im Rahmen einer *Tätigkeits- oder Prozeßanalyse* in befristete Aktivitätenfolgen mit einheitlichem Leistungsoutput strukturiert.[112] Alsdann erfolgt die Zusammenfassung und hierarchische Anordnung von Teil- und Hauptprozessen. Dabei bezeichnen erstere die kleinste Folge befristeter Aktivitäten mit einheitlichem Leistungsoutput, für die Ausgaben und Zeiten erfaßt werden.[113] Sie beziehen sich auf eine Kostenstelle. Unter Hauptprozessen werden dagegen funktional abgeschlossene Aufgabenkomplexe verstanden, die durch die Aggregation zusammenhängender Teilprozesse entstehen.[114] Hierbei kann es sich z.B. um die

---

[110] Vgl. z.B. Kilger [1993], S. 341ff.

[111] Vgl. Braun [1999], S. 37.

[112] Vgl. z.B. Götze/Meyerhoff [1993], S. 70 (Tätigkeitsanalyse); Franz [1992], S. 607 (Tätigkeitsanalyse) und Köberle [1994], S. 57 (Prozeßanalyse).

[113] Vgl. Strecker [1991], S. 33.

[114] Vgl. Strecker [1991], S. 33. In der Literatur werden verschiedene Vorschläge zur Klassifizierung und Hierarchiebildung von Prozessen gemacht, die Müller [1998], S. 111ff. zusammengestellt hat.

Phasen der Software-Entwicklung bzw. -Implementierung handeln, die Leistungen aus der Fachabteilung, Organisation und Datenverarbeitung benötigen. Eine konkretisierende kostenstellenbezogene Teilprozeßstrukturierung ist einer allgemeinen Analyse nicht mehr zugänglich. Sie hängt vielmehr von den vorliegenden Kostenstellen und (Software-)Projekt-Organisationen ab.

Im Rahmen der Wartung erfüllen Anpassungen, Fehlerkorrekturen und Releasewechsel (nur Standardsoftware) die Kriterien von Hauptprozessen, die sich ebenfalls nicht zwingend auf eine Kostenstelle beschränken: So werden Wartungsprozesse häufig durch die Fachabteilungen ausgelöst, die auch deren Ergebnisse testet, während die Datenverarbeitung eine softwaretechnische Umsetzung vornimmt. Zu letzterer werden gelegentlich auch einige Anwender herangezogen, insbesondere dann, wenn die notwendigen Aktivitäten sich auf das Customizing beschränken. Auch hier müssen Teilprozesse unternehmensspezifisch, in Abhängigkeit von der vorliegenden Aufgabenverteilung, deren Organisation und Kostenstellenstrukturierung, definiert werden.

Einige Autoren differenzieren darüber hinaus, ob sich die Teilprozesse in Abhängigkeit von den zu erbringenden Leistungsmengen der Kostenstelle variabel (= leistungsmengeninduziert) oder fix (= leistungsmengenneutral) verhalten. Dabei wird eine separate Planung und vollständige Verrechnung vorgeschlagen.[115] Definitionsgemäß erfolgt weder eine Beeinflussung der leistungsmengenneutralen Prozesse wie beispielsweise „Abteilung leiten" noch der hierzu benötigten Kapazitätseinheiten durch (zusätzliche) Software-Bereitstellung. Da die Datenlage im Vergleich zur Unterlassungsalternative keine Veränderung erfährt, entstehen auch keine mittels Investitionsrechnungen zu strukturierenden Zahlungen. Insbesondere findet, im Gegensatz zur Prozeßkostenrechnung, keine Zuordnung zum Kalkulationsobjekt „Software-Bereitstellung" statt. Die separate Erörterung leistungsmengenneutraler Prozesse ist daher entbehrlich.

---

[115] Vorher werden die leistungsmengeninduzierten Kosten proportional verteilt. Diesen Ansatz verfolgen z.B. Götze/Meyerhoff [1993], S. 68ff.; Mayer [1990], S. 307.

Nach Abschluß der Tätigkeitsanalyse gilt es, Faktoren zu lokalisieren, die Beziehungen zwischen Ressourcen, Prozessen und Kalkulationsobjekten herstellen und mit *Kostentreiber*[116] bezeichnet werden.[117] Wie in der Grenzplankostenrechnung verkörpern sie eine Maßgröße für die Ressourceninanspruchnahme und den Leistungsoutput.[118] Hierauf aufbauend erfolgt die periodenbezogene Ermittlung der Planmengen (= Anzahl der Kostentreibereinheiten)[119] und zwar entweder auf Hauptprozeßebene mit anschließender Verteilung auf nachgeordnete Hierarchiestufen (top-down) oder umgekehrt (bottom-up). Die Planung und Zuordnung von kostenstellenbezogenen Ausgaben auf Teilprozesse und deren hierarchische Verdichtung schließen sich an. Dabei erfolgt die Verteilung der gesamten Ausgaben auf Teilprozesse nach der Maßgabe der (zusätzlichen) Kapazitätseinheiten, die in der betreffenden Periode verbraucht werden. Die so geplanten Ausgaben werden schließlich durch die Planmenge dividiert. Das Ergebnis sind Prozeßausgabensätze, welche die Basis für die Zuordnung der Ausgaben auf Kalkulationsobjekte (hier Individualsoftware- und Standardsoftware) darstellen.[120]

Dabei ist jedoch zu beachten, daß der hohe Kapazitätsbedarf für Entwicklung, Implementierung und Wartung nicht automatisch durch den bestehenden Mitarbeiterstamm gedeckt ist, so daß die Planungsbasis entsprechend erweitert werden muß. Dem wird besser Rechnung getragen, wenn alternativ eine peri-

---

116 In der hier genutzten Weise handelt es sich genau genommen um *Ausgabentreiber*. Der Begriff *Kostentreiber* wird beibehalten, da er in der Literatur üblich ist.

117 Vgl. z.B. Freidank [1993], S. 389. Die Bezeichnung ist nicht einheitlich. In sich überschneidenden Bedeutungen werden unter anderem auch die Begriffe *Bezugsgröße* (vgl. z.B. Freidank [1993], S. 389; Franz [1992], S. 607f.), *Maßgröße* (vgl. z.B. Fröhling [1992], S. 727), *Prozeßgröße* (vgl. z.B. Strecker [1991], S. 33), und *Cost Driver* (vgl. z.B. Götze/Meyerhoff [1993], S. 68) verwendet. Gelegentlich hängt die Bezeichnung von der Stufe der Prozeßhierarchie ab. Beispielsweise nutzt Götze/Meyerhoff [1993], S. 68 den Begriff *Cost Driver* nur im Zusammenhang mit Hauptprozessen.

118 Vgl. Horváth/Mayer [1998], S. 65 für Kostenverursachung statt Ressourceninanspruchnahme.

119 Gemeint sind die im Vergleich zur Unterlassung zusätzlich erforderlichen Kapazitätseinheiten.

120 Für eine Darstellung und Analyse der verschiedenen Verrechnungsmethoden vgl. z.B. Schuh [1997], S. 34ff.; Schneeweiß/Steinbach [1996], S. 459ff.; Braun [1999], S. 83ff.

odenbezogene Gewichtung der benötigten Kapazitätseinheiten mit den Personalausgabensätzen erfolgt. Unterscheiden sich letztere in hohem Maße (Qualifikationsmix), muß nach der Verursachung durch die einzelnen Prozesse differenziert werden. Andernfalls ist zur Vereinfachung der Rückgriff auf einen Durchschnittswert gerechtfertigt. Die neben den Personalausgaben beobachtbaren, einfach zu planenden laufenden Sachausgaben (Disketten, Büromaterialien usw.) besitzen i.d.R. nicht nur einen geringen Umfang. Es liegt auch die Vermutung einer proportionalen Abhängigkeit zwischen beiden Ausgabenarten nahe. Daher reicht eine Verteilung anhand der Personalausgaben aus. Der Grundsatz der Wirtschaftlichkeit, der auch bei der Datengenerierung zu beachten ist, rechtfertigt nur dann eine separate Planung, wenn ausnahmsweise gegenüber der pauschalen Schlüsselung wesentliche Abweichungen entstehen.

Die schließlich durch einfache Divisionskalkulation gebildeten Verrechnungssätze basieren auf den Prämissen, daß nur ein Kostentreiber je Teilprozeß vorliegt und ein proportionaler Zusammenhang zwischen Planmenge und -ausgaben besteht. Dies ist nur in Bereichen gegeben, in denen überwiegend repetitive, homogene Aktivitäten verrichtet werden.[121] Dies ist im vorliegenden Problem nicht immer der Fall.

2. Die Identifikation gleichartiger Entwicklungs- bzw. Implementierungsprozesse durch ein Phasenmodell kann nicht darüber hinwegtäuschen, daß relevante Unterschiede zu den (homogenen) Gemeinkostenbereichen vorliegen, auf deren Planung und Steuerung die Prozeßkostenrechnung abzielt: Die Aufgabenstellung verschiedener Projekte ist so heterogen, daß die beanspruchten Ressourcen sich in hohem Maße unterscheiden. So können Konzeption, Codierung und Test eines Teilprogramms beispielsweise komplizierte Berechnungen oder nur einfache Lesefunktionen umfassen. Ferner gehen einige Projekte mit umfangreichen Neustrukturierungen wie der Dezentralisierung ganzer Unterneh-

[121] Vgl. z.B. Coenenberg [1997], S. 225; Köberle [1994], S. 57; Kunesch [1993], S. 93; Götze/Meyerhoff [1993], S. 67; Müller [1998], S. 103. Als Beispiel zeigen Horváth/Mayer [1993], S. 22 den Einkauf während Mayer [1991], S. 89ff. Fertigungsplanung und Qualitätssicherung anführt.

mensbereiche einher und verlangen entsprechend komplexe und umfangreiche Maßnahmen der Rahmenorganisation. Andere verändern bestehende Abläufe nur gering. Dies begründet die Vermutung, daß ein Kostentreiber zur Erfassung der wesentlichen Beziehungen zwischen Ressourcenverbrauch, Prozessen und Kalkulationsobjekt nicht ausreicht. Insbesondere ist der häufig auf Kostenstellenebene eingesetzte Kostentreiber *Prozeßdurchführungen* (gemessen durch die Anzahl) ebenso unzweckmäßig wie die damit verbundene einfache Divisionskalkulation zur Bestimmung der Prozeßausgabensätze.[122] Eine Anpassung des Planungsvorgangs ist folglich notwendig.

Naheliegend ist zunächst die Ausweitung der Methodik auf mehrere Kostentreiber. In diesem Fall stößt die Ermittlung von Prozeßausgabensätzen und deren Verrechnung auf Hauptprozesse jedoch auf operationale Schwierigkeiten. Für ein solches Vorhaben wäre die Lokalisierung von Beziehungen zwischen den Kostentreibern der Haupt- und Teilprozesse nämlich unverzichtbar. Als fruchtbar erweist sich dagegen ein Wechsel der Betrachtungsperspektive: Zumeist operiert die Prozeßkostenrechnung in Bereichen, in denen der Verbrauch mehrerer Ressourcen auf einzelne, isolierbare Kostentreiber zurückzuführen ist. Letztere fungieren dann als Planungsobjekt. Bei der Entwicklung und Implementierung liegt gerade die umgekehrte Situation vor: Verschiedenartige, abhängige Kostentreiber führen zur Inanspruchnahme einer Ressource, nämlich des Personals. Aufgrund dieses Sachverhalts empfiehlt es sich, den Planungsvorgang ebenfalls auf den singulären Faktor auszurichten: Anstatt die erforderlichen Ressourcen durch einen Kostentreiber (Prozeßdurchführungen, gemessen durch die Anzahl) zu erfassen, wird dessen Geflecht durch die zuzuordnenden Kapazitätseinheiten ausgedrückt. Dies kehrt die ursprüngliche Vorgehensweise in dem Sinne um, daß nicht die Anzahl der Prozeßmengen je Zeiteinheit, sondern die zur Durchführung einer Tätigkeitsfolge notwendige Zeit (Personenmonate) geplant wird. Vorgegeben wird also nicht, wie viele Prozesse

[122] Die Problematik einer solchen Wahl wird darüber hinaus bei der Planung des Mengengerüstes deutlich, wo dann die Anzahl der zukünftig realisierten Entwicklungs- und Implementierungsprojekte zu prognostizieren ist. Die Langfristigkeit dieser Vorhaben harmoniert aber nicht ohne weiteres mit der zeitlichen Struktur der Ausgabenplanung.

in einer Periode abzuwickeln sind, sondern wie lange es dauert, einen bestimmten Output zu erzielen.[123] Entsprechend beziehen sich die Kostentreiber auf den Zeitaufwand/Prozeß und nicht auf die Prozeßkosten/Periode.

Der fehlende Periodenbezug der erhaltenen Ergebnisse wirft hinsichtlich der Ausgabenplanung Probleme auf, da eine zeitliche Strukturierung aufgrund des periodenübergreifenden Andauerns der betreffenden Prozesse nicht entbehrlich ist. Dies gilt um so mehr, als die Gewinnung von Informationen über die zeitliche Dimension des Zahlungsstroms als ein wesentliches Ziel der vorliegenden Arbeit formuliert ist. Da sich die im Projektrahmen abzuwickelnden Tätigkeitsfolgen bezüglich Art, Umfang und Komplexität unterscheiden, ist eine unreflektierte gleichmäßige zeitliche Verteilung aufgabenorientierter Prozeßausgabensätze nicht gerechtfertigt. Hilfestellung bietet die konsequente Verfolgung des oben eingeführten Planungsvorgangs.

Traditionell werden die (periodenbezogen) geplanten Kostentreibereinheiten in Abhängigkeit von der Hierarchieebene entweder top-down verteilt oder bottom-up verdichtet, wobei die mengenmäßigen Beziehungen zwischen Haupt- und Teilprozessen als Basis fungieren. Der vorgeschlagene Ersatz der Mengen- durch eine Zeitschätzung führt analog zu einer Verteilung der Ergebnisse anhand der *zeitlichen Beziehungen* zwischen den Ebenen der Prozeßhierarchie. Anstelle der Frage „Aus wie vielen Teilprozessen welcher Art besteht ein Hauptprozeß?" ist also „Wann gehen die Teilprozesse mit welchem relativen Zeitaufwand in den Hauptprozeß ein?" zu beantworten. Folglich bildet sowohl die Art der zeitlichen Abhängigkeiten zwischen den Teilprozessen als auch zwischen deren Aktivitäten einen weiteren Untersuchungsgegenstand der Prozeßanalyse.

Das Ergebnis der vorgeschlagenen Vorgehensweise, aus der sich auch der Aufbau des folgenden Kapitels 2.2 ableitet, sind zeitbezogene, aufgabenorien-

[123] Die dargelegte Umkehrung des Planungsvorgangs wird in der Literatur (nicht softwarespezifisch) für Forschung und Entwicklung empfohlen (vgl. auch Striening [1989], S. 81; Strecker [1991], S. 44f.).

tierte Prozeßausgabensätze, die nach einer periodenbezogenen Summation den gesuchten Ausgabenstrom definieren (vgl. Tabelle 5).

3. Wartungsprozesse sind mit ihrer kurzen Durchlaufzeit und höheren Homogenität für Prozeßkostenrechnungen geeigneter als Entwicklung und Implementierung. Ein ähnlicher Ressourcenbedarf kann jedoch nur dann vorliegen, wenn die betrachteten Hauptprozesse sich auf eine Software beziehen, da der Zeitaufwand zur Fehlersuche und Anpassung mit der Programmgröße und –komplexität steigt. Dies begründet die Vermutung, daß eine zweckmäßige Problemstrukturierung durch die Beschränkung auf einen Kostentreiber für jeden Hauptprozeß erreicht wird. Dann ist eine wesentliche Voraussetzung zur Anwendung der Prozeßkostenrechnung erfüllt. Verknüpft mit einem Phasenschema, das den zeitlichen Aspekt betont, ergibt sich die in Abbildung 1 skizzierte Vorgehensweise.[124]

2.2 Ausgabenstrom für Software-Entwicklung und -Implementierung

2.2.1 Der Zeitaspekt im Prozeßmodell

Die Anordnung der Entwicklungs- bzw. Implementierungsprozesse auf der Zeitachse und deren Durchlaufzeiten sind im wesentlichen von zwei Faktoren abhängig: Hierbei handelt es sich zum einen um die sinnvolle Parallelisierung von Prozessen bzw. deren Aktivitäten, und zum anderen um die zur Verfügung stehenden Ressourcen. Über die durch das Phasenschema gegebene temporale Rahmenstruktur hinaus sollen daher zunächst die beteiligten Aktivitäten und deren Beziehungen untereinander mit dem Ziel analysiert werden, den Grad der möglichen Arbeitsteilung festzustellen. Da mit der zeitlichen Konzentration von Aktivitäten auch die bereitzustellenden Kapazitätseinheiten steigen, werden so

[124] Auf die Darstellung von Releasewechseln (nur Standardsoftware) wird verzichtet, um die Übersichtlichkeit zu wahren.

Traditionelles Vorgehen der Prozeßkostenrechnung	Vorgehen bei der Quantifizierung von Entwicklungs- bzw. Implementierungsausgaben (Kapitel 2.2)
1. Definition von Prozessen und Analyse mengenmäßiger Abhängigkeiten	1. Definition von Prozessen (Kapitel 2.1.1) und Analyse zeitlicher Abhängigkeiten (Kapitel 2.2.1)
2. Untersuchung der Kostentreiber auf die Prozeßkosten/Periode	2. Untersuchung der Kostentreiber auf den Zeitaufwand/Prozeß (Kapitel 2.2.2)
3. Planung der Prozeßmengen (Kostentreibereinheiten) auf Haupt- bzw. Teilprozeßebene und Verteilung bzw. Verdichtung nach mengenmäßigen Abhängigkeiten: $HP = \sum_i \eta_i TP_i;\ \eta_i; i \geq 0$ HP = Hauptprozeß TP_i = Teilprozeß i $(\eta_i)_{i\geq 0}$ = Mengenverhältnis der Teilprozesse	3. Planung der Prozeßzeit (Kapazitätseinheiten Personalressourcen) in Abhängigkeit von den Kostentreibereinheiten auf Haupt- bzw. Teilprozeßebene und Verteilung bzw. Verdichtung nach zeitlichen Abhängigkeiten (Kapitel 2.2.3): $ZHP_t = \sum_i \theta_t^i ZTP^i, t \geq 0$ ZHP_t = Zeitaufwand Hauptprozeß, Periode t* ZTP^i = Zeitaufwand Teilprozeß i $(\theta_t^i)_{t\geq 0}$ = relativer Zeitaufwand, Teilprozeß i, Periode t**

4. Ermittlung der Prozeßkostensätze auf Teilprozeßebene: $PKS_{TP_i} = \frac{KST_{TP_i}}{PMenge_{TP_i}}; i \geq 0$ PKS_{TP_i} = Prozeßkostensatz, Teilprozeß i KST_{TP_i} = prozeßbezogene Kostenstellenkosten*** $PMenge_{TP_i}$ = Prozessmenge, Teilprozeß i	4. Ermittlung der zeitbezogenen Prozeßausgabensätze: $PAS_{TP_i^t} = ZTP^i \theta_t^i GSA_t^i; t \geq 0$ $PAS_{TP_i^t}$ = Prozeßausgabensatz Teilprozeß i, Periode t $(\theta_t^i)_{t \geq 0}$ = relativer Zeitaufwand, Teilprozeß i, Periode t ZTP^i = Zeitaufwand Teilprozeß i GSA_t^i = Gehaltsausgaben + Zuschlag für laufende Sachausgaben, Teilprozeß i, Periode t****
5. Verdichtung: $PKS_{HP} = \sum_i \eta_i PKS_{TP_i}$ PKS_{HP} = Prozeßkostensatz Hauptprozeß PKS_{TP_i} = Prozeßkostensatz, Teilprozeß i $(\eta_i)_{i \geq 0}$ = Mengenverhältnis der Teilprozesse	5. Verdichtung: $PAS_{HP_t} = \sum_i PAS_{TP_i^t}; t \geq 0$ $A_t = \sum PAS_{HP_t}; t \geq 0$ A_t = Ausgaben in t (für Vermögensendwert) PAS_{HP_t} = Prozeßausgabensatz Hauptprozeß, Periode t $PAS_{TP_i^t}$ = Prozeßausgabensatz Teilprozeß i, Periode t

* Falls bei Unterlassung keine Leerkapazitäten entstehen, in Abhängigkeit von verschiedenen Kostentreibern.
** Näherung durch die Anzahl der in *t* arbeitsteilig erbrachten Leistungen, konkretisiert durch die Wirkung der Kostentreiber in *t*.
*** Gesamte Kostenstellenkosten, verteilt nach den benötigten Kapazitätseinheiten der Teilprozesse.
**** Die separate Planung von Sachausgaben ist nur dann gerechtfertigt, wenn ausnahmsweise kein geringer Umfang vorliegt.

Tabelle 5: Traditionelle Prozeßkostenrechnung und Ausgaben-Generierung bei Software-Entwicklung bzw. -Implementierung

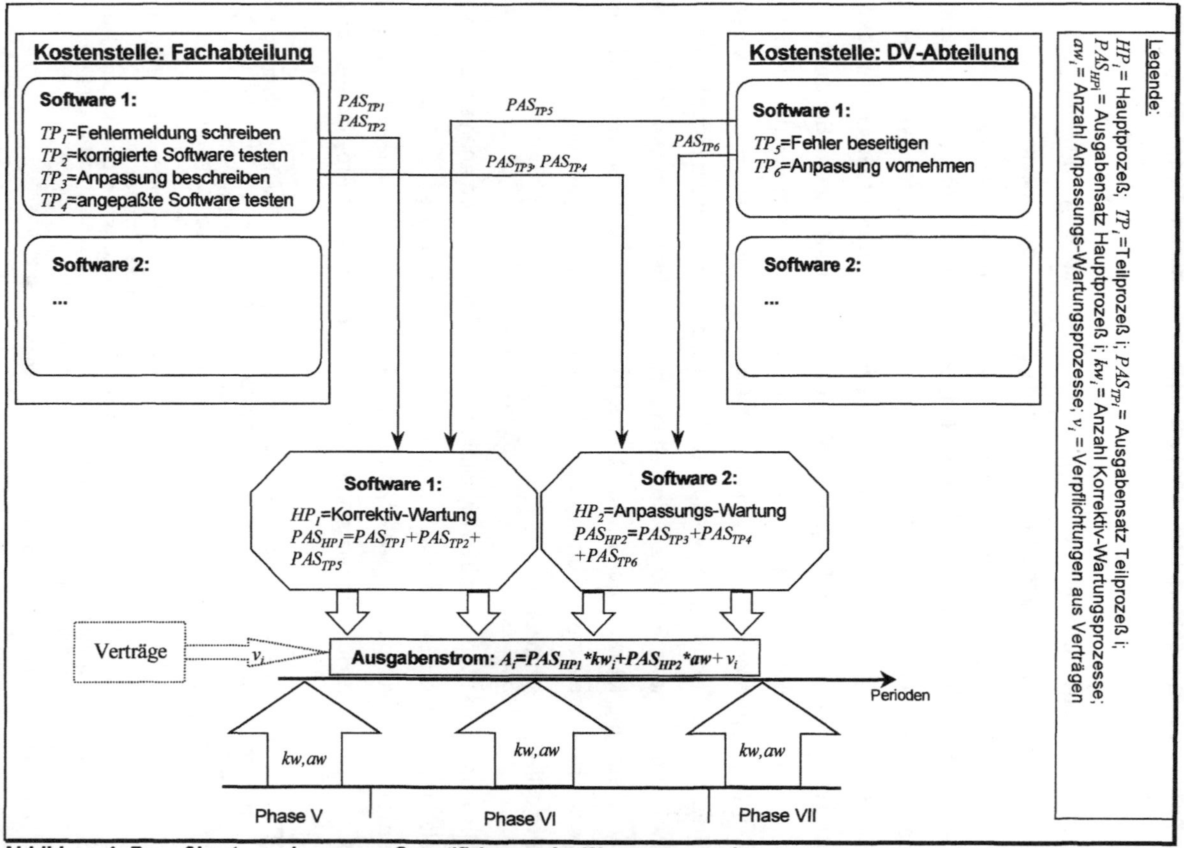

Abbildung 1: Prozeßkostenrechnung zur Quantifizierung der Wartungsausgaben

implizit relative Aussagen über die periodisch notwendigen Ressourcen getroffen.[125]

Bei der zeitlichen Strukturierung der Software-Bereitstellung wurde festgestellt, daß Entwicklung und Implementierung eine „innere Logik" besitzen, nach der die Durchführung einiger Prozesse andere zwingend voraussetzt, was sich wesentlich im Phasenmodell niederschlägt. Aber auch innerhalb der so gegliederten Abschnitte gibt es solche *sequentiellen Interdependenzen*[126], die die Anordnung einiger Aktivitäten auf der Zeitachse ähnlich einer Gesetzmäßigkeit vorgeben. Die anderen Tätigkeiten sind ebenfalls nicht autark. Sie zeichnen sich vielmehr durch wechselseitige Abhängigkeiten, die sogenannten *reziproken Interdependenzen*[127] aus, die durch Parallelisierung zerschnitten werden. Dies führt zu Koordinationsbedarf und somit Kommunikationsprozessen und zwar um so mehr, je stärker die separierten Aufgaben verflochten sind. Eine Arbeitsteilung ist demnach nur dort zweckmäßig, wo der Interdependenzgrad gering ist. Für die zielkonforme Ausfüllung dieses Gestaltungsspielraums ist der Projektleiter verantwortlich.

Die Abhängigkeiten zwischen Aktivitäten werden im folgenden analysiert, sofern sie nicht aus projektspezifischen Besonderheiten resultieren.[128] Als Ergebnis entstehen idealtypische zeitliche Aktivitäten- und damit annäherungsweise Ressourcenverteilungen, wie sie bei systematisch geplanten Projekten erwartet

---

[125] Damit ist keine Parallelität zwischen beiden Größen gefordert. Zur Konkretisierung der zeitlichen Verteilung notwendiger Personalressourcen müssen weitere Einflußgrößen herangezogen werden. Darüber hinaus sind entsprechende Kapazitätseinheiten i.d.R. jedoch nicht unbegrenzt verfügbar und nur teilweise austauschbar, so daß die Ergebnisse im zweiten Schritt hinsichtlich möglicher Kapazitätsrestriktionen modifiziert werden müssen. Beispielsweise kann ein Programmierer nur in engen Grenzen zur Fachkonzepterstellung herangezogen werden. Liegt eine Unterdeckung vor, führt dieser Engpaß zu Verzögerungen und damit zu einer veränderten Aktivitätenverteilung auf der Zeitachse. Die Frage nach den verfügbaren Kapazitätseinheiten ist einer allgemeinen Analyse aber nicht zugänglich, sondern muß im konkreten Einzelfall beantwortet werden.

[126] Zum Begriff vgl. Kieser/Kubicek [1992], S. 93; Thompson [1967], S. 54.

[127] Zum Begriff vgl. Kieser/Kubicek [1992], S. 93; Thompson [1967], S. 54f.

[128] Das zur ergänzten Prozeßanalyse gewählte Vorgehen gleicht einem wesentlichen Bestandteil der Netzplantechnik, nämlich der sogenannten *Strukturanalyse*. Einen Überblick über die Netzplantechnik liefert Hauschildt [1997], S. 365ff.

werden. Als Normkurven weisen sie sowohl Vorschau- als auch Vorgabecharakter auf. Die Resultate beruhen auf der Prämisse, daß genügend Kapazitätseinheiten zur parallelen Bearbeitung zur Verfügung stehen.[129]

2.2.1.1 Zeitliche Anordnung der Individualsoftware-Entwicklungsprozesse

Die Beschäftigung mit möglicherweise parallelisierbaren Aktivitäten führt rasch zu der Erkenntnis, daß eine diesbezügliche proportionale Abhängigkeit zwischen dem Projekt-, Konfigurations- bzw. Qualitätsmanagement und der Entwicklung i.e.S. besteht: So steigt beispielsweise mit dem Grad der Arbeitsteilung der Koordinationsbedarf als zentrale Aufgabe des Projektmanagements. Die höhere Anzahl der parallel erstellten Ergebnisse muß ferner verwaltet und auf seine Qualität überprüft werden. Hieraus folgt, daß die zeitliche Aktivitätenverteilung durch eine explizite Berücksichtigung von Projekt-, Konfigurations- und Qualitätsmanagement nicht verändert wird. Für die Rahmenorganisation kann ein solcher Zusammenhang dagegen nicht angenommen werden, da die Individualsoftware-Entwicklung i.e.S. nichts über die damit verbundenen organisatorischen Neuregelungen besagt. Vielmehr variieren die gebotenen Maßnahmen situativ nach Art und Umfang sehr stark, so daß keine allgemeingültigen Aussagen möglich sind. Sie verteilen sich eher gleichmäßig über die Durchlaufzeit, weisen wenig Interdependenzen zu den übrigen Tätigkeiten auf, sind einfach zu planen und ihr Umfang ist i.d.R. vergleichsweise gering. Daher beschränken sich die folgenden Überlegungen auf die Entwicklung i.e.S. (vgl. Abbildung 2).

1. In Phase I werden ausgehend von den Benutzeranforderungen die notwendigen Funktionen- und Datenblöcke sowie deren Zusammenwirken grob beschrieben. Der so gewonnene Überblick zeigt die zu erledigenden Aufgaben auf und ist Voraussetzung, um überhaupt Prozesse arbeitsteilig zu realisieren.

[129] Diese Prämisse ist realitätsnah, da eigene Mitarbeiter, falls nötig, durch externes Personal unterstützt werden können und Unternehmen bemüht sind, Einnahmeneinbußen durch verspätete Markteinführung zu vermeiden. Ist die zeitnahe Bereitstellung der erforderlichen Ressourcen im konkreten Einzelfall ausnahmsweise nicht möglich, müssen die im folgenden abgeleiteten Ergebnisse hinsichtlich der situativ gegebenen Restriktionen modifiziert werden.

Hierauf aufbauend erfolgt eine systematische Verfeinerung des Funktionen- und Datenmodells. Aus letzterem werden schließlich die Datenbankstruktur und externe Benutzersichten (Views) auf die Datenbank abgeleitet. Das Funktionenmodell mündet dagegen in Ablaufstrukturen und Entscheidungslogiken.

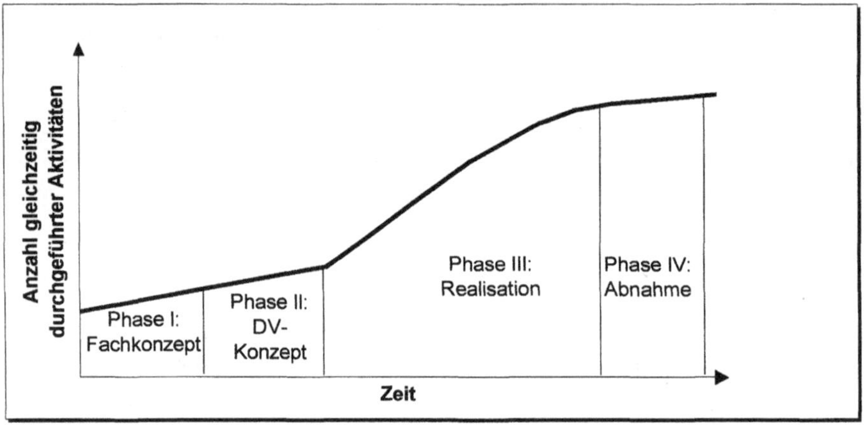

Abbildung 2: Zeitliche Verteilung der Individualsoftware-Entwicklungsaktivitäten

Jede Verfeinerung setzt die Existenz der vorhergehenden Stufe voraus und ist folglich zu ihr sequentiell interdependent. Innerhalb einer Stufe werden die weiter zu konkretisierenden Funktionen- und Datenblöcke unter Dokumentation der fachlichen Abhängigkeiten abgegrenzt. Methodisch erfolgt die Trennung dort, wo die Wechselwirkungen, also die reziproken Interdependenzen, am geringsten sind. Dies hat den Vorteil, daß die parallele Bearbeitung der so gebildeten Daten-/Funktionen-Bereiche nur wenig zusätzliche Kommunikationsprozesse bedingt. Daher steigt die Anzahl der gleichzeitig durchgeführten Aktivitäten mit jeder präzisierenden Arbeitsebene. Dabei ist zu bedenken, daß Software zusammenhängende Aufgabenbereiche im Unternehmen automatisiert, deren Einzeltätigkeiten ihrerseits verschiedenartige Interdependenzen aufweisen. Letztere sind im Fachkonzept abzubilden und beschränken infolgedessen die Möglichkeiten zur Parallelisierung.

2. Ziel der Phase II ist es, alle mit der Software abgebildeten Funktionen, Daten und Interdependenzen DV-technisch zu beschreiben. Dies impliziert zum einen, die Datenbank physisch anzulegen und zum anderen, die Funktionen so in Teile (Module) zu zerlegen, daß jedes Modul genau definierte Eingabe- und Ausgabeparameter sowie Funktionalität besitzt. Zusätzlich werden Schnittstellen und Migration konzipiert, wobei die Altdaten sowohl in elektronischer als auch in Papierform vorliegen können. In dieser Arbeit wird unterstellt, daß die Migration weitgehend automatisiert vorgenommen wird.[130]

Auch im Rahmen der Phase II wird mit einem Grobkonzept begonnen, das nach derselben Regel wie das Fachkonzept präzisiert wird. Infolgedessen nimmt der Umfang parallelisierbarer Aktivitäten im Zeitablauf zu. Die Wachstumsraten sind jedoch begrenzt, da sich die im Fachkonzept dokumentierten Abhängigkeiten auch in der DV-technischen Beschreibung niederschlagen. Ferner übersteigt die Anzahl der Aktivitäten zu Phasenbeginn bereits die in Phase I, denn zur Erledigung dieser Aufgaben sind spezifische DV-Kenntnisse und Erfahrungen unerläßlich. Sie erfordern eine Ergänzung bzw. einen Austausch der Personen aus Phase I, was wiederum einen Wissenstransfer - also zusätzliche Kommunikationsprozesse - nach sich zieht. Darüber hinaus führt eine (partielle) Überführung der Fachkonzeptstruktur möglicherweise zu einer schnelleren Präzisierung und auch Parallelisierbarkeit als in Phase I. Schließlich werden Schnittstellen und Migration zeitgleich mit der eigentlichen Anwendung konzipiert.

---

130 Liegt das betroffene Datenmaterial nicht in elektronischer Form vor, müssen die erforderlichen Prozesse und deren Ressourcenbedarf separat geschätzt und die zeitliche Verteilung entsprechend modifiziert werden. Diese Prämisse ist notwendig, da die unentbehrlichen Kapazitätseinheiten zur manuellen Erfassung von Altdaten so stark variieren können, daß allgemeingültige Aussagen ausgeschlossen sind. Falls nötig, muß eine Abschätzung im konkreten Einzelfall auf Basis der vorliegenden Unterlagen erfolgen. Der Ressourcenbedarf kann sehr hoch sein: Vor einiger Zeit betreute die Verfasserin ein Individualsoftware-Projekt, mit dem alle Gesetz- und Verordnungsblätter des Landes NRW elektronisch erstellt, gedruckt und archiviert werden sollten. In diesem Fall bestand die Migration in der elektronischen Erfassung aller heute gültigen Gesetze und Verordnungen. Aufgrund schlechter Druck- und Papierqualitäten (die Gesetze/Verordnungen reichen bis in das 19. Jahrhundert zurück) kam nur die manuelle Erfassung der Texte in Betracht. Zusätzlich mußten Graphiken eingebunden werden. Das mit der Datenerfassung beauftragte Unternehmen erhielt für die Erledigung dieser Aufgabe circa 130 000 DM.

3. Die in Phase II vorgenommene Modularisierung zerlegt die gesamte Software-Funktionalität unter Dokumentation der Interdependenzen in logisch zusammenhängende Teilbereiche. Dies ermöglicht eine Realisation (Phase III) mit breiter Aufgabenteilung. Sequentielle Interdependenzen existieren hier lediglich zu Basismodulen, die Servicefunktionen für andere Module bereitstellen und daher zu Phasenbeginn codiert werden. Die Anzahl der gleichzeitig durchführbaren Aktivitäten steigt also rasch an. Ferner ermöglicht die Dokumentation der Abhängigkeiten zwischen allen Modulen eine parallele Realisation ohne signifikante zusätzliche Kommunikationsprozesse. Unverzüglich nach ihrer Erstellung werden die Module einzeln und mit wachsender Anzahl auch gemeinsam getestet. Der Grad der Arbeitsteilung steigt daher bis zur Beendigung der Codierung an. Danach sind Fehlerkorrekturen und Änderungen aufgrund von Integrationstests regelmäßig von allen Programmierern vorzunehmen. Dabei werden zum Test auch einige Fachanwender hinzugezogen. Infolgedessen sinkt die Anzahl der gleichzeitig realisierbaren Aktivitäten zum Phasenende nicht ab.

Weiter existiert mit Beginn der Phase III kein geringerer Grad an Arbeitsteilung als zum Ende der Phase II, denn die im DV-Konzept vorgenommene Modularisierung ermöglicht unmittelbar die gleichzeitige Erstellung mehrerer Programmteile. Daneben erfordern Codierung und Test ganz spezielle Kenntnisse. Daher wird ein Teil der Projektmitglieder mit Phasenbeginn ausgetauscht, was wiederum zusätzliche Kommunikationsprozesse nach sich zieht. Schließlich können Schnittstellen und Migration zeitgleich mit Codierung und Test der eigentlichen Anwendung realisiert werden.

4. Mit Übergabe der Software und der Dokumentation an den Endbenutzer (Phase IV) fallen im Rahmen der Migration, Fehlerbeseitigung und Anwenderbetreuung eine Vielzahl verschiedener Aktivitäten an, die sich überwiegend durch geringe (sequentielle) Interdependenzen auszeichnen. Beispielsweise können mehrere Anwender gleichzeitig betreut und Fehler ohne Störung beseitigt werden. Daher sind die meisten Projektmitglieder und die Anwender in Phase IV zur selben Zeit tätig, so daß die Menge der arbeitsteilig erbrachten Akti-

vitäten von Phase III nicht unterschritten wird. Sie steigen weiter bis zum Produktionsbeginn an, denn die Endbenutzer realisieren mit fortschreitender Zeit, daß sie zukünftig mit der neuen Software arbeiten müssen. Daher beschäftigen sie sich mit der Anwendung, was einerseits zu einem wachsenden Betreuungsbedarf führt und andererseits Fehler offenlegt, die bis zum Produktionszeitpunkt beseitigt werden müssen. Dabei handelt es sich neben Programm- und Konzeptfehlern insbesondere um Migrationsfehler, deren Bereinigung häufig zeitaufwendige Korrekturen erfordert. Wie stark der Anstieg ist, kann nur situativ bestimmt werden. Diese Größe hängt vor allen Dingen von der Anwenderzahl und den DV-Kenntnissen der Anwender ab.[131]

2.2.1.2 Zeitliche Anordnung der Standardsoftware-Implementierungsprozesse

Darlegungen über die zeitliche Anordnung von Implementierungsprozessen und deren Durchlaufzeiten fehlen in der Literatur völlig. Kenntnisse können hier aus entsprechenden Aussagen zur Individualsoftware durch Anpassung hinsichtlich der Unterschiede zur Standardsoftware gewonnen werden, die ursächlich auf Differenzen zwischen Programmiersprachen und standardsoftwareeigenen Anpassungshilfsmitteln zurückzuführen sind. Mächtigkeit, Komplexität, Individualität und Rahmen stellen m.a.W. die auszulotenden *Einflußgrößen für Unterschiede* zwischen beiden Softwaretypen dar. Dabei werden, analog zur Individualsoftware, Projekt-, Konfigurations- und Qualitätsmanagement sowie die Rahmenorganisation nicht explizit betrachtet. Das Ergebnis ist in Abbildung 3 skizziert.

---

[131] In der Literatur finden sich einige Anhaltspunkte zur zeitlichen Verteilung des Ressourcenbedarfs von Individualsoftware-Entwicklungen. Sie beruhen zum Teil auf empirischen Daten (vgl. Putnam/Fitzsimmons [1979], S. 194; Boehm [1986], S. 80ff.) und werden ansonsten ohne Analyse als gegeben angenommen (vgl. Nagel [1990], S. 49; Sattler [1984], S. 17). Übereinstimmend wird zunächst ein langsam und später schneller steigender (Personal-)Ressourcenbedarf behauptet. Wesentliche Unterschiede sind vornehmlich im letzten Drittel der Software-Entwicklung zu finden, die sich jedoch über den Umfang der einbezogenen Prozesse erklären lassen. Da letzterer hier mit Anwendertest, -betreuung, Migration usw. höher als bei den meisten anderen Untersuchungen ist, widerspricht die abgeleitete zeitliche Verteilung den Ergebnissen der empirischen Untersuchungen nicht.

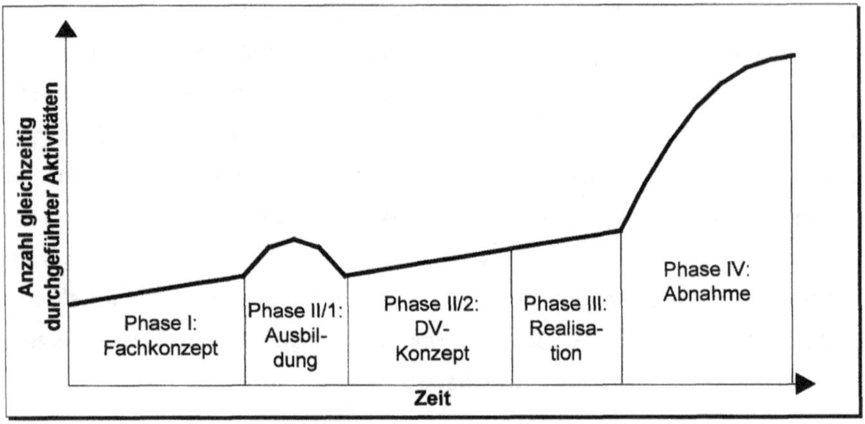

Abbildung 3: Zeitliche Verteilung der Standardsoftware-Implementierungsaktivitäten

1. Da die Entscheidung für eine Handlungsalternative erst nach dem Fachkonzept fällt, stimmen die Aktivitäten und deren zeitliche Verteilung in Phase I für beide Softwaretypen überein.

2. In Phase II/1 entstehen durch die Komplexität der standardsoftwareeigenen Anpassungshilfsmittel beachtenswerte Ausbildungsaktivitäten, die in der Individualsoftware-Entwicklung keine Entsprechung finden. Sie verteilen sich indes nur auf einen kurzen Zeitraum, da das gesamte Projektteam parallel eingearbeitet und geschult wird.

Nach der Ausbildung verursacht die Mächtigkeit der standardsoftwareeigenen Anpassungshilfsmittel weniger Aktivitäten als bei der Individualsoftware nötig wären:[132] Während für letztere Programme und Datenbanken detailliert spezifiziert werden, sind für Standardsoftware Customizing-Aktivitäten zu planen, die jede für sich Wirkungen besitzen, die denen vieler Programmzeilen entsprechen. So wird zB. die für ein Individualsoftware-Modul notwendige Detailspezifikation inklusive der Eingabe- und Ausgabeschnittstellen durch die Planung

[132] Vergleichsweise wird immer die in einer konkreten Investitionsentscheidung zwischen Standardsoftware und Individualsoftware zur Verfügung stehende Individualsoftware-Handlungsalternative herangezogen.

einiger Parametereinstellungen erreicht. Im Gegenzug erfordert die Komplexität der standardsoftwareeigenen Anpassungshilfsmittel eine sorgfältige Analyse der Auswirkungen jeder potentiellen Konfigurationsmaßnahme. Hier müssen eine Vielzahl von Querverbindungen gefunden, verstanden und berücksichtigt werden, was die Anzahl der notwendigen Aktivitäten erhöht. Letzteres gilt genauso für die Individualität, die einer Transformation ähnlicher Lösungen aus anderen Projekten entgegensteht. Schließlich wird Individualsoftware so geplant, daß sie sich in die unternehmensinternen Daten- und Softwarestrukturen einfügt, während der Rahmen ein Gerüst vorgibt. Dies führt im konkreten Einzelfall zur Notwendigkeit umfangreicher Datenkonvertierungen in der Migration und ggf. auch zur Neuprogrammierung unternehmenseigener Schnittstellen, die in Phase II konzipiert werden. Insgesamt erfordert Standardsoftware für Schnittstellen und Migration eine höhere Anzahl an Aktivitäten.[133]

Analog zur Individualsoftware wird mit einem Grobkonzept begonnen, welches neben dem Customizing auch Schnittstellen und Migration umfaßt. Die Konzepte werden dann parallel weiter verfeinert. Jede Konkretisierung ist sequentiell interdependent zur vorhergehenden Stufe und richtet sich vornehmlich an Menge und Stärke der reziproken Interdependenzen aus. Die umfangreichste Aufgabe ist das Customizing-Konzept. Eine Parallelisierung ist hier höchst problematisch, da sich die Auswirkungen der meisten standardsoftwareeigenen Anpassungshilfsmittel nicht auf einen abgrenzbaren Softwareteil beschränken (Komplexität). Jeder Parallelisierungsversuch führt folglich zu einem signifikanten Ansteigen der Kommunikationsprozesse. Im Gegensatz zur Individualsoftware wird zu Phasenbeginn auch kein nennenswerter Personalaustausch realisiert, da Individualität, Komplexität und Rahmen eine rein technische Umsetzung des Fachkonzepts durch entsprechende Spezialisten verhindern. Hier steht das betriebswirtschaftliche Verständnis für die mit der Standardsoftware zu strukturierenden Prozesse im Vordergrund. Daher entfallen zu Phasenbeginn die durch Personalaustausch bedingten Kommunikationsprozesse. Da die

[133] Vgl. Schwarzer/Kremar [1996], S. 222.

Struktur schließlich von dem durch die Standardsoftware gegebenen Rahmen abgesteckt wird, ist die Gliederung des Fachkonzepts nur begrenzt nutzbar. Dies schlägt sich zu Phasenbeginn in weniger Aktivitäten als bei entsprechender Individualsoftware nieder.

Phase II/2 ist demnach durch eine leicht steigende Arbeitsteilung gekennzeichnet, die auf einem geringeren Niveau als Individualsoftware beginnt. Das Verhältnis zwischen beiden Softwaretypen kann nicht allgemeingültig festgelegt werden, i.d.R. sind die Phasen II/2 und II jedoch vergleichbar.

3. In Phase III tritt anstelle des Erzeugens sehr vieler Programmzeilen überwiegend die Pflege von Tabelleneinträgen (Mächtigkeit der standardsoftwareeigenen Anpassungshilfsmittel), wozu deutlich weniger Aktivitäten benötigt werden. Komplexität und Individualität wirken nur geringfügig entgegengesetzt, da die Wirkungsweise der standardsoftwareeigenen Anpassungshilfsmittel aus Phase II weitgehend bekannt ist. Der Rahmen kann schließlich situativ die Nichtrealisation fachlicher Anforderungen, komplexe Schnittstellen oder eine schwierigere Migration nach sich ziehen. Nicht umgesetzte Anwenderwünsche führen zu weniger Aktivitäten. Schwierige Schnittstellen- oder Migrationsprogramme wirken entgegengesetzt, auch wenn der wesentliche Mehrbedarf in der Problemstrukturierung (Phase II) und nicht in der Umsetzung der dort gefundenen Lösung in Programmanweisungen (Phase III) liegt. Insgesamt ist die Anzahl der Aktivitäten in dieser Phase deutlich geringer als bei vergleichbarer Individualsoftware.

Die genannten Teilaufgaben können gleichzeitig bearbeitet werden. Indes verhindert die Komplexität eine mit der Zeit ansteigende Parallelisierung im Customizing. Eine solche würde ähnlich der Modularisierung von Individualsoftware die Abgrenzung enger Bereiche voraussetzen, in denen sich jeweils eine Menge von Parametern auswirkt. Dem steht ihre komplexitätsbedingte Wirkungsreichweite entgegen. Die anderen Teilaufgaben lassen sich im selben Ausmaß wie bei Individualsoftware parallelisieren. Spezifische DV-Kenntnisse sind in Phase III ferner lediglich für die Realisation der Schnittstellen- und Migrationsprogramme erforderlich. Folglich werden zu Phasenbeginn nur in geringem Umfang Projektmitglieder ausgetauscht und dementsprechend wenig zusätzliche Kommunikationsprozesse erzeugt.

Insgesamt beansprucht Phase III für Standardsoftware deutlich weniger Aktivitäten als vergleichbare Individualsoftware, die zeitlich näherungsweise konstant sind.

4. Mit Beginn der Phase IV werden die Endanwender verstärkt in das Projekt eingebunden. Eine Einarbeitung fällt ihnen zunächst verhältnismäßig schwer, da der *Rahmen* sich in veränderten Arbeitsabläufen, neuen Nummernsystemen,[134] Bildschirmmasken und Terminologien niederschlägt. Zusätzlich beinhaltet Standardsoftware eine Vielzahl nicht benötigter Funktionen, die dem Anwender das Verständnis erschweren.[135] Dies zieht im Vergleich zur Individualsoftware eine hohe Anzahl betreuender und einarbeitender Aktivitäten nach sich.[136] Der Rahmen schreibt weiter Bedingungen für die softwaretechnische Integration fest und erschwert damit die Erstellung von Schnittstellen. Diese analog für die Migration geltende Aussage erhöht einerseits die Fehlerwahrscheinlichkeit in den betroffenen Programmen und damit die in dieser Phase anfallenden Korrekturmaßnahmen. Andererseits besitzen die Anwender vor der Implementierung die Möglichkeit, das Potential der Standardsoftware in einer ihnen verständlichen Form zu erkunden, indem sie sich bei Unternehmen, die das entsprechende Produkt nutzen, vorab informieren. Der Wissenserwerb ermöglicht es den Anwendern, ihre Anforderungen vor der Implementierung zu erkennen und zu artikulieren, was hier zu weniger Änderungs- bzw. Erweiterungswünschen als bei vergleichbarer Individualsoftware führt.

---

[134] Vgl. Hüttenhain [1990], S. 137. Nummernsysteme besitzen für die interne Programmorganisation eine hohe Bedeutung. Daher werden sie von vielen Standardsoftware-Paketen mit der Konsequenz vorgegeben, daß auf die im Unternehmen realisierten oder beabsichtigten Identifikationsmerkmale verzichtet werden muß.

[135] Vgl. z.B. Loeffelholz [1995], S. 66.

[136] Vgl. Schmid [1990], S. 172 für die hohe Anzahl betreuender Aktivitäten.

Ferner erlaubt die Mächtigkeit der standardsoftwareeigenen Anpassungshilfsmittel, Änderungen und kleine Erweiterungen schnell zu realisieren. Genauso erfordern Fehlerkorrekturen nur wenige Einstellungen anstatt der Modifikation vieler Zeilen Code. Ganz abgesehen davon, daß durch die vergleichsweise geringe Anzahl an Parametern überhaupt weniger Fehlerquellen bestehen.

Die Komplexität findet ihren Ausdruck in einer Vielzahl von Abhängigkeiten zwischen den konfigurierbaren Parametern. Das so gemeinsam mit der Individualität möglicherweise verursachte lückenhafte Wissen könnte in den vorangegangenen Phasen zu vermehrten Fehlern geführt haben, die nun transparent und folglich beseitigt werden. Darüber hinaus erhöht eine unter Umständen noch nicht vollständig offengelegte Komplexität die Gefahr von Folgefehlern und löst, sofern erkannt, neuerliche Korrekturmaßnahmen aus. Obgleich entgegengesetzt ausgerichtet, vermögen Komplexität und Individualität bezüglich dieses Aspekts keinesfalls die Vorteile der Mächtigkeit zu kompensieren.

Wie bereits für Individualsoftware erörtert, zeichnen sich die verschiedenartigen Aktivitäten in Phase IV überwiegend durch geringe (sequentielle) Interdependenzen, also hohe Parallelisierbarkeit aus. Da für die Realisation (Phase III) nur wenig Aktivitäten zur selben Zeit anfallen, erfolgt zu Phasenbeginn ein starker Anstieg, der sich zum Produktionsbeginn fortsetzt. Dabei hängt das Ausmaß des Wachstums im wesentlichen von der Anwenderzahl und deren DV-Kenntnissen ab und kann infolgedessen nur situativ bestimmt werden. In einer konkreten Investitionsentscheidung verhält es sich aber analog zur Individualsoftware.

Die Ergebnisse lassen sich in folgender These zusammenfassen: *Die zeitliche Verteilung der für Entwicklung und Implementierung benötigten Aktivitäten weist spezifische Muster auf, die gleichzeitig Vorschau- und Vorgabecharakter besitzen und daher neben der Informationsfunktion auch Gestaltungs- und Kontrollfunktionen ausüben.*

2.2.2 Kostentreiber der Entwicklung und der Implementierung

Im Hinblick auf die Entscheidung für einen Softwaretyp geben die bisher erhaltenen Ergebnisse Einblicke in die relevante zeitliche Dimension der Software-Bereitstellung. Gemäß der zugrunde liegenden Prozeßkostenrechnung gilt es, aufbauend auf den strukturierten Prozessen mittels Kostentreibern konkrete Zusammenhänge zum Ressourcenbedarf herzustellen.

Kostentreiber sind ein Maßstab für die Ressourceninanspruchnahme. Aufgrund dieser Charakteristik rücken die Einflußgrößen auf den Kapazitätsbedarf der Entwicklung und Implementierung i.e.S. in den Mittelpunkt der Betrachtungen. Dabei können aus quantitativ-praktischen Erwägungen nicht alle Faktoren vollständig und differenziert ausgelotet werden. Durch Isolierungs- und Abstraktionsvorgänge lassen sich lediglich solche Einflußgrößen ermitteln, die das wesentliche Beziehungsfeld mit den bedeutsamsten Größen der Wirklichkeit wiedergeben. Grundsätzlich werden zwei Typen unterschieden: *Variable Einflußgrößen* führen bei gleichartigen Tätigkeiten zu einem variierenden Kapazitätsbedarf.[137] Sie sind dazu geeignet, den Beschäftigungsgrad in der untersuchten Stelle zu beschreiben. Hierzu gehört beispielsweise der Programmumfang, da die zur Codierung nötigen (Personal-)Ressourcen mit der Anzahl der zu realisierenden Anweisungen schwanken. Dem stehen *konstante Einflußgrößen*, wie z.B. die unternehmensweit eingesetzten Entwicklungsmethoden gegenüber, die als strukturelle Determinanten das Arbeitsumfeld erfassen.[138] Sie bilden die Basis, auf der die Prozeßausgabensätze in Abhängigkeit von den variablen Einflußgrößen gebildet werden und sind für laufende Rechnungen als gegeben anzusehen.[139] Der Begriff *konstant* wird m.a.W. im Sinne von invariant bezüglich konkreter Software-Prozesse innerhalb eines Unternehmens gebraucht. In

[137] Vgl. o.V. [1973], S. 341.

[138] Vgl. o.V. [1973], S. 341.

[139] An dieser Stelle sei jedoch festgehalten, daß sie die Kalkulationssätze maßgeblich bestimmen (vgl. Strecker [1991], S. 73).

der Prozeßkostenrechnung werden solche Einflußgrößen gelegentlich als „strukturelle Kostentreiber" bezeichnet.[140]

Der Einsatz variabler Einflußgrößen als Kostentreiber in einer Prozeßkostenrechnung setzt über die Lokalisierung deren mengenmäßige Erfaßbarkeit voraus, die im folgenden ebenfalls zu hinterfragen ist, wobei die Ausführungen auf die Entwicklung bzw. Implementierung i.e.S. beschränkt bleiben. Die *Maßnahmen der Rahmenorganisation* variieren nach Art und Umfang so stark, daß ihre Kostentreiber einer allgemeinen Analyse nicht zugänglich sind. Sie müssen situativ festgelegt werden.

2.2.2.1 Kostentreiber der Individualsoftware-Entwicklung

Die Einflußgrößen auf den Ressourcenbedarf der Individualsoftware-Entwicklung i.e.S. wurden in der Wirtschaftsinformatik vornehmlich in den 80er Jahren (teilweise empirisch) untersucht (vgl. Tabelle 6).[141]

Einflußgrößen, die die zu entwickelnde Software beschreiben	**Einflußgrößen, die den Entwicklungsprozeß beschreiben**	**Einflußgrößen, die die eingesetzten Ressourcen beschreiben**
Leistungsumfang	ablauforganisatorische Maßnahmen	Personalqualität
Softwarekomplexität	Entwicklungsmethoden	Softwareverfügbarkeit
Softwarequalität		

Tabelle 6: Einflußgrößen der Individualsoftware-Entwicklung[142]

[140] Vgl. Schellhaas/Beinhauer [1992], S. 302.

[141] Vgl. z.B. Noth/Kretschmar [1986], S. 5ff.; Pocsay [1987], S. 35ff.; Boehm [1986], S. 319ff.; Herrmann [1983], S. 62ff. Die Untersuchungen vernachlässigen zumeist jegliche Test-, Schulungs- und Einarbeitungsaktivitäten der Fachanwender. Die hierzu notwendigen Ressourcen werden jedoch überwiegend durch die Anzahl der Anwender beeinflußt. Daher erfolgt eine Quantifizierung durch Multiplikation der Anwenderzahl mit dem für diese Aktivitäten durchschnittlich notwendigen Zeitaufwand.

[142] Vgl. z.B. Herrmann [1983], S. 62, der auf ein Konzept von Gewald/Schelle [1981], S. 144ff. zurückgreift. Der dort zusätzlich benannten *Hardwareverfügbarkeit* kommt heute keine Bedeutung mehr zu. Ferner wird die Bezeichnung der Einflußgrößen modifiziert, um später Unterschiede und Gemeinsamkeiten zur Standardsoftware zu verdeutlichen. Genauer benutzt Herrmann [1983], S. 62, die Begriffe Leistungsumfang, Qualität, ablauforganisatorische Maßnahmen, Entwicklungsmethoden, Qualität des eingesetzten Personals und Softwareverfügbarkeit.

Mit Leistungsumfang, Softwarekomplexität und Softwarequalität stehen die Faktoren im Zentrum, welche die zu entwickelnde Software beschreiben. Da ihre Ausprägungen mit jedem Projekt differieren, liegen variable Einflußgrößen vor.

Um Zusammenhänge zwischen dem Leistungsumfang einer Software und deren Kapazitätsbedarf herzustellen, ist es notwendig, ersteren quantitativ zu erfassen. Die hierzu entwickelten Maßgrößen setzen entweder am Programm (z.B. Anzahl der Programmzeilen bzw. Anweisungen) oder an der abgebildeten Fachaufgabe (z.B. Anzahl der Funktionen bzw. Geschäftsvorfälle) an. Unabhängig vom verwendeten Maß bestätigen die empirischen Untersuchungen einen positiven Zusammenhang zwischen dem Leistungsumfang und dem Kapazitätsbedarf. Lediglich bezüglich der Intensität der Abhängigkeit bestehen verschiedene Ansichten, wobei die meisten Autoren zu einer überproportionalen Beziehung gelangen, d.h., daß eine Verdopplung des Leistungsumfangs mehr als den zweifachen Zeitaufwand erfordert.[143] Dieses Verhalten wird zum einen mit vermehrten Organisations- und Kommunikationsaktivitäten erklärt. Zum anderen führt ein lineares Wachstum der Systemkomponenten zu einer exponentiellen Zunahme der Schnittstellen.[144] Ob und inwieweit phasenbezogene Differenzen existieren, wurde nicht untersucht.[145] Ein größerer Leistungsumfang muß jedoch konzipiert, codiert, getestet und eingeführt werden. Es gibt keine plausiblen Gründe, warum einige dieser Tätigkeiten davon stärker betroffen sein sollen als andere.

Neben dem Leistungsumfang besitzt die *Softwarekomplexität* einen erheblichen Einfluß auf den Ressourcenbedarf. Zur Quantifizierung erfolgt zunächst eine Zerlegung in ordinalskalierbare Merkmale wie Interaktionshäufigkeit zwischen

---

143 Für einen Überblick über die Ergebnisse vgl. Herrmann [1983], S. 61ff.

144 Vgl. Pocsay [1987], S. 37f.

145 Boehm [1986], S. 334ff. analysiert mit dem Gesamtumfang der Datenbank einen Teilaspekt, für den er zu Beginn und zum Ende der Entwicklung einen stärkeren Einfluß als in den mittleren Phasen erhält. Dies führt er hauptsächlich auf Mehraufwand in der Datenbank-Planung, -Integration und Qualitätskontrolle zurück.

Programmteilen, Neuheitsgrad der Entwicklungsaufgabe, Logik usw. Dann werden benachbarte Merkmalsausprägungen zu Klassen zusammengefaßt. Sie sollen eindeutige (im Sinne von intersubjektiv nachvollziehbare), vollständige und ausschließliche Zuordnungen ermöglichen.[146] Die anschließende Beurteilung basiert auf kategorialen Urteilen wie einfach, mittel, komplex[147] unter detaillierter Beschreibung der Bedingungen für die Klassenzugehörigkeit. Aufbauend vergebene Rangpunkte eröffnen dann die Möglichkeit zur ordinalen Messung im Sinne der Zuordnung von Zahlen unter Einhaltung bestehender Relationen.[148] Alle Untersuchungen führen zu dem Ergebnis, daß eine Zunahme der Softwarekomplexität mit steigendem Ressourcenbedarf verbunden ist.[149] Phasenbezogene Unterschiede werden nicht transparent.[150]

Schließlich wird die *Softwarequalität*, definiert als Grad der Erfüllung vorgegebener Qualitätsanforderungen an die Software, als wesentliche Einflußgröße benannt.[151] Wie bei der Softwarekomplexität erfolgt die Quantifizierung durch ordinalskalierbare Einzelmerkmale, wobei hier Größen wie Zuverlässigkeit, Portabilität, Effizienz, Benutzerfreundlichkeit, Wartbarkeit usw. verwendet werden. Obgleich nur wenige empirische Untersuchungen existieren, wird ebenfalls davon ausgegangen, daß eine Zunahme der Softwarequalität mit steigendem Ressourcenbedarf in der Entwicklung verbunden ist. Eine wesentliche Ursache

---

[146] Begriff und Anforderungen an Klassifikationen verdeutlicht Friedrichs [1990], S. 87ff. Zu Skalen vgl. z.B. Schneider [1995], S. 78ff.; Friedrichs [1990], S. 97ff.

[147] Vgl. Heinrich [1996a], S. 401. Es wurden auch einige quantitative Maße entwickelt, deren Ausprägung aber erst nach der Software-Entwicklung bestimmt werden kann (vgl. Herrmann [1983], S. 75).

[148] Zum Begriff des Messens vgl. Friedrichs [1990], S. 97.

[149] Vgl. Herrmann [1983], S. 76.

[150] Vgl. Boehm [1986], S. 337f. der die Komplexität durch vier Kriterien mißt, die nach der von einem Modul hauptsächlich durchgeführten Verarbeitungsart differenzieren.

[151] Die Definition der Software-Qualität erfolgt hier in Anlehnung an das durch den Arbeitskreis der GI-Fachgruppe (GI=Gesellschaft für Informatik) „Software Engineering" entstandene Begriffssystem (vgl. Hesse u.a. [1984], S. 209).

für dieses Verhalten wird in einer wachsenden Anzahl von Testaktivitäten gesehen, die sich gegen Ende der Phase III am stärksten auswirken.[152]

Eine weitere Gruppe bilden die Einflußgrößen, die den Entwicklungsprozeß beschreiben. *Ablauforganisatorische Maßnahmen* wie eine projektbegleitende Prüfung möglichst aller Teilergebnisse (Qualitätssicherung) oder die Einrichtung kleiner Programmiergruppen (Projektstruktur) sollen den Kapazitätsbedarf senken. Dabei liegt das Ziel der Qualitätssicherung darin, Fehler möglichst früh zu entdecken, da eine Beseitigung dann weniger Zeitaufwand erfordert, während eine effektive Projektstruktur den Kommunikationsbedarf zwischen allen Beteiligten senken soll.[153] Der so plausibilisierte Einfluß ablauforganisatorischer Maßnahmen wurde empirisch bestätigt.[154] Der vergleichsweise geringe Zeitaufwand zur Fehlerbeseitigung in frühen Phasen und die mit der Anzahl parallel tätiger Personen steigenden Kommunikationsaktivitäten sprechen für einen wachsenden Einfluß auf der Zeitachse. Durch die unternehmensweite Vorgabe entsprechender Regelungen ist der Faktor invariant hinsichtlich laufender Software-Projekte und daher den konstanten Einflußgrößen zuzurechnen.

Im Rahmen von *Entwicklungsmethoden* wird erwartet, daß Techniken, wie z.B. strukturierte Programmierung, die Lesbarkeit der Software erhöhen und Fehler möglichst früh vermeiden helfen. Auch diese Hypothese wurde empirisch bestätigt.[155] Boehm ermittelt einen auf der Zeitachse steigenden Einfluß, da die Fehlerbeseitigung in frühen Phasen weniger zeitaufwendig ist.[156] Heute ist die Notwendigkeit von Entwicklungsmethoden und deren ablauforganisatorische

---

[152] Vgl. Boehm [1986], S. 321ff., der mit der Zuverlässigkeit auf Subsystemebene jedoch nur einen Teilbereich der Qualität erfaßt und Fehler nach ihrer Bedeutung klassifiziert.

[153] Vgl. Herrmann [1983], S. 81f.

[154] Einen Überblick über die empirischen Ergebnisse liefert Herrmann [1983], S. 83.

[155] Herrmann [1983], S. 85ff. stellt die wesentlichen Studien und Resultate zusammen.

[156] Vgl. Boehm [1986], S. 386ff., der nach der Menge der auf Subsystemebene verwendeten Methoden klassifiziert.

Einbettung erkannt und unternehmensweit einheitlich umgesetzt.[157] Mithin liegen konstante Einflußgrößen bzw. strukturelle Kostentreiber vor.

Schließlich werden Einflußgrößen genannt, die sich auf die eingesetzten Ressourcen beziehen. Hierzu zählen die vielfältigen Ansätze zur maschinellen Unterstützung der Entwicklung selbst, die auf dem Markt in Form verschiedener Tools erhältlich sind. Auch die *Sofwareverfügbarkeit* besitzt einen positiven Einfluß auf den Kapazitätsbedarf,[158] der mit jeder Phase steigt.[159] Die Gründe liegen zum einen darin, daß der Standardisierungsgrad der Tätigkeiten und somit die Möglichkeit zur maschinellen Unterstützung auf der Zeitachse zunimmt. Zum anderen werden Fehler vermieden, zu deren Behebung in frühen Phasen weniger Kapazitäten erforderlich sind.[160] Die bei der Entwicklung einzusetzenden Tools werden jedoch nicht projektspezifisch, sondern unternehmensweit festgelegt. Die Softwareverfügbarkeit gehört damit zu den konstanten Einflußgrößen.

Ein weiterer Faktor, der sich auf die eingesetzten Ressourcen bezieht, ist mit der Personalqualität gegeben. Ihr wird der stärkste Einfluß auf den Kapazitätsbedarf zugeschrieben. Von den Merkmalen Qualifikation, Motivation und Erfahrung ist jedoch nur letztere erfaßbar. Entsprechend weisen empirische Untersuchungen zumeist Zusammenhänge zwischen dem Kapazitätsbedarf und der Erfahrung nach,[161] deren Ausprägungen entweder qualitativ durch kategoriale Urteile (wenig, mittel, viel) oder quantitativ durch die Zeit bestimmt werden. Der im Projektverlauf wachsende Standarisierungsgrad der Entwicklungsaktivitäten läßt darauf schließen, daß die Wichtigkeit dieses Faktors auf der Zeitachse sinkt. Zwar schlägt sich die in Deutschland allgemein geringe Fluktuationsrate

---

[157] Es werden jedoch nicht immer die neuesten, in der Wirtschaftsinformatik entwickelten Methoden verwendet (vgl. Hoare [1991], S. 1ff.).

[158] Vgl. z.B. Heinrich [1996a], S. 402.

[159] Vgl. Boehm [1986], S. 393ff., der nach dem Grad der auf Subsystemebene eingesetzten Tools differenziert.

[160] Vgl. Boehm [1986], S. 394.

[161] Einen Überblick liefert Pocsay [1987], S. 43ff.

auch in DV-Abteilungen nieder, dies bedeutet aber nicht, daß in jedem Projekt gleiche Erfahrungen vorliegen. Auf einige konkrete Unternehmen mag dies annäherungsweise zutreffen. Hier gehört die Personalqualität dann zu den konstanten Einflußgrößen. Für andere liegt eine variable Einflußgröße bzw. ein Kostentreiber mit gravierenden Auswirkungen auf den Kapazitätsbedarf vor.

Tabelle 7 faßt die Ergebnisse zusammen:

Art des Kostentreibers	**Bezeichnung**	**Einfluß auf der Zeitachse**
Kostentreiber bzw. variable Einflußgröße	Leistungsumfang	
	Softwarekomplexität	konstant
	Softwarequalität	in Phase III am höchsten
	Personalqualität	sinkt
struktureller Kostentreiber bzw. konstante Einflußgröße	ablauforganisatorische Maßnahmen	steigt
	Softwareverfügbarkeit	steigt
	Entwicklungsmethoden	steigt

Tabelle 7: Kostentreiber der Individualsoftware-Entwicklung auf der Zeitachse

Mithin läßt sich die abgeleitete Normkurve (vgl. Abbildung 2, S. 54) durch folgende Thesen konkretisieren:

- *Je zweckmäßiger die Entwicklungsmethoden, die verfügbare Software und die ablauforganisatorischen Maßnahmen, desto geringer steigt der Ressourcenbedarf auf der Zeitachse an.*
- *Je höher die Personalqualität, desto geringer steigt der Ressourcenbedarf auf der Zeitachse an.*
- *Je höher die Softwarequalität, desto höher ist der Ressourcenbedarf in Phase III.*

2.2.2.2 Kostentreiber der Standardsoftware-Implementierung

Eine Möglichkeit, Kenntnisse über die bisher nicht analysierten Implementierungs-Einflußgrößen für Standardsoftware zu gewinnen, ist die Übertragung der entsprechenden Ergebnisse für Individualsoftware-Entwicklungen. Ein solcher Transfer basiert auf der Interpretation der standardsoftwareeigenen Anpassungshilfsmittel als Programmiersprache unter Berücksichtigung der Auswirkungen von Mächtigkeit, Individualität, Komplexität und Rahmen. Dieser Weg wird im folgenden beschritten, wobei als Referenzsystem die in einer konkreten Investitionsentscheidung alternativ zur Wahl stehende Individualsoftware dient.

Standardsoftware wird in einem Prozeß unter Nutzung von Ressourcen implementiert. Daher lassen sich die Einflußgrößen danach unterscheiden, ob sie sich auf die zu implementierende Software, den Implementierungsprozeß oder die eingesetzten Ressourcen beziehen (vgl. Tabelle 8).

Einflußgrößen, die die zu implementierende Software beschreiben	**Einflußgrößen, die den Implementierungsprozeß beschreiben**	**Einflußgrößen, die die eingesetzten Ressourcen beschreiben**
Customizing-Umfang	ablauforganisatorische Maßnahmen	Personalqualität
Customizing-Komplexität	Customizing-Methoden	Softwareverfügbarkeit
Softwarequalität		

Tabelle 8: Einflußgrößen der Standardsoftware-Implementierung

Bei der Untersuchung der Einflußgrößen, welche die zu implementierende Software beschreiben, sind Leistungsumfang, Softwarekomplexität und Softwarequalität von Individualsoftware auf Standardsoftware zu übertragen.

Der Leistungsumfang entspricht dem *Umfang der standardsoftwareeigenen Anpassungshilfsmittel bzw. dem Umfang des Customizings*. Er darf keinesfalls mit dem Funktionsumfang der Standardsoftware verwechselt werden, für den kein unmittelbarer Zusammenhang zum Kapazitätsbedarf der Implementierung besteht: Auch bei Vorliegen eines großen Funktionsumfangs können die durch den Rahmen abgesteckten Konfigurationsmöglichkeiten, und damit die Customizing-Prozesse, gering sein. Daher ist der Rückgriff auf die zur Implementierung erforderlichen Aktivitäten notwendig.[162] Plausibel ist ein positiver Zusammenhang zwischen dem Umfang der Customizing-Prozesse und dem Ressourcenbedarf. Einschränkend ist jedoch zu berücksichtigen, daß die Mächtigkeit im Vergleich zur Individualsoftware einen geringeren „Leistungsumfang" bewirkt,

[162] In Analogie zur Individualsoftware könnte die Messung z.B. durch die Anzahl der einzustellenden Parameter oder die Menge der konfigurierbaren Funktionen erfolgen, über die der Hersteller Auskunft gibt. Weiter ist eine separate Betrachtung von User-Exits, Abfragen, Schnittstellen und Parametereinstellungen denkbar.

denn anstelle des Erzeugens sehr vieler Programmzeilen und Datenbankdefinitionen tritt überwiegend die Pflege von Tabelleneinträgen, die jede für sich Ergebnisse erzielen, die denen mehrerer Softwaremodule entsprechen.

Neben dem Customizing-Umfang bildet die *Customizing-Komplexität* eine wesentliche Einflußgröße auf den Ressourcenbedarf. Auch hier ist ein positiver Zusammenhang plausibel, d.h., je höher die Customizing-Komplexität, desto mehr Personalkapazität ist zur Implementierung bereitzustellen.[163] Der Einfluß ist jedoch größer als bei Individualsoftware, da die Komplexität selbst einen Unterschied zwischen standardsoftwareeigenen Anpassungshilfsmitteln und Programmiersprachen repräsentiert, der sich auf den gesamten Implementierungsprozeß auswirkt: So müssen für jeden Parameter eine Vielzahl von Querverbindungen verstanden (Phase II/1) und bei der Planung berücksichtigt werden (Phase II/2). Ferner besteht die Gefahr, einige zu übersehen, was sich in erhöhtem Kapazitätsbedarf für Test- und Fehlerbeseitigung (Phase IV) niederschlägt. Während die Bewältigung komplexer Individualsoftware-Entwicklungen schließlich auf einem breiten Erfahrungswissen aufbaut, steht einer Transformation ähnlicher Lösungen aus anderen Standardsoftware-Implementierungen die Individualität entgegen. Insgesamt übt die Customizing-Komplexität einen stärkeren Einfluß auf den Kapazitätsbedarf als alternative Individualsoftware aus. Da die Komplexität mit wachsendem Projektfortschritt weiter offengelegt wird, kann zeitlich von einem nachlassenden Einfluß ausgegangen werden.

Die entsprechenden Ausprägungen unterscheiden sich jedoch von Projekt zu Projekt, so daß mit Customizing-Umfang und -Komplexität variable Einflußgrößen bzw. Kostentreiber vorliegen, die eine zusätzliche Eigenschaft aufweisen: Sie besitzen bei allen Unternehmen, die das gleiche Standardsoftware-Produkt einsetzen, ähnliche Ausprägungen, sind m.a.W. *produktinvariant*.

---

[163] Die Messung der Komplexität erfolgt nach den Kriterien: Anzahl der Parameter, die sich auf eine Transaktion, eine Aufgabe, einen abgrenzbaren Bereich oder die gesamte Software beziehen. Diese Vorgehensweise hat den Vorteil, daß die gesuchten Ausprägungen beim Standardsoftware-Hersteller erfragt werden können. Die bei der Komplexitäts-Bewertung für Individualsoftware häufig geäußerte Kritik der Subjektivität wiegt für Standardsoftware folglich weniger schwer.

Definiert als Grad der Erfüllung vorgegebener Anforderungen richtet sich die *Softwarequalität* an den im Fachkonzept und damit zum Planungszeitpunkt festgelegten Kriterien aus. Da die Anforderungen mit jedem Projekt differieren, ist die Einflußgröße nicht nur variabel, sie besitzt selbst dann divergierende Ausprägungen, wenn die gleiche Software in verschiedenen Unternehmen zum Einsatz kommt. Dabei steckt der die Standardsoftware definierende Rahmen für typische Maßgrößen wie Zuverlässigkeit, Portabilität, Benutzerfreundlichkeit usw. grobe Grenzen ab. Eine mit hoher Softwarequalität einhergehende Überschreitung dieser Barrieren kann folglich nur durch die Auswahl alternativer Software erreicht werden. Dann ist zwar ein höherer Preis, nicht aber ein unmittelbarer Zusammenhang zum Kapazitätsbedarf der Implementierung plausibel. Ist eine Alternative vorgegeben, eignen sich eine Reihe von Maßnahmen wie z.B. vermehrte, gut strukturierte Tests zur Erhöhung der Softwarequalität. Da auch diese Aktivitäten Zeit erfordern, leuchtet eine positive Beziehung zum Kapazitätsbedarf ein, der besonders in Phase III durch zusätzliche Testaktivitäten verursacht wird.[164] Der eingeschränkte Gestaltungsspielraum impliziert jedoch einen vergleichsweise geringen Einfluß.

Bezüglich der Einflußgrößen, welche den Implementierungsprozeß beschreiben, sind ablauforganisatorische Maßnahmen (Projektstruktur, Qualitätssicherung) und Customizing-Methoden zu untersuchen.

Im Rahmen der *ablauforganisatorischen Maßnahmen* kommt dem Projektmanagement eine hohe Bedeutung zu, da die Prozesse stärker als bei Individualsoftware-Entwicklungsprojekten voneinander abhängen (Komplexität) und demnach ein höherer Koordinationsbedarf besteht. Dies wiegt um so schwerer, als die Individualität eine Strukturierung mit standardisierten Lösungen verbietet. Weil mit der Anzahl gleichzeitig realisierter Aktivitäten die Kommunikations- und Koordinationsmaßnahmen zunehmen, sprechen einige Aspekte für einen zeitlich steigenden Einfluß. Letzterer fällt lediglich in der durch wenig Arbeitsteilung

---

[164] Die Messung der Qualität erfolgt in Analogie zur Individualsoftware (vgl. Kapitel 2.2.2.1, S. 64ff.).

gekennzeichneten Phase III gering aus. Obgleich die qualitätssichernden ablauforganisatorischen Maßnahmen von geringerer Relevanz sind, ist für beide Einflußgrößen ein positiver Zusammenhang zum Kapazitätsbedarf einleuchtend. Die auf frühe Fehlerbeseitigung bzw. -vermeidung abzielenden Maßnahmen besitzen ebenfalls einen im Zeitablauf steigenden Einfluß. Kostentreiber bzw. variable Einflußgrößen liegen jedoch nicht vor, da die Ausprägung beider Faktoren nicht projektspezifisch, sondern unternehmensweit festgelegt ist.

Während Individualsoftware-Entwicklungsmethoden weiter die Standardisierung des gesamten Prozesses erlauben, steht die Individualität einer über grobe Anhaltspunkte hinausgehenden allgemeinen Definition von *Customizing-Methoden* entgegen. Letztere werden von einigen Herstellern speziell für ihr Produkt entwickelt und die Nutzung mittels maschineller Hilfsmittel (Tools) unterstützt.[165] Solche produktbezogen *verfügbare Software* trägt zur Transparenz der komplexen standardsoftwareeigenen Anpassungshilfsmittel bei und senkt daher nicht nur den eigenen Ausbildungs- und Analyseaufwand, sondern auch die Wahrscheinlichkeit, Querverbindungen zu übersehen. Letzteres reduziert das Fehlerpotential. Basieren die Tools darüber hinaus auf Erfahrungswerten, die es erlauben, Lösungsvorschläge für typische Problemstellungen zu generieren, werden die negativen Auswirkungen der Individualität abgemildert. Insgesamt ist ein höherer Einfluß der Softwareverfügbarkeit als bei Individualsoftware plausibel. Einschränkend ist zu berücksichtigen, daß die Funktionsweise der Hilfsmittel zusätzlich erlernt werden muß. Ob der hierzu nötige Kapazitätsbedarf den Nutzen kompensiert, kann zwar vermutet, letztendlich ohne empirische Untersuchungen aber nicht beantwortet werden.

Im Gegensatz zur Individualsoftware wird die Ausprägung der Einflußgrößen Customizing-Methoden und Softwareverfügbarkeit also nicht einmalig unternehmensbezogen, sondern durch das vorliegende Standardsoftware-Produkt festgelegt. Daher handelt es sich nicht um strukturelle Determinanten des Ar-

[165] Z.B. durch die Erstellung eines Einführungsleitfadens wie IMW von SAP, den die Verfasserin in ihrer Tätigkeit dort kennenlernte. Zur Zweckmäßigkeit maschineller Implementierungshilfen vgl. Thome [1999], S. 572ff.

beitsumfelds. Vielmehr liegen variable, aber produktbezogen invariante Einflußgrößen vor.[166] Ihre Wirkung nimmt ebenfalls im Zeitablauf zu, da Fehler früh vermieden bzw. beseitigt werden.

Schließlich ist die Personalqualität als *Einflußgröße, die die eingesetzten Ressourcen beschreibt,* zu untersuchen. Ein positiver Zusammenhang zum Kapazitätsbedarf liegt nahe. Durch die Komplexität ist jedoch ein größerer Einfluß als bei der Entwicklung von Individualsoftware plausibel. Ihre Bewältigung erfordert neben der Erfahrung vor allem persönliche Eigenschaften wie Kreativität und analytisches Denkvermögen. Eine Reduktion auf das einzig meßbare Kriterium Erfahrung[167] vernachlässigt wichtige Aspekte. Dies gilt um so mehr, als hier Kenntnisse im Umgang mit den spezifischen standardsoftwareeigenen Anpassungshilfsmitteln erfaßt werden sollen, die bei Projektbeginn nur ausnahmsweise vorliegen. Erfolgt mangels Alternativen dennoch eine solche Einschränkung, kann diese aufgrund der Individualität nur in Bezug auf eine konkrete Handlungsalternative bewertet werden. Dann variiert die Einflußgröße nicht nur mit jedem Projekt. Ihre Ausprägungen differieren selbst bei dem gleichen Standardsoftware-Produkt mit jeder Implementierung. Die Personalqualität ist daher unternehmensbezogen und produktbezogen variabel.

Die Ergebnisse sind in Tabelle 9 zusammenfaßt. Mithin läßt sich die abgeleitete Normkurve (vgl. Abbildung 3, S. 58) durch folgende Thesen konkretisieren:

- *Je zweckmäßiger die Customizing-Methoden, die verfügbare Software und die ablauforganisatorischen Maßnahmen, desto geringer steigt der Ressourcenbedarf auf der Zeitachse an.*
- *Je höher die Customizing-Komplexität, desto mehr steigt der Ressourcenbedarf auf der Zeitachse an.*

---

[166] Eine Messung, die über eine ja/nein-Entscheidung hinausgeht, stellt den Beurteilenden vor Probleme, da die angebotenen Alternativen stark differieren. Denkbar wäre eine Klassifizierung nach der Menge der unterstützten Aktivitäten.

[167] Z.B. durch die Klassen: Monate Erfahrung mit derselben Standardsoftware, in der zu implementierenden Komponente, einer anderen Komponente und einer anderen Standardsoftware.

- *Je höher die Softwarequalität, desto höher ist der Ressourcenbedarf in Phase III.*

Art des Kostentreibers	Bezeichnung	Einfluß auf der Zeitachse
Kostentreiber bzw. variable Einflußgröße	Customizing-Umfang	
	Customizing-Komplexität	sinkt
	Softwarequalität	in Phase III am höchsten
	Customizing-Methoden	steigt
	Softwareverfügbarkeit	steigt
	Personalqualität	Teilaspekt Erfahrung steigt
struktureller Kostentreiber bzw. konstante Einflußgröße	ablauforganisatorische Maßnahmen	steigt
produktinvariante Einflußgrößen	Customizing-Umfang	
	Customizing-Komplexität	sinkt
	Customizing-Methoden	steigt
	Softwareverfügbarkeit	steigt

Tabelle 9: Kostentreiber der Standardsoftware-Implementierung auf der Zeitachse

2.2.3 Planung der Prozeßzeit als Folge des Zusammenwirkens interdependenter Kostentreiber

2.2.3.1 Heterogene Ausgabenverursachung als Problem der Prozeßzeitplanung

Folgt man dem theoretischen Ideal der (Prozeß-)Kostenrechnung, so sollte die Planung der Prozeßzeit und demzufolge auch der Ausgaben analytisch erfolgen.[168] Hierbei gilt es, die gesuchten Werte mittels technisch-kostenwirtschaftlicher Analysen festzulegen. Dies erfordert zum einen, die Ausprägungen der variablen Einflußgrößen zu erfassen, zum anderen ihre Beziehungen untereinander zu kennen.

Für die erste Aufgabe ist mindestens zu fordern, daß die Ausprägungen zum Planungszeitpunkt festgelegt sind, da die aufbauende Generierung der Ausgaben andernfalls auf der mit hohen Unsicherheiten behafteten Prognose zukünf-

[168] Vgl. z.B. Kilger [1993], S. 346; Braun [1999], S. 128; Horváth/Mayer [1993], S. 22.

tiger Entscheidungen basieren würde.[169] Leistungsumfang, Softwarekomplexität und beabsichtigte Qualitätsmerkmale sind für Individualsoftware im vorliegenden Feinkonzept determiniert.[170] Erfolgt auf dieser Basis die Zuordnung konkreter (Personal-)Ressourcen, ist obiges Anliegen erfüllt. Bei Standardsoftware werden die variablen Einflußgrößen, mit Ausnahme der Personal- und Softwarequalität, durch die Existenz eines konkreten Produkts und daher mit einer zur Bewertung herangezogenen Handlungsalternative festgelegt. Während zur Beurteilung der Softwarequalität zusätzlich das Fachkonzept benötigt wird, gilt für die Personalqualität dasselbe, wie für Individualsoftware.[171] Die Ausprägungen der variablen Einflußgrößen liegen vor der Entscheidung zwischen Standardsoftware und Individualsoftware also ebenfalls fest.

Durch Beschränkung auf einen Kostentreiber je Prozeß würde der Planungsvorgang darüber hinaus erheblich vereinfacht werden, was die Frage aufwirft, ob eine solche Reduktion zweckmäßig ist. Bezüglich dieses Aspekts wird vorgeschlagen, die Prozeßstrukturierung hinsichtlich dieses Ziels auszurichten und falls notwendig, entsprechend tief zu differenzieren.[172] Ein solches Vorgehen ist hier nicht möglich, da die Einflußgrößen zwar mit unterschiedlicher Intensität aber dennoch signifikant auf alle Phasen wirken und der Detaillierungsgrad von Prozessen sich auf die bei der Entwicklung bzw. Implementierung erstellten phasenbezogenen Teilergebnisse beschränkt. Eine entsprechende Reduktion ist ferner ausreichend, wenn die zur Verfügung stehenden Alternativen gleichgerichtet sind und mit ähnlicher Intensität auf den Kapazitätsbedarf wirken.[173] Auch dieser Sachverhalt ist hier nicht gegeben. Vielmehr existiert überhaupt keine feste Relation zwischen den variablen Einflußgrößen. Es liegt folglich

[169] Die Ausprägungen der konstanten Einflußgrößen sind per Definition festgelegt.

[170] Restriktionen sind gegeben, wenn sich die Messung des Leistungsumfangs am Programm orientiert. In Abhängigkeit vom später realisierten DV-Konzept könnte das Schätzergebnis Abweichungen aufweisen.

[171] Einschränkend ist zu berücksichtigen, daß die Erfahrung als Teilkomponente der Personalqualität im Zeitablauf wächst.

[172] Vgl. z.B. Müller [1998], S. 138; Cooper [1992], S. 378; Braun [1999], S. 45f.; Burger [1999], S. 235ff.

[173] Vgl. Braun [1999], S. 62.

unabhängig von der betrachteten Phase und der Detaillierung der Prozeßstrukturierung eine nicht reduzierbare *heterogene Ausgabenverursachung* vor. Daher kann auch kein proportionaler Zusammenhang zwischen einer variablen Einflußgröße und dem Ressourcenverbrauch angenommen werden.

Dieser Sachverhalt wirft für die Datengenerierung ein neues Problem auf, nämlich die allgemeingültige Feststellung der Wirkung jeder einzelnen Einflußgröße auf die Beanspruchung der (Personal-)Ressourcen durch einen Prozeß. Folgt man dem theoretischen Ideal analytischer Planungen, müssen hier technisch-kostenwirtschaftliche Zusammenhänge oder zumindest entsprechende Hypothesen generiert werden. Sofern solche Beziehungen überhaupt existieren, muß ihre zeitliche Stabilität kritisch hinterfragt werden. Sie basieren nämlich auf der Prämisse, daß die Intensität der Kräfte, die den Ressourcenbedarf in der Vergangenheit prägten, auch im Planungszeitraum Bestand hat. Angesichts der raschen Entwicklung der Informationstechnik ist diese Annahme fragwürdig. Ferner dürfte der Aufbau stetiger Beziehungen zwischen überwiegend qualitativen, klassifizierten Einflußgrößen und der quantitativen Ressourceninanspruchnahme zu verfahrenstechnischen Problemen führen.

Nützlich könnten Erkenntnisse der Wirtschaftsinformatik sein, die sich aus einer stark praxisbezogenen Sichtweise ebenfalls mit dieser Thematik befaßt.

2.2.3.2 Lösungen für Individualsoftware in der Praxis: Function-Point und Integriertes Verfahren zur Aufwandschätzung (INVAS)

Die Quantifizierung des Ressourcenbedarfs für die Software-Entwicklung i.e.S. gehört zu den am intensivsten bearbeiteten Untersuchungsfeldern der Wirtschaftsinformatik. So gibt es eine Vielzahl verschiedener Schätzverfahren,[174] die weitgehend losgelöst von betriebswirtschaftlich-theoretischen Überlegungen gemeinsam mit oder von Praktikern entwickelt wurden. Hier stellt sich die Fra-

[174] Vgl. z.B. Boehm [1986], S. 49ff.; Herrmann [1983], S. 108ff.; Seibt [1987], S. 3ff.; Kurbel/Dornhoff [1993], S. 1047ff.; Sneed [1990], S. 170ff.; Schmitz/ Bons/van Megen [1980], S. 205ff. Einen umfassenden Überblick vermitteln Noth/Kretschmar [1986], S. 32ff. Für eine Kurzfassung vgl. Lehner [1992], S. 21ff.

ge, ob beide Richtungen voneinander profitieren können: Die Betriebswirtschaftslehre, indem sie praktikable Lösungsangebote für die oben aufgezeigten Probleme erhält, und die Wirtschaftsinformatik durch die Einordnung ihrer Schätzverfahren in ein betriebswirtschaftliches Konzept.

Sollen technisch-kostenwirtschaftliche Analysen auf einem dieser Schätzverfahren beruhen, muß es zunächst entsprechende Zusammenhänge erklären. Dabei gilt es nicht nur alle variablen Einflußgrößen zu berücksichtigen, sondern auch Anpassungen an veränderte strukturelle Determinanten im Unternehmensumfeld (konstante Einflußgrößen) zu gestatten. Darüber hinaus ist eine auf dem Fachkonzept basierende, zeitarme Generierung der notwendigen Datenbasis zu fordern.[175]

Aus der Vielzahl von Schätzverfahren, von denen die meisten nur wenige Einflußgrößen berücksichtigen und eher den Charakter von Faustformeln besitzen, sind vor allem das Function-Point-Verfahren und das Integrierte Verfahren zur Aufwandschätzung[176] (INVAS) zu nennen.[177]

1. Das *Function-Point-Verfahren* wurde von Allan J. Albrecht bei IBM entwickelt.[178] Die Grundidee besteht darin, daß der Ressourcenbedarf einer Individualsoftware-Entwicklung primär vom Umfang und der Komplexität der abzubildenden Geschäftsvorfälle abhängt. Hieraus folgt unmittelbar eine Beschränkung des Einsatzbereichs auf kaufmännische Anwendungen, in denen die Benutzersicht im Vordergrund steht. Für die auf Algorithmen ausgerichtete technisch-wissenschaftliche Software ist eine solche Annahme realitätsfern.

---

[175] Andere, in der Literatur analysierte Aspekte interessieren hier nicht. Noth/Kretschmar [1986], S. 32ff. beurteilen 20 Schätzverfahren an insgesamt 19 Kriterien.

[176] In der Wirtschaftsinformatik wird der (Personal-)Ressourcenbedarf häufig mit (Personal-) Aufwand bezeichnet.

[177] Darüber hinaus nutzt das Constructive-Cost-Model (COCOMO) viele verschiedene Einflußgrößen. Dieses von Boehm [1986], S. 49ff. entwickelte Verfahren basiert jedoch auf der Anzahl der zu programmierenden Anweisungen, die erst nach dem DV-Konzept hinreichend sicher geschätzt werden können (vgl. Pocsay [1987], S. 76).

[178] Albrecht [1979], S. 83ff. veröffentlichte das erste Function-Point-Verfahren, das er später weiterentwickelte. Seit 1981 wird es bei IBM eingesetzt (vgl. Heinrich [1996a], S. 405). Zur Geschichte von Function-Point vgl. Carpers [1991], S. 43ff.

Als Maßgröße fungieren sogenannte *einfache Function-Points,* die aus einer endbenutzerorientierten Zerlegung der Anwendung in verschiedene Funktionstypen resultieren. Jeder dabei lokalisierte Geschäftsvorfall, wie z.B. die Neuanlage eines Kundenstammsatzes, wird nach vorgegebenen Kriterien in leicht, mittel oder schwer klassifiziert, denen jeweils eine Zahl von drei bis fünfzehn zugewiesen ist. Versehen mit der seiner Klasse zugeordneten Zahl und summiert über alle Geschäftsvorfälle entstehen die einfachen Function-Points, die zur Feinabstimmung mit einem weiteren Faktor multipliziert werden. Letzterer faßt Richtung und Stärke von sieben Einflußgrößen zusammen, die weitere Teilaspekte der Softwarekomplexität und -qualität beschreiben.[179] Die Einflußgrößen werden im konkreten Einzelfall klassifiziert und in eine globale Bewertungskennziffer transferiert. Multipliziert mit einfachen Function-Points entstehen dann die *Function-Points* der Individualsoftware.

Um Aussagen über den Ressourcenbedarf (Personenmonate) abzuleiten, wird empfohlen, mittels Regressionsanalysen eine Beziehung zwischen den realisierten Function-Points und benötigten Personenmonaten herzustellen.[180] Folglich bildet die Existenz detaillierter Aufzeichnungen über den Zeitaufwand abgeschlossener Individualsoftware-Projekte eine wichtige Voraussetzung zur Anwendung dieses Verfahrens in der Praxis. Ist das erforderliche Datenmaterial nicht verfügbar, soll der Rückgriff auf veröffentlichte Zusammenhänge erfolgen.[181] Die so entstehenden Erfahrungstabellen oder -kurven[182] werden mit

---

179 Genauer handelt es sich in der deutschen Function-Point-Version um die Einflußgrößen: Verflechtung mit anderen DV-Systemen, Verwaltung oder Verarbeitung der Daten erfolgt dezentral, Antwortzeitverhalten erfordert spezielle Berücksichtigung bei Design, Implementierung und Wartung, Komplexität der Verarbeitungslogik, Wiederverwendbarkeit in anderen Anwendungssystemen, Maßnahmen zur Konvertierung von Datenbeständen und Hilfen für die Benutzerbedienung. In der ursprünglichen, amerikanischen Fassung werden 14 Einflußfaktoren unterschieden (vgl. Seibt [1987], S. 4ff. und Heinrich [1996a], S. 409ff.).

180 Vgl. Seibt [1987], S. 7.

181 Vgl. Feyhl/Feyhl [1996], S. 92.

182 Dieser Begriff ist in der Wirtschaftsinformatik geprägt und darf nicht mit den Erfahrungskurven verwechselt werden, die in der Betriebswirtschaftslehre meistens im Zusammenhang mit strategischen Überlegungen genutzt werden (vgl. Coenenberg [1997], S. 199ff., Horváth/ Brokemper [1998], S. 581ff.)

jedem abgeschlossenen Projekt angepaßt.[183] Function-Points quantifizieren wesentlich den Leistungsumfang, bei dessen Steigerung zumeist ein überproportional wachsender Ressourcenbedarf angenommen wird. Als Konsequenz besitzt die Abbildung λ: *Function-Points* $\rightarrow$ *Personenmonate* ebenfalls diese Eigenschaft, d.h. die ersten beiden Ableitungen sind größer als Null.

Jede Function-Point-Schätzung setzt ein detailliertes Funktionenmodell voraus. Insbesondere mit Einführung von Programmiersprachen der 4. Generation sowie dem objektorientierten Softwareentwurf wurde von einigen Unternehmen der Schwerpunkt ihrer Sichtweise von den Funktionen auf die Daten verlagert. Insofern war die Entwicklung eines modifizierten Function-Point-Verfahrens, das seinen Kern ebenfalls auf die Daten legt, der nächste konsequente Schritt. Er wurde von H. Sneed mit dem sogenannten *Data-Point-Verfahren* vollzogen.[184] Dieses Modell könnte für Unternehmen, die vornehmlich die Daten der Software betrachten, ein vielversprechender Ansatz sein. Das Data-Point-Verfahren ist bisher weitgehend unbekannt geblieben. Da es sich einer ähnlichen Vorgehensweise wie Function-Point bedient, gelten die folgenden Ausführungen analog, sofern nicht explizit auf Unterschiede hingewiesen wird.

Function-Point bzw. Data-Point beruhen auf der Intention, die Beziehungen zwischen Einflußgrößen der Individualsoftware-Entwicklung und dem Ressourcenbedarf in einer Funktion quantitativ auszudrücken. Hierbei handelt es sich um die Komposition eines quantifizierten Einflußgrößen-Konglomerats mit der Zuordnung dieses Wertansatzes zum Ressourcenbedarf. Die erste Teilfunktion wird im konkreten Einzelfall also softwarespezifisch bewertet, während die zweite nicht von einer konkreten Handlungsalternative, sondern von den Gegebenheiten im Unternehmen abhängt. Folglich werden Richtung und Intensität variabler Einflußgrößen implizit mit der Wirkung konstanter Einflußgrößen ver-

[183] Tabellen oder Kurven sind z.B. zu finden in: Feyhl/Feyhl [1996], S. 110; Noth/Kretschmar [1986], S. 98f.; IBM [1983], S. 13.

[184] Vgl. Sneed [1990], S. 48ff. Hürten [1993], S. 94ff. schlägt für frühe Projektphasen ebenfalls eine auf dem Datenmodell basierende Variante vor, die aber nach Vorliegen weiterer Informationen durch Function-Point ersetzt werden soll. Heinrich [1996a], S. 412 fordert eine Verallgemeinerung auf der Grundlage von Objekten.

knüpft. Aus Sicht der beabsichtigten analytischen Planung *behauptet die erhaltene Schätzgleichung*[185], *technisch-kostenwirtschaftliche Zusammenhänge für die Individualsoftware-Entwicklung als Gesamtheit,* also der höchsten Ebene einer jeden Prozeßhierarchie.

Von den variablen Einflußgrößen Leistungsumfang, Softwarekomplexität, Softwarequalität und Personalqualität fehlt letztere.[186] Da die Aufstellung der Erfahrungskurve bzw. -tabelle von tatsächlichen historischen Gegebenheiten ausgeht, sind alle weiteren Einflußgrößen dort, unabhängig von einer konkreten Handlungsalternative, indirekt erfaßt. Somit basiert der mit Function-Point ermittelte technisch-kostenwirtschaftliche Zusammenhang auf der Prämisse, daß die Personalqualität in allen Projekten die gleiche Ausprägung besitzt. Eine solche Annahme muß bezweifelt werden.[187] Die analog registrierten Einflußgrößen Softwareverfügbarkeit, Entwicklungsmethoden und ablauforganisatorische Maßnahmen sind nur bezüglich eines konkreten Arbeitsumfelds invariant. Daher ist die Gültigkeit der Erfahrungskurve bzw. -tabelle auf diesen Aspekt beschränkt. Änderungen in einem Faktor erfordern bereits eine Modifikation.

Um das Geflecht der überwiegend qualitativen Einflußgrößen in einem Wert, den Function-Points, auszudrücken, wird auf ein Vorgehen zurückgegriffen, das an Scoring-Modelle erinnert. Angesichts der Ablehnung dieser Modelle in Kapitel 1.1 mag der Vorschlag überraschen. Es ist jedoch zu bedenken, daß hier ein anderes Problem vorliegt. Zudem lehnt sich jede Zusammenfassung verschiedener qualitativer Größen in einem Wert zwangsläufig an ein Scoring-Modell an. Darüber hinaus fehlt mit der zeitlichen Dimension der Ergebnisse ein

---

[185] In der Wirtschaftsinformatik wird die Herstellung solcher Zusammenhänge als Faktorenmethode, Gewichtungsverfahren, Verfahren der parametrischen Schätzgleichungen oder Verfahren der multiplen Regressionsanalyse bezeichnet. Einige Autoren nutzen diese Begriffe synonym (vgl. z.B. Pocsay [1987], S. 51; End/Gotthardt/Winkelmann [1984], S. 463; Heinrich [1996a], S. 403, der die multiple Regressionsanalyse nicht explizit benennt). Andere unterscheiden zwischen den Begriffen, wie beispielsweise Noth/Kretschmar [1986], S. 23, die parametrische Schätzgleichungen im Vergleich zur Gewichtungsmethode durch die zusätzliche Nutzung von Korrelationsanalysen kennzeichnen.

[186] Data-Point berücksichtigt andere Einflußgrößen als Function-Point, zu denen auch die Projekterfahrung gehört (vgl. Sneed [1990], S. 48ff.).

[187] Vgl. hierzu Kapitel 2.2.2.1, S. 64ff.

wesentlicher Grund, der zur Ablehnung dieser Modelle in Kapitel 1.1 führte.[188] Schließlich vermindern konkrete Function-Point-Vorschriften zur Klassifizierung und ordinalen Bewertung die ansonsten mit Scoring-Modellen verbundene, unvermeidliche Subjektivität.

Da im Fachkonzept Daten, Funktionen und qualitative Anforderungen detailliert beschrieben sind, steht der informatorische Input bei Vorliegen der Schätzgleichung zeitnah zur Verfügung. Die Aufstellung einer Erfahrungskurve bzw. -tabelle mittels Korrelationsanalysen setzt aber einen erheblichen Datenumfang und entsprechend lange Erfassungszeiträume voraus, was einen nicht zu vernachlässigenden Zeitaufwand impliziert. In der Praxis sind solche Aufzeichnungen oft unzureichend, und ein Aufbau der notwendigen Datenbasis wird durch die geringe Anzahl der durchgeführten Projekte zusätzlich erschwert. Der in diesem Fall naheliegende Rückgriff auf eine veröffentlichte Tabelle bzw. Erfahrungskurve ist aus betriebswirtschaftlicher Sicht abzulehnen, da hier gerade der Einfluß des (unternehmensspezifischen) Arbeitsumfelds dokumentiert ist. Eine Übereinstimmung kann daher nur zufällig gegeben sein. Darüber hinaus existieren häufig nur unscharfe Aussagen über die Qualität, den Umfang und die Aktualität des Materials. Die mittelfristige Schaffung einer eigenen Erfahrungsdatenbank ist hier vorzuziehen.[189]

Die Überlegungen führen zu folgender These: *Function-Point stellt eine mögliche Basis für analytische Planungen auf Hauptprozeßebene dar, die jedoch mit den Nachteilen von Scoring-Modellen behaftet ist, die Personalqualität als strukturellen Kostentreiber falsch erfaßt, eine zeitintensive Strukturierung historischer Daten verlangt und mit der Schätzgleichung eine zeitinvariante Genauigkeit vortäuscht, die der vorliegenden Problemstellung nicht entspricht.* Es handelt sich daher eher um Anhaltspunkte über die Wirkung der Einflußgrößen

188 Die zeitliche Dimension wird entsprechend der umgekehrten Prozeßkostenrechnung auf Basis von Normkurven in das Ergebnis eingebracht.

189 Unternehmensübergreifende Vergleiche der Erfahrungstabellen sind dennoch nützlich, da sie möglicherweise erste Anhaltspunkte zur Lokalisation von Unwirtschaftlichkeiten liefern.

und des implizierten Ressourcenbedarfs, als um technisch-kostenwirtschaftliche Zusammenhänge für analytische Planungen.

2. *INVAS* wurde gemeinsam von der Siemens AG und der Universität zu Köln entwickelt und 1980 erstmalig veröffentlicht.[190] Es ist auf kommerzielle und technisch-wissenschaftliche Software anwendbar und das einzige Verfahren, welches mit dem Ziel konstruiert wurde, auf den Ergebnissen der Kostenrechnung aufzubauen, d.h., es wird eine an die Prozeßkostenrechnung erinnernde Vorgehensweise vorgeschlagen, die im Unternehmen spezifiziert werden muß:

Der erste Schritt besteht in der Aufteilung der Software-Entwicklungsphasen (hier: Hauptprozesse) in Teilprodukte (hier: Teilprozesse) im Hinblick auf das Ziel, eine Zuordnung des in den Kostenstellen anfallenden Ressourcenverbrauchs zu ermöglichen.[191] Dabei sind *Teilprodukte* als „eindeutig beschriebene, unter Berücksichtigung bestimmter Einflußgrößen und deren Ausprägung erstellte Leistungseinheiten des Entwicklungsprozesses"[192] definiert. Als nächstes müssen für jedes Teilprodukt sinnvolle Maßgrößen (hier: Kostentreiber bzw. variable Einflußgrößen) in Bezug auf den zu schätzenden Ressourcenbedarf gefunden werden, wobei INVAS zunächst nur eine Größe zuläßt, also homogene Ausgabenverursachung unterstellt. Zur Unterstützung dieser Aufgabe kann auf einen Beispielkatalog mit möglichen Teilprodukten und Maßgrößen zurückgegriffen werden.[193] Mit diesen Festlegungen kann für jede Kostenstelle und jedes Teilprodukt eine Arbeitsproduktivität wie z.B. DIN A4 Seiten/Perso-

---

[190] Vgl. Schmitz/Bons/van Megen [1980], S. 240ff.

[191] Im Originalverfahren sind die Schritte „Festlegung des Zeitpunkts" und „Festlegung des Wirkungsbereichs (d.h. die gesamte Entwicklung oder folgender Zeitabschnitt) vorgeschaltet (vgl. Schmitz/Bons/van Megen [1980], S. 248ff.). Die in der vorliegenden Arbeit behandelte Fragestellung determiniert jedoch beide Aspekte. Kostenstellen werden ferner bei Schmitz/ Bons/van Megen [1980], S. 195 mit dem Begriff Aufwandsstelle belegt. Die Aufwandsschätzung i.e.S. umfaßt dort die Ermittlung des voraussichtlich nötigen Personals, der Hardware und sonstiger Betriebsmittel zur Durchführung abgegrenzter Aktivitäten der Software-Entwicklung (vgl. ebenda, S. 194). Die Erfassung erfolgt in Zeit- oder Kostengrößen, wobei erstere mit Verrechnungssätzen in letztere umgerechnet werden (vgl. ebenda, S. 198).

[192] Noth/Kretschmar [1986], S. 105f.; Schmitz/Bons/van Megen [1980], S. 195.

[193] Vgl. Anhang 1, S. 231ff.

nentag errechnet werden (hier: nach monetärer Bewertung: Prozeßausgabensatz).

Zur Planung des Ressourcenbedarfs eines konkreten Projekts schlägt INVAS eine auf historischen Analogien basierende Prognosemethode vor.[194] Dazu ist eine Erfahrungsdatenbank aufzubauen, in der für abgeschlossene Projekte der Umfang jedes Teilprodukts mit der Produktivität der beteiligten Kostenstellen festgehalten wird. Die vorher zu stark reduzierten Einflußgrößen werden berücksichtigt, indem für jedes Projekt spezifische Ausprägungen erfaßt werden. Dabei sind die Einflußgrößen und deren Gewichtung für die unterschiedlichen Teilprodukte unternehmensintern zu erarbeiten, wobei eine ausführliche Liste möglicher Faktoren und eine grobe Klassifikation der Relevanz für bestimmte Teilprodukte bereitgestellt werden.[195] Auf der Basis einer solchen Erfahrungsdatenbank wird dann, im Rahmen eines neuen Projekts, nach bereits realisierten Teilprodukten mit ähnlichen Ausprägungen gesucht. In diesem Zusammenhang muß der Begriff „Ähnlichkeit" situativ präzisiert werden. Die so gefundenen Daten bilden die Grundlage für eine Schätzung. Für diese wird zunächst der Umfang der Teilprodukte entweder aus vorliegenden Unterlagen oder aus einem Vergleich mit ähnlichen Objekten abgeleitet. Dann wird die Arbeitsproduktivität der beteiligten Mitarbeiter bestimmt. Sie kann durch eine Produktivitätskennziffer je Mitarbeitergruppe (Kostenstelle) oder mittels vergleichbarer Teilprodukte aus der Erfahrungsdatenbank ergründet werden. Der diesbezügliche Ressourcenbedarf folgt dann durch Division des geschätzten Umfangs durch

---

[194] Zum Begriff vgl. Erlen [1972], S. 80ff. Hierbei handelt es sich nicht um eine wissenschaftliche Prognose in dem Sinn, daß allgemeine Theorien bzw. Gesetze zugrunde liegen. Letztere sind für Individualsoftware-Entwicklungen nicht verfügbar. Bedingt durch die Notwendigkeit praktischen Handels sollen vielmehr rational begründete Vorhersagen getroffen werden. Zum wissenschaftstheoretischen Prognosebegriff und seiner Abgrenzung vgl. Chmielewicz [1994], S. 154ff.; Raffée/Abel [1979], S. 60. Die Praktikabilität wissenschaftstheoretischer Prognosemethoden und möglicher Alternativen wird z.B. von Bretzke [1975], S. 495ff. und Raffée/Abel [1979], S. 92ff. diskutiert.

[195] Vgl. Schmitz/Bons/van Megen [1980], S.257ff., die nicht mit Einflußgrößen, sondern mit der Verfügbarkeit und Bedeutung prognostischer Informationen argumentieren. Vgl. auch Noth/ Kretschmar [1986], S. 134ff. und Anhang 1, S. 231ff.

die angenommene Produktivität. Die Summation aller Teilproduktaufwendungen ergibt schließlich den Ressourcenbedarf für das gesamte Projekt.[196]

Diese Vorgehensweise unterstützt Planungen auf Teilprozeßebene, nutzt wesentliche Elemente der Prozeßkostenrechnung und integriert eine auf historischen Analogien beruhende Prognosemethode. Aus Sicht der Prozeßkostenrechnung besitzen die mit INVAS erzielten Ergebnisse eher den Charakter statistischer als analytischer Planungen.[197] Durch den Verzicht auf die explizite Quantifizierung technisch-kostenwirtschaftlicher Zusammenhänge eignet sich das Schätzverfahren jedoch nicht zur Konstruktion von Produktions- bzw. Kostenfunktionen. Folglich können die Ergebnisse lediglich als isolierte Anhaltspunkte interpretiert werden, die auf systematisch zusammengetragenen Erfahrungswerten beruhen, worauf INVAS explizit hinweist. Dafür erfolgt aber auch keine Suggerierung funktionaler Zusammenhänge, deren zeitinvariante Gültigkeit angesichts der raschen Entwicklung der Informationstechnik zumindest fraglich ist.[198] So wird auch das ansonsten unvermeidliche Scoring-Modell für die gebündelte Bewertung qualitativer Einflußgrößen überflüssig.

Die Vorgabe projektunabhängiger Arbeitsproduktivitäten ist aus kostentheoretischer Sicht abzulehnen, da sie implizit auf der nicht zutreffenden Prämisse projektübergreifender homogener Ausgabenverursachung basiert. Der Rückgriff auf historische Analogien ermöglicht hier die Integration aller Einflußgrößen, und die Wahl von Teilprodukten als Bezugsobjekt erlaubt sogar die Erfassung phasenbezogener Intensitätsdifferenzen. Einschränkend ist jedoch zu berück-

---

196 Schmitz/Bons/van Megen [1980], S. 283ff. lassen darüber hinaus die Zurechnung von „Gemeinaufwand" auf Teilprodukte zu und benennen zwei weitere Schritte für die Aufwandserfassung und Projektschreibung. Hierbei handelt es sich genauer um die Aufnahme des Ist-Aufwands für einzelne Teilprodukte sowie die Erstellung und Aktualisierung der Datenbasis für zukünftige Schätzungen. Zur Beschreibung von INVAS vgl. auch Noth/Kretschmar [1986], S. 105ff.; Pocsay [1987], S. 73ff.

197 Statistische Planungen basieren auf den Istkosten vergangener Perioden. Sie werden z.B. in Kilger [1993], S. 341ff. dargestellt und kritisch beurteilt. Die erhaltenen Ergebnisse gehen jedoch nicht nur in Investitionsrechnungen ein, sondern dienen später auch als Projektvorgabe. Durch den Rückgriff auf Istdaten der Vergangenheit besteht daher selbst bei Erreichung der Planvorgaben die Gefahr, daß Rationalisierungspotentiale verborgen bleiben.

198 Implizit werden Zusammenhänge natürlich ebenfalls unterstellt.

sichtigen, daß die multiplikative Verknüpfung einer, den Umfang der Teilprodukte erfassenden Maßgröße mit der Arbeitsproduktivität auf der Prämisse eines linearen Zusammenhangs zwischen beiden Größen basiert. Hierbei handelt es sich zumeist um eine Konkretisierung des Leistungsumfangs, was den meisten empirischen Untersuchungen widerspricht.[199] Nachteilig ist weiter das unscharf definierte Ähnlichkeits-Kriterium, das bei zu enger Auslegung im konkreten Einzelfall nur selten zu Referenzalternativen führt und durch zu großzügige Interpretation ungeeignete Erfahrungswerte unterstellt.[200] Insbesondere bei Änderungen im Arbeitsumfeld, wie z.B. beim unternehmensweiten Einsatz neuer maschineller Hilfsmittel, ist die Existenz vergleichbarer Objekte nicht mehr gegeben. Aber selbst bei einem konstanten Umfeld ist die Wahrscheinlichkeit, Projekte mit gleichen Ausprägungen zu finden, sehr gering. Dann kann das Ergebnis nicht unreflektiert transferiert werden, sondern unterstützt lediglich die Abschätzung von Schranken. Sollte ausnahmsweise dennoch ein adäquates Vergleichsobjekt gefunden werden, basiert die Übernahme der Ergebnisse auf der Prämisse, daß die Einflußgrößen auf beide Projekte in gleicher Weise wirken. Eine Überprüfung der Annahme ist zum Planungszeitpunkt nicht möglich. Schließlich setzen INVAS wie Function-Point detaillierte Kenntnisse über historische Projekte und damit ebenfalls einen erheblichen Datenumfang und lange Erfassungszeiträume voraus.

Die Ergebnisse lassen sich in folgender These zusammenfassen: *INVAS liefert intersubjektiv nachvollziehbare, isolierte Wertansätze als Basis für Planungen auf Teilprozeßebene, in denen zwar die wesentlichen Einflußgrößen berücksichtigt sind, die aber bezüglich des Leistungsumfangs auf einer empirisch nicht gestützten Prämisse fußen, aus einem problematischen Ähnlichkeitskriterium abgeleitet werden und denen eine zeitintensive Erfassung und Strukturierung historischer Projekte vorangeht.*

---

[199] Vgl. Herrmann [1983], S. 61ff.

[200] Die Anwendung historischer Analogien fordert streng genommen die Übereinstimmung der Ausprägungen aller Einflußgrößen (vgl. Erlen [1972], S. 81), die nur zufällig gegeben ist.

Aufgrund fehlender Alternativen zeichnet sich in der Praxis insbesondere Function-Point durch einen hohen Bekanntheitsgrad und weite Verbreitung aus.[201] Dies spiegelt sich auch darin wider, daß auf dem Softwaremarkt eine Reihe von Programmen angeboten werden, die dieses Verfahren unterstützen bzw. darauf aufbauen.[202] Wegen der hier aufgezeigten Probleme ist es jedoch wichtig, daß die mit einer Schätzung beauftragte Person die Möglichkeiten und Grenzen der Verfahren kennt, so daß mit Function-Point und INVAS durchweg gute Schätzergebnisse unter vertretbarem Zeitaufwand erzielt werden können.[203]

2.2.3.3 Übertragung von Function-Point und INVAS auf Standardsoftware

1. Als Konsequenz der mangelhaften theoretischen Durchdringung von Implementierungsprozessen wurden für Standardsoftware keine Verfahren entwikkelt, die den Ressourcenbedarf abzuschätzen helfen. Da Parallelen zur Individualsoftware vorliegen und alle diesbezüglich entwickelten Verfahren letztendlich auf Analogieschlüssen aus dokumentierten Erfahrungswerten basieren, könnten letztere einen möglichen Ansatzpunkt für den Zeitaufwand von Implementierungen liefern. Dabei sind aus wissenschaftlicher Sicht ähnlich einer Sekundäranalyse Beschaffungsmöglichkeiten, theoretischer Bezugsrahmen und Qualität zu reflektieren: Neben eigenen Aufzeichnungen liegen mit dem Standardsoftware-Hersteller, mit anderen Unternehmen, Fachzeitschriften und Beratungshäusern zunächst potentielle Informationslieferanten vor. Eine wichtige Forderung für die Vergleichbarkeit der Ergebnisse historischer Implementierungen sind übereinstimmende Ausprägungen im Konglomerat beteiligter Einflußgrößen. Hieraus folgt unmittelbar, daß keine Daten eines anderen Standardsoftware-Produkts und damit auch keine internen Daten herangezogen werden dürfen, da diese Forderung dann nur zufällig erfüllt wäre. Die hohe

---

[201] Vgl. Lehner [1992], S. 21, 26.

[202] Vgl. Lehner [1992], S. 29.

[203] Vgl. Noth/Kretschmar [1986], S. 101, 113. Kemerer [1987], S. 416 kommt nach einem empirischen Test sogar zu dem Schluß: „Alberecht's Function Points effort estimation model was validated by the independent data provided in this study". Die praktische Eignung von Data-Point muß noch erprobt werden.

Anzahl produktinvarianter Einflußgrößen wirft dagegen die Frage nach der Nutzung verschiedener Implementierungen eines Standardsoftware-Produkts als Vergleichsobjekte auf. Einem unreflektierten Transfer stehen die Ausprägungen der Personal- und Softwarequalität sowie die ablauforganisatorischen Maßnahmen entgegen, die sich mit jeder Implementierung unterscheiden. Als vorteilhaft ist dagegen die mehrfache, zeitnahe Implementierung des Standardsoftware-Produkts in verschiedenen Unternehmen zu betrachten. Dieser Aspekt erlaubt nämlich den Rückgriff auf aktuelles Datenmaterial, wodurch Anpassungen, die ursächlich auf den technischen Fortschritt zurückzuführen sind, weitgehend überflüssig werden.

Es mangelt jedoch i.d.R. an Angaben über den für eine Interpretation notwendigen theoretischen Bezugsrahmen. Ferner verfolgen Hersteller, andere Unternehmen und zum Teil auch Beratungshäuser eigene Interessen, die einer unverfälschten Weitergabe dieser Informationen entgegenstehen. So sind Hersteller und Beratungshäuser daran interessiert, ihre Produkte zu verkaufen. Sie werden die zur Implementierung erforderlichen Kapazitätseinheiten daher eher niedrig schätzen, während andere Unternehmen, insbesondere potentielle Konkurrenten, häufig nicht bereit sind, ihre Zahlen überhaupt offenzulegen oder möglicherweise durch zu hohe Ausgaben eine Fehlentscheidung implizit zuzugeben. Weitere Hilfestellungen sind also geboten.

Die Interpretation von standardsoftwareeigenen Anpassungshilfsmitteln als Programmiersprache hat gezeigt, daß sich Entwicklungs- und Implementierungsprojekte nicht grundlegend unterscheiden. Daher könnte die Übertragung von Function-Point und INVAS auf Standardsoftware gute Ergebnisse liefern.

2. INVAS muß als eine an die Prozeßkostenrechnung angelehnte Anleitung zum Aufbau individueller Schätzverfahren nicht modifiziert werden. Es sind lediglich die Vorschlagstabellen für Individualsoftware-Einflußgrößen und -Teilprodukte mit obiger Interpretation zu übertragen (vgl. Anhang 1, S. 231ff.). Das Ergebnis manifestiert sich in einem INVAS für Standardsoftware mit einer anderen Gestalt und Datenbasis als ein für Individualsoftware umgesetztes Verfah-

ren. Aus der festgestellten geringen Prozeßstrukturierungstiefe folgt insbesondere eine kleine Anzahl von Teilprodukten.

3. Function-Point basiert auf dem Umfang und der Komplexität aller Geschäftsvorfälle, zu deren Implementierung auf Customizing (anstatt Codierung) zurückgegriffen wird. Nach der Zerlegung in verschiedene Funktionstypen beeinflussen nur die mittels standardsoftwareeigenen Anpassungshilfsmitteln zu konfigurierenden Geschäftsvorfälle den Ressourcenbedarf. Folgt man Function-Point, werden sie bezüglich ihrer Komplexität in Klassen eingeordnet, die ihrerseits mit Zahlen versehen sind. Als Abgrenzungskriterium für die Klassenbildung könnte sich die Reichweite der betroffenen Einstellungen als zweckmäßig erweisen, da die hohe Anzahl von Querverbindungen als wesentliche Ursache für den Schwierigkeitsgrad im Customizing anzusehen ist.[204] Die Konfiguration eines Geschäftsvorfalls erfordert jedoch deutlich weniger Zeitaufwand als seine Codierung (Mächtigkeit). Daher könnte eine Reduktion der den Klassen zugeordneten Punkte notwendig sein. Die *einfachen Function-Point* entstehen alsdann durch Summation der so erhaltenen Zahlen über alle Geschäftsvorfälle. Zur Feinabstimmung müssen sie mit einem Faktor multipliziert werden, der Richtung und Stärke aller weiteren variablen Einflußgrößen zusammenfaßt. Da Individualsoftware eine geringere Anzahl dieser Einflußgrößen aufweist, reicht eine einfach Übertragung der dort vorgeschlagenen Faktoren nicht aus.[205] Customizing-Methoden, Softwareverfügbarkeit und die für Standardsoftware noch wichtigere Personalqualität müssen vielmehr zusätzlich eingehen. Die verschiedenen Intensitäten der Einflußgrößen führen darüber hinaus zu abweichenden Gewichtungen der zu bildenden Klassen.

[204] Die zur Klassifizierung notwendigen Informationen liefert der Hersteller.

[205] Genauer werden die Individualsoftware-Einflußgrößen „Verflechtung mit anderen DV-Systemen (Schnittstellen)", „Antwortzeitverhalten erfordert spezielle Berücksichtigung bei Design, Implementierung und Wartung" sowie „Maßnahmen zur Konvertierung von Datenbeständen" direkt übernommen. Während Individualsoftware bereits für eine konkrete Umgebung unter frühzeitigen Performanceüberlegungen konzipiert wird, paßt Standardsoftware häufig nicht in die bestehende DV-Landschaft. Daher besitzen die genannten Faktoren einen höheren Einfluß, was bei der Vergabe von Punkten für klassifizierte Ausprägungen auch einen höheren Wertansatz rechtfertigt. Ferner wird die Individualsoftware-Einflußgröße

Aus der Multiplikation des so erhaltenen Faktors mit den einfachen Function-Points ergeben sich die *Function-Points*. Um aufbauend Aussagen über den Ressourcenbedarf einer konkreten Implementierung abzuleiten, gilt es wie bei Individualsoftware mittels Regressionsanalysen funktionale Zusammenhänge zwischen den realisierten Function-Points und den benötigten Personenmonaten abzuleiten, die sich in einer Erfahrungskurve bzw. -tabelle konkretisieren. Das Vorliegen entsprechender Aufzeichnungen bildet daher eine wichtige Voraussetzung zur praktischen Anwendung des vorgeschlagenen Verfahrens. Fehlt die notwendige Datenbasis im Unternehmen, kann heute mangels Existenz nicht auf entsprechende Veröffentlichungen zurückgegriffen werden. Lägen entsprechende Literaturbeiträge vor, würden sie aufgrund der geringeren Anzahl unternehmensbezogen konstanter Einflußgrößen jedoch bessere verwendbare Anhaltspunkte als bei Individualsoftware geben.

2.3 Ausgabenstrom für Software-Wartung

Wartung wird im Gegensatz zur Entwicklung bzw. Implementierung nicht als Projekt abgewickelt, wo homogene Prozesse im wesentlichen perioden- und vorhabenübergreifend definierbar sind. Sie treten - in Form von Anpassungs-, Korrektiv-Wartung und Releasewechseln (nur Standardsoftware) - über die gesamte Nutzungsdauer auf. Um die Wartungsausgaben im Phasenmodell nach der Vorgehensweise der Prozeßkostenrechnung zu ermitteln, müssen Kostentreiber abgegrenzt (Kapitel 2.3.1) und darauf aufbauend auf der Zeitachse Prozeßmengen (Kapitel 2.3.2) und Ausgabensätze (Kapitel 2.3.3) geplant werden. Die periodengerechte Verdichtung zu einer Handlungsalternative und ggf. ergänzende Erfassung von Lizenzgebühren führt zum Ausgabenstrom der Software-Wartung.

„Komplexität der Verarbeitungslogik" mit obiger Interpretation zur „Komplexität des Customizings der Verarbeitungslogik".

2.3.1 Wartungsmaßnahmen als Kostentreiber

In homogenen Gemeinkostenbereichen wird der Arbeitsumfang letztendlich durch die dort erbrachten Aktivitäten bestimmt.[206] Hieraus begründet sich die Vermutung, *daß die Anpassungs-Wartungsmaßnahmen, die Korrektiv-Wartungsmaßnahmen und die Releasewechsel (nur Standardsoftware) als einzige Kostentreiber der jeweiligen Haupt- und sie definierenden Teilprozesse eines Software-Produkts geeignet sind.* Dies ist gegeben, wenn sie durchschaubar, verständlich, mengenmäßig erfaßbar (d.h. einfach aus verfügbaren Informationsquellen ableitbar) und proportional abhängig zum Ressourcenverbrauch sind:[207] Während die Tätigkeiten (als Prozesse) durchschaubar, verständlich und eindeutig definiert sowie durch ihre Anzahl quantitativ meßbar sind, kann die Frage nach der funktionalen Beziehung zu den benötigten Kapazitätseinheiten nur durch Analyse des Verhaltens weiterer Einflußgrößen beantwortet werden. Stellt sich dabei heraus, daß die wesentlichen Faktoren den Wartungs-Ressourcenbedarf einer konkreten Software zeitlich mit gleicher Intensität beeinflussen, zeigt dies einen stabilen Zusammenhang zwischen der Anzahl der jeweiligen Prozeßdurchführungen und den notwendigen Kapazitätseinheiten auf. Im konkreten Einzelfall wird der Ressourcenbedarf für verschiedene Prozesse dennoch schwanken. Diese Abweichungen sind einer allgemeinen Analyse jedoch nur noch schwer zugänglich. So kann es durchaus der Zufall sein, der hilft, einen Fehler schnell zu finden. Um hier präziser zu differenzieren, wären bereits vor der Entwicklung bzw. Implementierung einer Handlungsalternative vertiefende Kenntnisse über konkrete Wartungsprozesse erforderlich, die nicht vorliegen. Bei Zeitinvarianz aller weiteren Einflußgrößen kann obige Vermutung daher als bestätigt angesehen werden.

2.3.1.1 Einflußgrößen der Individualsoftware-Wartungsprozesse

Wartung wird an einer bestehenden Software unter Verwendung ablauforganisatorischer Maßnahmen und Wartungsmethoden durch Einsatz von Ressour-

---

[206] Vgl. z.B. Ahlert/Franz [1992], S. 227ff.; Coenenberg [1997], S. 228.

[207] Vgl. Coenenberg [1997], S. 228.

cen durchgeführt. Folglich können die Einflußgrößen analog zu denen der Entwicklung klassifiziert werden (vgl. Tabelle 10):[208]

Einflußgrößen, die die zu wartende Software beschreiben	**Einflußgrößen, die den Wartungsprozeß beschreiben**	**Einflußgrößen, die die eingesetzten Ressourcen beschreiben**
Programmumfang	ablauforganisatorische Maßnahmen	Personalqualität
Programmkomplexität	Wartungsmethoden	Softwareverfügbarkeit
Güte der Dokumentation		

Tabelle 10: Einflußgrößen der Individualsoftware-Wartung

1. *Einflußgrößen, welche die zu wartende Software beschreiben,* lassen sich grob nach Programmumfang, Programmkomplexität sowie Güte der Dokumentation differenzieren und durch verschiedene Kriterien messen.[209]

Eine verständliche, aktuelle und vollständige *Dokumentation* ist eine wichtige Voraussetzung, um die von einem konkreten Wartungsprozeß betroffenen Programmteile zu lokalisieren, zu verstehen und Querverbindungen aufzudecken, deren Nichtbeachtung zu schwerwiegenden Folgefehlern führt. Diese Erkenntnis bewirkt, daß heute in jedem Unternehmen feste Regeln für die Erstellung und Fortschreibung der Dokumentation von Software bestehen, deren Einhaltung durch die Qualitätssicherung überprüft werden soll. Ziel dieser personalintensiven Aufgabe ist es, zukünftige Wartungsprozesse nicht unnötig zu erschweren. Deren Anzahl ist jedoch nach der Entscheidung für den Software-Ersatz (Phase VII) gering, so daß die Aufgabe gegen Ende der Nutzungsdauer zunehmend an Bedeutung verliert. Die hieraus zwangsläufig folgende Verminderung der Dokumentationsgüte führt jedoch zu keinen nennenswerten Steigerungen im Ressourcenbedarf. Letzterer sinkt vielmehr um den nicht unerhebli-

[208] Einflußgrößen auf die Individualsoftware-Wartung wurden mehrmals (empirisch) untersucht. Ein Überblick über die wesentlichen Ergebnisse vermittelt Lehner [1989], S. 55ff. Da den Analysen verschiedene Wartungsbegriffe zugrunde liegen, überrascht es nicht, daß kein übereinstimmendes Ergebnis erzielt wird. Die so ermittelten Einflußgrößen lassen sich in die hier verwendete Klassifizierung einordnen, die durch größere Allgemeinheit, damit aber auch durch einen höheren Abstraktionsgrad charakterisiert ist. Eine separate Betrachtung ist notwendig, da das zugrunde liegende empirische Datenmaterial veraltet ist und sich der Bereich der Wartung in den letzten Jahren stark gewandelt hat.

[209] Eine Zusammenstellung der Maßgrößen ist in Pocsay [1987], S. 169ff., 271ff. zu finden.

chen Anteil der systematischen Fortführung aller Dokumentationen. Das Verhalten wird jedoch durch den Software-Ersatz verursacht und ist daher der Folgeinvestition als Einnahme zuzurechnen. Für die betrachtete Investition ist die Einflußgröße zeitinvariant.

Der Ressourcenbedarf hängt ferner von dem *Programmumfang* und der *Programmkomplexität* ab, mit deren Erhöhung die Verständlichkeit des Programms abnimmt: Steigt einer der beiden Faktoren, so wächst auch die Anzahl der Querverbindungen, die zur Lokalisierung und Beseitigung eines Fehlers verstanden und berücksichtigt werden müssen. Mit ihrer Menge nimmt die Wahrscheinlichkeit weiter zu, einige der Verkettungen zu übersehen und somit Folgefehler einzubauen, die neuerliche Wartungsprozesse auslösen.[210] Da beide Einflußgrößen wesentlich durch die Art der zugrunde liegenden Fachaufgabe bestimmt werden, weisen verschiedene Handlungsalternativen weder übereinstimmende Komplexitäten noch den gleichen Umfang auf. Hier stellt sich die Frage, ob die Einflußgrößen wenigstens bezüglich einer konkreten Software zeitinvariant sind. In älteren Veröffentlichungen wird argumentiert, daß Programmumfang und -komplexität im Zeitablauf wachsen.[211] Wenn keine Erweiterungs-/Verbesserungs-Wartung realisiert wird, bleibt der Funktionsumfang der Software annähernd konstant. Das postulierte Verhalten kann folglich nur durch den Verzicht auf die Entfernung nicht mehr benötigter Code-Blöcke oder den Verlust an Programmstruktur eintreten, was durch Einsatz moderner Wartungsmethoden vermieden werden soll.[212]

2. Die (abteilungsübergreifende) Wartungsaufgabe zeichnet sich durch verschiedene Kommunikationsschnittstellen, z.B. zwischen Fachanwender und DV aus. Um Reibungsverluste zu vermeiden, ist es erforderlich, die betroffenen Prozesse durch *ablauforganisatorische Maßnahmen* zu unterstützen. Diese

---

210 Vgl. Pocsay [1987], S. 98.

211 Vgl. z.B. Griese u.a. [1987], S. 531ff.

212 Dies ändert sich grundlegend, wenn der Wartungsbegriff auf Erweiterungs-/Verbesserungs-Wartung ausgedehnt wird, denn definitionsgemäß steigen bereits durch einen solchen Prozeß Programmumfang und Programmkomplexität.

betreffen den Einsatz von Projektmanagement-Methoden, das Sammeln von Daten über den Zeitaufwand der Wartung sowie motivationale Aspekte.[213] Letztendlich führt ein solches Vorgehen zur Standardisierung der betroffenen Prozesse und eröffnet damit die Möglichkeit zum Einsatz von *Wartungsmethoden*, welche ihrerseits zur effektiven Abwicklung der Aufgabe beitragen. Steigende Wartungsbudgets und unzufriedene Anwender motivierten in der Vergangenheit zur unternehmensweiten Einführung entsprechender Maßnahmen, die heute ein festes Arbeitsumfeld bilden sollen. Dann sind die *Einflußgrößen, die den Wartungsprozeß beschreiben,* konstant im Sinne der Definition von Kapitel 2.2.2, S. 63ff.

3. Ferner werden verschiedene maschinelle Hilfsmittel (Tools) zur Unterstützung von Wartungsprozessen angeboten. Da alle auf dem Markt erhältlichen Produkte einen ähnlichen Funktionsumfang aufweisen, entstehen dem Unternehmen durch den Einsatz verschiedener Werkzeuge keine Vorteile.[214] Dafür verhindert eine solche Politik zum einen die optimale Nutzung von Mengenrabatten, und zum anderen zieht der Austausch von Mitarbeitern zusätzliche Ausgaben für Einarbeitung und Schulung nach sich. Daher wird i.d.R. unternehmensweit für jede unterstützte Wartungsaktivität nur ein Tool eingesetzt.

M.a.W. ist die *Softwareverfügbarkeit* als konstante Einflußgröße dem Arbeitsumfeld zuzurechnen.

Dies gilt nicht für die *Qualität des eingesetzten Personals*, ausgedrückt in dem einzig meßbaren Kriterium, der Erfahrung. Sie übt einen sehr bedeutsamen Einfluß auf den Ressourcenbedarf aus.[215] Eine entsprechende Beurteilung kann jedoch nicht global, sondern immer nur in Bezug auf eine konkrete Handlungsalternative erfolgen: Wartung setzt detaillierte Kenntnisse über die zu

---

[213] Vgl. Lehner [1989], S. 167.

[214] Gelegentlich ist der Einsatzbereich eines Wartungs-Tools technisch auf eine Hardwareplattform beschränkt.

[215] Dies wurde auch empirisch durch eine Faktorenanalyse bestätigt (vgl. z.B. Lientz/Swanson [1980], S. 116ff.).

unterhaltende Software voraus. Werden die Mitarbeiter nicht an der Entwicklung beteiligt, erfordert jeder Wartungsprozeß die Einarbeitung in das betreffende Programm und damit auch in die Gedankengänge eines anderen Programmierers. Selbst wenn die Programmlogik lokal verstanden wird, ist es nahezu unmöglich, alle Querverbindungen zu überblicken. In diesem Fall impliziert ein lokal durchgeführter Wartungsprozeß häufig mühselig auszumachende Folgefehler.[216] Mithin variiert die Ausprägung der Einflußgröße mit jeder Software. Einige ältere Beiträge konstatieren, daß sich diese Eigenschaft auch bei Einschränkung der Betrachtungsperspektive auf eine konkrete Software nicht ändert. Dies wird mit der im Zeitablauf abnehmenden Entwicklungserfahrung des Wartungspersonals begründet.[217] Als Wartung noch ohne methodische Vorgehensweisen, ohne strukturierte Dokumentationen und ohne Tools zum Test und zur Fehleranalyse durchgeführt wurde, mag dies bedeutsam gewesen sein. Heute kann der Einfluß vernachlässigt werden, zumal mit Lerneffekten auch gegenläufige Tendenzen erklärbar sind.

Die vorhergehenden Ausführungen zeigen: *Bei Einschränkung der Betrachtungsperspektive auf eine konkrete Individualsoftware sind die Korrektiv- und Anpassungs-Wartungsmaßnahmen Kostentreiber der jeweiligen Hauptprozesse.*

2.3.1.2 Einflußgrößen der Standardsoftware-Wartungsprozesse

1. Einflußgrößen auf die Standardsoftware-Wartung wurden bisher nicht untersucht. Sie sollen für *Customizing- und Schnittstellenwartung*, wie bereits häufiger praktiziert, von der besser bekannten Individualsoftware übertragen werden (vgl. Tabelle 11).[218]

---

[216] Vgl. Pocsay [1987], S. 94.

[217] Vgl. z.B. Griese u.a. [1987], S. 531.

[218] Präzise betrachtet sind nur Parametereinstellungen betroffen, da alle anderen Teile codiert werden und es sich daher selbst um Individualsoftware handelt. Der Umfang der so erzeugten Programme ist indes vergleichsweise gering.

Einflußgrößen, die die zu wartende Software beschreiben	Einflußgrößen, die den Wartungsprozeß beschreiben	Einflußgrößen, die die eingesetzten Ressourcen beschreiben
Customizing-Umfang	ablauforganisatorische Maßnahmen	Personalqualität
Customizing-Komplexität	Wartungsmethoden	Softwareverfügbarkeit
Güte der Dokumentation		

Tabelle 11: Einflußgrößen der Customizing- und Schnittstellenwartung

Einflußgrößen, *die die zu wartende Software beschreiben,* manifestieren sich für Standardsoftware in der *Güte der Dokumentation,* im *Customizing-Umfang* und in der *Customizing-Komplexität:*

Die *Dokumentation* einer Standardsoftware erfolgt auf zwei Ebenen: Der Hersteller beschreibt das Produkt und seine Anpassungsmöglichkeiten, während eigene Angaben über die spezifische Implementierung Auskunft geben. In der Praxis hat sich jedoch herausgestellt, daß die Herstellerinformationen häufig unzureichend sind und daher nachdokumentiert werden müssen.[219] Die Güte der Dokumentation weist einen vergleichsweise hohen Einfluß auf, da sie hilft, die den standardsoftwareeigenen Anpassungshilfsmitteln innewohnende Komplexität zu bewältigen. Grundsätzlich läßt sich jede vorgegebene Qualität durch Definition fester Regeln für Erstellung und Fortschreibung sicherstellen. Jedoch erlaubt die Individualität der standardsoftwareeigenen Anpassungshilfsmittel eine unternehmenseinheitliche Festlegung diesbezüglicher Richtlinien nur auf einem hohen Abstraktionsgrad. Dieser Sachverhalt führt im Umkehrschluß zu relevanten, projektbezogenen Gestaltungsspielräumen. Einheitlich läßt sich im wesentlichen nur die strukturierte Erstellung und Fortschreibung regeln.[220] Die Güte der Dokumentation hängt daher vom situativ benannten Projektleiter ab, der die Richtlinien entsprechend den Erfordernissen im konkreten Einzelfall festlegt.

---

[219] Vgl. Mertens/Wedel/Hartinger [1991], S. 572; Pietsch [1994], S. 28.

[220] Hierin könnte auch der Grund für fehlende Standardsoftware-Dokumentationsrichtlinien in der Literatur liegen, denen eine Fülle konkreter Vorschläge für Individualsoftware gegenüberstehen.

Neben der Güte der Dokumentation sind mit *Customizing-Umfang und -Komplexität* zwei weitere relevante Einflußgrößen gegeben, denn mit ihnen variieren auch die Anzahl der Parameter, die Querverbindungen und deren Reichweite, die zur Realisation eines Wartungsprozesses verstanden werden müssen. Da ihre Ausprägungen durch die Standardsoftware selbst determiniert sind, ändern sie sich im Zeitablauf nicht. Dabei bewirkt die Mächtigkeit einen geringeren Kapazitätsbedarf als bei Individualsoftware: Während dort für jeden Wartungsprozeß eine Vielzahl codierter Zeilen verändert und getestet werden müssen, reichen hier wenige Parametervariationen für ein analoges Ergebnis.

Eine echte Reduktion der benötigten Kapazitäten wird wegen der Komplexität und Individualität jedoch nur dann realisiert, wenn die betroffenen Personen an der Implementierung beteiligt waren. Andernfalls erfordern diese Eigenschaften vor jedem Wartungsprozeß umfangreiche Einarbeitungen. Hier müssen nicht nur die Zusammenhänge der Standardsoftware selbst, sondern auch die Gedankengänge eines fremden Implementierers verstanden werden, wobei erheblich mehr und weitreichendere Querverbindungen als bei Individualsoftware-Programmen zu beachten sind. Kann dort die Programmlogik häufig nicht vollständig durchschaut werden, so gilt das um so mehr für die Komplexität der Standardsoftware. Durch den zeitaufwendigen Kenntnistransfer einer individuellen Konfigurationsvariante ist die personelle Trennung von Implementierung und Wartung wenig zweckmäßig. Geschieht dies nicht, ist die *Personalqualität* bezüglich einer konkreten Standardsoftware-Investition zeitinvariant.[221]

Schließlich ist auch die Standardsoftware-Wartungsaufgabe durch eine Reihe von Kommunikationsschnittstellen gekennzeichnet, die sich durch *ablauforganisatorische Maßnahmen*, wie den Einsatz von Projektmanagement-Methoden effektiver gestalten lassen. Entsprechende Festlegungen erfolgen i.d.R. jedoch nicht für ein einzelnes Projekt, sondern unternehmensweit. In diesem Zusammenhang könnten sich auch *Wartungsmethoden* als nützlich erweisen, deren

---

[221] Eine Ausnahme bildet die im Zeitablauf wachsende Erfahrung. Angesichts der in Phase I-IV weitgehend offengelegten Komplexität ist diese Eigenschaft hier von geringer Relevanz.

Verfügbarkeit vom spezifischen Angebot des Herstellers abhängt (Individualität) und die daher bezüglich einer konkreten Handlungsalternative ebenfalls zeitinvariant sind.

2. *Releasewechsel* sind von ihrem Charakter her kleine Implementierungen, die sich neben einer kürzeren Durchlaufzeit und einem geringeren Ressourcenbedarf vor allem durch die Menge verfügbarer Informationen unterscheiden: Während die Standardsoftware selbst analysiert werden kann, existieren zukünftige Release zum Entscheidungszeitpunkt noch nicht. Konkrete Planungen liegen möglicherweise noch nicht einmal beim Hersteller vor, was die Frage nach den Ausprägungen der (mit Implementierungen übereinstimmenden) Einflußgrößen aufwirft.

Erste Anhaltspunkte lassen sich aus der Erstimplementierung und weiteren Annahmen gewinnen, wie beispielsweise die Prämisse zeitinvarianter Customizing-Komplexität oder Softwarequalität. Konkrete Differenzen zwischen Releasen vermag diese Vorgehensweise jedoch nicht zu erfassen. Ergänzend dient die Releasepolitik des Herstellers hier als Informationslieferant. Nur wenn die so abgeschätzten Einflußgrößen keine nennenswerten Divergenzen aufweisen, sind die Releasewechsel Kostentreiber. Andernfalls empfiehlt sich eine entsprechend ausgerichtete Aufgliederung des Hauptprozesses.

Die angeführten Aspekte lassen sich in folgender These verdichten: *Bei Einschränkung der Betrachtungsperspektive auf eine konkrete Standardsoftware und Bündelung gleichförmig angenommener Release sind die Korrektiv- und Anpassungs-Wartungsmaßnahmen sowie die Releasewechsel Kostentreiber für die jeweiligen Hauptprozesse.* Insbesondere ist der Ressourcenbedarf je Hauptprozeß zeitinvariant.

2.3.2 Zeitliche Verteilung der Prozeßmengen

Eine Prozeßmengenplanung soll sich entweder an den verfügbaren oder an den benötigten Kapazitätseinheiten orientieren.[222] Ersteres scheidet aus, da es sich hier um eine neue Aufgabe handelt, von der nicht a priori feststeht, daß sie mit dem vorhandenen Personal erledigt werden kann. Das Planungsergebnis bildet vielmehr die Grundlage für mittelfristige Kapazitätsüberlegungen im Wartungsbereich. Die notwendigen Prozesse werden durch die jeweilige Software-Handlungsalternative, also die letzte hier betrachtete Verrechnungsstufe, bestimmt. Daher ist eine Planung auf Hauptprozeßebene mit anschließender Verteilung der Ergebnisse auf Teilprozesse zweckmäßig. Gemäß der Zielsetzung dieser Arbeit steht dabei die Zeitstruktur als wichtige Basis zur Ausgaben-Generierung im Vordergrund.

2.3.2.1 Zeitliche Verteilung der Individualsoftware-Wartungsprozesse

Um die Frage nach dem zeitlichen Anfall der Wartungsprozesse zu beantworten, ist es notwendig, die Entwicklung möglicher Wartungsursachen zu analysieren. Gewichtet mit dem prozeßbezogenen Ressourcenverbrauch führt dies für Individualsoftware zu dem in Abbildung 4 visualisierten Ergebnis:[223]

1. Die auf reibungslose Abwicklung von Routineaufgaben ausgerichtete Phase V (Einführung) ist vor allem durch Korrektiv-Wartungsprozesse infolge von Fehlern im Konzept und häufig angesprochenen Programmteilen sowie Tuning- und Betreuungsmaßnahmen gekennzeichnet.[224] Mit zunehmender praktischer Nutzung gewöhnen sich die Anwender an die Software. Durch diesen wesentlich auf Lerneffekten basierenden Sachverhalt sinkt die Anzahl der notwendigen Betreuungsprozesse stark ab. Letzteres gilt auch für Tuningmaßnahmen und

---

[222] Vgl. Strecker [1991], S. 38.

[223] Die Gewichtung vereinfacht lediglich die Darstellung, da der Ressourcenverbrauch je Prozeß konstant ist.

[224] Vgl. Kapitel 2.1.1.1, S. 24ff.

Fehlerkorrekturen, die mit dem Phasenende insoweit realisiert sind, als die Routineaufgaben ohne Unterbrechungen erledigt werden können.[225]

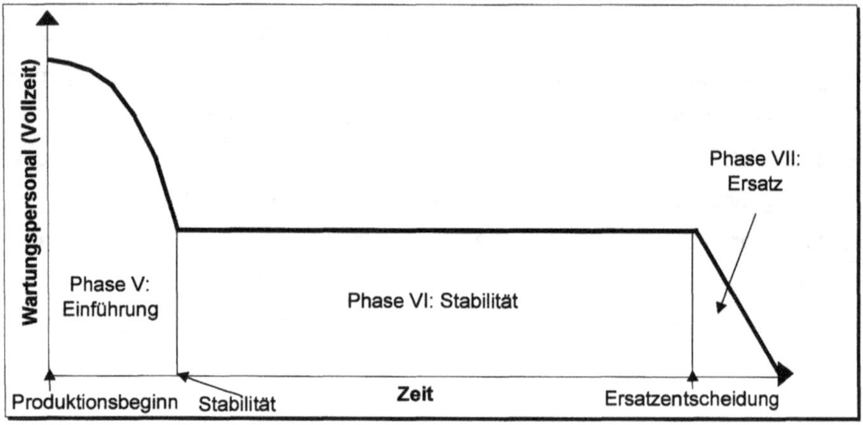

Abbildung 4: Zeitliche Verteilung der Prozeßmengen bzw. des Kapazitätsbedarfs der Individualsoftware-Wartung

Eine Abschätzung der Phasenlänge erfordert darüber hinaus die Abwägung der Einflußgrößen, die diesen Zeitraum prägen. Hierbei kommen Faktoren wie Umfang und Güte der Tests, Einbezug der Benutzer vor Produktionsbeginn, Benutzererfahrung, Umfang, Komplexität und Qualität der Software, der Zeitraum, in dem alle Standardfunktionen mindestens einmal benutzt werden und die Qualifikation des Entwicklungs- und Wartungspersonals zum Zuge. Offensichtlich können viele Faktoren intern beeinflußt werden, so daß Planung und Prognose hier Hand in Hand gehen. Als Faustregel für die Dauer der Einfüh-

[225] Die dargestellte Auffassung sinkender Wartungsprozesse in Phase V wird in der Literatur im wesentlichen geteilt (vgl. Pocsay [1987], S. 152; Lehner [1989], S. 94ff.). Die Ausführungen von Lehner basieren auf einer Längsschnitt-Analyse, die sich auf einen Zeitraum von jeweils mindestens 3 Jahren erstreckt. Dabei werden 95 Anwendungssysteme untersucht, von denen 15 auf einer Programmiersprache der vierten Generation basieren. Das Ergebnis mündet in zwei Grundtypen. Im ersten Fall pendelt sich der Ressourcenverbrauch einige Zeit nach Produktionsbeginn auf einem niedrigen Niveau ein. Software dieses Typs ist durch eine wenig dynamische Umwelt gekennzeichnet. Beim zweiten Typ liegt ein sehr unregelmäßiger Ressourcenverbrauch vor, wobei die zugehörige Software einer dynamischen Umwelt ausgesetzt ist.

rung gilt circa ein Jahr.[226] Ein kürzerer Zeitraum ist schon deshalb selten, weil gerade bei kaufmännischer Software eine Reihe von Funktionen nur einmal jährlich genutzt werden.

2. Die in Phase VI (Stabilität) dominanten Anpassungs-Wartungsprozesse werden nicht durch die Individualsoftware selbst, sondern durch Änderungen im fachlich-organisatorischen oder technischen Umkreis ausgelöst. Ihre zeitliche Verteilung richtet sich folglich an der Wandlungsgeschwindigkeit des Umfelds aus. Insbesondere führen homogene Änderungsraten zu einer gleichmäßigen Prozeßverteilung in Phase VI. Fehler sind ferner mit dem heutigen Wissensstand im Software-Engineering unvermeidlich. Strukturierte Programmierung, gute Dokumentation, Test- und Analyse-Tools helfen aber, die Anzahl der Folgefehler zu begrenzen. Daher wird nach jedem Wartungsprozeß rasch wieder eine Situation erreicht, die eine reibungslose Abwicklung der Routineaufgaben erlaubt. Insgesamt ist die Annahme gleich verteilter Wartungsprozesse über Phase VI gerechtfertigt, wenn keine Hinweise auf zeitlich heterogene Änderungsraten im Umfeld existieren.

Bei Einbezug von Erweiterungs- bzw. Verbesserungs-Wartung steigen bereits durch eine solche Maßnahme Programmumfang und Programmkomplexität. Dies führt einerseits zu steigenden Fehlerzahlen und erschwert andererseits die Lokalisierung und Beseitigung eines Fehlers.[227] Die vermehrt nötigen Korrekturmaßnahmen sind indes für das ursprüngliche Investitionsproblem nicht relevant, da sie durch die (spätere) Entscheidung über die Realisation neuer Anforderungen ausgelöst werden. Entsprechend fließen die Konsequenzen in zukünftige Überlegungen ein.[228]

---

226 Vgl. Sneed [1976], S. 114, 176 sowie Pocsay [1987], S. 152. Aktuellere Quellen sind nicht verfügbar. Leider werden auch keine Varianzen angegeben.

227 Ganz abgesehen davon, daß das umfangreichere und komplexere Programm auch die Analysebasis für Anpassungs-Wartungsprozesse bildet und folglich auch den prozeßbezogenen Ressourcenbedarf erhöht. Hierin liegt die eigentliche Ursache für die häufig konstatierten steigenden Wartungsausgaben.

228 Die Entscheidung über die Realisation neuer Anforderungen sollte mindestens auf einer groben Abschätzung der Einnahmen und Ausgaben basieren.

3. Hervorstechendes Merkmal der Phase III (Ersatz) sind auf der Zeitachse sinkende Wartungsprozesse. Die Gründe liegen zum einen in der kürzer werdenden Restnutzungsdauer, in der Vorteile aus entsprechenden Maßnahmen gezogen werden könnten. Zum anderen steigt der Ressourcenbedarf im Neuprojekt, so daß zunehmend Personal für diese Aufgabe rekrutiert wird. Investitionsrechnerisch ist dieser Aspekt irrelevant, da er nicht durch die Software, sondern durch deren Ersatz ausgelöst wird.[229] Die Zeitspanne dieser Phase entspricht der Durchlaufzeit des Neuprojekts.

2.3.2.2 Zeitliche Verteilung der Standardsoftware-Wartungsprozesse

Die zeitliche Verteilung der Standardsoftware-Wartungsprozesse bzw. des Ressourcenverbrauchs zeigt Abbildung 5.

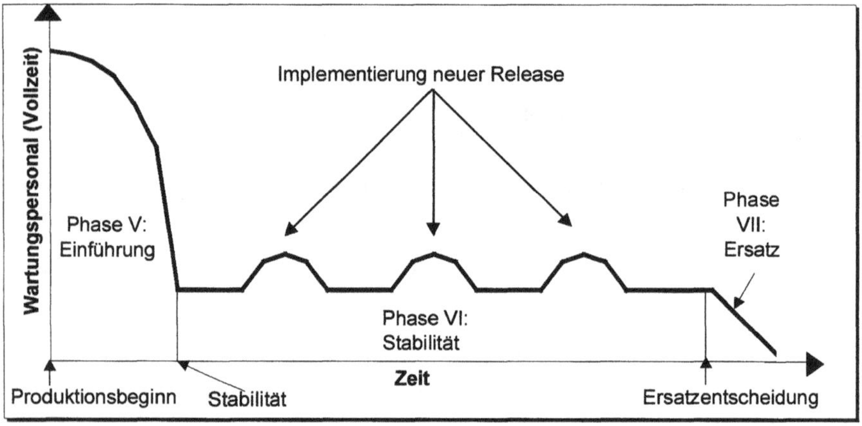

Abbildung 5: Zeitliche Verteilung der Prozeßmengen bzw. des Kapazitätsbedarfs der Standardsoftware-Wartung

Releasewechsel sind einer allgemeinen Analyse nur schwer zugänglich, da der Hersteller über die zeitliche Positionierung neuer Versionen entscheidet und kurzfristige Implementierungen erfolgen müssen. Anhaltspunkte über die kon-

[229] Mithin erfolgt eine Zurechnung zur Folgeinvestition (als Einnahme). Dies gilt sinngemäß für Phase V, wenn die betrachtete Software selbst eine alte Software ersetzt.

krete Anordnung auf der Zeitachse liefern Anfragen beim Hersteller und die Analyse seiner bisher verfolgten Releasepolitik. I.d.R. liegt eine gleichmäßige zeitliche Verteilung vor.

Anpassungsmaßnahmen sind ursächlich auf Umweltänderungen zurückzuführen und folglich unabhängig vom situativ eingesetzten Softwaretyp. Die zeitliche Verteilung entspricht m.a.W. der für Individualsoftware. Lediglich die Korrektiv-Wartungsprozesse sind im Hinblick auf Unterschiede zur Individualsoftware zu untersuchen, wo mit der Stabilität ein Zustand erreicht wird, der die störungsfreie Abwicklung von Routineaufgaben gestattet. Ausgehend vom Produktionsbeginn stellt sich daher zunächst die Frage, inwieweit Rahmen, Komplexität, Individualität und Mächtigkeit die Erreichung der Stabilität fördern oder hemmen.

Die Situation nach Produktionsbeginn zeichnet sich zunächst durch Fortsetzung der Einarbeitung, Betreuung und Fehlerbeseitigung von Phase IV aus. Die vor allem durch den *Rahmen* implizierten veränderten Arbeitsbedingungen erschweren zwar die Einarbeitung, stehen der Beherrschbarkeit aber grundsätzlich nicht entgegen. Folglich nimmt die Anzahl der Betreuungsprozesse in Phase V beständig ab.

Das durch *Komplexität* und *Individualität* erhöhte Fehlerpotential schlägt sich in vermehrten Korrekturmaßnahmen und der Gefahr von Folgefehlern nieder. Einschränkend ist jedoch zu berücksichtigen, daß aus den Phasen I - IV bereits Kenntnisse über die wesentlichen Querverbindungen vorliegen. Mit zunehmender praktischer Erfahrung in der Handhabung der standardsoftwareeigenen Anpassungshilfsmittel wird die Komplexität während der Einführung (Phase V) vollständig offengelegt und das *individuelle* Verhalten der Anwendung erkannt. Dies ermöglicht es, alle Fehler, die die Abwicklung von Routineaufgaben behindern, so zu eliminieren, daß unter Umständen eingebaute Folgefehler nicht neuerlich stören. Beide Merkmale drosseln daher zwar die Erreichung der Stabilität, verhindern sie aber nicht. Dies gilt um so mehr, als durch die *Mächtigkeit* signifikant weniger Parameter als Programmzeilen bei alternativer Individualsoftware gewartet werden und folglich überhaupt weniger Fehlerquellen und Möglichkeiten für Folgefehler existieren. Diese Eigenschaft fördert die Erreichung der Stabilität.

Die Wartungsprozesse sinken sogar vergleichsweise stark, da die eher negativ ausgerichteten Faktoren Rahmen, Komplexität und Individualität im Zeitablauf an Bedeutung verlieren, während der gegenläufige Faktor Mächtigkeit konstant bleibt. Hier liegt auch der Grund für die als wesentlicher Vorteil der Standardsoftware aufgeführten geringeren Wartungsausgaben.[230]

In der überwiegend durch Anpassungs-Wartung gekennzeichneten Phase VI (Stabilität) sind neben wenigen, meistens zufällig erkannten Mängeln, vornehmlich Folgefehler aus durchgeführten Wartungsprozessen zu beseitigen. Da in diesem Zeitabschnitt die Komplexität beherrscht und die Individualität der Anwendung erkannt wird, besteht kein signifikant höherer Korrekturbedarf als bei vergleichbarer Individualsoftware. Weiter soll eine sorgfältige Dokumentation aller Wartungsaktivitäten verhindern, daß diese Faktoren durch einen Wissensverlust erneut relevant werden. Dies ermöglicht es, nach jedem Wartungsprozeß rasch wieder eine Stabilität zu erreichen wie sie vor Durchführung der Maßnahme Bestand hatte.

Mit der Entscheidung für den Software-Ersatz (Phase VII) werden schließlich keine neuen Release implementiert und infolge einer kurzen Restnutzungsdauer und knapper werdenden Ressourcen zunehmend weniger Wartungsprozesse durchgeführt. Die Ursache dieser Reduktion liegt jedoch im Neuprojekt, dessen Durchlaufzeit die Phasenlänge bestimmt.

2.3.2.3 Ausgaben-Generierung durch Konzentration auf wenige Komponenten

Die bisherigen Überlegungen zur zeitlichen Verteilung der Prozeßmengen zeigen aus investitionsrechnerischer Perspektive sich wiederholende Mustercha-

[230] Vgl. Kapitel 1.1, S. 1ff.

rakteristiken auf, mit deren Kenntnis die Planung für die gesamte Nutzungsdauer auf Basis von wenigen konkreten Werten erfolgen kann: Neben den bereits abgehandelten Zeitpunkten neuer Release sind dies die Planmengen für Korrektiv- und Anpassungs-Wartung unmittelbar nach Produktionsbeginn und in einer Periode der Phase VI (Stabilität). Anhaltspunkte zur Quantifizierung des ersten Wertes lassen sich errechnen: Da die Aktivitäten unmittelbar vor und nach dem Produktionsbeginn näherungsweise übereinstimmen, gilt dies auch für die nötigen Ressourcen. Letztere werden von der Vorperiode übernommen und durch den im folgenden zu bestimmenden Zeitaufwand je Korrektiv-Wartungsprozeß dividiert. Dabei ist die Vernachlässigung der Anpassungs-Wartung durch ihre geringe Repräsentanz in dieser Phase gerechtfertigt. Weitere Hilfestellungen sind lediglich zur Planung der Hauptprozesse in einer Periode der Stabilität geboten.

Als Konsequenz zeitinvarianter, prozeßbezogener Ressourcenverbräuche muß ferner lediglich ein entsprechender Wert pro Hauptprozeß bzw. Teilprozeß geplant werden. Versehen mit allen Merkmalen von Implementierungen gelangen die dort analysierten Schätzverfahren auch für Releasewechsel zum Einsatz. *Lediglich die Bestimmung der je Anpassungs- bzw. Korrektiv-Wartungsprozeß durchschnittlich benötigten Kapazitätseinheiten erfordert weitere Hilfestellungen.*

Der konstante Zeitaufwand je Hauptprozeß und die Konzentration auf Personalressourcen zeigt darüber hinaus, daß die Wartungsausgaben sich wiederholende Mustercharakteristiken aufweisen,[231] mit deren Kenntnis die monetären Konsequenzen für jede beliebige Nutzungsdauer auf der Basis obiger Werte generiert werden können. Gilt dies auch für die Einnahmen aus der Software-Nutzung, ist es nicht zweckmäßig, die Länge der Phasen VI und VII separat zu prognostizieren, da sich aus diesen Informationen die Nutzungsdauer mit dem maximalen Vermögensendwert berechnen läßt als $\max_n \{V_n\}$.

---

[231] Konstante Preise bzw. Gehälter vorausgesetzt.

2.3.3 Planung einzelner Komponenten

Aufbauend auf der zeitlichen Verteilung der Wartungsausgaben (erster Teil der Hauptthese dieser Arbeit)[232] gilt es, ergänzende Hilfen zur Quantifizierung konkreter Prozeßmengen- und -ausgabensätze für eine Periode in Phase VI bereitzustellen (zweiter Teil der Hauptthese)[233]. Dabei erlaubt die Forderung, spezifische Bedingungen der Einzelfälle zu berücksichtigen, keine Datengenerierung auf konzeptioneller Ebene. Vielmehr müssen Instrumente zur situativen Unterstützung der Quantifizierungsbemühungen herangezogen werden.

2.3.3.1 Grenzen im Konzept analytischer Planungen

Aus der Perspektive der (Prozeß-)Kostenrechnung sollen alle Planungsaktivitäten analytisch, d.h. unter Hinzuziehung technisch-kostenwirtschaftlicher Zusammenhänge erfolgen. Die zur Planung benötigter Prozeßmengen konkretisierend vorgeschlagene Ableitung aus dem Produktions- oder Absatzplan ist jedoch wenig zweckmäßig,[234] da kein Zusammenhang zur Anzahl der Wartungsaktivitäten besteht. Hier müssen andere Ansätze gewählt werden.

Die Prozeßausgabensätze basieren vornehmlich auf dem Verbrauch der Ressource Personal, der durch die benötigte Zeit gemessen wird. Die Kostenrechnung empfiehlt eine Schätzung von Standardarbeitszeiten oder die Benutzung externer Kennzahlen.[235] Erstere müssen sich auf eine konkrete Software-Handlungsalternative beziehen, da eine Reihe von Einflußgrößen produktinvariant sind. Arbeitswissenschaftliche Methoden wie Multimomentaufnahmen, Selbstaufschreibungen usw. können dabei nur sehr eingeschränkt unterstützend wirken, da das Planungsobjekt noch gar nicht existiert. Rein intuitive Schätzungen müßten das Zusammenspiel der Einflußgrößen implizit berücksichtigen und sind daher im besonderen Maße von den Fähigkeiten und der

---

[232] Vgl. Kapitel 1.1, S. 1ff.

[233] Vgl. Kapitel 1.1, S. 1ff.

[234] Zu diesem Vorschlag vgl. z.B. Braun [1999], S. 76ff.

[235] Vgl. z.B. Kilger [1993], S. 383.

Erfahrung des Prognostizierenden abhängig. Zudem sind die Ergebnisse im Hinblick auf die getroffenen Annahmen und herangezogenen Informationen intersubjektiv kaum nachvollziehbar.[236] Die Ursachen für Abweichungen vom Planungsergebnis können dementsprechend nicht analysiert werden.

Die unmittelbare Übertragung externer Kennzahlen ist auch problembehaftet, da sie nur zufällig auf den gerade vorliegenden Einflußgrößen beruhen. Eine Anpassung, die ebenfalls auf obige Schwierigkeiten stößt, ist unumgänglich.[237] Ein solches Vorhaben ist darüber hinaus für Individualsoftware wegen der vielen variablen Einflußgrößen problematischer als für Standardsoftware, wo wenigstens mehrere produktinvariante Faktoren vorliegen. Mehr als erste Anhaltspunkte liefern externe Kennzahlen jedoch auch für Standardsoftware nicht.

Ergänzende Instrumente sind folglich nötig. Aus einer stark an der Praxis ausgerichteten Perspektive beschäftigt sich die Wirtschaftsinformatik mit der Quantifizierung von Wartungsausgaben. Dies wirft die Frage auf, ob eines der dort entwickelten Schätzverfahren eingesetzt werden kann.

2.3.3.2 Statistische Planungen für Individualsoftware: prozeßorientiertes Verfahren von Pocsay

Die in der Wirtschaftsinformatik entwickelten Schätzverfahren basieren zumeist auf dem Umfang des Quellcodes und seiner geplanten prozentualen Änderungsrate, die zum Zeitpunkt der Entscheidung zwischen Standardsoftware und Individualsoftware nur sehr ungenau quantifizierbar sind.[238] Eine Ausnahme bildet das *prozeßorientierte Verfahren* von Pocsay.[239] Es wurde ohne Rückgriff auf (prozeß-)kostentheoretische Überlegungen entwickelt. Als umfassender An-

---

[236] Zu den Vorteilen und Nachteilen intuitiver Prognosemethoden vgl. Strecker [1991], S. 65; Erlen [1972], S. 41f., 68ff.

[237] Ganz abgesehen von den Problemen, überhaupt solche Kennzahlen zu beschaffen.

[238] Für die Darstellung möglicher Schätzverfahren vgl. z.B. Boehm [1986], S. 63, 112ff., 462ff.; Pocsay [1987], S. 99ff.; Vollmann [1990], S. 144ff.; Sneed/Rothhardt [1996], S. 172ff.; Putnam/Fitzsimmons [1979], S. 137ff., 171ff., 189ff.

[239] Vgl. Pocsay [1987], S. 99ff.

satz stellt es Bausteine zur Quantifizierung verschiedener Aspekte im Zusammenhang mit der Wartung bereit, von denen hier nur die Vorschläge zur Planung der Prozeßmenge und des Zeitaufwands in einer stabilen Periode benötigt werden.[240]

1. Zur Planung der Prozeßmengen werden für die diskreten Zufallsvariablen „Anzahl Fehlerkorrekturen" und „Anzahl Anpassungen" mögliche Ausprägungen ermittelt und mit den zugeordneten Wahrscheinlichkeiten gewichtet.[241] Die Schätzung erfolgt dann mit Hilfe von Erwartungswerten: Lassen sich aus „ähnlicher" Software Häufigkeitsverteilungen bezüglich der Anzahl der Prozesse für Korrektiv- und Anpassungs-Wartung aufstellen, so existieren statistische Wahrscheinlichkeiten.[242] Die Auswahl der heranzuziehenden Referenzobjekte wird mittels eines formalisierten Vorgehens getroffen. Dazu wird für jede Einflußgröße i das kartesische Produkt der Menge möglicher Ausprägungen mittels einer sogenannten Metrik (Abstandsfunktion) φ_i in die nicht negativen reellen Zahlen abgebildet.[243] Die Zuordnung von Zahlen zu qualitativen Ausprägungen erfolgt dabei über Klassenbildung. Mit der Metrik läßt sich die Distanz zu den Projekten der Erfahrungsdatenbank ermitteln. Zur Auswahl ähnlicher Anwendungen wird vorgeschlagen, entweder für jede Einflußgröße dasjenige Vergleichsobjekt mit

---

240 Das prozeßorientierte Verfahren beschäftigt sich darüber hinaus mit der Quantifizierung von Erweiterungs-/Verbesserungs-Wartung (vgl. Pocsay [1987], S. 143ff.), die sich auch in einer zeitlichen Verteilung von Prozeßmengen niederschlägt (vgl. ebenda, S. 152f.). Andere Bausteine des Verfahrens befassen sich mit Planungen während der Produktion (vgl. ebenda, S. 99ff.). Durch die Wahl von Prozessen als Kalkulationsobjekt sind Parallelen zur Prozeßkostenrechnung gegeben.

241 Eine knappe Einführung in die hier und im folgenden herangezogenen statistischen „Grundbegriffe" Zufallsvariable, Erwartungswert, (Häufigkeits-)Verteilung usw. liefern Degen/Lorscheid [1998], S. 186ff.

242 In Anlehnung an von Mises werden *statistische Wahrscheinlichkeiten* als Grenzwert der relativen Häufigkeit bestimmter Ereignisse bei unabhängiger Wiederholung definiert. Ihre Existenz kann empirisch nicht bewiesen, sondern nur plausibel gemacht werden (vgl. Vogel [1997], S. 109). Da praktisch kaum die Möglichkeit besteht, entsprechende Grenzwerte zu bestimmen, wird der Begriff von einigen Autoren auf relative Häufigkeiten ausgedehnt, die sich aus einer großen Zahl von Ausführungen ergeben (vgl. z.B. Vogel [1997], S. 110; Sieben/Schildbach [1994], S. 58). Diese Definition ist hier gemeint.

243 Genauer heißt eine Abbildung φ, die das kartesische Produkt einer Menge $\underline{M}$ in die nicht negativen reellen Zahlen abbildet, *Metrik*, wenn sie folgende Eigenschaften aufweist: $\varphi(w,y)=0 \Leftrightarrow w=y$; $\varphi(w,y)=\varphi(y,w)$ und $\varphi(w,y)\leq\varphi(w,z)+\varphi(z,y)$ für alle Elemente w,y,z der Menge $\underline{M}$ (vgl. z.B. Königsberger [1997], S. 8).

dem geringsten Abstand zu wählen oder die spezifischen Metriken φ_i wie folgt zu aggregieren:[244]

$$\varphi(w, y_k) = \sum_i \kappa_i \cdot \frac{\varphi_i(w_i, y_{ki})}{\max_k \{\varphi_i(w_i, y_{ki})\}}, \text{mit}$$

w = Schätzobjekt
w_i = Ausprägung der Einflußgröße i beim Schätzobjekt
y_k = Vergleichsobjekt k
y_{ki} = Ausprägung der Einflußgröße i beim Vergleichsobjekt k
κ_i = Gewicht der Einflußgröße i, Summe der Gewichte = 1
φ_i = Metrik für Einflußgröße i

Ist das Ergebnis kleiner als eine vorgegebene Schranke, wird das betroffene Projekt in den Vergleich einbezogen.

Liegt die notwendige Datenbasis nicht vor, können subjektive Wahrscheinlichkeiten[245] unter Rückgriff auf Vergangenheitswerte „ähnlicher" Software und möglicher Ursachen (Indikatoren) für Wartungsprozesse geschätzt werden, die in den Tabellen 12 und 13 zusammengestellt sind.[246]

2. Zur Planung der Prozeßausgabensätze schlägt Pocsay vor, den durchschnittlichen Zeitaufwand für einen Korrektiv- und einen Anpassungs-Wartungsprozeß zu ermitteln. Dazu greift er auf zwei Schätzverfahren mit verschiedenem Informationsbedarf zurück, die beide eine Erfahrungsdatenbank voraussetzen: Bei der *Durchschnittswertermittlung* wird der mittlere Ressourcenverbrauch für die Hauptprozesse aus der gesamten Datenbasis ermittelt. Der Anwendungsbe-

---

[244] Vgl. Pocsay [1987], S. 156, 114ff. Hinsichtlich der ersten Alternative verweist Pocsay darüber hinaus auf ein Vorgehen, bei dem die unmittelbare Übertragung der zugehörigen Ergebnisse nur bei einer Distanz von Null stattfindet. Liegt eine solche Situation nicht vor, wird entsprechend dem Verhältnis der den Ausprägungen zugeordneten Zahlen korrigiert (Relationenmethode). Das so für jede Einflußgröße erhaltene Resultat wird nach seiner Bedeutung gewichtet und summiert (vgl. Pocsay [1987], S. 115ff.). Dieses Verfahren paßt nicht in das obige Konzept, da kein Rückgriff auf relative Häufigkeiten erfolgt. Darüber hinaus werden Kenntnisse über das konkrete Zusammenspiel der Einflußgrößen (Gewichte) und deren Intensität (Regeln zur Korrektur historischer Ergebnisse) suggeriert, die weder theoretisch begründet noch empirisch gestützt sind.

[245] *Subjektive Wahrscheinlichkeiten* spiegeln den Grad des Vertrauens in den Eintritt eines Ereignisses bzw. den Grad der Überzeugtheit von der Richtigkeit einer Aussage wieder (vgl. Vogel [1997], S. 110).

[246] Zur Planung der Prozeßmengen vgl. Pocsay [1987], S. 153ff.

reich erstreckt sich auf Handlungsalternativen, über die zum Planungszeitpunkt keine Informationen in puncto Ausprägungen weiterer Einflußgrößen vorliegen.[247] Bei der *Durchschnittswertermittlung auf Basis ähnlicher Projekte* wird der durchschnittliche Zeitbedarf je Korrektiv- und Anpassungs-Wartungsprozeß aus ähnlichen Projekten abgeleitet. Als Ähnlichkeitskriterien fungieren alle Einflußgrößen der Individualsoftware-Wartung.[248] Ein Vergleichsobjekt wird in die Bewertung einbezogen, wenn obige Metrik φ eine vorgegebene Schranke nicht überschreitet.

Indikatoren Korrektiv-Wartung	**Beispiele**
produktbezogen	Wartbarkeitsgrad (d.h. die Beschaffenheit des Programms)[249], Ausprägung bestimmter Qualitätseigenschaften, Programmgröße, Anzahl und Umfang fehleranfälliger Programmteile, Häufigkeit des geplanten Einsatzes, Güte der Dokumentation
umgebungsbezogen	Wartungs- und Testwerkzeuge
personenbezogen	Qualifikation der Mitarbeiter

Tabelle 12: Indikatoren für Korrektiv-Wartungsprozesse[250]

Indikatoren Anpassungs-Wartung	**Beispiele**
technisches Umfeld[251]	erwartete Änderungen von Hardwarekomponenten, systemnaher Software, verwendeten Datenbanken, angrenzenden Anwendungen (Schnittstellen), der Hardware-Architektur
fachlich-organisatorisches Umfeld[252]	erwartete Änderungen in Gesetzen, Aufbau- und Ablauforganisation, in der realisierten Fachaufgabe

Tabelle 13: Indikatoren für Anpassungs-Wartungsprozesse

---

247 Vgl. Pocsay [1987], S. 124f.,163.

248 Vgl. Pocsay [1987], S. 92ff., 125, 163. Die dort vorgeschlagenen Einflußgrößen lassen sich in die hier verwendete Systematik einordnen.

249 Gemeint sind Eigenschaften wie Verständlichkeit und Komplexität eines Programms (vgl. Pocsay [1987], S. 98 und S. 169ff.)

250 Vgl. Pocsay [1987], S. 151, der zusätzlich das Alter der Software und die Anzahl der durchgeführten und erwarteten Modifikationen benennt, die hier nicht relevant sind.

251 Vgl. Pocsay [1987], S. 145.

252 Vgl. Pocsay [1987], S. 144ff.

3. Obgleich Pocsay nicht auf (prozeß-)kostentheoretische Überlegungen zurückgreift, legt er Wartungsprozesse zugrunde, wie sie hier definiert werden. Angesichts der Schwierigkeiten, dem theoretischen Ideal analytischer Planungen zu genügen, verwundert der Einbezug statistischer Elemente nicht. Ähnlich wie bei INVAS wird eine auf historischen Analogien basierende, alle Einflußgrößen berücksichtigende Prognosemethode herangezogen und durch Vorschriften zur Bestimmung vergleichbarer Projekte sowie zur Integration der Unsicherheit (nur Prozeßmengen) ergänzt. Dies verlangt zunächst nach detaillierten Kenntnissen über historische Projekte, die mittels einer Erfahrungsdatenbank strukturiert dokumentiert werden. Im Ergebnis wird eine Möglichkeit zur nicht personengebundenen, effektiven Nutzung von Wissen geschaffen. Da keine periodenbezogenen Auswertungen nötig sind, liefert jede Wartungsmaßnahme bei stabiler Software Informationen für die Datenbank. Die vergleichsweise hohe Anzahl realisierter Wartungsprozesse führt daher in der Praxis rasch zu einer umfangreichen, aktuellen Datenbasis.[253]

Eine Problematik im Zusammenhang mit historischen Analogien liegt darin, daß nur selten Vergleichsobjekte mit identischen Ausprägungen in allen Einflußgrößen existieren.[254] Die ergänzend vorgeschlagenen Maßnahmen zur Auswahl ähnlicher Projekte zeigen zwar ein formales Vorgehen auf, beruhen aber implizit auf einer Reihe fragwürdiger Prämissen: Zur Abstandsmessung werden nominal- und ordinalskalierte Ausprägungen auf einer Kardinalskala abgebildet. Hierbei handelt es sich um einen formalen „Trick", der durch den Charakter der Einflußgrößen materiell nicht gerechtfertigt ist. Da die Distanzen zwischen nominal- bzw. ordinalskalierten Ausprägungen definitionsgemäß nicht vergleichbar sind, ist die vorgeschlagene Metrik mehr oder weniger willkürlich. Analoges gilt für alle darauf basierenden Schlußfolgerungen. Richtet sich die Bestimmung „ähnlicher" Anwendungen darüber hinaus am kleinsten Abstand isolierter Ein-

---

[253] Diesbezüglich unterscheiden sich Entwicklung und Wartung wesentlich.

[254] Selbst wenn dies ausnahmsweise der Fall ist, können die Werte nicht unreflektiert transformiert werden. Ein solches Vorgehen basiert nämlich auf der Prämisse, daß die Einflußgrößen das aktuelle Projekt in der gleichen Weise beeinflussen wie das Vergleichsobjekt.

flußgrößen aus, wird implizit deren Gleichgewichtigkeit unterstellt. Eine solche Annahme läßt sich theoretisch kaum begründen. Werden für Aggregate Schranken bezüglich der zulässigen Distanz zum Vergleichsobjekt gesetzt, kommt zur mangelnden Aussagefähigkeit der Metrik selbst eine nicht näher begründete Verknüpfung hinzu. Unter diesen Umständen ist die Aussagefähigkeit einer Schranke von beispielsweise 0,5 kaum zu interpretieren. Es darf bezweifelt werden, daß ein so formalisierter Prozeß zur Ähnlichkeitsbestimmung bessere Ergebnisse liefert als eine nicht methodengestützte Interpretation.

Bei der Ermittlung von Prozeßmengen wird darüber hinaus berücksichtigt, daß das Ergebnis zum Zeitpunkt der Datengenerierung unbekannt ist. Genauer wird das Faktum einer nicht vorhersehbaren Zukunft in eine Menge möglicher Ergebnisse uminterpretiert, die Zuverlässigkeit ihres Eintritts durch Wahrscheinlichkeiten gemessen und im Erwartungswert aggregiert.[255] Da die in der Stabilität vorherrschenden Anpassungs-Wartungsprozesse auf wenig beeinflußbare Umweltentwicklungen zurückgehen, ist der Begriff Prognose und die damit verbundene Heranziehung statistischer Verfahren für diesen spezifischen Aspekt zweckmäßig. Die mit dem Erwartungswert implizit herangezogene indifferente Einstellung zum Risiko trifft zwar nicht immer zu, kann aber leicht durch alternative Risikopräferenzen ersetzt werden. Die Bestimmung der Wahrscheinlichkeit baut schließlich stringent auf dem verfügbaren Informationsmaterial auf: Existieren genügend historische Daten, werden statistische Wahrscheinlichkeiten verwandt. Andernfalls erfolgt der Rückgriff auf den weicheren Begriff subjektiver Wahrscheinlichkeiten.[256] Hier ist zu erwarten, daß bessere Ergebnisse als mit intuitiven Schätzungen erzielt werden.[257]

---

[255] Die Begriffe „Planung" und „Prognose" werden m.a.W. um entscheidungstheoretische Aspekte ergänzt.

[256] Für eine Diskussion der Vorteile und Nachteile von subjektiven und statistischen Wahrscheinlichkeiten vgl. z.B. Sieben/Schildbach [1994], S. 58ff., die für letztere die Bezeichnung „Wahrscheinlichkeiten auf der Grundlage relativer Häufigkeiten" verwenden.

[257] Vgl. z.B. Sieben/Schildbach [1994], S. 59.

Verfolgt man die Methodik der Prozeßkostenrechnung, sollen die Ausgabensätze und damit der Zeitbedarf je Prozeß kostenstellenbezogen auf Teilprozeßebene ermittelt werden. Die hier gewählte Planungsebene reicht daher nicht aus. Unterschiede sind im Ergebnis jedoch nur dann zu verbuchen, wenn die Gehälter in den betroffenen Kostenstellen nicht übereinstimmen (Qualifikationsmix).[258] Zudem läßt sich das Verfahren bei Vorliegen einer entsprechend differenzierten Erfahrungsdatenbank auch auf Teilprozesse anwenden.

Bei der Durchschnittswertermittlung werden alle Projekte der Erfahrungsdatenbank als Vergleichsobjekte herangezogen. Aus kostentheoretischer Sicht entspricht dies der Annahme projektübergreifender, zeitinvarianter, homogener Ausgabenverursachung. Diese Prämisse ermöglicht die Aufstellung allgemeingültiger Produktions- und Kostenfunktionen,[259] was die Planungsaktivitäten einerseits erheblich vereinfacht, andererseits aber durch Abstraktion von Einflußgrößen dem differierenden Zeitbedarf der Wartungsprozesse verschiedener Software-Handlungsalternativen nicht gerecht wird. So erfolgt letztendlich eine Unterbewertung umfangreicher, komplexer, schlecht dokumentierter Programmsysteme, während wenig umfangreicher, gut dokumentierter Software ein zu hoher Wert beigemessen wird.

Bei Kenntnis der aufgezeigten Mängel läßt sich die Planung von Prozeßmengen und Zeitaufwand auf der Basis von Fachwissen mit dem Verfahren von Pocsay insgesamt sinnvoll unterstützen.

2.3.3.3 Übertragung des prozeßorientierten Verfahrens von Pocsay auf Standardsoftware

Die originär für Individualsoftware entwickelten Bausteine lassen sich auf Standardsoftware übertragen, wobei für letztere eine separate Erfahrungsdatenbank zu erstellen ist. Da die durch Umweltentwicklungen ausgelösten Anpassungs-

---

[258] Vgl. Kapitel 2.1.2, S. 39ff.

[259] Gemeint sind Ausgabenfunktionen. Der Begriff Kostenfunktion wird beibehalten, da er in der Literatur üblich ist.

Wartungsprozesse unabhängig vom eingesetzten Softwaretyp sind, erübrigt sich eine separate Planung. Für die in der Stabilität insgesamt geringe Anzahl notwendiger Korrektiv-Wartungsprozesse reichen grobe Schätzungen, z.B. als Prozentsatz der für Individualsoftware veranschlagten Prozeßmenge, häufig ebenfalls aus. Ansonsten können Wertansätze auf subjektiven oder statistischen Wahrscheinlichkeiten und deren Bündelung im Erwartungswert aufbauen. Der prozeßbezogene Ressourcenbedarf läßt sich schließlich als Durchschnitt (ähnlicher) Projekte aus der Standardsoftware-Erfahrungsdatenbank nach der für Individualsoftware geschilderten Vorgehensweise generieren.

Weisen situative Gegebenheiten ausnahmsweise auf umfangreiche Wartungsmaßnahmen im Hinblick auf Schnittstellen und die zu codierenden Teile des Customizings (User-Exits/Abfragen) hin, könnte sich die separate Behandlung dieser Aspekte als zweckmäßig erweisen: Die betroffenen Teile werden in diesem Fall auf Basis der für Individualsoftware konstruierten Erfahrungsdatenbanken geplant. Gegenüber dem Originalverfahren weist diese Modifikation den Vorteil auf, daß die Einflußgrößen präziser Berücksichtigung finden. Da die Durchführung zeitintensiver ist, lohnt sie nur dann, wenn signifikante Ergebnisverbesserungen wahrscheinlich sind. Dies setzt einen nicht zu kleinen Anteil an Individualsoftware voraus.

Bei Anwendung auf Standardsoftware sind grundsätzlich die gleichen Bedenken vorzubringen, wie sie für Individualsoftware im vorangegangenen Kapitel erörtert werden. Das Verfahren kann keinesfalls Erfahrung und Fachwissen ersetzen, sondern stellt lediglich eine sinnvolle Ergänzung dar.

2.4 Beispiel

Im folgenden Beispiel wird ein Unternehmen betrachtet, welches Konsumgüter in Massenfertigung herstellt. Es erwägt seine Vertriebssoftware zu ersetzen, mit der Kundenaufträge abgewickelt werden und deren Auswertungen zur Unternehmenssteuerung nötig sind. Der Ersatz zielt insbesondere auf eine DV-technische Integration mit den Nachbarsystemen ab, für die sich die alte Software nicht eignet. So wird die zur Zeit in verschiedenen Unternehmensbereichen durchgeführte Ausrichtung auf Prozesse maschinell unterstützt. Als Vorbereitung wurde in zwei Monaten mit einem Zeitaufwand von je 2,5 Personenmonaten (PM) ein Fachkonzept erstellt.[260] Zur Wahl stehen Standardsoftware und Individualsoftware, deren monatliche Ausgaben im folgenden quantifiziert werden sollen. Da das Fachkonzept bereits vorliegt, müssen investitionsrechnerisch lediglich die monetären Implikationen nach Beendigung des zweiten Monats erfaßt werden. Dennoch erfolgt hier der Einbezug der ersten beiden Perioden, da dann ergänzende Aussagen über die Wirtschaftlichkeit einzelner Handlungsalternativen möglich sind. Mit der Software werden zukünftig fünf Mitarbeiter aus dem Vertrieb arbeiten. Aufgrund der angestrebten Integration greifen darüber hinaus drei Mitarbeiter aus Produktionsplanung und Marketing sowie sieben aus dem Lager auf die DV-Anwendung zu.[261]

2.4.1 Generierung der Ausgaben für die Individualsoftware-Bereitstellung

1. Function-Point liefert 75 PM für die Entwicklung inklusive Fachkonzept, exklusive Anwendertest, Schulung, Einarbeitung und Rahmenorganisation. Der restliche (Personal-)Ressourcenbedarf wird gemeinsam mit den betroffenen Personen geplant. Die Ergebnisse sind in der folgenden Tabelle zusammengestellt:

Tätigkeit	Zeitaufwand (PM)
Entwicklung i.e.S.	75
Planung und Durchführung der Rahmenorganisation	5
Einarbeitung und Schulung	7,5[262]
Anwendertest	6[263]

Tabelle 14: Beispiel - geschätzter Ressourcenverbrauch für die Individualsoftware-Entwicklung

[260] Vgl. Anhang 3, S. 237ff.

[261] Rückwirkungen aus der Software-Nutzung auf die nötigen Personalkapazitäten wurden einbezogen.

[262] Angenommen werden 10 Arbeitstage/Person und 20 Arbeitstage/Monat bei 15 Mitarbeitern.

[263] In der Phase III stellt der Vertrieb einen PM, Lager und Finanzbuchhaltung je 0,5 PM für Testzwecke zur Verfügung. Danach soll jeder betroffene Mitarbeiter durchschnittlich 5,3 Tage testen.

Da keine freien Personalkapazitäten existieren, schlägt sich der Ressourcenverbrauch monetär nieder und ist folglich investitionsrechnerisch zu berücksichtigen. Dies setzt seine zeitliche Strukturierung voraus.

Erste Anhaltspunkte über die Projektlänge (inklusive Fachkonzept) liefert eine Faustformel von Boehm, nach der die Durchlaufzeit unter „mittelschweren Bedingungen" $2{,}5 \cdot PM^{0{,}35}$ Monate beträgt.[264] Sie konkretisiert sich hier in $2{,}5 \cdot 75{,}5^{0{,}35} \approx 11{,}4$ Monate. Da die so ermittelten Werte in der Vergangenheit i.d.R. um 10% überschritten wurden, plant die mit der Wirtschaftlichkeitsanalyse beauftragte Investitionsrechnerin eine Projektlaufzeit für die Software-Entwicklung i.e.S. von 13 Monaten. Nach einer Rücksprache mit den betroffenen Organisatoren und der Datenverarbeitung wird weiter festgestellt, daß die Rahmenorganisation parallel zur Software-Entwicklung i.e.S. durchgeführt und insgesamt in fünf Monaten realisiert sein kann. Auf Basis von Erfahrungen aus früheren Projekten plant die Investitionsrechnerin:

Phase	**Dauer (Monate)**
I (Fachkonzept)	2
II (DV-Konzept)	3
III (Realisation)	5
IV (Abnahme)	3

Tabelle 15: Beispiel - Durchlaufzeit der Projektphasen bei Individualsoftware

Aus diesen Daten wird auf der Basis der Normkurve für die zeitliche Verteilung des Kapazitätsbedarfs für Individualsoftware-Entwicklungen ein grober Projektplan erstellt, der in Tabelle 18, S. 119, Zeile 1-3 niedergelegt ist.

Weiter ist zu berücksichtigen, daß der Ressourcenbedarf für die Wartung der zu ersetzenden Software von bisher 1,5 PM/Monat bis zum Produktionsbeginn auf Null absinkt, was bei Unterlassung der Investition nicht geschehen wäre. Da keine genaueren Informationen über die Reduktionsgeschwindigkeit vorliegen, wird die Prämisse des linearen Abfalls gesetzt, der während der Erstellung des

[264] Vgl. Boehm [1986], S. 64ff., der solche Projekte als teilintegriert bezeichnet. Begriff und Formel sind für das Verständnis und Ziel des Beispiels irrelevant und sollen daher nicht näher präzisiert werden.

Fachkonzepts noch nicht eingesetzt hat. Folglich gilt für den Ressourcenbedarf im t-ten Monat:[265]

$$M_1 = M_2 = 0 \text{ und } M_t = M_{t-1} - \frac{1{,}5}{11} \text{ für } t = 3{,}4 \ldots 13.$$

Bei einem einheitlichen Personalausgabensatz von 7 TDM/Monat[266] sowie einem angenommenen Zuschlag für die laufenden Sachausgaben von 1%[267] ergeben sich die in Tabelle 18, S. 119 dokumentierten Ausgaben.

2. Zur Quantifizierung der Wartungsausgaben ist zunächst die Normkurve (Phase V) zu konkretisieren. Auch hier wird ein linearer Abfall unterstellt. Weiter hat die Erfahrung aus anderen Individualsoftware-Projekten gezeigt, daß die Stabilität nach circa einem Jahr erreicht ist.

Zur Planung der absoluten Wartungsausgaben in einem Monat nach der Stabilität wird das Verfahren von Pocsay eingesetzt. Eine seit drei Jahren regelmäßig gepflegte Erfahrungsdatenbank liefert folgende Informationen:

Hauptprozeß	**Prozeßmenge**	**Ressourcenbedarf/Prozeß (PT)**[268]
Anpassungs-Wartung	3	11
Korrektiv-Wartung	5	3

Tabelle 16: Beispiel - Planung der Wartungsprozesse für Individualsoftware

Demgemäß beträgt der monatliche Kapazitätsbedarf für die Wartung $= 3 \cdot 11 + 5 \cdot 3 = 48\,\text{PT} \approx 2{,}5\,\text{PM}$. Er sinkt folglich von 13,5 PM[269] bei Produktionsbeginn ein Jahr lang, bis auf 2,5 PM ab. Da die Stabilität mit Ende des 12. Mo-

---

[265] Vgl. Tabelle 19, S. 119.

[266] Weihnachts- und Urlaubsgeld sind im Unternehmen in das Grundgehalt eingearbeitet, werden folglich nicht gesondert vergütet.

[267] Die Geringfügigkeit dieser Ausgaben rechtfertigt keine separate Berechnung. Daher wurde im Unternehmen vor einiger Zeit ein standardisierter Zuschlagssatz eingeführt, der zur Zeit 1% für alle Software-Investitionen beträgt. Sollte situativ ein anderer Ansatz nötig sein, erfordert dies einen besonderen, schriftlich zu dokumentierenden Grund.

[268] Da das Gehaltsniveau der beteiligten Mitarbeiter vergleichbar ist, wird keine Differenzierung in Teilprozesse vorgenommen.

[269] Dies ist der entsprechende Wert in der Periode vor Produktionsbeginn.

nats nach Produktionsbeginn eintritt, werden 2,5 PM erstmalig nach 13 Monaten erreicht. Folglich beträgt der Ressourcenverbrauch im t-ten Monat:

$$M_t = 13{,}5 - (t - 13) \cdot \frac{13{,}5 - 2{,}5}{13} \text{ für } t = 14, 15 \ldots 26;\; M_t = 2{,}5 \text{ für } t \geq 26.$$

Da investitionsrechnerisch die Differenz zur Unterlassungsalternative bewertet wird, und mit dem Ersatz der alten Software auch deren Wartung wegfällt, gilt es diesen Vorteil ebenfalls zu berücksichtigen. Folglich sind die monetären Implikationen von 1,5 PM/Monat als Einnahme zu erfassen.[270]

Bei einem einheitlichen Personalausgabensatz von 7 TDM/Monat sowie einem angenommenen 1%igen Zuschlag für Sachausgaben ergeben sich die in Tabelle 19 zusammengestellten Werte. Sie gehen als Ausgaben in die Berechnung des Vermögensendwerts nach Steuern ein.[271]

2.4.2 Generierung der Ausgaben für die Standardsoftware-Bereitstellung

1. Da unternehmensintern nur wenig dokumentierte Erfahrungen über Standardsoftware-Implementierungen zur Verfügung stehen, ist die Hinzuziehung externer Quellen nötig. Aus Gesprächen mit dem Hersteller, dessen Kunden sowie Artikeln aus Fachzeitschriften trägt die Investitionsrechnerin die folgenden Daten zusammen.

Tätigkeit	**Quantifizierung**
Durchlaufzeit Implementierung, inklusive Fachkonzept	< 1 Jahr
Implementierung ohne Schnittstellen, Rahmenorganisation und Migration	28 PM
60 externe Beratungstage	2 TDM/Tag
Schulung Projektteam, 5 Personen	100 Tage á 300 DM/Tag

Tabelle 17: Beispiel - externe Informationen für Standardsoftware

270 Ursächlich verantwortlich für den trotz der Anwendung wartungsfreundlicher Methoden und Tools im Vergleich zur alten Software gestiegenen Ressourcenverbrauch sind der höhere Funktionsumfang und neue Schnittstellen.

271 Dieses Vorhaben erfordert neben den Ausgaben für die Software-Bereitstellung auch die Einnahmen infolge einer entsprechenden Nutzung und wird daher in Kapitel 3.3.5, S. 208ff. durchgeführt.

Phase	I: Fachkonzept		II: DV-Konzept			III: Realisation					IV: Abnahme		
Periode	1	2	3	4	5	6	7	8	9	10	11	12	13
Software-Bereitstellung i.e.S. (PM)	2,5	2,5	3,0	3,5	4,0	4,5	5,5	8,5	9,0	8	8,0	8,0	8,0
Rahmenorganisation (PM)				0,5	0,5	0,5	0,5	0,5	0,5	0,5	0,5	0,5	0,5
Anwendertest/Einarbeitung/ Schulung (PM)										2	2,5	4,0	5,0
reduzierte Wartungsaktivitäten bei Unterlassung (PM)	0,0	0,0	-0,136	-0,273	-0,409	-0,545	-0,682	-0,818	-0,995	-1,091	-1,227	-1,364	-1,5
Summe PM	2,5	2,5	2,864	3,727	4,091	4,455	5,318	8,182	8,545	9,409	9,773	11,136	12,0
Ausgaben (TDM) = Summe PM • 7TDM+1% (laufende Sachausgaben)	17,675	17,675	20,246	26,352	28,923	31,494	37,6	57,845	60,416	66,522	69,093	78,734	84,84

Tabelle 18: Beispiel - Ausgaben Individualsoftware-Entwicklung[272]

Phase	V: Einführung												VI:Stabilität	
Periode	14	15	16	17	18	19	20	21	22	23	24	25	26	27ff.
Wartung (PM)	12,654	11,808	10,962	10,115	9,269	8,423	7,577	6,731	5,885	5,038	4,192	3,346	2,5	2,5
reduzierte Wartungsaktivitäten bei Unterlassung (PM)	-1,5	-1,5	-1,5	-1,5	-1,5	-1,5	-1,5	-1,5	-1,5	-1,5	-1,5	-1,5	-1,5	-1,5
Summe PM	11,154	10,308	9,462	8,615	7,769	6,923	6,077	5,231	4,385	3,538	2,692	1,846	1,0	1,0
Ausgaben (TDM) = Summe PM * 7TDM+1% (laufende Sachausgaben)	78,858	72,875	66,893	60,911	54,928	48,946	42,964	36,982	30,999	25,017	19,035	13,052	7,07	7,07

Tabelle 19: Beispiel - Ausgaben Individualsoftware-Wartung[273]

[272] Alle Wertansätze, inklusive die zur Aufstellung des Zahlungsstroms, werden genau ermittelt und jeweils nur die Ergebnisse gerundet.

[273] Vgl. Fußnote 272.

Nicht enthalten ist der Kapazitätsbedarf für Test, Einarbeitung und Schulung der Fachabteilung, Schnittstellen- und Migrationsprogramme sowie die Rahmenorganisation. Bezüglich letzterer müssen zunächst alle für Individualsoftware notwendigen Maßnahmen erledigt werden, die folglich ebenfalls 5 Monate andauern. Die Standardsoftware operiert jedoch mit 10stelligen numerischen Kundennummern, die bisher 20stellig alphanumerisch verschlüsselt sind. Eine grobe Schätzung zeigt, daß die Umstellung 2 PM erfordert. Gemeinsam mit den betroffenen Personen und unter Rückgriff auf die für Individualsoftware quantifizierten Werte ergeben sich folgende Schätzungen:

Tätigkeit	Zeitaufwand (PM)
Planung und Durchführung der Rahmenorganisation (wie Individualsoftware)	5
Umstellung der Kundennummern	2
Test, Einarbeitung und Schulung der Fachabteilung	14,5[274]
Schnittstellen- und Migrationsprogramme	je 2

Tabelle 20: Beispiel – geschätzter Ressourcenverbrauch für die Standardsoftware-Implementierung

Auf dieser Grundlage und den für Individualsoftware geplanten Werten wird ein grober Zeitplan für Standardsoftware erstellt: Die Durchlaufzeit für das bereits angefertigte Fachkonzept beträgt 2 Monate. Für die Zeit bis zur Abnahme wird eine Entsprechung zur Individualsoftware, also 3 Monate angenommen. Dem Schulungsplan des Softwarehauses ist ferner zu entnehmen, daß die für das Projektteam notwendigen Lehrgänge einen Zeitraum von 3 Wochen beanspruchen. Zusätzlich wird eine Woche für individuelle Einarbeitung eingeplant. Das DV-Konzept erscheint darüber hinaus weniger aufwendig als das für Individualsoftware. Schließlich berichtet ein hinzugezogener externer Berater, daß die Realisation (Phase III) der Implementierung in Unternehmen mit ähnlicher Größenordnung circa einen Monat beträgt. Da die Rahmenorganisation parallel zu den anderen Maßnahmen durchgeführt werden soll, setzt die Investitionsrech-

[274] Da der Zeitaufwand den für Individualsoftware übersteigt werden 12,3 (statt 10) Arbeitstage für Schulung bzw. Einarbeitung sowie 7 (statt 5,3) Testtage für jeden Anwender geplant. Zusätzlich stellen die Fachabteilungen wie bei Individualsoftware in der Phase III zum Test 2 PM.

nerin die Prämisse, daß die oben geschätzte Projektlaufzeit durch diese Maßnahmen nicht tangiert wird. Dies führt zu folgendem Zeitplan:

Phase	**Dauer (Monate)**
I (Fachkonzept)	2
II (DV-Konzept)	1+2
III (Realisation)	1
IV (Abnahme)	3

Tabelle 21: Beispiel - Durchlaufzeit der Projektphasen bei Standardsoftware

Aus diesen Daten wird auf der Basis der Normkurve für die zeitliche Verteilung des Ressourcenverbrauchs für Standardsoftware-Implementierungen ein grober Projektplan erstellt, der in Tabelle 22, S. 123, Zeile 1 - 4 dargestellt ist.

Wie bei Individualsoftware ist das lineare Absinken des Ressourcenbedarfs für die Wartung der zu ersetzenden Software bis zum Produktionsbeginn zu berücksichtigen, da dieser Effekt bei Unterlassung nicht eintritt. Ab Periode drei stellt sich in der t-ten Periode folgende Reduktion im Kapazitätsbedarf ein:

$M_1 = M_2 = 0$ und $M_t = M_{t-1} - \frac{1{,}5}{7}$ für $t = 3{,}4 \ldots 9$.[275]

Die periodengerechte Gewichtung des so ermittelten Ressourcenbedarfs mit dem einheitlichen Personalausgabensatz von 7 TDM/Monat, einem 1%igen Zuschlag für Sachausgaben sowie die ergänzende Erfassung der Ausgaben für den Kauf, Schulung und externe Beratung liefern die in Tabelle 23, S. 123 niedergelegte Informationsbasis für eine Berechnung des Vermögensendwerts nach Steuern.

2. Bezüglich der Wartungsausgaben wird ebenfalls ein 12monatiger linearer Abfall in Phase V unterstellt, wobei zusätzlich 20 TDM/Jahr für eine Wartungslizenz abfließen.

Aus dem Verfahren von Pocsay für Individualsoftware übernimmt die Investitionsrechnerin die erwartete Anzahl von 3 für Anpassungs- und 5 für Korrektiv-Wartungsprozesse. Sie schätzt, daß die Korrektiv-Wartung 20% unter der von

[275] D.h. Standardsoftware und Individualsoftware wirken sich auf die Ausgaben des Altsystems in ungleicher Weise aus.

Individualsoftware liegt und rechnet daher mit 3 Anpassungs- und 4 Korrektiv-Wartungsprozessen. Von den bisher eingesetzten Standardsoftware-Anwendungen liegen hinsichtlich der Wartung und dessen Ressourcenverbrauch ferner einige Aufzeichnungen aus den letzten zwei Jahren vor.[276] Eine Gegenrechnung liefert auf dieser Grundlage 3,1 Anpassungs-Wartungs- und 3,3 Korrektiv-Wartungsprozesse bei einem durchschnittlichen Zeitaufwand 4 bzw. 2 PT. Folglich beträgt der monatliche Ressourcenbedarf für die

$$\text{erste Rechnung} = 3 \cdot 4 + 4 \cdot 2 = 20\,\text{PT} \approx 1\,\text{PM}$$

$$\text{und für die Gegenrechnung} = 3{,}1 \cdot 4 + 3{,}3 \cdot 2 = 19\,\text{PT} \approx 1\,\text{PM}.$$

Also fällt der Kapazitätsbedarf für die Wartung von 9 PM auf 1 PM bis zur Stabilität ab. Im t-ten Monat beträgt er insbesondere:

$$M_t = 9 - (t-9) \cdot \frac{9-1}{13} \text{ für } t = 10, 11, \ldots 22; \quad M_t = 1 \text{ für } t \geq 22.$$

Eine Anfrage ergibt weiter, daß der Standardsoftware-Hersteller plant, circa alle 2 Jahre neue Release auszuliefern. Da diesbezügliche Implementierungen als Projekt abgewickelt werden, und diese Organisationsform im Unternehmen seit längerer Zeit Gegenstand des Controllings ist, sind Erfahrungswerte dokumentiert. Auf Basis „ähnlicher“ Standardsoftware wird daher ein Ressourcenbedarf von 6 PM ermittelt, der sich auf drei Monate verteilt. Auch dokumentierte Erfahrungswerte bestätigen diesen Wert. Die Notwendigkeit des ersten Releasewechsels wird sich voraussichtlich in den Perioden 33, 34 und 35 ergeben. Schließlich ist der durch den Software-Ersatz wegfallende Zeitaufwand für die Wartung in Höhe von 1,5 PM bis zum Nutzungsdauerende zu erfassen.

Die periodengerechte Gewichtung mit dem Personalausgabensatz von 7 TDM, einem 1%igen Zuschlag für laufende Sachausgaben sowie die Addition von 20 TDM Gebühren für die Wartungslizenz entsprechend ihres zeitlichen Anfalls ergibt die Wartungsausgaben als Teil der Informationsbasis für die Berechnung des Vermögensendwerts.

276 Zu dieser Zeit konnte die Investitionsrechnerin die Geschäftsführung überzeugen, daß die Dokumentation dieser Daten unerläßlich ist.

Phase	I		II			III	IV		
Periode	**1**	**2**	**3**	**4**	**5**	**6**	**7**	**8**	**9**
Implementierung i.e.S. (PM)	2,5	2,5	2,5	5,5	3,0	3,5	3,5	2,5	2,5
Rahmenorganisation (PM)				1,1	1,1	1,2	1,2	1,2	1,2
Schnittstellen/Migration (PM)					0,8	0,8	0,8	0,8	0,8
Anwendertest/-schulung/Einarbeitung(PM)						2,0	4,0	4,0	4,5
reduzierte Wartungsaktivitäten bei Unterlassung (PM)	0,0	0,0	-0,214	-0,429	-0,643	-0,857	-1,071	-1,286	-1,5
Summe PM	2,5	2,5	2,286	6,171	4,257	6,643	8,429	7,214	7,5
Personal- und laufende Sachausgaben (TDM) (= Summe PM • 7 TDM + 1%)	17,675	17,675	16,16	43,632	30,098	46,965	59,59	51,005	53,025
Schulung Projektteam (TDM)			30,0						
externe Beratung (TDM)				20,0	20,0	20,0	20,0	20,0	20,0
Kaufpreis Standardsoftware (TDM)			200,0						
Summe Ausgaben (TDM)	17,675	17,675	246,16	63,632	50,098	66,965	79,59	71,005	73,025

Tabelle 22: Beispiel – Ausgaben Standardsoftware-Implementierung[277]

Phase	V												VI
Periode	**10**	**11**	**12**	**13**	**14**	**15**	**16**	**17**	**18**	**19**	**20**	**21**	**22**
Customizing-/Schnittstellen-Wartung (PM)	8,385	7,769	7,154	6,538	5,923	5,308	4,692	4,077	3,462	2,846	2,231	1,615	1,0
Releasewechsel (PM)	Erstmalig in den Perioden 33, 34, 35 relevant												
Summe PM	6,885	6,269	5,654	5,038	4,423	3,808	3,192	2,577	1,962	1,346	0,731	0,115	-0,5
Wartungsvertrag (TDM)					20,0								
Wartungsausgaben (TDM) (= Summe PM • 7 TDM + 1% + Ausgaben Wartungsvertrag)	48,674	44,323	39,973	35,622	51,271	26,92	22,57	18,219	13,868	9,517	5,167	0,816	-3,535

Tabelle 23: Beispiel - Ausgaben Standardsoftware-Wartung[278]

[277] Zur Ermittlung der Wertansätze vgl. Fußnote 272.

[278] Zur Ermittlung der Wertansätze vgl. Fußnote 272.

2.5 Zusammenfassung

Im vorliegenden 2. Kapitel wird ein Verfahren zur Generierung der Ausgabenströme von Standardsoftware und Individualsoftware für finanzmathematische Investitionsrechnungen entwickelt, das in folgender These niedergelegt ist: *Die Ausgaben weisen softwaretypabhängige Mustercharakteristiken (Normkurven) auf, die sich situativ durch den ergänzenden Einsatz weiterer Instrumente quantifizieren lassen.* Das Ergebnis geht aus einer auf dem Prozeßgedanken basierenden Verknüpfung der Erkenntnisse zweier Wissenschaftsrichtungen hervor: der Wirtschaftsinformatik und einer modifizierten (Prozeß-)Kostenrechnung. Während sich erstere mit Software befaßt, liefert letztere einen konzeptionellen Rahmen zur Datengenerierung. Das entwickelte Verfahren setzt sich aus einer Reihe von Einzelergebnissen zusammen:

Dem zeitlichen Aspekt wird durch ein Phasenmodell als Strukturelement Rechnung getragen, das die Bereitstellung von Standardsoftware und Individualsoftware in die sieben Phasen Fachkonzept, DV-Konzept, Realisation, Abnahme, Einführung, Stabilität und Ersatz gliedert. Dabei unterscheiden sich die ersten vier und die letzten drei Phasen so grundlegend, daß abweichende Gliederungskriterien und eine separate Behandlung sich als zweckmäßig erweisen. Zur aufbauenden Ermittlung der Ausgabenströme wird die Prozeßkostenrechnung im Hinblick auf die verwendeten Rechengrößen (Ausgaben statt Kosten) modifiziert.

Traditionell operiert die Prozeßkostenrechnung in Bereichen, in denen sich einzelne Kostentreiber isolieren lassen, die den Verbrauch mehrerer Ressourcen verantworten. In den ersten vier Phasen (Entwicklung bzw. Implementierung) liegt gerade die umgekehrte Situation vor: Mehrere abhängige Kostentreiber verursachen den Verbrauch einer Ressource, nämlich des Personals. Dies motiviert dahingehend zur Anpassung der Planungsaktivitäten, daß an der Stelle von Mengen (Kostentreibereinheiten) Zeiten (Kapazitätseinheiten benötigter Personalressourcen) ermittelt werden. Entsprechend gilt es, die für Haupt- oder Teilprozesse erhaltenen Ergebnisse anhand zeitlicher (statt mengenmäßiger) Abhängigkeiten auf die jeweils andere Hierarchieebene zu verteilen oder zu verdichten. Letzteres erfordert eine ergänzende Analyse im Hinblick auf die zeitliche Positionierung aller beteiligten Prozesse, deren Ergebnis als Normkurve Vorschau- und Vorgabecharakter besitzt:

- Der Grad der Arbeitsteilung (und damit der Ressourcenbedarf) steigt bei Individualsoftware-Entwicklungen bis zum Produktionsbeginn beständig an. Während der Zuwachs in den Phasen I (Fachkonzept), II (DV-Konzept) und IV (Abnahme) gering ist, ist Phase III (Realisation) durch ein starkes Wachstum gekennzeichnet.

- Der Grad der Arbeitsteilung (und damit der Ressourcenbedarf) entspricht bei einer Standardsoftware-Implementierung in Phase I (Fachkonzept) dem einer Entwicklung. Phase II (DV-Konzept) ist durch einen geringen Anstieg charakterisiert, der in Phase II/1 (Ausbildung) durch eine „Spitze" kurzfristig durchbrochen wird. Während Phase III (Realisation) eine konstante Arbeitsteilung aufweist, steigt letztere in Phase IV (Abnahme) stark an.

- Im Vergleich zur Individualsoftware erfordert Phase III bei Standardsoftware deutlich weniger Zeit und Personal. Die Phasen II/2 und IV stimmen dagegen annäherungsweise mit den Phasen II und IV der Individualsoftware überein.

- Da vornehmlich Personalressourcen verbraucht werden, weist die zeitliche Verteilung der (Gehalts-)Ausgaben ebenfalls obige Mustercharakteristiken auf, die sich in Abhängigkeit von den Zahlungszeitpunkten der Gehälter situativ konkretisieren lassen.

Die im nächsten Schritt anstehende Klärung grundlegender Beziehungen zwischen Haupt- bzw. Teilprozessen und deren Ressourcenbedarf (Kostentreiber) im Zeitablauf führt zu folgendem Ergebnis:

Art des Kostentreibers	Kostentreiberbezeichnung (Individualsoftware)	Kostentreiberbezeichnung (Standardsoftware)
variable Einflußgrößen bzw. Kostentreiber	Leistungsumfang, Softwarekomplexität, Softwarequalität, Personalqualität	Customizing-Umfang, Customizing-Komplexität, Softwarequalität, Customizing-Methoden, Softwareverfügbarkeit, Personalqualität
konstante Einflußgrößen bzw. strukturelle Kostentreiber	ablauforganisatorische Maßnahmen, Softwareverfügbarkeit, Entwicklungsmethoden	ablauforganisatorische Maßnahmen
produktinvariante Einflußgrößen		Customizing-Umfang, Customizing-Komplexität, Customizing-Methoden, Softwareverfügbarkeit

Tabelle 24: Gegenüberstellung der Einflußgrößen bzw. Kostentreiber aus Entwicklung und Implementierung

Darüberhinaus läßt sich die zeitliche Verteilung der Kapazitätseinheiten wie folgt präzisieren:

- Je zweckmäßiger die Entwicklungs- bzw. Customizing-Methoden, die verfügbare Software und die ablauforganisatorischen Maßnahmen, desto geringer steigt der Ressourcenbedarf auf der Zeitachse an.
- Je höher die Softwarequalität, desto höher der Ressourcenbedarf in Phase III.
- Je höher die Personalqualität, desto geringer steigt der Ressourcenbedarf bei Individualsoftware auf der Zeitachse an.

- Je höher die Customizing-Komplexität, desto mehr steigt der Ressourcenbedarf bei Standardsoftware auf der Zeitachse an.

Als Konsequenz der Mustercharakteristiken reicht die Generierung weniger konkreter Werte aus, um den Ressourcenbedarf (Personenmonate) auf der Zeitachse zu ermitteln. Hierzu bedarf es ergänzender Instrumente (2. Teil der Hauptthese). Die in der Kostenrechnung bevorzugte analytische Planung verlangt Kenntnisse über technisch-kostenwirtschaftliche Zusammenhänge und damit den kapazitätsbezogenen Implikationen der Kostentreiber. Eine Untersuchung der Problemstruktur ergibt zum einen, daß dem theoretischen Ideal analytischer Planungen nur begrenzt entsprochen werden kann, und zeigt zum anderen die Notwendigkeit der Integration ergänzender Instrumente auf. Hinsichtlich des letzten Aspekts werden die in der Wirtschaftsinformatik für Individualsoftware entwickelten Schätzverfahren Function-Point und INVAS analysiert und auf Standardsoftware übertragen.

Beide Schätzverfahren basieren wesentlich auf der zeitintensiven systematischen Sammlung und Auswertung von Erfahrungen. Function-Point beinhaltet darüber hinaus Aussagen über die für analytische Planungen auf Hauptprozeßebene gesuchten Zusammenhänge. Es ist jedoch mit den Nachteilen von Scoring-Modellen behaftet, erfaßt die Personalqualität als strukturellen Kostentreiber falsch und täuscht mit seiner Schätzgleichung eine zeitinvariante Genauigkeit vor, die der Problemstellung nicht entspricht. INVAS liefert dagegen intersubjektiv nachvollziehbare, isolierte Wertansätze als Basis für Planungen auf Teilprozeßebene, in denen zwar die wesentlichen Einflußgrößen berücksichtigt sind, die aber bezüglich des Leistungsumfangs auf einer empirisch nicht gestützten Prämisse fußen und aus einem problematischen Ähnlichkeitskriterium abgeleitet werden.

Obgleich sich die Phasen V - VII ebenfalls durch den überwiegenden Verbrauch von Personalressourcen auszeichnen, liegt ein homogeneres Problem vor. Ausgehend von den Hauptprozessen Anpassungs-Wartung, Korrektiv-Wartung und Releasewechsel fungieren die entsprechenden Maßnahmen bei Einschränkung der Betrachtungsperspektive auf eine Software-Handlungsalternative als Kostentreiber.

Eine anschließende temporale Untersuchung der Hauptprozeßmengen führt zu folgendem Ergebnis:

- Bei Individualsoftware sinken die Prozeßmengen in Phase V (Einführung), bleiben in Phase VI (Stabilität) konstant und werden in Phase VII (Ersatz) bis auf Null reduziert.
- Bei Standardsoftware sinken die Prozeßmengen in Phase V (Einführung). Phase VI (Stabilität) ist durch eine konstante Anzahl von Korrektiv- und Anpassungs-Wartungsprozessen gekennzeichnet, zu der sich in regelmäßigen Abständen Releasewechsel gesellen. In Phase VII (Ersatz) sinken die Prozeßmengen erneut bis auf Null ab.

Investitionsrechnerisch wird die Reduktion in Phase VII durch die Ersatz-Investition bewirkt und ist folglich dort zu erfassen. Analoges gilt für die Wartungsausgaben einer durch die betrachtete Investition abgelösten Software.

Die abgeleitete zeitliche Verteilung gestattet einige Einsichten: Erstens gilt sie auch für den Ressourcenverbrauch und damit für die Ausgaben, wenn Preise bzw. Gehälter keinen Schwankungen unterliegen. Der Grund hierfür liegt in der Anzahl der Kostentreiber, deren Reduktion auf eins im Umkehrschluß zu einem konstanten Zeitaufwand je Hauptprozeß führt. Dann erlauben die Mustercharakteristiken des Ausgabenstroms zweitens den Verzicht auf die Abschätzung des Ersatzzeitpunktes zugunsten einer vermögensendwertmaximierenden Nutzungsdauerberechnung. Drittens genügen zur Generierung der Kapazitätsbedarfe (und damit des Ausgabenstroms) wenige konkrete Planwerte. Hierzu gilt es, ergänzende Instrumente bereitzustellen (2. Teil der Hauptthese).

Die in der Kostenrechnung vorgeschlagenen Konkretisierungen analytischer Planungen reichen zur Erfassung des spezifischen Geflechts möglicher Einflußgrößen nicht aus. Auf der Suche nach potentiellen Ergänzungen werden

Teile des prozeßorientierten Verfahrens von Pocsay zur Datenermittlung im Wartungsbereich herangezogen. Infolge einer Ermangelung an quantifizierbaren Kenntnissen über Wechselwirkungen im Einflußgrößen-Konglomerat bezieht das Verfahren statistische Elemente ein. Genauer fußt es auf der systematischen Dokumentation von Erfahrungen sowie deren Auswertung mittels historischer Analogieschlüsse und erlaubt die Integration aller Einflußgrößen. Trotz der immanenten Mängel, die vor allem im herangezogenen Ähnlichkeitsbegriff und dessen Ergebniskonsequenzen liegen, stellt es eine sinnvolle Ergänzung für Planungsaktivitäten auf Basis von Fachwissen dar.

3 Quantifizierung der Einnahmen

Die durch Höhe und Periodenzugehörigkeit determinierten Einnahmen der neuen Software entstehen am Markt. Ihnen liegt ein *zeitbezogenes* Variablengefüge zugrunde, aus dessen Kenntnis heraus erst eine Quantifizierung erfolgen kann. Eine Literaturanalyse bietet Instrumente zur zeitlich-horizontalen Abschätzung einiger Variablen, zeigt aber Forschungslücken hinsichtlich der Zeitstruktur der Einnahmen auf (Kapitel 3.1). Zur Verkleinerung dieser Lücke werden die wesentlichen Marktvariablen und Beziehungen in einem formalen Modell exemplarisch erfaßt und die Beeinflussung der Modellparameter durch Standardsoftware und Individualsoftware in Zeitabschnitte strukturiert (Kapitel 3.2). Dem so definierten Phasenmodell folgende, auf softwaretypspezifische Auswirkungen im formalen Modell ausgerichtete, komparativ-statische Analysen liefern typisierte zeitliche Einnahmenverteilungen (Kapitel 3.3).

3.1 Zeitliche Verteilung der Einnahmen als Quantifizierungsproblem

3.1.1 Einnahmen als Ergebnis dynamischer Wettbewerbsprozesse

Software-Einnahmen treten infolge veränderter Absatzmengen, Preise und Ausgaben auf, wobei die Unterlassungsentscheidung als Referenzalternative fungiert. Die ersten beiden Variablen werden im wesentlichen durch die absatzpolitischen (Re-)Aktionen des eigenen Unternehmens, die absatzpolitischen (Re-)Aktionen der Konkurrenten sowie die (Re-)Aktionen der Käufer beeinflußt.[279] Neben möglichen Ausgabensenkungen sollen sie auf ihr Verhalten bei Software-Investitionen untersucht werden.

1. Die *(Re-)Aktionen des investierenden Unternehmens* beziehen sich auf das Marketing-Instrumentarium, also die Preispolitik, Produktpolitik, Distributionspo-

[279] Vgl. z.B. Gutenberg [1984], S. 11, der zusätzlich allgemeine Trends der Gesamtwirtschaft, der Branche und des Unternehmens benennt, die nicht als Aktionsparameter benutzt werden können. Hier muß i.d.R. bezweifelt werden, daß einzelne Software-Investitionen merkliche Veränderungen implizieren. Gleichwohl ist die Entwicklung der Informationstechnik ein wichtiger Trendfaktor. Darüber hinaus bezieht sich die Originalaussage nur auf die Absatzmenge, die jedoch ihrerseits von den Preisen abhängt, über die das Unternehmen entscheidet.

litik und Kommunikationspolitik.[280] Ihre Kombination soll die Erreichung der Unternehmensziele und damit die zu diesem Zweck verfolgte Wettbewerbsstrategie optimieren. Software kann zunächst Informationsbasen beisteuern, die eine bessere Erfüllung dieser schwer operationalisierbaren Aufgabe erlauben.[281] Darüber hinaus operieren die betroffenen Investitionen mit Informationen, deren allgegenwärtiger Einfluß letztendlich dazu führt, daß die Wettbewerbsstrategie (durch eine neue Kombination des Marketing-Instrumentariums) besser verfolgt werden kann. Die in diesem Sinn als wesentlicher Strategiebestandteil fungierende Software wird heute gezielter zur Verbesserung der Wettbewerbsposition eingesetzt.[282] Letzteres gelingt aber nur dann, wenn ein Wert für die Nachfrager entsteht, der sie zum Kauf veranlaßt.[283] Nach Porter können alle diesbezüglich verfolgten Strategien sachlich auf die zwei Grundtypen *Kosten- bzw. Preisführerschaft* und *Produktdifferenzierung* zurückgeführt werden.[284]

Bei der Kostenführerschaft basiert der Wert für die Nachfrager auf Preisvorteilen, welche durch eine günstige Ausgabensituation[285] möglich werden.[286] Software unterstützt die Strategie, indem sie je nach Ausgestaltung und Einsatzgebiet vielfältige Ausgabensenkungspotentiale eröffnet, die grundsätzlich nicht auf den Einsatzort beschränkt sind und auf einer Fülle verschiedener Ursachen

---

280 Vgl. z.B. Fritz/Oelsnitz [1998], S. 109ff.; Meffert [1994], S. 214f. Die Marketing-Instrumente gehen maßgeblich auf das von Gutenberg entwickelte absatzpolitische Instrumentarium Produktgestaltung, Preispolitik, Werbung und Absatzmethode zurück (vgl. Gutenberg [1984], S. 9ff.). Nieschlag/Dichtl/Hörschgen [1997], S. 21f., verwenden ebenfalls die Bezeichnung absatzpolitisches Instrumentarium.

281 Genauer gesagt sind alle Nutzeneffekte aus Software-Investitionen die Folge eines veränderten Zusammenspiels der Faktoren Mensch, Organisation und Technik (vgl. Kapitel 1.3, S. 14ff.), obgleich im folgenden keine diesbezüglichen separaten Hinweise erfolgen.

282 Die Lokalisierung von Potentialen für Wettbewerbsvorteile durch Software ist nicht Gegenstand dieser Arbeit. Ansatzpunkte liefert eine Analyse kritischer Erfolgsfaktoren oder Kernprozesse und deren informatorisches Umfeld (vgl. z.B. Sohl [1996], S. 23ff.).

283 Vgl. Zäpfel [1989a], S. 1062.

284 Vgl. Porter [1999b], S. 70ff.; Meffert [1994], S. 114f.; Fritz/Oelsnitz [1998], S. 100.

285 Hier wird mit dem Begriff Ausgaben (anstatt Kosten) gearbeitet, da er investitionsrechnerisch relevant ist.

286 Vgl. z.B. Fritz/Oelsnitz [1998], S. 100f.; Nieschlag/Dichtl/Hörschgen [1997], S. 135.

basieren können. Hier ist zunächst die Reduktion von Personalausgaben zu nennen, die lange Zeit das wesentliche Ziel von Software-Investitionen darstellte und auch heute noch relevant ist. Geändert hat sich indes die Art der Einsparpotentiale: Zu Beginn der elektronischen Datenverarbeitung lag der Schwerpunkt auf der Automatisierung einzelner Teilaufgaben, die vor allem im Verwaltungsbereich ein hohes Rationalisierungspotential bargen. Mittlerweile hat sich der Gedanke der Prozeßorientierung, der zur Zeit viele Bereiche der betriebswirtschaftlichen Theorie und Praxis durchdringt, auch in der Software manifestiert: Die Reintegration der zu einer Prozeßkette gehörenden, i.d.R. funktional differenzierten Unternehmensbereiche wird durch Software unterstützt, indem Schnittstellen zwischen den einzelnen Anwendungen für die gemeinsame Nutzung von Informationsbasen sorgen.[287] So werden vor allem Kommunikationsprozesse automatisiert. Der Rationalisierungsschwerpunkt von Software-Investitionen hat sich mit anderen Worten von einzelnen (Verwaltungs-)Aufgaben auf Kommunikationsprozesse verlagert. Darüber hinaus ermöglicht der schnelle, wenig aufwendige, zeit- und ortsunabhängige Zugriff auf Informationen eine bessere Abstimmung der Teilaufgaben im Unternehmen, die sich ebenfalls in vielfältigen Ausgabenreduktionen niederschlägt. Unmittelbar werden Fehler durch menschliche Kommunikation und Koordination sowie die dann notwendige Qualitätssicherung eingespart. Mittelbar kann jede Art von Ausgabe im Unternehmen betroffen sein. Ein typisches Beispiel ist die Reduktion von Zinsausgaben bei Bestandssenkungen.[288]

Die Strategie Produktdifferenzierung zielt auf die Abgrenzung der eigenen Produkte gegenüber denen der Konkurrenten ab, um eine Einzigartigkeitsposition zu schaffen.[289] Dadurch soll die Intensität des Wettbewerbs vermindert und folglich der Spielraum für Gewinne erhöht werden. Präzisiert bedeutet dies, Präferenzen beim Kunden zu schaffen, durch die die Preiselastizität der Nach-

---

[287] Dies gilt analog für die gemeinsame Optimierung mit Prozessen anderer Unternehmen.

[288] Einen umfassenden Überblick über mögliche Ausgabensenkungen kann Schumann [1992], S. 71ff., entnommen werden.

[289] Vgl. Porter [1999b], S. 73; Meffert [1994], S. 114f.; Fritz/Oelsnitz [1998], S. 101ff.

frage sinkt.[290] Dann können höhere Preise erzielt oder größere Mengen abgesetzt, also die Umsatzerlöse gesteigert werden. Erfolgt eine Software-Investition mit dem Ziel, die Produkte zu differenzieren, handelt es sich nicht allein um eine Unterscheidung gegenüber den Konkurrenten. Die zugrunde liegende innovative Idee erlaubt vielmehr eine bessere Erfüllung hinsichtlich der Kundenanforderungen, die Grundlage für den Kaufentscheid sind (kritische Erfolgsfaktoren). Vorteile erwachsen dabei nicht aus einem einzigen Faktor, sondern aus einer Vielzahl von Quellen, in denen die Informationen effektiver und effizienter gestaltet werden: Da Software sich ausschließlich mit Informationen befaßt, kann sie zwar nicht die technische Produktqualität verändern, die Kaufentscheidung wird aber durch eine Reihe weiterer Merkmale wie Verfügbarkeit, Information bezüglich der Existenz, Gebrauchsanweisungen, Kundendienst, Zeit, Ort usw. bestimmt, die alle mehr oder weniger stark ausgeprägte informatorische Komponenten besitzen,[291] und folglich durch gezielte Gestaltung mittels Software verbessert werden können. Entsprechend besitzt die resultierende Produktdifferenzierung vielfältige Ausprägungen. So werden von American Express automatisch Reisekostenabrechnungen für die Mitarbeiter erstellt, die den Firmenkartenservice nutzen.[292] In diesem Zusammenhang sind auch solche Informationen relevant, die beim Kunden unmittelbar zu monetären Konsequenzen in Form von Ausgabensenkungen führen. Häufig wird diese Art der Produktdifferenzierung durch die Abstimmung der eigenen Prozesse mit denen des Kunden erreicht. Dies ist beispielsweise dann der Fall, wenn durch genauere Auskünfte über Lieferzeiten die Sicherheitsbestände vermindert werden können oder ein Datenbankzugriff gewährt wird, der es dem Kunden erlaubt, Bestellungen in elektronischer Form zu erfassen sowie Verfügbarkeitsprüfungen vorzunehmen.

Neben den aufgezeigten sachlichen Aspekten hängt die Höhe der Einnahmen in einer festen Periode von der zeitlichen Entfernung zum Produktionszeitpunkt

---

[290] Vgl. Zäpfel [1989a], S. 1064.

[291] Neben Kriterien, die einen Wert für den Abnehmer darstellen, handelt es sich auch um Signale, von denen lediglich auf einen Wert geschlossen wird. Zu dieser Diskussion vgl. Porter [1999a], S. 181ff.

[292] Vgl. Gelfond/Davis [1987], S. 106.

ab. Hier ist vor allem die aktuelle Phase relevant, da eine in der Einführung befindliche, mangelhaft funktionierende Software nicht die gleiche Wirkung erzielen kann, wie dies bei Stabilität der Fall ist, wenn ein routinemäßiger Einsatz zur Abwicklung aller betroffenen Aufgaben erfolgt. Abweichend positionierte Produktionszeitpunkte machen den Zeithorizont darüber hinaus zu einer Einflußgröße, die wesentliche Unterschiede zwischen Standardsoftware und Individualsoftware begründet.

2. Die beabsichtigte Wettbewerbsbeeinflussung bleibt nicht ohne *(Re-)Aktion der Konkurrenten*, deren erwartetes Verhalten daher ebenfalls mit in die Untersuchung einzubeziehen ist: Zeitnah ergriffene absatzpolitische Gegenmaßnahmen, wie z.B. Preissenkungen oder verstärkte Werbung, verhindern zunächst die vollständige Ausschöpfung der Vorteile. Art und Umfang solcher (nicht softwarespezifischer) Reaktionen werden von den Charakteristiken des jeweiligen Marktes bzw. der Nachfrage determiniert.[293]

Darüber hinaus ist Software nicht patentfähig und daher grundsätzlich jedem Wettbewerber verfügbar. Durch die fehlende Exklusivität sind Ausmaß und Zeithorizont der Wettbewerbswirkungen daher auch von den Software-Investitionen der Konkurrenten abhängig. Entsprechend geschaffene Wettbewerbsvorteile sind somit von Imitation bedroht, wie in der Vergangenheit immer wieder zu beobachten war. Dagegen fungieren lange Durchlaufzeiten von Entwicklungs- bzw. Implementierungsprojekten, Wissensvorsprünge, ein hoher Kapitalbedarf, beträchtliche Risiken und die Einführungsphasen der Wettbewerber als Barrieren, die positiv nutzbare time-lags und bedeutsame Unterschiede zwischen Standardsoftware und Individualsoftware verursachen. Die Einnahmen hängen in einer festen Periode folglich davon ab, ob und wann Konkurrenten entsprechende Maßnahmen ergriffen haben und welche Rückwirkungen dieses Verhalten auf die eigenen absatzpolitischen Entscheidungen hat.

---

293 Zur Herausarbeitung möglicher Reaktionen vgl. Porter [1999b], S. 86ff. Mit preispolitischen Verhaltensweisen beschäftigen sich z.B. Gutenberg [1984], S. 181ff.; Meffert [1998], S. 506ff.; Fritz/Oelsnitz [1998], S. 145ff.; Berndt [1995], S. 216ff.

Die Wettbewerber besitzen ebenfalls die Möglichkeit zur softwarepolitischen Initiative, insbesondere dann, wenn auf die eigene Investition verzichtet wird. Als Instrument der aktiven Marktbeeinflussung erfolgen entsprechende Maßnahmen auch, um den Verlust von Marktanteilen zu vermeiden. Für die Bewertung „gewöhnlicher Investitionsobjekte“ wird diesbezüglich meistens die Prämisse konstanter Zahlungsströme der Unterlassungsalternative gesetzt. Bei Software-Investitionen würden durch die Annahme eines konstanten Status quo unter Umständen wesentliche Aspekte der strategischen Planung nicht in die operative Ebene überführen.[294] Eine solche Prämisse ist folglich nicht zweckmäßig. Vielmehr muß die Frage beantwortet werden, welche Einnahmen das Unternehmen zukünftig ohne die Investition erwirtschaftet. Möglicherweise zeigt eine solche Analyse, daß die Marktposition mit der bestehenden DV-Landschaft nicht verteidigt werden kann.

Die softwarepolitische Initiative ist jedoch nicht auf die Unterlassungsalternative beschränkt. Investiert einer der Wettbewerber in innovative Software, so ist das eigene Unternehmen aus dem Blickwinkel der Konkurrenten zu betrachten, deren Reaktionen auf dem dargestellten Variablengefüge basieren. Fragt man nach möglichen Investitionszeitpunkten, lassen sich Unternehmen, die als erstes auf dem Markt sein wollen (Führer), von solchen, die deren innovative Ideen später aufgreifen (Nachfolger oder Gefolgschaft), unterscheiden.[295] Gelegentlich wird zusätzlich differenziert, ob eine möglichst schnelle Imitation angestrebt (frühe Gefolgschaft), die Erfahrungen des Führers abgewartet (späte Gefolgschaft) oder auf die Gefolgschaft gänzlich verzichtet wird.[296]

3. Welchen Erfolg eine Software-Investition hat, bestimmen letztendlich die *Nachfrager*. Geringere Preise oder ein höherer Abnehmerwert[297] veranlassen

---

[294] Vgl. Wildemann [1987], S. 167f. für flexible Fertigungssysteme.

[295] Vgl. Porter [1999a], S. 243; Hauschildt [1997], S. 44ff.

[296] Vgl. Clemons/Knez [1988], S. 30f., die zusätzlich differenzieren, ob diese Strategie allein oder als Teil eines Konsortiums verfolgt wird. Die Vorteile und Nachteile der verschiedenen Strategietypen werden aus einer allgemeinen, nicht softwarespezifischen Perspektive in der Literatur häufiger diskutiert. Einen Überblick liefert z.B. Porter [1999a], S. 243ff.

[297] Zum Begriff vgl. Porter [1999a], S. 181.

sie, von Konkurrenten abzuwandern (fluktuierende Nachfrage)[298] oder sich für einen Kauf zu entscheiden, auf den sie bei Beibehaltung des Status quo verzichtet hätten (latente Nachfrage)[299]. Das Verhalten hängt jedoch nur von dem geschaffenen tatsächlichen bzw. wahrgenommenen Wert oder der realen Preissenkung ab. Inwieweit entsprechende Effekte auf Software-Investitionen oder gänzlich andere Faktoren zurückzuführen sind, ist irrelevant.[300] Beispielsweise führen Preissenkungen möglicherweise zu Absatzsteigerungen. Dabei ist es für die Kaufentscheidung nicht wesentlich, ob die geringeren Preise auf dem (kurzfristigen) Verzicht positiver Deckungsbeiträge fußen oder die Folge einer Software-Investition sind.

Abbildung 6 faßt das den Einnahmen zugrunde liegende Variablengefüge zusammen. Dabei werden zwei Wirkungsrichtungen transparent: *Zeitlich-horizontal* sind die Ausprägungen der Einflußgrößen bottom-up abzuschätzen. *Zeitlich-vertikal* gilt es dagegen, die Veränderungen im Variablengefüge und damit die Dynamik der Wettbewerbskonstellation zu erfassen (vgl. Abbildung 7).

3.1.2 Instrumente zur Generierung der Einnahmen aus Software-Investitionen

Um die im konkreten Einzelfall anfallenden Einnahmen aus Software-Investitionen ermitteln zu können, bedarf es methodischer Unterstützung. Die Veröffentlichungen zu dieser Thematik liefern überwiegend Werkzeuge zur zeitlich-horizontalen Quantifizierung konkreter Nutzeneffekte. Um Forschungslücken aufzudecken, sollen die gängigsten Ansätze vorgestellt, in das Variablengefüge eingeordnet und im Hinblick auf ihren Beitrag zur Quantifizierung beurteilt werden.

---

[298] Zum Begriff vgl. Wied-Nebbeling [1997], S. 15f.

[299] Zum Begriff vgl. Wied-Nebbeling [1997], S. 15f.

[300] Bezüglich geringerer Preise vgl. Davenport [1999], S. 93.

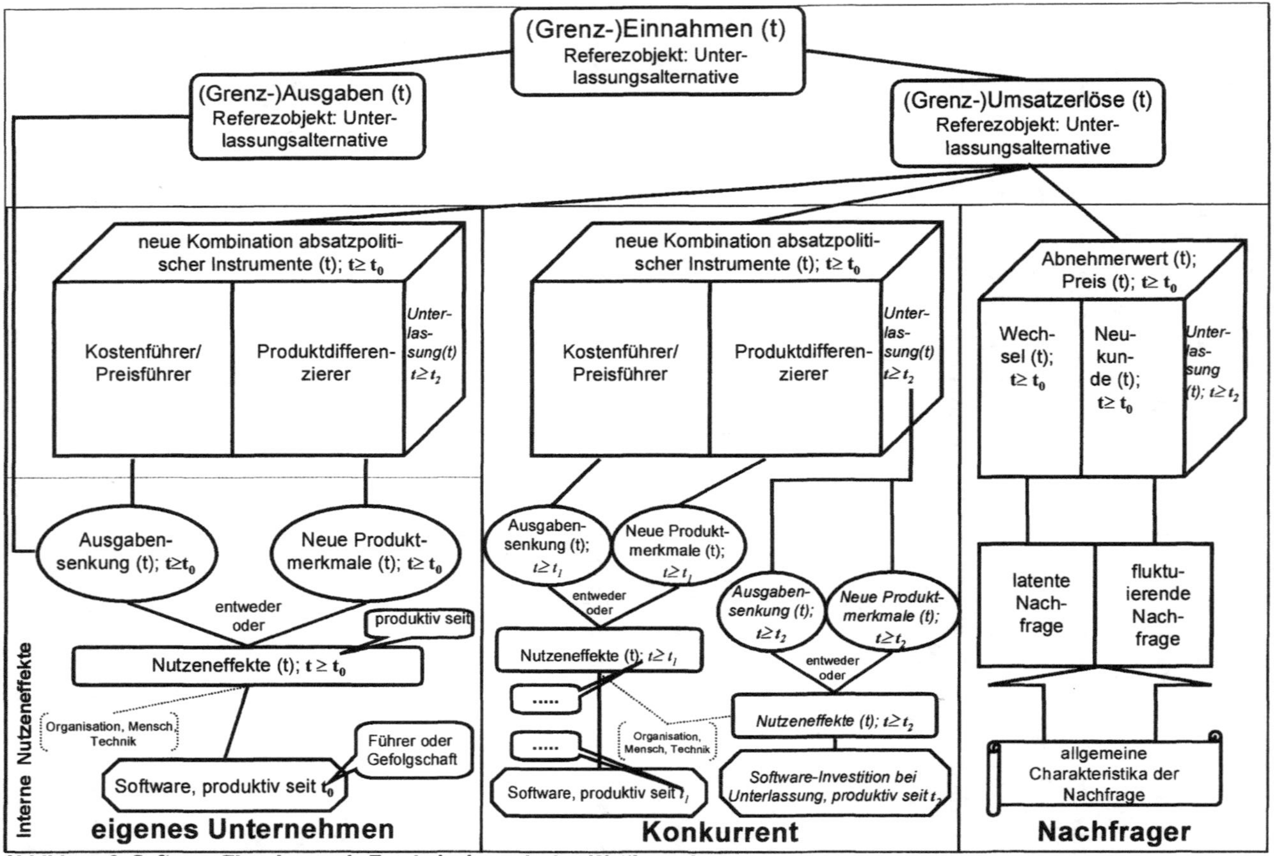

Abbildung 6: Software-Einnahmen als Ergebnis dynamischer Wettbewerbsprozesse

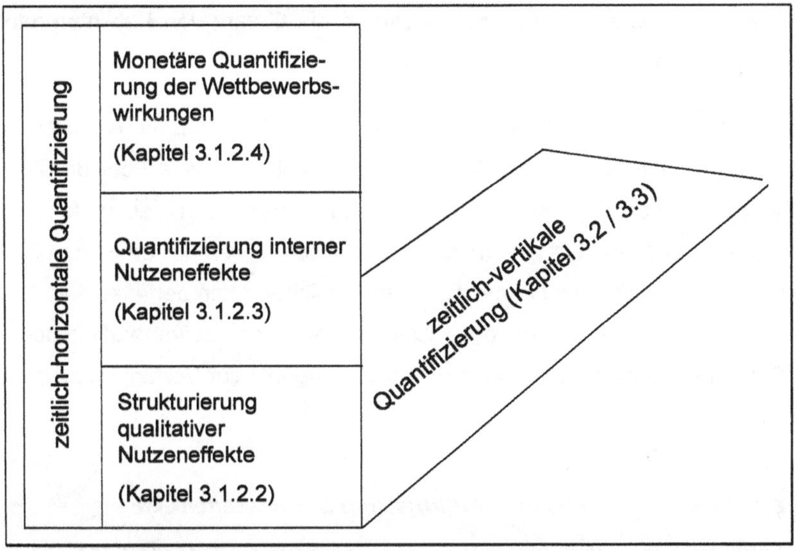

Abbildung 7: Quantifizierungsebenen für Einnahmen aus Software-Investitionen

Die Beurteilung dieser „Werkzeuge" erfolgt anhand des Aufwands, der Erlernbarkeit, der Transparenz und der Ergebnisqualität.[301] Das erste Kriterium kennzeichnet den (Personal-)Ressourcenverbrauch beim praktischen Einsatz, gemessen durch die benötigte Zeit. Gemeinsam mit der leichten Erlernbarkeit handelt es sich um wichtige Akzeptanzbedingungen. Beide Beurteilungskriterien tragen darüber hinaus zur Wirtschaftlichkeit der Schätzung selbst bei, die nur dann zweckmäßig ist, wenn der Nutzen der gewonnenen Informationen größer als die dabei entstehenden Kosten ist.[302]

Transparenz liegt vor, wenn den Entscheidungsträgern das Zustandekommen der Ergebnisse nicht verborgen bleibt. Dieses Kriterium ist zum einen wichtig, damit die Resultate als Entscheidungsgrundlage anerkannt werden.[303] Zum anderen gewährleistet es die richtige Verwendung der gewonnenen Informatio-

---

[301] Ähnliche Beurteilungskriterien nutzt Schumm, der Methoden für die Wirkungsermittlung im PC-Bereich diskutiert (vgl. Schumm [1996], S. 119ff.).

[302] Vgl. Schumm [1996], S. 120.

[303] Vgl. Schumm [1996], S. 120.

nen, denn intransparente Prämissen bergen die Gefahr von Fehlinterpretationen und damit auch Fehlentscheidungen.

Schließlich erfolgt eine Analyse der Ergebnisqualität. Sie konkretisiert sich zunächst in der Realitätsnähe der Prämissen, welche Urteile über die Zweckmäßigkeit der gewonnenen Informationen im Hinblick auf das verfolgte Ziel gestatten. Aber selbst die geeignetsten Prämissen führen nur dann zum Erfolg, wenn die Eingabedaten nicht mit zu hohen Unsicherheiten behaftet sind. Daher wird als weitere Ausprägung der Ergebnisqualität die Bewertbarkeit ausgelotet,[304] die die Genauigkeit der zum Prognosezeitpunkt zur Verfügung stehenden Eingabedaten mißt.

3.1.2.1 Wirkungsketten zur Strukturierung der Nutzeneffekte

Zur Lokalisierung und Strukturierung der wesentlichen Nutzeneffekte aus Software-Investitionen wird in der Literatur auf *Wirkungsketten* zurückgegriffen.[305] Letztere ähneln Prozeßketten. Allerdings setzen sie nicht an Tätigkeitsstrukturen, sondern an den Auswirkungen der Software-Nutzung an.[306] Zunächst wird der Einsatzort der Software auf Veränderungen untersucht, um daraus bereichsübergreifende Nutzeneffekte abzuleiten.[307] Zur Bewältigung dieser Aufgabe schlagen Retter/Bastian eine Verbindung der Wirkungskettenanalyse mit einem prozeßorientierten Vorgehen vor: Dazu werden Prozesse in Vorgänge[308] aufgeteilt und die verantwortlichen Organisationseinheiten ermittelt. Software verändert Vorgänge hinsichtlich der Merkmale Zeit, Ergebnis und Ressourcenverbrauch und erzeugt so am Einsatzort Nutzeneffekte. Auf dieser Basis lassen sich Wirkungsketten entlang der zugehörigen Prozesse verfolgen. Beispielswei-

---

[304] Zur Bewertbarkeit vgl. Noth/Kretschmar [1986], S. 32.

[305] Vgl. z.B. Anselstetter [1986], S. 25ff.; Blohm/Lüder [1995], S. 234 für strategische Investitionen; Schumann [1993], S. 174, der Wirkungsketten mit Nutzeffektketten bezeichnet.

[306] Vgl. Schumann [1993], S. 174.

[307] Vgl. Schumann/Linß [1993], S. 83. Für Beispiele siehe Anhang 3, S. 237ff.

[308] Unter einem *Vorgang* soll eine in sich abgeschlossene Tätigkeit mit einem Teilergebnis verstanden werden, das die nachgelagerten Vorgänge benötigen (vgl. Retter/Bastion [1995], S. 120).

se führt eine Verkürzung der Durchlaufzeit dazu, daß nachfolgende Vorgänge früher begonnen werden können. Ferner erfolgt die Betreuung von Vorgängen durch Organisationseinheiten, die die Ausweitung der Nutzeneffekte auf weitere Prozesse ermöglichen. Dies ist z.B. der Fall, wenn freigesetzte Arbeitszeit für die Abwicklung anderer Prozesse benutzt wird.[309] Unabhängig vom konkreten Vorgehen ist es für eine spätere monetäre Bewertung erforderlich, auch qualitative Effekte mit Hilfe indirekter Bezugsgrößen, wie sie beispielsweise aus der Kostenrechnung bekannt sind, mengen-, zeit- oder wertmäßig zu erfassen.

Ausgehend vom Einsatzort der Software ermöglichen Wirkungsketten eine transparente, zeitlich-horizontal strukturierte Darstellung aller Nutzeneffekte, von denen sich jedoch nur diejenigen detailliert verfolgen lassen, die auf die interne Sphäre des Unternehmens gerichtet sind und damit das Einnahmenpotential begründen. Die Erfassung marktlicher Variablen und deren Abhängigkeiten erfolgt zumeist implizit in Größen wie Umsatzerlöse oder Marktanteile. So bleiben die zugrunde liegenden (dynamischen) Wettbewerbsprozesse verborgen. Darüber hinaus ist der Fokus auf die Art der Nutzeneffekte und nicht auf deren Höhe im Zeithorizont ausgerichtet. Wirkungsketten beantworten m.a.W. die Frage, welche Nutzeneffekte zu quantifizieren sind und wie sie voneinander abhängen. Die zeitliche Verteilung konkreter Ausprägungen bleibt verborgen.

Dabei ist die Kenntnis der Abhängigkeiten aus zwei Gründen nützlich: Erstens werden durch Vergleich der Wirkungsketten von Standardsoftware und Individualsoftware Anhaltspunkte über die Konsequenzen fehlender Funktionalitäten auf die Einnahmen gewonnen, welche in ihrer Tendenz mit der Abhängigkeit

[309] Vgl. Retter/Bastion [1995], S. 120. Ein auf Prozeßketten beschränktes Vorgehen wird im Rahmen der sogenannten FAOR-Kosten-Nutzen-Analyse gelegentlich als Alternative für Wirkungsketten vorgeschlagen. Die Abkürzung FAOR steht für Functional Analysis of Office Requirements (Schäfer/Wolfram [1987], S. 36). Das Verfahren wurde vom BIFOA (Betriebswirtschaftliches Institut für Organisation und Automatisierung) speziell für die Büroautomatisierung entworfen. Da die Nutzeneffekte nur an Prozeßketten verfolgt werden, stellen sie zum einen die Wirkungszusammenhänge weniger transparent dar. Zum anderen erfolgt die Vernachlässigung solcher Effekte, die sich an Organisationseinheiten ausbreiten. Die Methode wird hier nicht weiter betrachtet.

der Nutzeneffekte untereinander zunehmen. Reißt eine lange, stark verzweigte Kette für Standardsoftware früh ab, sind gravierende Unterschiede zur Individualsoftware wahrscheinlich, wie das folgende Beispiel verdeutlicht: Angenommen, eine CAD-Individualsoftware[310] ermöglicht die Wirkungskette(n):

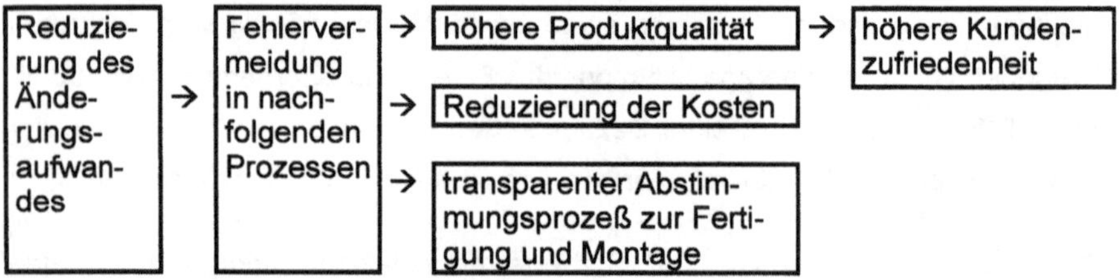

Abbildung 8: Beispiel - Wirkungskette CAD-Software[311]

Führt der reduzierte Änderungsaufwand alternativer Standardsoftware z.B. aufgrund mangelhafter Schnittstellen zu keiner bzw. geringer Fehlervermeidung in nachfolgenden Prozessen, treten die Wirkungen „höhere Produktqualität", „Reduzierung der Kosten", „transparenter Abstimmungsprozeß zur Fertigung und Montage" sowie „höhere Kundenzufriedenheit" ebenfalls nicht auf. Zweitens müssen sich potentielle Nutzeneffekte aufgrund der Interdependenzen zu den Faktoren Mensch, Organisation und Technik nicht notwendig in Ausgabensenkungen oder verbesserten Produktmerkmalen niederschlagen. Steht einer dieser Faktoren einer Realisation entgegen, gilt das aber auch für alle davon abhängenden Nutzeneffekte. Beispielsweise könnte neue Software zur Verwaltung von Werbemaßnahmen das Potential zur Auslösung der Wirkungskette „bessere Informationen über Werbemaßnahmen → bessere Verteilung des Werbebudgets → effektivere Werbung → höherer Umsatz" besitzen. Deren Realisation setzt voraus, daß die neue Informationsbasis für Entscheidungen (z.B. über die Bemessung der Werbebudgets) herangezogen wird. Stehen dem Gründe wie persönliche Beziehungen innerhalb des Unternehmens entgegen, müssen gezielt Anreize zur Überwindung geschaffen werden. Es ist daher

[310] Unter dem Begriff Computer-Aided-Design (CAD) werden überwiegend technisch orientierte Graphikanwendungen zusammengefaßt, wie z.B. für Konstruktionszeichnungen im Maschinenbau (vgl. z.B. Abels/Degen [1989], S. 303.).

[311] Vgl. Retter/Bastian [1995], S. 126.

zweckmäßig, die Methodik so zu erweitern, daß die relevanten Randbedingungen mit erfaßt werden. Unter Umständen vorhandene Hindernisse lassen sich dann in vielen Fällen gezielt beseitigen.

Wirkungskettenanalysen sind zwar leicht erlernbar, erfordern aber die Untersuchung des gesamten Unternehmens und folglich einen recht hohen Zeitaufwand.[312] Dies gilt um so mehr, wenn zusätzlich die Unternehmensprozesse analysiert werden. Eine Verminderung läßt sich durch die unternehmensspezifische Anpassung standardisierter Wirkungsketten und Bezugsgrößen erreichen, die in der Literatur dokumentiert sind.[313] Darüber hinaus geben sie Anhaltspunkte über nicht bedachte mögliche Ketten und tragen damit potentiell zur Erhöhung der Ergebnisqualität bei. Es besteht aber die Gefahr, daß durch ungenügende Anpassung gerade die Nutzeneffekte vernachlässigt werden, die zur Unterscheidung gegenüber Konkurrenten und damit möglicherweise zu Wettbewerbsvorteilen führen. Schließlich lassen Wirkungsketten viele Freiheitsgrade, die situativ durch realitätsnahe Prämissen aufzufüllen sind. Auch die erforderlichen Daten liegen mit dem Fachkonzept im Unternehmen vor. Dementsprechend ist die Ergebnisqualität als hoch zu beurteilen.

3.1.2.2 Quantifizierung interner Nutzeneffekte durch die Kostenrechnung

1. Interne Nutzeneffekte beziehen sich auf Mengen-, Wert- oder Zeitgrößen, die in der Vergangenheit bereits eingetreten und deren Veränderungen durch Software-Investitionen zu bestimmen sind. Die Größen selbst sind zumeist in der Kostenrechnung dokumentiert. Daher bilden das dort existierende Datenmaterial – gemeinsam mit dem Fachkonzept - erste Ansatzpunkte zur Quantifizierung, die für direkte Schätzungen in einigen Fällen bereits ausreichen. Eine solche

---

312 Vgl. Schumm [1996], S. 148f.

313 Wirkungsketten dokumentiert z.B. Anselstetter [1986], S. 25ff. Vorschläge für Bezugsgrößen zur Messung qualitativer Nutzeneffekte liefert z.B. Rall [1991], S. 15. Mit maschinellen Hilfsmitteln ließe sich der Zeitaufwand noch weiter reduzieren. Wünschenswert wäre hier Software, die ausgehend von standardisierten Wirkungsketten einen unternehmensinternen Zuschnitt ermöglicht und zusätzlich Vorschläge zur mengen-, zeit- oder wertmäßigen Erfassung liefert.

Situation liegt vor, wenn dem zu quantifizierenden Nutzeneffekt keine besondere Bedeutung zukommt, so daß der Zeitaufwand für ein Schätzverfahren nicht gerechtfertigt ist oder Zahlungen auf Null reduziert werden. Allerdings werden nicht immer zufriedenstellende Ergebnisse erzielt. Daher ist der Einsatz ergänzender Instrumente zweckmäßig. Hierzu werden für Software-Investitionen die Time-Saving-Time-Salary (TSTS) - Methode sowie die Simulation der Softwarefunktionalität empfohlen.[314]

2. Die TSTS-Methode zielt auf die Ermittlung von Zeiteinsparungen durch Software ab und bildet folglich eine Grundlage zur Quantifizierung reduzierter Personalausgaben. Sie beruht wesentlich auf folgenden Prämissen:

a) Der Wert der Aufgabe eines Mitarbeiters entspricht den Personalausgaben.[315]
b) Durch Software eingesparte Zeit kann und wird von den Mitarbeitern für gleichwertige Arbeit effektiv genutzt.

Der TSTS-Schritt besteht in der Gruppierung der betroffenen Mitarbeiter nach Tätigkeitsschwerpunkten. Anschließend werden die tangierten Aufgaben klassifiziert und der jeweils entfallende Anteil der Arbeitszeiten je Mitarbeitergruppe unter Verwendung arbeitswissenschaftlicher Methoden bestimmt.[316] Das Ergebnis sind sogenannte *Tätigkeitsstrukturen*, die für jede Mitarbeitergruppe den Anteil der Arbeitszeit ausweisen, den sie auf die einzelnen Aufgabenklassen verwenden. Letztere werden im nächsten Schritt hinsichtlich möglicher Zeiteinsparungen analysiert. Dann erfolgt die Summation der Ergebnisse für jede Mitarbeitergruppe und schließlich deren Gewichtung mit dem Personalausga-

---

[314] Die TSTS-Methode betrachten Sassone [1987], S. 274ff.; Schumm [1996], S. 139f. Scheer [1978], S. 318ff. schlägt vor, die Quantifizierung mit Simulationen zu unterstützen. Nicht behandelt wird das von Rosen [1974], S. 34ff. für volkswirtschaftliche Fragestellungen entwikkelte Hedonic-Wage-Modell, da aus dem Ergebnis keine zahlungswirksamen Effekte abgeleitet werden können. Dieser Ansatz wurde von Sassone [1987], S. 280ff. bzw. Sassone/ Schwartz [1986], S. 83ff. auf den Bereich der Büroautomatisierung übertragen.

[315] Im Original wird mit Personalkosten gearbeitet. Die Methodik wird durch die ausschließliche Verwendung zahlungswirksamer Bestandteile aber nicht berührt.

[316] Hierzu zählen z.B. Zeitstudien, Multimoment-Aufnahmen, Arbeitstagebücher oder Tätigkeitsberichte, wie sie auch in der Kostenrechnung verwendet werden.

bensatz[317]. Dabei kann Prämisse b) aufgehoben werden, indem die TSTS-Methode nach Analyse der Zeiteinsparungen um einen Schritt erweitert wird, in dem Personalplanung und Organisation prüfen, ob die eingesparte Zeit abbaubar oder im betrieblichen Sinne reinvestierbar ist. Nur in diesen Fällen sind investitionsrechnerisch reduzierte Personalausgaben zu berücksichtigen.[318]

Im Variablengefüge der Software-Einnahmen läßt sich die TSTS-Methode als Werkzeug zur Abschätzung reduzierter Personalausgaben, also einer spezifischen Klasse interner Nutzeneffekte, einordnen. Vorausgesetzt werden Kenntnisse über die betroffenen Unternehmensbereiche, wie sie z.B. nach einer Wirkungskettenanalyse vorliegen. Da Marktvariablen vernachlässigt werden, können die Ergebnisse jedoch nicht unmittelbar als Einnahmen in eine Vermögensendwertberechnung eingehen. Vielmehr handelt es sich um Gegebenheiten, die im Hinblick auf ihren Einfluß auf die Interaktionen des eigenen Unternehmens mit den Kunden und Konkurrenten analysiert werden müssen.

Die TSTS-Methode hat den Vorteil, daß sie leicht erlernbar ist, einen geringen Zeitaufwand erfordert und zu transparenten Ergebnissen führt. Jedoch wohnen den verwendeten Durchschnittswerten eine Reihe von Prämissen inne, die um so realitätsferner sind, je größer die Varianz der Einzeleinsparungen vom Durchschnitt ausfällt. Ein Einsatz ist vor allem dann sinnvoll, wenn sehr viele gleichartige Arbeitsplätze betroffen sind oder eine Einzelarbeitsplatzerhebung zu zeitaufwendig ist.[319] Weiter sind die Prämissen a) und b) im hier verwandten Sinne nicht relevant: Während Prämisse b) aufgehoben wurde, geht das Ergebnis in absatzpolitische Überlegungen ein, die ihrerseits über veränderte Interaktionen zwischen den Marktteilnehmern zu Einnahmen führen. Die Bewertbarkeit als zweite Dimension der Qualität hängt schließlich von der Vorher-

---

[317] Vgl. Fußnote 315.

[318] In diese Überlegungen sind Wettbewerbswirkungen einzubeziehen, sofern eine Absatzmengenveränderung Rückwirkungen auf den notwendigen Personalbestand auslöst.

[319] Parallelen zwischen der TSTS-Methode und der Kostensatzschätzung als Näherungsverfahren sind unverkennbar. Letzteres wurde in der Kostenrechnung zur Reduktion des Planungsaufwands entwickelt und schätzt Kostenartenbündel für Bezugsgrößen (vgl. Kilger [1993], S. 359f.), anstatt Mitarbeitergruppen und Aufgabenklassen in Beziehung zu setzen.

sagbarkeit potentieller Zeiteinsparungen und der Konsequenz, mit der diese realisiert werden, ab, was nur im konkreten Einzelfall ausgelotet werden kann.

3. Ein weiteres Werkzeug zur Quantifizierung interner Nutzeneffekte wird dem Praktiker mit der *Simulation der Softwarefunktionalität* angeboten, wobei unter dem Begriff *Simulation* die Untersuchung der Auswirkungen alternativer Einzelfälle an einem Modell verstanden wird.[320] Ziel ist es hier, einen Teil der zukünftigen Softwarefunktionalität nachzubilden und im Hinblick auf ihr Verhalten bei echten historischen oder erwarteten Unternehmensdaten zu untersuchen. Im ersten Fall liefert der Vergleich der Simulationsergebnisse mit den tatsächlich realisierten Werten die Quantifizierungsbasis. Im zweiten Fall fungiert die Unterlassungsalternative als Bezugsobjekt. Entsprechend sind Standardsoftware, Individualsoftware und im zweiten Fall auch die Unterlassung zu simulieren, was jeweils verschiedene Modellstrukturen erfordert.[321]

Aufbauend auf den Erkenntnissen von Wirkungskettenanalysen erlauben Simulationen die zeitlich-horizontale Quantifizierung eines breiten Spektrums interner Nutzeneffekte, wie beispielsweise veränderte Durchlaufzeiten, Personalauslastungen und Sachmitteleinsatz. Dabei sind die Interdependenzen zu den Faktoren Organisation, Personal und Technik in die Modellstruktur, die Eingabedaten oder die Simulations-Ergebnisse einzuarbeiten. Insofern liegen die Voraussetzungen zur Analyse der Wettbewerbsprozesse vor, deren Auswirkungen auf die Liquidität mittels Investitionsrechnungen strukturiert werden sollen (vgl. Abbildung 7, S. 139).

---

[320] Es existieren mehrere Definitionen für den Begriff Simulation, die alle auf dem Grundgedanken basieren, ein reales System durch ein Modell nachzubilden (vgl. Degen, H. [1989], S. 40). Als Quantifizierungsbeispiel für Bestandssenkungen wurde von Noak [1969], S. 253 und Hopperdietzel [1968], S. 22 vorgeschlagen, Bestandssimulationen mit historischen Daten durchzuführen. Weiter empfiehlt Scheer [1978], S. 318ff. die Quantifizierung der Wirkungen von Informationssystemen mit Simulationen zu unterstützen.

[321] Das hier verfolgte Ziel ist m.a.W. pragmatischer Art. Theoriebildung im wissenschaftstheoretischen Sinn wird nicht angestrebt. Daher ist auch die im Zusammenhang mit Simulationen diskutierte Frage, ob sie überhaupt zur Theoriebildung beitragen können oder eine solche ausschließlich repräsentieren, irrelevant. Zu dieser Diskussion vgl. Kuhlmann [1997], S. 159f.

Eine so unterstützte Datengenerierung ist transparent, da die nachgebildete Funktionalität im Fachkonzept niedergelegt ist. Dies ist gerade im Zusammenhang mit Simulationen eine wichtige Eigenschaft, denn ohne Kenntnis der Modellstruktur ist die Interpretation der Ergebnisse fehleranfällig.[322] In der Literatur werden vor allem Erlernbarkeit und Zeitaufwand als Nachteile von Simulationen angeführt, was die Frage nach dem Gewicht dieser Argumente im Hinblick auf die hier untersuchte Situation aufwirft.[323] Der erste Aspekt dürfte gegenwärtig weniger stark ausgeprägt sein, da mit der Weiterentwicklung im Softwarebereich insbesondere die Anwendungsfreundlichkeit stark gestiegen ist. Beim zweiten Punkt muß zwischen der Generierung der Inputdaten und der Spezifikation der Modellstruktur unterschieden werden: Erfolgt die Simulation mit historischen Daten, ist der Zeitaufwand zur Generierung der Inputdaten gering, da sie bereits vorliegen und mehr oder weniger direkt verwendbar sind. Diese Situation ändert sich grundlegend, wenn die Daten anhand erwarteter Entwicklungen selbst erzeugt werden. Letztere müssen analysiert und bezüglich ihres zahlenmäßigen Niederschlags prognostiziert werden. Ein Kompromiß bildet die Bereinigung der historischen Daten um wichtige erwartete Entwicklungen.

Der Zeitaufwand zur Spezifikation der Modellstruktur hängt vor allem von den herangezogenen Hilfsmitteln ab. In erster Linie kommen hier fertige Software-Pakete in Betracht. Denkbar ist aber auch die Eigenerstellung eines Simulationsmodells oder die direkte Nutzung einer partiell parametrisierten Standardsoftware. Die Eigenerstellung z.B. mit einer speziellen Programmiersprache wie GPSS (General Purpose Simulation System) ist auch heute noch sehr zeitaufwendig, insbesondere dann, wenn keine entsprechenden Erfahrungen vorliegen. Eine Anwendung ist daher nur zweckmäßig, wenn relevante Nutzeneffekte nicht auf andere Weise quantifizierbar sind oder Routine im Umgang mit einem solchen Verfahren besteht.[324] Ein hoher Zeitaufwand ist auch bei der partiellen

---

[322] Vgl. Kuhlmann [1997], S. 161.

[323] Vgl. Kuhlmann [1997], S. 160.

[324] Einige Unternehmen setzen Simulationen als Werkzeug zur Aufgabenerfüllung ein und sind daher mit dieser Methode vertraut. Beispielsweise simulieren Hersteller für Bremsen deren

Parametrisierung von Standardsoftware zu verzeichnen,[325] da sie einen Teil des eigentlichen Implementierungsprojekts umfaßt und daher insbesondere Customizing-Kenntnisse erfordert. Dies ist nur ausnahmsweise dann nicht der Fall, wenn eine fachkundige Person das Vorhaben unterstützt.[326] Die Ergebnisse besitzen indes den Nachteil, daß die Unterschiede zur Individualsoftware nur geschätzt werden können. Anders stellt sich die Situation beim Einsatz fertiger Software-Pakete wie z.B. solcher zur Modellierung und Simulation organisatorischer Systeme dar.[327] Diese maschinellen Hilfsmittel erlauben eine Analyse von Durchlaufzeiten, Personal- und Sachmitteleinsatz, Auslastungen, Art und Häufigkeit von Informationszugriffen usw., also wichtige Mengen- oder Zeitgrößen, deren Gewichtung mit Preisen die gesuchten Zahlungen repräsentiert. Der Zeitaufwand ist geringer als bei den anderen Varianten, da die Software-Pakete für diesen Zweck erstellt werden und regelmäßig Simulationsfunktionen beinhalten.[328] Dies gilt um so mehr, wenn ein entsprechender Einsatz bereits während der Erstellung des Fachkonzepts mit dem Ziel erfolgte, eine gute Organisation zu finden. In diesem, in der Praxis nicht unüblichen Fall,[329] kann das dort aufgestellte Modell direkt genutzt werden.

Die große Stärke von Simulationen liegt darin, eine Vielzahl von Beziehungen zwischen Variablen auch dort simultan abzubilden, wo eine analytische Vorgehensweise nicht mehr möglich ist.[330] Da die Nutzeneffekte letztendlich auf den veränderten Aspekten der Spezialisierung und Koordination zwischen den Teil-

---

Verhalten in der Entwicklungsphase, wie die Autorin in Gesprächen mit einem auf diesem Gebiet tätigen Mitarbeiter erfuhr.

[325] Ganz abgesehen davon, daß letztere entweder erworben oder vom Hersteller zur Verfügung gestellt werden müßte.

[326] Diesbezügliche Aktivitäten könnten beispielsweise vom Hersteller als Bestandteil seiner Absatzpolitik übernommen werden.

[327] Einen Überblick über die wichtigsten Software-Pakete und deren Funktionalität kann Tiemeyer [1995], S. 247ff.; Kortzfleisch [1995], S. 384ff. entnommen werden.

[328] Ist eine solche Software im Unternehmen nicht vorhanden, fallen zusätzlich Lizenzgebühren an.

[329] Vgl. Cave/Maymon [1988], S. 181; Heinrich [1996b], S. 176ff.

[330] Vgl. Kuhlmann [1997], S. 161; Heinrich [1996b], S. 175.

aufgaben einer Organisation basieren,[331] müssen deren wesentliche Interdependenzen berücksichtigt werden. Eine analytische Herangehensweise an dieses komplexe Problem ist nur sehr eingeschränkt möglich. Daher liegt ein typischer Anwendungsbereich von Simulationsmodellen vor. Prämissen existieren nur durch die Notwendigkeit einer modellgerechten Strukturerfassung.

Neben der Modellstruktur wird die Qualität von den verwendeten Inputinformationen determiniert. Diese sind besonders dann mit hohen Unsicherheiten behaftet, wenn Umweltveränderungen zu prognostizieren sind.[332] Da der hier vorgesehene Einsatz von Simulationsmodellen auf die Quantifizierung interner Effekte abzielt, tritt dieser Aspekt in den Hintergrund. Problematisch ist aber auch die ungeprüfte Verwendung historischer Daten, denn diese Vorgehensweise beruht implizit auf der Hypothese, daß die Faktoren, welche die Entwicklung in der Vergangenheit bestimmten, auch im Planungszeitraum Bestand haben. Akzeptable Ergebnisse setzen daher mindestens die Bereinigung der Inputdaten um erwartete Änderungen voraus.

4. Ein besonderer Aspekt ist zu beachten, wenn Nutzeneffekte aus verbesserten Informationsbasen zu quantifizieren sind: Letztere führen nur dann zu monetären Konsequenzen, wenn sie in vorteilhaftere Entscheidungen umgesetzt werden. Neben dem Potential der Software ist daher auch das menschliche Wahlverhalten zu prognostizieren, was die Interdependenzen zu diesem Faktor in den Mittelpunkt der Betrachtungen rückt. Die Schätzung des Leistungsvermögens neuer Informationsbasen, wie z.B. solcher zur Produktionsplanung, läßt sich in vielen Fällen durch (Computer-)Simulation unterstützen. Andernfalls müssen die betroffenen Personen durch Befragung oder Experiment (Rollenspiele) Auskunft darüber geben, welche Entscheidungen sie in der Vergangenheit bei Verfügbarkeit der besseren Informationen getroffen hätten.[333] Schwieriger ist es zu prognostizieren, in welchem Maße die Möglichkeiten genutzt wer-

---

[331] Vgl. auch Kapitel 1.3, S. 14ff.

[332] Vgl. Töpfer [1983], S. 532.

[333] Vgl. hierzu Managementspiele.

den. Ausgehend von der Annahme, daß Menschen grundsätzlich gewillt sind, ihre Aufgabe möglichst gut zu erfüllen, ist es zweckmäßig, nach Gründen zu suchen, die dieser Bestrebung entgegenstehen (liegt etwa ein Agency-Problem vor?[334]).[335] Hieraus sind dann im konkreten Einzelfall entsprechende Annahmen abzuleiten, was methodisch nur noch schwer unterstützt werden kann.

Die bisher untersuchten Ansätze helfen bei der zeitlich-horizontalen Quantifizierung interner Nutzeneffekte von Software-Investitionen. Zur aufbauenden Ableitung von Einnahmen müssen sie in absatzpolitische Maßnahmen umgesetzt und deren Marktwirkungen ausgelotet werden (vgl. Abbildung 7, S.139).

3.1.2.3 Monetäre Quantifizierung der Wettbewerbswirkungen durch Marktforschung und Vertrieb

Einnahmen infolge (dynamischer) Wettbewerbsprozesse sind nur schwer prognostizierbar, da im Gegensatz zu den internen Nutzeneffekten keine direkte Beeinflußbarkeit gegeben ist und quantitative Aussagen über noch gar nicht realisierte Wirkungen verlangt werden. Genauer gesagt, sind bereits vor der Entwicklung bzw. Implementierung die erwarteten erfolgsmäßigen Konsequenzen beider Softwaretypen nach Produktionsbeginn abzuschätzen. Von den in der Literatur angebotenen Lösungsansätzen ist in erster Linie das *Konzept der kritischen Erfolgsfaktoren* nach Rockart zu nennen.[336] Es basiert auf der Annahme, daß es unter den unendlich vielen Interdependenzen zwischen dem Unternehmen und seiner Umwelt nur eine begrenzte Anzahl von Variablen gibt, die einen maßgeblichen Beitrag zum Unternehmenserfolg leisten und ihn nach-

---

[334] Beispielsweise führen Informationsasymmetrien zwischen Arbeitnehmern und Eigentümern möglicherweise zu einem verstärken Rückgriff auf Lieferanten mit guten persönlichen Beziehungen zum Einkäufer. Neue Kenntnisse über günstigere Alternativen würden in diesem Fall nicht in die Entscheidungsfindung einbezogen. Anhand eines Agency-Ansatzes können hier Möglichkeiten zur Überwindung der Informationsasymmetrien beleuchtet werden, die nicht zuletzt in der Software selbst liegen.

[335] Vgl. Schreuder/Upmann [1988], S. 215.

[336] Vgl. Rockart [1979], S. 81ff.; Adrian [1987], S. 16ff.; Bahlmann [1982], S. 136ff.; Schumm [1996], S. 149ff.

haltig beeinflussen.[337] Diese Variablen werden *kritische Erfolgsfaktoren* genannt. Hierbei kann es sich z.B. um die Durchlaufzeit, den Lieferbereitschaftsgrad oder die Kostensituation handeln. Akzeptiert man diese Prämisse, genügt es, die Implikationen veränderter kritischer Erfolgsfaktoren auf den Unternehmenserfolg abzuschätzen. Letzterer wird in Größen wie Umsatzerlöse, Marktanteile usw. gemessen, die eine Umrechnung in Einnahmen gestatten.[338] Die ausgelösten eigenen absatzpolitischen Entscheidungen sowie die Reaktionen von Kunden und Konkurrenten sind in einer solchen Prognose zu adaptieren.

Zur Lösung dieser Aufgabenstellung ist auf jeden Fall ein originärer Beitrag vom Absatzbereich zu leisten. Intuitive Prognosen können hier durch Marktforschung unterstützt werden, die sich mit der Gewinnung von Informationen über die Märkte des Unternehmens aus externen Quellen beschäftigt.[339] Bereits die durch deskriptive Studien gelieferten Ergebnisse beschreibender Natur, vor allem aber verbesserte Erkenntnisse über Ursache-Wirkungs-Zusammenhänge (infolge explikativer und kausaler Studien) ermöglichen es, die Verläßlichkeit der Prognosen zu erhöhen.[340] Ein solches Vorgehen ist jedoch sehr aufwendig. Daher bietet sich der (ergänzende) Rückgriff auf Marktinformationen im Unternehmen an.

Die hinsichtlich ihrer erfolgsmäßigen Konsequenzen zu analysierenden veränderten kritischen Erfolgsfaktoren werden allein durch die konkrete Software-Handlungsalternative begründet. Somit handelt es sich unter Umständen um vorher niemals reflektierte Konstellationen. Dies ändert sich bei Annahme fester Beziehungen zwischen kritischen Erfolgsfaktoren und einer den Unternehmenserfolg messenden Größe. Die Ermittlung einer beschreibenden Funktionsgleichung kann dann nämlich durch Interpolation einer vorgegebenen Funktio-

---

[337] Vgl. Adrian [1987], S. 20.

[338] Dem geht die Lokalisierung der betroffenen Nutzeneffekte und deren interne Quantifizierung voraus, die bereits behandelt wurde.

[339] Vgl. Nieschlag/Dichtl/Hörschgen [1997], S. 671.

[340] Vgl. Nieschlag/Dichtl/Hörschgen [1997], S. 676f. Einen Überblick über Ablauf und Methodik der Erhebungen sowie mögliche Informationsquellen liefern z.B. ebenda, S. 670ff.

nenklasse auf Basis weniger, subjektiv abgeschätzter Wertepaare (kritischer Erfolgsfaktor / quantitativer Unternehmenserfolg) erfolgen. Dabei fällt die Wahl auf solche Tupel, die für den Manager eine operationale Bedeutung haben, da er dann über gute Kenntnisse bezüglich der zu adaptierenden Wettbewerbsprozesse verfügt.[341] Die so erhaltene Funktion beschreibt eine Beziehung zwischen kritischen Erfolgsfaktoren und dem Unternehmenserfolg, die nicht von einer konkreten Investition abhängt. Entsprechende Unterschiede zwischen Standardsoftware und Individualsoftware werden rein formal durch Einsetzen der jeweiligen Ausprägungen in die aufgestellte Funktion transparent.

Unabhängig vom konkreten Vorgehen basieren die Ergebnisse inklusive der interpolierten Funktion selbst auf zeitpunktbezogenen Annahmen über die Umwelt, wobei die Adaption der zugrunde liegenden Wettbewerbsprozesse mittels intuitiver Prognosen erfolgt.[342] Aussagen über die zeitliche Einnahmenverteilung, die letztendlich auf der Entwicklung der Wechselwirkungen mit dem Markt beruht, können nicht abgeleitet werden.

Abschätzungen auf Basis kritischer Erfolgsfaktoren sind leicht erlernbar und erfordern wenig Zeit. Sie basieren jedoch (auch) auf intuitiven Prognosen und damit subjektiven Beurteilungen der Situation und der Relevanz des herangezogenen Datenkranzes,[343] wobei eine Vielzahl von Interdependenzen zum Markt in die Überlegungen einfließen. Es besteht daher die Gefahr, daß die Ergebnisse intersubjektiv nur schwer nachvollziehbar sind. Die Methode wird

---

[341] Schumann [1992], S. 211ff. zeigt einen an den Decision Calculus erinnernden Ansatz. Zu letzterem vgl. Little [1977], S. 122ff. Dabei bezieht sich die Parallelität vor allem auf die technische Vorgehensweise, indem z.B. gleiche Funktionenklassen zur Interpolation benutzt werden. Bei Schumann steht jedoch die Herstellung funktionaler Beziehungen im Vordergrund, während der Decision Calculus die Wechselwirkungen zwischen Mensch und Modell beleuchtet. Ein Beispiel zeigt Anhang 3, S. 237ff. Sind $o>1$ kritische Erfolgsfaktoren betroffen und sprechen begründete Annahmen gegen eine kumulierte Einnahmenwirkung, kann z.B. eine Funktionenklasse mit o Variablen zur Interpolation benutzt werden, die den vermuteten Zusammenhang enthält. In diesem Fall sind Wertevektoren mit $o+1$ Komponenten abzuschätzen. Eine andere Möglichkeit besteht in der isolierten Interpolation von o Funktionen, deren Ergebnisse in einem Folgeschritt um Interdependenzen bereinigt werden.

[342] Als Zeitpunkt erweist sich i.d.R. ein erstes Einnahmen-Extremum als zweckmäßig.

[343] Vgl. Strecker [1991], S. 65.

transparent, wenn die Schätzergebnisse schriftlich niedergelegt und durch Marktinformationen untermauert werden. Ferner unterstützt die ergänzende Annahme funktionaler Beziehungen die intersubjektive Nachvollziehbarkeit.

Die einzige methodisch vorgegebene Prämisse ist die Existenzannahme endlich vieler kritischer Erfolgsfaktoren. Weitere Einschränkungen liegen beim ergänzenden Rückgriff auf feste Zusammenhänge durch deren Behauptung selbst und durch die gewählte Interpolationsfunktion vor. Letztere sollte daher so bestimmt werden, daß zwar eine begrenzte Anzahl, aber dennoch vielseitige Abhängigkeiten abgebildet werden können. Beide Dimensionen der Ergebnisqualität, aber auch der Zeitaufwand zur Durchführung, erhöhen sich durch die Anwendung komplexer Regressionsanalysen. Da eine Vielzahl von Interdependenzen zum Markt bedacht werden müssen, kann eine exakte Prognose aber keinesfalls erwartet werden. Dabei liegt die Unsicherheit weniger in der Quantifizierung der veränderten Ausprägung kritischer Erfolgsfaktoren (interne Nutzeneffekte) begründet, als in der (intuitiven) Prognose der ausgelösten Wettbewerbsprozesse. Folglich sollte dieser Aspekt durch Szenarien oder Sensitivitätsanalysen offengelegt werden. Insbesondere die Beantwortung der Fragestellung: „Wie groß muß der Unterschied von Standardsoftware zur Individualsoftware sein, damit der eine Softwaretyp den anderen dominiert?" liefert wertvolle Hilfestellungen für die Investitionsentscheidung.

Eine Alternative zum Konzept kritischer Erfolgsfaktoren ist die Wertkette nach Porter, die analog eingesetzt wird.[344] Ziel ist es, die strategisch relevanten Aktivitäten eines Unternehmens bezüglich ihrer Änderungen durch Software-Investitionen zu analysieren und monetär zu bewerten. Da jede Wertaktivität auch Informationen hervorbringt, besitzt Software grundsätzlich das Potential, die gesamte Wertkette zu durchdringen.[345] Die Methode ist jedoch aufwendig,

[344] Vgl. Porter [1999a], S. 63ff.

[345] Gemeinsam mit dem raschen Wandel der Informationstechnik ist dies eine weitere Erklärung für die tiefgreifenden Auswirkungen auf den Wettbewerb (vgl. Porter [1999a], S. 227).

da sie die Erhebung der Unternehmensprozesse und deren Querverbindungen voraussetzt.[346]

3.1.3 Folgerung: Einnahmen-Generierung erfordert Zeitstruktur-Kenntnisse

Die vorhergehenden Ausführungen zeigen, daß die Quantifizierung der Einnahmen aus Software-Investitionen im konkreten Einzelfall auf verschiedene Weise unterstützt werden kann. Abbildung 9 faßt die analysierten Ansätze in ihrer Beziehung zur Quantifizierungsebene im Variablengefüge zusammen.[347]

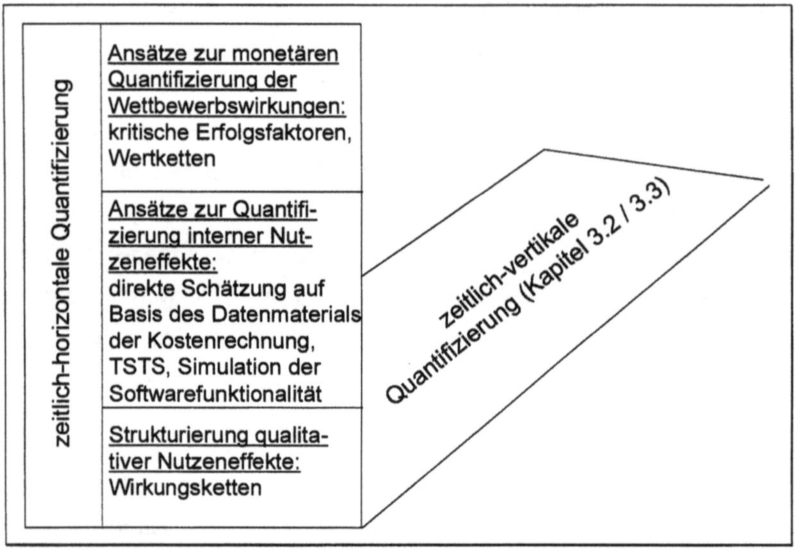

Abbildung 9: Ansätze zur zeitlich-horizontalen Einnahmen-Quantifizierung in ihrer Bezugsebene

Dabei wird deutlich, daß sich alle Ansätze mit der zeitlich-horizontalen Quantifizierung befassen, also einen fixierten *Zeitpunkt* innerhalb der Nutzungsdauer unterstellen. Ferner erfolgt die Berücksichtigung der Interdependenzen zum Markt allein im Rahmen *intuitiver Prognosen.* Die zeitliche Variabilität der be-

[346] Vgl. Schumm [1996], S. 150.

[347] Vgl. Abbildung 7, S. 139.

troffenen Einflußgrößen steht der Annahme konstanter Einnahmen aber entgegen. Temporale Unterschiede zwischen Standardsoftware und Individualsoftware werfen in diesem Zusammenhang vor allem Fragen auf wie:

- Schützt Individualsoftware länger vor Imitation als Standardsoftware?
- Mit welchem Softwaretyp können Wettbewerbsvorteile (schneller) eingeholt werden?
- Ist Standardsoftware zur Unterstützung einer konkreten Wettbewerbsstrategie langfristig zweckmäßiger als Individualsoftware?
- Durch welchen Softwaretyp lassen sich Wettbewerbswirkungen schneller erzielen?

Eine fundierte Beantwortung dieser Fragen sollte sich nicht ausschließlich auf intuitive Prognosen stützen. Vielmehr gilt es, die den Einnahmen zugrunde liegende dynamische Komponente des Wettbewerbs hinsichtlich möglicher Reaktionen auf Standardsoftware- und Individualsoftware-Investitionen zu untersuchen und aus dieser Perspektive Zeitstrukturen abzuleiten.[348] In der Literatur ist zu diesem Thema lediglich die kurze Beschreibung eines möglichen Verlaufs der Umsatzerlöse auf der Zeitachse zu finden.[349] Hier klafft eine Lücke, die es im folgenden zu verkleinern gilt.

3.2 Modellrahmen zur Analyse der zeitlichen Einnahmenverteilung

3.2.1 Grundmodell zur Analyse dynamischer Wettbewerbswirkungen infolge Software-Investitionen

Theoretisch fundierte Aussagen über die zeitliche Verteilung der Einnahmen von Standardsoftware und Individualsoftware setzen eine modellgerechte Beschreibung der Abhängigkeiten zwischen dem Unternehmen und seiner marktlichen Umwelt voraus. Das Mittel zur Analyse solcher Interdependenzen sind

[348] Damit verbunden ist ein methodischer Perspektivenwechsel: An die Stelle von Hilfsmitteln zur Einnahmen-Quantifizierung im konkreten Einzelfall tritt eine Datengenerierung auf konzeptioneller Ebene.

[349] Vgl. Schumann [1992], S. 113. Die Beschreibung bezieht sich nicht auf einen Softwaretyp.

Marktmodelle,[350] mit denen sich die Volkswirtschaftslehre und das Marketing befassen. Dabei liegt die Grundperspektive letzterer auf dem Kunden und seinen Bedürfnissen,[351] während theoretische Ansätze mit Ausrichtung auf die (hier wesentlichen) Konkurrenten spärlich sind.[352] Dagegen befaßt sich die volkswirtschaftliche Wettbewerbstheorie seit geraumer Zeit mit der Untersuchung von Wettbewerbswirkungen anhand verschiedener Modelle. Insbesondere mit der Industrieökonomik liegt hier eine Entwicklungsrichtung vor, die auch an betriebswirtschaftlichen Fragestellungen ausgerichtet ist.[353] Ein entsprechender Ansatz könnte sich daher als zweckmäßig erweisen.

3.2.1.1 Dynamisches Wettbewerbsmodell mit dem Vermögensendwert

Wettbewerbsmodelle beschreiben marktliche Einflußgrößen und Beziehungen in einer mathematisch-quantitativen Form. Im Hinblick auf den beabsichtigten Einsatz gilt es daher, das den Einnahmen zugrunde liegende Variablengefüge durch quantitative Prämissen zu konkretisieren. Letztere beziehen sich genauer auf die durch Software-Investitionen tangierten Handlungsparameter und Ziele des eigenen Unternehmens, der Kunden und Konkurrenten. Da die Ergebnisse zur Datengenerierung für finanzmathematische Investitionsrechnungen genutzt werden sollen, bieten sich für die Wettbewerber Zielkriterien wie die Vermögensmaximierung an. Als Handlungsparameter steht diesen Marktteilnehmern das Marketing-Instrumentarium zur Verfügung, dessen konkrete Wirkungen von den Charakteristiken des vorliegenden Marktes abhängen. Zwecks quantitativer Erfassung muß hier i.d.R. eine Beschränkung vorgenommen werden, da erst die damit verbundene Komplexitätsreduktion die Ableitung von Aussagen ermöglicht. Typisch für Wettbewerbsmodelle ist z.B. die Erfassung der Abhängigkeiten zwischen Absatzmenge und Preis(-politik) mittels *Preis-Absatz-*

---

[350] Vgl. Kuhlmann [1997], S. 115.

[351] Vgl. Fritz [1990], S. 491.

[352] Vgl. Dichtl [1987], S. 119; Fritz [1990], S. 491f.

[353] Sie erlaubt darüber hinaus den Einbezug differenzierter Unternehmensdaten, was die häufig geäußerte Kritik am zu hohen Abstraktionsgrad volkswirtschaftlicher Modelle abmildert (vgl. Fritz [1990], S. 498).

Funktionen.[354] Implizit werden so auch die Kaufentscheidungen potentieller Kunden erfaßt. Schließlich erfordert eine zieladäquate Auswahl im konkreten Einzelfall Aussagen über die ebenfalls durch Software tangierte Kostensituation, welche i.d.R. durch Kostenfunktionen Eingang findet. Die aufgezeigten generellen Anforderungen sollen nun anhand eines einfachen Modells exemplarisch konkretisiert und anschließend Aussagen über die zeitliche Einnahmenstruktur abgeleitet werden.

Im Grundmodell werden zwei Unternehmen betrachtet, die sich im Preiswettbewerb zueinander befinden und z.B. als das investierende Unternehmen (A) und und der Rest des Marktes (B) interpretiert werden können.[355] Produktdifferenzierung infolge Software-Investitionen zielt auf Heterogenisierung ab, so daß die Prämisse des vollkommenen Marktes für die beabsichtigte Untersuchung nicht zweckmäßig ist. Daher wird durch Aufgabe der Homogenitätsbedingung ein unvollkommener Markt unterstellt.

Beide Unternehmen bieten je ein wechselseitig substituierbares Gut an, das ebenfalls mit A bzw. B bezeichnet wird. Die geschätzte Nachfrage, die sich auf A und B verteilt, soll innerhalb des durch Software tangierten Bereichs bei gegebenen Gütern linear von ihren Preisen abhängen:[356]

$$\begin{aligned} x_A &= a - bP_A + cP_B \\ x_B &= d - eP_B + fP_A \end{aligned} \tag{3}$$

mit

a, d	=	Umfang der Käuferschicht, an die sich das Produkt wendet
b, e	=	Änderung der nachgefragten Menge bei Veränderung des eigenen Preises (direkte Preiswirkung)
c, f	=	Änderung der nachgefragten Menge bei Veränderung des Konkurrentenpreises (indirekte Preiswirkung)

[354] Vgl. z.B. Simon [1992], S. 25.

[355] Mit dem Preiswettbewerb liegt einer der wichtigsten, aber zugleich auch am wenigsten ausgereiften Bestandteile der Oligopoltheorie vor (vgl. Tirole [1999], S. 456). Auch Gutenberg [1985], S. 1201 betrachtet die Preispolitik als eines der bedeutsamsten absatzpolitischen Instrumente.

[356] Vgl. z.B. Gutenberg [1984], S. 281; Zäpfel [1989a], S. 1067; Schmalen [1995], S. 105.

x_A, x_B = Absatzmenge von A bzw. B
P_A, P_B = Absatzpreis von A bzw. B

b, c, e und *f* werden im folgenden als *Wettbewerbsparameter* bezeichnet. Die Substituierbarkeit der Güter wird dadurch ersichtlich, daß die Absatzmenge bei konstantem Angebotspreis mit wachsendem Konkurrentenpreis ebenfalls steigt.

Bezüglich der Marktstruktur schließen die Preis-Absatz-Funktionen in ihrer allgemeinen Formulierung auf der Angebotsseite keine Marktform aus. So erhält man für $c = d = e = f = 0$ ein Angebotsmonopol, und durch geringe indirekte Preiswirkungen können die Verhaltensweisen im Angebotspolypol abgebildet werden. Die Rede von Wettbewerbswirkungen durch Software macht jedoch nur dort Sinn, wo überhaupt Wettbewerb herrscht und somit kein Angebotsmonopol besteht. Weiterhin sind die Effekte um so ausgeprägter, je mehr die Möglichkeit gegeben ist, sich verschieden zu seinen Konkurrenten zu verhalten. In diesem Fall ist es vernünftig, auch Konkurrenzreaktionen auf die eigene Investition in die Erwartungen einzubeziehen. Daher ist ein Angebotsoligopol, welches auch in der Realität die häufigste Marktform darstellt, von besonderem Interesse. Ferner wird eine atomistische Nachfragestruktur angenommen.

Neben direkten absatzseitigen Implikationen besitzen Software-Investitionen darüber hinaus das Potential, die Ausgabensituation der Unternehmen zu beeinflussen, und so möglicherweise ebenfalls eine bedeutsame Rolle im Wettbewerb zu übernehmen. Die Ausgabensituation wird hier durch die Kostenfunktionen[357] $k(x_A) = k_v x_A + k_f$ und $g(x_B) = g_v x_B + g_f$ von A und B eingefangen. Dabei betrifft die Forderung nach Linearität nicht den gesamten Zusammenhang zwischen Menge und Ausgaben, sondern lediglich den durch Software tangierten Bereich.

Als Ziel der Software-Investition beabsichtigt jedes Unternehmen die Differenz zwischen den Einnahmen und Ausgaben, bewertet durch den allgemeinen

[357] Der Begriff Kostenfunktion wird hier in Anlehnung an die Literatur beibehalten, obgleich Ausgaben gemeint sind.

Vermögensendwert, zu maximieren, wobei die Preise als Variablen des Investitionsproblems angesehen werden. Mathematisch führt dies zu dem Maximierungsproblem:

$$\begin{aligned} & V_n^A = V_n^A\left(E_t^A - A_t^A; s_A; h_A\right)_{t \le n} = V_n^A\left(P_A^t x_A^t - k_v^t x_A^t - k_f^t; s_A; h_A\right)_{t \le n} \\ & = V_n^A\left[\left(P_A^t - k_v^t\right)\left(a^t - b^t P_A^t + c^t P_B^t\right) - k_f^t; s_A; h_A\right]_{t \le n} \rightarrow \text{maximieren!} \\ & \text{und} \qquad\qquad (4) \\ & V_n^B = V_n^B\left(E_t^B - A_t^B; s_B; h_B\right)_{t \le n} = V_n^B\left(P_B^t x_B^t - g_v^t x_B^t - g_f^t; s_B; h_B\right)_{t \le n} \\ & = V_n^B\left[\left(P_B^t - g_v^t\right)\left(d^t - e^t P_B^t + f^t P_B^t\right) - g_f^t; s_B; h_B\right]_{t \le n} \rightarrow \text{maximieren!} \end{aligned}$$

3.2.1.2 Ermittlung optimaler Angebotspreise

Um das Ergebnis des Maximierungsproblems (4) zu erhalten, muß die den allgemeinen Vermögensendwert definierende Differenzengleichung aufgelöst werden, was rein formal betrachtet konkretisierender Prämissen hinsichtlich der herangezogenen Finanzierung bedarf. Diesbezüglich wird hier auf drei Typen zurückgegriffen, die das gesamte Spektrum alternativer Tilgungsformen aufzeigen und zu vereinfachten Darstellungen des Vermögensendwerts führen:

Bei der Tilgungsform A (Kontenausgleichsverbot) finden keinerlei Saldierungen von Einnahmen und Ausgaben statt. Einnahmen und Habenzinsen sowie Ausgaben und Sollzinsen werden auf separaten Konten gesammelt, wobei während des Planungszeitraums kein Mittelabfluß erfolgt. In diesem Fall vereinfacht sich die Differenzengleichung des Vermögensendwerts auf:[358]

$$V_n = \sum_{t \le n}\left(E_t(1+h)^{n-t} - A_t(1+s)^{n-t}\right). \qquad (5)$$

Dagegen gestattet die Tilgungsform B einen vertraglich festgelegten Schuldenabbau auch während der Nutzungsdauer. Diese Art der Finanzierung ist unter Begriffen wie Festdarlehen, Raten- oder Annuitätentilgung bekannt. Sofern erforderlich, gleichen ergänzende Kreditaufnahmen die negative Differenz aller

[358] Zur Beschreibung der Tilgungsform A und zur Ableitung der vereinfachten Darstellung vgl. Schirmeister [1990], S. 61ff.

Zahlungen einer Periode aus. Tilgungsform B führt zu der vereinfachten Darstellung:[359]

$$\begin{aligned} V_t &= H_t - S_t;\ t \le n \text{ mit } H_0 = E_0;\ S_0 = A_0; \\ H_t &= \max\{0, H_{t-1}(1+h) + E_t - A_t - sS_{t-1} - T_t\}; \\ S_t &= S_{t-1} - T_t + K_t; \\ T_t &= \text{Höhe der Tilgung in } t; \\ K_t &= \max\{0; -H_t\} = \text{Kreditaufnahme in } t. \end{aligned} \tag{6}$$

Schließlich werden die Ausgaben und aufgelaufenen Sollzinsen bei Tilgungsform C (Kapitaldienst aus Überschüssen) vorrangig aus den Einnahmen und Habenzinsen bestritten. Verbleibende Reste werden ertragbringend reinvestiert. Dann ist:[360]

$$V_0 = E_0 - A_0 \text{ und } V_t = V_{t-1} + E_t - A_t + \begin{cases} hV_{t-1}, \text{falls } V_{t-1} \ge 0 \\ sV_{t-1}, \text{sonst} \end{cases} \quad \forall t \le n. \tag{7}$$

Der folgende Beweis zeigt, daß der allgemeine Vermögensendwert für die Tilgungsformen A, B und C als Linearkombination der Investitionszahlungen darstellbar ist, d.h.

Behauptung: $\exists$ Konstanten $C_t = C_t(s,h),\ t \le n$ mit $V_n = \sum_{t \le n}([E_t - A_t]C_t)$. (8)

Die Darstellung besitzt den Vorteil, daß V_n explizit differenziert und das Maximierungsproblem (4) daher gelöst werden kann. Erst dieser Schritt ermöglicht es, die Ergebnisse im Hinblick auf zeitlich strukturierte Veränderungen von Standardsoftware und Individualsoftware auf die Modellparameter zu analysieren.

Beweis:

1. Tilgungsform A:

In diesem Fall ist $V_n = \sum_{t \le n}\left(E_t(1+h)^{n-t} - A_t(1+s)^{n-t}\right)$.

Sei $t \in \{1,2 \ldots n\}$. Dann ist nach Voraussetzung entweder $E_t = 0$ oder $A_t = 0$.

Ist $E_t = 0$, setze $C_t = -(1+s)^{n-t}$. Andernfalls setze $C_t = (1+h)^{n-t}$.

---

[359] Vgl. ebenda S. 63ff.

[360] Vgl. ebenda S. 68ff.

2. Tilgungsform C:

Wegen $V_0 = E_0 - A_0$ und $V_t = V_{t-1} + E_t - A_t + \begin{cases} hV_{t-1}, \text{falls } V_{t-1} \geq 0 \\ sV_{t-1}, \text{sonst} \end{cases} \forall t \leq n$

ist die Aussage trivial.

3. Tilgungsform B:

In jeder Periode t erfolgt eine Kreditaufnahme K_t nur dann, wenn die Differenz aller Zahlungen dieser Zeitspanne negativ ist und zwar in Höhe des periodenbezogenen Fehlbetrags. Definiert man T_t als Höhe der Tilgung in t ist

$$\begin{aligned} &H_0 = E_0; K_0 = S_0 = A_0; T_0 = 0; \\ &H_t = \max\{0; H_{t-1}(1+h) + E_t - A_t - sS_{t-1} - T_t\}; \\ &K_t = \max\{0; -H_t\}; \\ &S_t = S_{t-1} - T_t + K_t; t \leq n. \end{aligned}$$

Die Kreditaufnahme K_t in t wird in den Folgeperioden nach extern vorgegebenen Modalitäten getilgt, d.h. es existieren Konstanten[361] $D_{t,j}$ $j>t$ mit $T_{t,j} = D_{t,j} \cdot K_t$ für jedes $j>t$. Dabei bezeichnet $T_{t,j}$ den Anteil der Tilgung in Periode j, der auf die Kreditaufnahme K_t in Periode t fällt.

Wegen $V_n = H_n - S_n$ ist es ausreichend, die Aussage für S_n, H_n und K_n zu zeigen. Für $H_0 = E_0$, $S_0 = A_0$ und $K_0 = \max\{0; -H_0\}$ ist dies wegen $A_0 \cdot E_0 = 0$ trivial. Weiter ist $H_1 = \max\{0, H_0(1+h) + E_1 - A_1 - sS_0 - T_1\}$. Da $T_1 = T_{0,1} = D_{0,1} \cdot K_0$ und $K_0 = C(E_0 - A_0)(C = 0 \vee C = -1)$, existiert eine Konstante C_1 mit $T_1 = C_1(E_0 - A_0)$. Offensichtlich existieren solche Konstanten auch für S_0 und H_0. Also läßt sich $H_1 = \max\{0; H_0(1+h) + E_1 - A_1 - sS_0 - T_1\}$ und damit auch $K_1 = \max\{0; -H_1\}$ in der behaupteten Weise schreiben. Wegen $S_1 = S_0 - T_1 + K_1$ gilt dies analog für S_1.

Sei $t_0 \in \mathrm{N}$ beliebig aber fest und die Aussage gelte für jedes S_t, H_t, K_t mit $t \leq t_0$. Wegen $T_{t,j} = D_{t,j} \cdot K_t; j > t$, gilt selbiges dann auch für $T_{t_0+1} = \sum_{t \leq t_0} T_{t,t_0+1}$ und damit für

[361] Die Konstanten beziehen sich gemäß Behauptung nur auf die Einnahmen und Ausgaben der Investition und nicht auf Zinssätze oder andere Parameter.

$H_{t_0+1} = \max\{0; H_{t_0}(1+h) + E_{t_0+1} - A_{t_0+1} - sS_{t_0} - T_{t_0+1}\}$ sowie
$K_{t_0+1} = \max\{0; -H_{t_0+1}\}$ und folglich
$S_{t_0+1} = S_{t_0} - T_{t_0+1} + K_{t_0+1}.$

Insgesamt folgt die Behauptung für $t \leq t_0 + 1$. q.e.d.

Die Formel (8) hat auch dann Bestand, wenn die Tilgung nicht vorgegeben ist, sondern linear von $(E_t - A_t)_{t \leq n}$ abhängt.[362]

Das Ergebnis läßt sich unter einigen Prämissen auf den Einbezug von Ertragssteuern ausweiten: Die Höhe der Abschreibungsbeträge AB_t ist durch den Kaufpreis und die steuerrechtlich vorgegebene Abschreibungsmethode determiniert. Insbesondere liegt keine Abhängigkeit von der Produktions- bzw. Absatzmenge vor. Es gelte, daß die Höhe des Steuersatzes g sowie das Eigenkapital-/Fremdkapitalverhältnis (EK, FK) exogen vorgegeben seien.

Behauptung: Dann $\exists$ Konstanten $C_t = C_t(s, h, EK, FK, \mathrm{g}, AB^1, AB^2 \ldots), t \leq n+1$ mit

$$V_n(E_t - A_t; s; h; \mathrm{g}, AB^t)_{t \leq n} = \left(\sum_{t \leq n} [E_t - A_t] C_t\right) + C_{n+1}. \tag{9}$$

Beweis (Skizze):

Im Vergleich zum Vermögensendwert ohne Ertragssteuern ergeben sich folgende Besonderheiten (vgl. die Formeln (1) und (2)):

a) die Zinssätze verändern sich in Abhängigkeit von g, EK und FK,

b) die Einnahmen und Ausgaben der Investition werden mit (1-g) gewichtet,

c) in jeder Periode t werden die mit dem Steuersatz g gewogenen Abschreibungen AB_t addiert.

Ferner stimmen die Wiederanlagen und Schulden aufgrund von a), b) und c) in ihrer Höhe nicht mit denen ohne Einbezug von Ertragssteuern überein.[363]

---

[362] Dies wird durch Ersetzung von $T_{t,j} = D_{t,j} \cdot K_t$ mit einer entsprechenden Darstellung als Linearkombination der Investitionszahlungen in obigem Beweis transparent.

[363] Vgl. Schirmeister [1990], S. 93. Die Ausgaben werden hier ebenfalls mit (1-g) gewichtet, da AB_t anders definiert ist. Vgl. hierzu auch Formel (2).

Es ist unmittelbar einsichtig, daß a) und b) die Formel (8) in (9) (mit $C_{n+1} = 0$) überführen. Daher sind lediglich die Auswirkungen der Addition von $g \cdot AB_t$ in jeder Periode t zu untersuchen, welche nach Voraussetzung exogen gegeben sind.

Für Tilgungsform A und C ist die Gültigkeit der Formel (9) trivial ($g \cdot AB_t$ begründet C_{n+1}). Für Tilgungsform B folgt die Aussage aus:

$$H_t^{St} = \max\{0; H_{t-1}^{St}(1+h) + (1-g)(E_t - A_t) - sS_{t-1}^{St} - T_t + g \cdot AB_t\}$$
$$K_t^{St} = \max\{0; -H_t^{St}\}$$
$$S_t^{St} = S_{t-1}^{St} - T_t + K_t^{St}; t \le n$$

und der vorher gezeigten Behauptung, daß H_t, K_t und $S_t; t \le n$ linear abhängig von $(E_t - A_t)_{t \le n}$ sind. q.e.d.

Rein formal weist das Ergebnis große Ähnlichkeiten zur Formel (8) auf. Bei einem Analogieschluß ist jedoch zu beachten, daß die Formel (9) auf der restriktiven Prämisse „g exogen vorgegeben" beruht. Diese Annahme ist realitätsnah, wenn die Einnahmen und Ausgaben durch einen so geringen Umfang charakterisiert sind, daß der bestehende Steuersatz nicht tangiert wird. Angesichts des strategischen Charakters von Software-Investitionen dürfte dies nur selten zutreffen. g ist weiter dann exogen gegeben, wenn dauerhafte Verluste erwartet werden (g = 0). Solche Unternehmen sind jedoch langfristig vom Konkurs bedroht. Schließlich trifft das Szenario immer dann zu, wenn auch ohne die Software-Investition der höchste Steuersatz veranlagt wird. Die Frage nach der Vorteilhaftigkeit eines Softwaretyps stellt sich zumeist nur in großen Unternehmen, da die Ausstattung mit Finanzmitteln und Personalressourcen für eine Eigenentwicklung ansonsten nicht ausreicht. In diesen Fällen wird zwar häufig nach dem Spitzensteuersatz veranlagt, dies täuscht aber nicht darüber hinweg, daß in einer Reihe von Fällen mit dem hier verfolgten Ansatz Interdependenzen abgeschnitten werden. Die Zulässigkeit einer Prämisse muß jedoch immer vor dem Hintergrund der verfolgten Zielsetzung bewertet werden. Primäres Ziel dieses Ansatzes ist nicht die Analyse steuerlicher Einflüsse auf die Preisfindung. Die Wahl der Preise bildet lediglich eine Voraussetzung zur Ableitung der zeitlichen Einnahmenstruktur.[364]

Mit den Formeln (8) bzw. (9) kann das Maximierungsproblem (4) gelöst werden: Dazu erfolgt die Interpretation des Verhaltens von A und B als nicht-kooperatives Spiel, bei dem jeder Spieler die optimale Strategie wählt, indem er die Strategie des Gegners als gegeben annimmt.[365] Dies führt zu dem sogenannten *Nash-Gleichgewicht*, dem grundlegenden Lösungskonzept der Spieltheorie. Es ist dadurch gekennzeichnet, daß kein Unternehmen ein besseres Resultat erzielen kann, solange die anderen an ihrer Strategie festhalten.[366] Hiermit folgt:[367]

$$\begin{aligned} grad V_A^n &= grad\left(\sum_{t \le n} \left([E_t - A_t] C_t \right) + C_{n+1} \right) \\ &= grad \sum_{t \le n} \left([P_A^t x_A^t - k_v^t x_A^t - k_f^t] C_t + C_{n+1} \right) \overset{!}{=} (0;\ldots 0) \end{aligned} \qquad (10)$$

Bedenkt man, daß C_{n+1} durch Differentation und $C_t;\ t \le n$ durch Nullsetzen der Ableitung wegfällt

$$\Rightarrow \left(\frac{\delta DB_A^t}{\delta P_A^t} \right)_{t \le n} \overset{!}{=} (0;\ldots 0) \text{ mit } DB_A^t = P_A^t x_A^t - k_v^t x_A^t - k_f^t . \qquad (11)$$

Analog erhält man:

---

[364] Bei dezidierter Auflösung von g läge mindestens eine Linearkombination der Investitionszahlungen vor. Die Konsequenzen einer solchen Vorgehensweise werden im folgenden ersichtlich.

[365] Die Anwendung nicht-kooperativer Spiele zur Analyse strategischer Konflikte ist heute allgemein üblich, aber nicht unumstritten (vgl. z.B. Tirole [1999], S. 4; Schwermer [1994], S. 16.; Burke/Genn-Bash/Haines [1988], S. 22ff.; Gutenberg [1984], S. 321ff.).

[366] Vgl. z.B. Zäpfel [1989b], S. 315; Bamberg/Coenenberg [1996], S. 172ff. Das Nash-Gleichgewicht geht auf Nash [1951], S. 186ff. zurück.

[367] Infolge der Auffassung von Investitionen als Grenzhandlung gilt es genauer diejenigen Preise auszuwählen, die die Differenz zwischen den Einnahmen bei Durchführung und Unterlassung maximieren. Faktisch führt ein solches Vorgehen zu n weiteren Maximierungsproblemen, die aber nicht von den Variablen der Durchführungsentscheidung abhängen und folglich separat betrachtet werden können. Lediglich die Ergebnisse sind später zu subtrahieren.

$$gradV_B{}^n \stackrel{!}{=} (0;...0) \text{ die Bedingung} \left(\frac{\delta DB_B{}^t}{\delta P_B{}^t}\right)_{t \le n} \stackrel{!}{=} (0;...0) \tag{12}$$

mit $DB_B{}^t = P_B{}^t x_B{}^t - g_v{}^t x_B{}^t - g_f{}^t$ für jede Periode $t \le n$.

Demgemäß sind je n gleich strukturierte Maximierungsprobleme für A und B zu lösen, was die Vernachlässigung des Periodenindex *t* rechtfertigt:[368]

$$\frac{\delta DB_A}{\delta P_A} = a - 2bP_A + cP_B + bk_v \stackrel{!}{=} 0 \tag{13}$$

und

$$\frac{\delta DB_B}{\delta P_B} = d - 2eP_B + fP_A + eg_v \stackrel{!}{=} 0. \tag{14}$$

Es folgt:

$$P_A = \frac{(a + bk_v)2e + c(d + eg_v)}{4eb - cf} \tag{15}$$

und

$$P_B = \frac{1}{2e}(d + eg_v + fP_A) = \frac{(a + bk_v)f + 2b(d + eg_v)}{4eb - cf}. \tag{16}$$

Die realisierten Absatzmengen betragen:

$$x_A = \frac{2aeb + bk_v(cf - 2be) + cb(d + eg_v)}{4eb - cf} \tag{17}$$

und

$$x_B = \frac{2ebd + eg_v(cf - 2eb) + ef(a + bk_v)}{4eb - cf}. \tag{18}$$

Für die weitere Analyse wird angenommen, daß ein solches Gleichgewicht existiert und beide Unternehmen in dieser Situation positive Preise (P_A, P_B), Mengen (x_A, x_B) und (Netto-)Einnahmen (DB_A, DB_B) aufweisen.

[368] Hier wird die Zweckmäßigkeit der Prämisse „g exogen vorgegeben“ für das untersuchte Problem deutlich. Würde g als Linearkombination der Investitionszahlungen berücksichtigt, wäre V_n^{St} eine Linearkombination von $(E_t\text{-}A_t)(E_j\text{-}A_j)_{t,j<n+1}$. Die Vernachlässigung des Periodenindex nach der Differentation wäre dann nicht mehr möglich. Hieraus folgt, daß jede Ergebnisanalyse im Hinblick auf zeitlich systematisierte Wirkungen von Standardsoftware und Individualsoftware auf die Modellparameter weitere restriktive Annahmen erfordert.

Da die Preise im Gleichgewicht positiv sind, existieren Zahlen G und F mit

$$bF = f,\ c = Ge \text{ und}$$
$$4eb - cf = 4eb - GebF = eb(4 - GF) > 0 \qquad (19)$$
$$\Leftrightarrow 4 - GF > 0.$$

Folglich besteht eine obere Schranke für das Verhältnis zwischen den indirekten und direkten Preiswirkungen von A und B.

Ferner werden im Gleichgewicht keine negativen Mengen abgesetzt, was durch die Bedingungen

$$(d + eg_v)G + 2a + bk(GF - 2) \geq 0 \text{ und } 2d + eg_v(GF - 2) + F(a + bk) \geq 0 \qquad (20)$$

zum Ausdruck kommt. Sie entstehen durch Umformung der Ungleichungen $x_A \geq 0$ und $x_B \geq 0$. Mit diesen Annahmen und der in (19) eingeführten Notation besitzt das Maximierungsproblem (4) die Lösungen:

$$P_A = \frac{(a + bk_v)2 + G(d + eg_v)}{b(4 - GF)} \qquad (21)$$

$$P_B = \frac{(d + eg_v)2 + F(a + bk_v)}{e(4 - GF)} \qquad (22)$$

$$x_{A=} \frac{2a + bk_v(GF - 2) + G(d + eg_v)}{(4 - GF)} \qquad (23)$$

$$x_{B=} \frac{2d + eg_v(GF - 2) + F(a + bk_v)}{(4 - GF)}. \qquad (24)$$

Darüber hinaus rechtfertigen die Formeln (15) bis (18) für das hier herangezogene Modell auch formal eine getrennte Generierung der Software-Einnahmen und -Ausgaben: Aufgrund fehlender Abhängigkeiten zur Absatzmenge tangieren die Ausgaben für die Software-Bereitstellung ausschließlich die Parameter k_f oder g_f. Deren Berücksichtigung ist für die Lösung von (4) unerheblich. Denn eine Maximierung ohne diese Parameter und deren Subtraktion vom erhaltenen Ergebnis führt zum gleichen Resultat wie der unmittelbare Einbezug in die

Rechnung. Eine Separation beider Schritte ist daher zulässig, und die im folgenden genutzte Annahme $k_f = g_f = 0$ abstrahiert unter anderem von dem im 2. Kapitel betrachteten Teil des Zahlungsstroms. Weiter wird unterstellt, daß sich die betrachteten Unternehmen entweder als Kosten- oder als Produktdifferenzierer verhalten und ihre Software-Investitionen nach der verfolgten Strategie ausrichten. Dies bedeutet nicht, daß hierdurch entweder Ausgaben- oder Wettbewerbsparameter verändert werden. Es besagt lediglich, daß einer der beiden Aspekte in der Art überwiegt, daß er sich signifikant auf den Wettbewerb auswirkt, während der andere von nachrangiger Bedeutung ist.[369]

Erste Einblicke in die Konsequenzen der hier exemplarisch modellierten Wechselwirkungen mit dem Markt geben die *Preiselastizitäten*, die als Verhältnis von relativer Absatzänderung zu relativer Preisänderung Auskunft über das Maß der Nachfrageschwankungen infolge von Preisvariationen geben.[370]

$$\varepsilon_A = \frac{\delta x_A}{\delta P_A} \cdot \frac{P_A}{x_A} \overset{(13,21,23)}{=} \frac{2(a+bk_v)+G(d+eg_v)}{2a+bk(GF-2)+G(d+eg_v)} \cdot \frac{(GF-2)}{2} \text{ und}$$

$$\varepsilon_B = \frac{\delta x_B}{\delta P_B} \cdot \frac{P_B}{x_B} \overset{(14,22,24)}{=} \frac{F(a+bk_v)+2(d+eg_v)}{2d+eg_v(GF-2)+F(d+eg_v)} \cdot \frac{(GF-2)}{2}$$

$$\overset{(20)}{\Rightarrow} \varepsilon_A, \varepsilon_B \begin{Bmatrix} < \\ = \\ > \end{Bmatrix} 0 \Leftrightarrow GF-2 \begin{Bmatrix} < \\ = \\ > \end{Bmatrix} 0. \tag{25}$$

Da im Gleichgewicht die Nenner obiger Brüche größer als Null sind (vgl. Formel (20)), ist die Preiselastizität genau dann negativ, wenn $GF\text{-}2<0$ ist. Im folgenden wird nur dieser Fall behandelt.

Das konstruierte Wettbewerbsmodell basiert auf restriktiven Prämissen, die den verwendeten Markt definieren. Naheliegend ist die Aufhebung einiger Annahmen mit dem Ziel, eine höhere Realitätsnähe zu erreichen. Beispielsweise könnte das verwandte Duopol durch ein Oligopol mit l Unternehmen (oder Ge-

---

[369] Rückwirkend wird sich herausstellen, daß diese Prämisse überflüssig ist (vgl. Kapitel 3.3.4, S. 197ff.).

[370] Vgl. z.B. Gutenberg [1984], S. 195; Simon [1992], S. 93.

schäftseinheiten) ersetzt werden. Ein solches Vorgehen würde zwar den Rechenaufwand erhöhen, materiell aber zu keinen anderen Ergebnissen führen. Es wären lediglich in jeder Periode l Maximierungsprobleme und darauf aufbauend ein Gleichungssystem mit l Gleichungen und Unbekannten (zur Ermittlung der Gleichgewichtsmengen und -preise) zu lösen. Ein analoger Sachverhalt liegt vor, wenn jedes Unternehmen m verschiedene Produkte anbietet, deren Preis-Absatz-Funktionen unabhängig voneinander sind. Ferner könnten die linearen Kosten- und Preis-Absatz-Funktionen durch andere Funktionstypen ersetzt werden. Jedoch stößt man bei diesem Vorhaben rasch auf rechentechnische Probleme, deren Lösung dann an einer anderen Stelle restriktive Prämissen verlangt. Hier ist zu erwarten, daß die im folgenden abgeleiteten Aussagen zwar nicht grundlegend revidiert werden, aber weniger eindeutig zutage treten.

3.2.2 Phasenbezogene Strukturierung des Einflusses von Standardsoftware und Individualsoftware auf die Modellparameter

Ein Nash-Gleichgewicht hat nur so lange wie die zugrunde liegende Datenkonstellation Bestand, welche durch Software tangiert wird. Gerade deren phasenbezogene Ordnung erlaubt eine Untersuchung der implizierten zeitlichen Einnahmenverteilung. Da nur größere Änderungen zu bedeutsamen Effekten führen, ist die idealtypische Strukturierung in wenige Abschnitte ratsam. Ferner sollen Wettbewerbswirkungen durch Software-Investitionen im Zeitablauf untersucht werden, wodurch sich als Gliederungskriterium die *Software im Markt* als zweckmäßig erweist.

Die erneute zeitliche Strukturierung wirft die Frage nach Beziehungen zum Phasenmodell aus Kapitel 2 auf. Gänzlich verschiedene Gliederungskriterien zeigen hier zunächst eine abweichende Ausrichtung beider ordnenden Elemente auf: Während bei der Ausgaben-Quantifizierung die zur Bereitstellung erforderlichen Aktivitäten im Mittelpunkt stehen, soll das Ergebnis nun hinsichtlich möglicher Auswirkungen auf die Marktvariablen systematisiert werden.

Entsprechende Konsequenzen entstehen jedoch nicht durch die reine Existenz der Software, sondern setzen deren Nutzung voraus. Daher beginnt der erste hier erforderliche Zeitabschnitt, wie Phase V in Kapitel 2, mit dem Produktionsbeginn. Darüber hinaus lassen sich mögliche Vorteile am Markt nicht vor Eintreten der Stabilität und damit der Phase VI der Software-Bereitstellung vollständig ausnutzen, da erst dann alle vorgesehenen Aufgaben mit der neuen Anwendung abgewickelt werden. Sobald dieser Zeitpunkt erreicht ist, drücken die Folgephasen in Kapitel 2 lediglich die unterschiedlichen Anstrengungen zur Erhaltung dieses Zustands aus. Für die Auswirkungen am Markt kommt es nur auf das Ergebnis dieser Aktivitäten (stabile Software) an. Da letzteres bis zum Ende der Nutzungsdauer nicht variiert, bestehen keine weiteren Berührungspunkte zwischen beiden Phasenmodellen.

Wenn im folgenden Verlauf des 3. Kapitels Begriffe wie „Phase" oder „Phasenmodell" benutzt werden, beziehen sie sich auf das Gliederungskriterium „Software im Markt". Ausnahmen sind ausdrücklich vermerkt. Zur besseren Unterscheidung werden die Zeitabschnitte ferner durch Buchstaben (anstatt römischer Zahlen) kenntlich gemacht. In Anbetracht der Zielsetzung, die Einnahmen zu generieren, ist es schließlich notwendig, die Phasenlänge abzuschätzen. Daher werden neben der Beschreibung und Systematisierung im engeren Sinne (vgl. jeweils Unterabschnitt a) auch Bestimmungsgrößen für die Phasenlänge diskutiert (vgl. jeweils Unterabschnitt b).

3.2.2.1 Software-Einführung

a) Die Software-Einführung (Phase A) beginnt mit der Übergabe der Software an die Produktion. Als Instrument der Wettbewerbsstrategie bewirkt eine solche Investition entweder überwiegend Ausgabenreduktion oder Produktdifferenzierung durch neue Techniken. Im ersten Fall wird der Ausgabenparameter k_v reduziert, wobei Individualsoftware größere Änderungen als Standardsoftware nach sich zieht. Im zweiten Fall seien zunächst die direkten Preiswirkungen genauer betrachtet: b läßt sich als Summe eines Koeffizienten $\underline{b}$ für latente

Nachfrage und f für fluktuierende Nachfrage interpretieren, d.h. $b = \underline{b} + f$. Eine solche Schreibweise ist möglich, da Nachfrager, die bei Preiserhöhungen auf A verzichten, entweder B kaufen (f) oder ihr Einkommen für andere Zwecke verwenden ($\underline{b}$) und bei Preissenkungen offensichtlich umgekehrt reagieren.[371] Analog erhält man $e = \underline{e} + c$.

Software verbessert als Innovation den Abnehmerwert des eigenen Produkts. Dies führt dazu, daß sich bei jeder festen Preiskombination $(P_A;P_B)$ mehr Nachfrager für A entscheiden. Hierbei handelt es sich zum einen um solche, die bei dieser Bedingung vorher weder A noch B gekauft haben (latente Nachfrage), was im Modell zu einem verminderten Parameter $\underline{b}$ führt. Zum anderen entscheiden sich Nachfrager für A, die vorher B gekauft haben (fluktuierende Nachfrage) und folglich B verloren gehen, was durch einen sinkenden Parameter f eingefangen werden kann. Insgesamt wird Produktdifferenzierung durch eine Verminderung der Wettbewerbsparameter b und f adäquat erfaßt.[372] Aussagen über die zeitliche Einnahmenstruktur infolge Software-Investitionen erfordern darüber hinaus Informationen über die Verteilung neu hinzugewonnener Kunden auf die beiden Herkunftsarten, da Konkurrenten Verluste nicht kampflos hinnehmen werden, während bei der Aktivierung latenter Nachfrage weniger aggressive Gegenmaßnahmen zu erwarten sind. Diesbezüglich wird im hier exemplarisch analysierten Modell angenommen, daß das Verhältnis zwischen

---

[371] Dieser Zusammenhang wurde erstmalig von Hilke [1973], S. 43ff. festgestellt.

[372] Vgl. Zäpfel [1989a], S. 1070, der jedoch nicht zwischen latenter und fluktuierender Nachfrage unterscheidet und seine Ausführungen auf CIM-Investitionen beschränkt. Möglicherweise wird das Produkt überhaupt für mehr Nachfrager interessant, wodurch a steigt. Die Gültigkeit der im folgenden abgeleiteten Aussagen bleibt in diesem Fall erhalten. Unter Umständen denkbare, alternative Strukturierungen durch einen (zusätzlich) erhöhten Wettbewerbsparameter c steigern zwar den Rechenaufwand, verändern die Art der im folgenden abgeleiteten Ergebnisse aber nicht. Hinter diesen Alternativen versteckt sich materiell die Frage, inwieweit A seinen Preisspielraum durch die Software erhöht oder B seinen verliert, die nicht allgemeingültig beantwortet werden kann. Obgleich die Investition von A primär auf die hier modellierte Erhöhung des eigenen Preisspielraums abzielt, interessiert letztendlich nur die Ausweitung der Differenz zwischen beiden Wettbewerbern. In der Volkswirtschaftslehre werden schließlich, mit einem anderen Erkenntnisziel, Modelle zur Analyse potentieller Konsequenzen von Produktdifferenzierungen entworfen, die i.d.R. die Möglichkeit latenter Nachfrage durch ihre Prämissen ausschließen und daher nicht unmittelbar übertragbar sind. Je nach Art der mikroökonomischen Fundierung werden verschiedene Ergebnisse erzielt. Einen Überblick liefert z.B. Tirole [1999], S. 209ff.

den direkten und indirekten Preiswirkungen - und damit der latenten und fluktuierenden Nachfrage - durch die Software-Investition nicht verändert wird. Die oben definierten Parameter F und G sind also konstant.[373]

b) Die Software-Einführung endet, wenn sich die Nutzeneffekte erstmalig in vollem Umfang monetär niederschlagen. Dies setzt zunächst die Überwindung technischer, organisatorischer und sozialer Anlaufschwierigkeiten und daher stabile Software voraus. Denn solange die Funktionalität nicht vollständig und kontinuierlich zur Verfügung steht, können sich die Nutzeneffekte nicht uneingeschränkt entfalten. Die Abschätzung dieses Zeitraums bildet einen Untersuchungsgegenstand des Kapitels 2.3.2, S. 99ff. Er stimmt immer dann mit der Länge der hier untersuchten Software-Einführung überein, wenn keine Barrieren existieren, die einer Realisation der intern auftretenden Nutzeneffekte entgegenstehen. Letztere sind gegeben, wenn die Prämisse einer unendlichen (oder wenigstens schnellen) Reaktionsgeschwindigkeit der Marktteilnehmer realitätsfern ist. Eine solche Situation entsteht, wenn Informationen über verbesserte Produktmerkmale und niedrige Preise sich nicht unendlich schnell verbreiten. Sie tritt ferner dann ein, wenn die fluktuierenden Nachfrager eine „Produkttreue“ entwickeln, die sie selbst nach Kenntnis des für sie günstigen Angebots einige Zeit zögern läßt, bevor der Wechsel vollzogen wird. In diesen Fällen erfolgt eine vollständige monetäre Realisation der Nutzeneffekte zeitlich nach der technischen Stabilität. Wann eine solche Situation vorliegt und wie lange sie andauert, kann nicht allgemeingültig, sondern nur im konkreten Einzelfall vom Absatzbereich beantwortet werden.

3.2.2.2 Software-Reife

a) Mit Beendigung der Software-Einführung werden die eigenen Wettbewerbs- und Ausgabenparameter durch Software nicht verändert, da laufende Wartungsprozesse die Aufrechterhaltung der Funktionsfähigkeit der Software garantieren. Dies gilt nicht für die entsprechenden Parameter der Konkurrenten: In

[373] An die Stelle der hier gewählten Prämisse können situativ alternative Annahmen treten.

Deutschland wird Software nicht als technische Erfindung angesehen und daher nicht durch das Patentrecht geschützt.[374] Software bietet sich folglich in besonderem Maße zur Imitation an. Dabei ist die Prämisse einer unendlichen Reaktionsgeschwindigkeit unrealistisch. Es existieren vielmehr Barrieren, die zu verzögerten Handlungen führen. Die Trägheit dieses Prozesses begründet ein time-lag, welches die Möglichkeit zu Wettbewerbsvorteilen eröffnet. Relevant ist in diesem Zusammenhang die zeitliche Expansion des time-lags, da die Ausgaben- und Wettbewerbsparameter dann durch Software keine Veränderung erfahren (Phase B = Software-Reife). Eine entsprechende Prognose erfordert nicht nur Kenntnisse über die Barrieren, sondern auch über Bestimmungsgrößen zu ihrer Überwindung.

b) Barrieren werden durch das Know-how sowie den Kapitalbedarf und das Risiko verursacht.[375] Im Gegensatz zu materiellen Gütern, deren Funktionsfähigkeit ein potentieller Imitator durch Erwerb und physische Untersuchung feststellen kann, gelingt es bei Individualsoftware-Investitionen zumeist, große Teile des darin gebundenen Wissens geheimzuhalten. Bekannt werden lediglich die Auswirkungen, z.B. in Form einer verkürzten Lieferzeit, die Technologie und grobe Konzeptbestandteile. Verborgen bleibt, mit welcher Kombination von Organisationsänderungen und softwarebasierter Informationsoptimierung dies erreicht wird.[376] Mit Standardsoftware erfolgt zwar auch der Erwerb des darin gebundenen Wissens, nicht aber der Kenntnisse über die unternehmensspezifische Kombination von Organisationsänderung und Customizing, die im konkreten Einzelfall zu Wettbewerbswirkungen führen. Selbst wenn größere Teile des Know-how ausnahmsweise z.B. durch Abwerbung des Projektleiters trans-

---

[374] Vgl. Kullmann [1988], S. 56f.

[375] Die Notation stammt aus dem Konzept der Eintrittsbarrieren, obgleich die zu untersuchenden Sachverhalte nicht identisch sind (vgl. Porter [1999b], S. 37ff.), hier speziell S. 40.

[376] Eine Nachahmung ist allgemein dann problematisch, wenn Differenzierung wie hier aus einer Vielzahl von Quellen erwächst und nicht aus einem einzigen Faktor (vgl. Porter [1999a], S. 215).

feriert werden, ist nicht gewährleistet, daß die Kombination für andere Unternehmen überhaupt zweckmäßig ist.[377]

Folglich reicht der Wissenserwerb durch einfaches Kopieren nicht aus. Vielmehr müssen umfangreiche Details selbst erarbeitet und zugeschnitten werden. Dieser Aspekt wiegt um so schwerer, je mehr unternehmensspezifisch gewonnene Erfahrung in die Software einfließt, was vor allem für Individualsoftware relevant ist. Mit dem Kauf einer Standardsoftware wird dagegen die Integration eigener Erfahrungen durch den definierenden Rahmen begrenzt, welcher im Umkehrschluß einen Teil des zu benutzenden Fachwissens determiniert. Die Relevanz dieses Aspekts ist für Standardsoftware aber nicht ausgeschlossen, insbesondere dann nicht, wenn es sich vornehmlich um nicht öffentlich zugängliche Erfahrungen handelt, wie am Beispiel einer CAD-Standardsoftware deutlich wird, mit der Zeichnungen und technische Daten in einer Datenbank abgelegt werden. Sie soll eine gute Nutzung des vorhandenen Know-how für neue Konstruktionen gewährleisten und auf diese Weise Doppelarbeiten und Fehler vermeiden helfen. Dies ist um so effektiver, je umfangreicher das für Auswertungszwecke zur Verfügung stehende Datenmaterial ist. So wäre es denkbar, daß eine entsprechende Sammlung in den Konstruktions- und Entwicklungsabteilungen über Jahre erfolgte, und im Rahmen der CAD-Implementierung EDV-mäßig erfaßt wird. Ein potentieller Imitator, der über ähnliche Kenntnisse nicht verfügt, kann eine solche Datenbank erst mit signifikanter zeitlicher Verzögerung aufbauen.

Neben dem Know-how schafft ein hoher *Kapitalbedarf* eine Barriere, insbesondere dann, wenn die Investition risikobehaftet ist oder Forschung und Entwicklung benötigt wird. Sie ist um so dauerhafter, je weniger Finanzmittel potentiellen Imitatoren zu Verfügung stehen. Und selbst bei ausreichenden finanziellen Mitteln besteht für Forschungs- und Entwicklungsprojekte immer noch die Möglichkeit des Fehlschlags, wie Beispiele aus der Praxis zeigen: So scheiterte

[377] Zur Unzweckmäßigkeit gleicher Standardsoftware-Konfigurationen in verschiedenen Unternehmen einer Branche vgl. Thome [1999], S. 574ff.

1994 die Individualsoftware-Entwicklung eines Frachtverwaltungssystems für den Flughafen Düsseldorf, und im Jahre 1995 mißlang ein Versuch der Firma Peacock, Teile der Standardsoftware R/3 von SAP einzuführen.[378] In beiden Fällen wurde auf die „alte" Software zurückgestellt. Das Risiko läßt sich durch Einsatz von fachkundigem Personal, bekannter Technik und einem straffen Projektmanagement stark reduzieren. Entsprechende Ressourcen können jedoch i.d.R. nur für hohe Preise angeworben werden, was den Kapitalbedarf für das Projekt wieder erhöht. Es stellt sich aber die Frage nach Einsparpotentialen durch Software-Imitation.

Anders, als bei der Imitation materieller Güter, leistet das Kopieren von Wissen hier mangels ausreichender (Detail-)Informationen keinen nennenswerten Beitrag. Ferner sind selbst bei dessen Verfügbarkeit im Rahmen der Projektabwicklung umfangreiche Einzeltätigkeiten für die Modellierung von Funktionen, Daten, Programmierung, Test, Benutzerschulung, Rahmenorganisation usw. zu erledigen, um die Software „herzustellen". Auf sie entfällt der überwiegende Teil der erforderlichen Ressourcen, so daß die Annahme eines durch Imitation signifikant geringeren Kapitalbedarfs realitätsfern ist. Dies gilt für Standardsoftware um so mehr, als die Lizenzgebühren auf jeden Fall zu entrichten sind, und fallende Preise fast nie vorkommen. Im Gegensatz zur Imitation materieller Güter erweisen sich daher weder die Annahme eines signifikant geringeren Kapitalbedarfs noch die Prämisse einer geringeren Entwicklungs- bzw. Implementierungsdauer als realitätsnah.[379]

---

[378] Dies erfuhr die Verfasserin in Gesprächen mit dort tätigen Mitarbeitern.

[379] Die in der Industrieökonomik untersuchten Innovationen basieren häufig auf der Prämisse, daß die Investitionskosten im Zeitablauf sinken. Weiter wird in diesen Modellen i.d.R. eine unendliche Nutzung unterstellt und von homogenen Gütern ausgegangen (vgl. Tirole [1999], S. 871ff.). Software unterscheidet sich folglich von den analysierten Innovationen. Eine Ursache könnte darin liegen, daß in der Innovationsforschung zumeist implizit von technologischen Vorsprüngen ausgegangen wird, die auf einer einzelnen (oder wenigen) Erfindungen basieren. Die Vorteile von Software-Investitionen entspringen dagegen sehr vielen verschiedenen Quellen, die einzeln unbedeutend sind. Erst ihre Gesamtheit im Zusammenspiel mit Organisation, Mensch und Technik ruft bedeutsame Effekte hervor.

Die Überlegungen münden in folgende These: *Mit Kapitalbedarf, Risiko und Know-how existieren Barrieren, die Imitationen mindestens um die Entwicklungs- bzw. Implementierungsdauer verzögern (time-lag).* Da Standardsoftware den Konkurrenten einen frühen Produktionsbeginn ermöglicht, folgt weiter: *Standardsoftware ist Individualsoftware bezüglich des Zeitpunkts der Imitation überlegen.*

3.2.2.3 Software-Imitation

a) Nach Produktionsbeginn der Imitation verzeichnet Unternehmung B dieselben Effekte wie A während der Software-Einführung: In Abhängigkeit von der verfolgten Wettbewerbsstrategie führt seine Investition entweder überwiegend zu Produktdifferenzierung oder zur Ausgabenreduktion. Erstere vermindert die Preiswirkungen von B, also die Koeffizienten e und c obiger Preis-Absatz-Funktion. Ausgabensenkungen vermindern den Parameter g_v. Am Phasenende ist die mittels Software erzielbare Veränderung der Ausgaben- und Wettbewerbsparameter erreicht. Dabei fallen die Wirkungen für Standardsoftware geringer aus als für Individualsoftware.[380]

b) Da der Zeitraum vom Produktionsbeginn bis zum Ende der eigenen Software-Einführung i.d.R. gut geschätzt werden kann, wären Kenntnisse über Bestimmungsgrößen, die beim Konkurrenten zu einer abweichenden Dauer führen, nützlich. Grundsätzlich durchlaufen alle Unternehmen bis zur Stabilität übereinstimmende Lernkurven, was zur Annahme vergleichbarer Zeiträume führt. Ferner agieren sie als Konkurrenten auf dem gleichen Markt, so daß die Prämisse ähnlicher Reaktionszeiten realitätsnah ist. Hiervon gibt es zwei Ausnahmen:

Die Software-Bereitstellung ist mit Hardware, Betriebssystem und ggf. eingesetzter Standardsoftware untrennbar verknüpft. Insbesondere müssen deren Spezifika bei Entwicklung, Implementierung und Wartung berücksichtigt wer-

---

380 Zur Begründung vgl. Kapitel 3.2.2.1, S. 169ff.

den. Beruht eine der genannten Komponenten auf einer Innovation, so ist eine solche Beachtung mangels Erfahrung nicht immer möglich, was zu unbeabsichtigten und unter Umständen nur mit hohem Zeitaufwand zu beseitigenden Effekten führen kann. Auch Fehler lassen sich häufig nur zeitaufwendig dem Hersteller der Innovation oder der eigenen Software-Bereitstellung zuordnen. Als Konsequenz hieraus werden die Lernkurven der käuflich erworbenen Elemente und der eigenen Software-Bereitstellung gemeinsam durchlaufen. Zu einem späteren (Imitations-)Zeitpunkt existiert nicht nur mehr Wissen über diese Komponenten, sondern deren Hersteller hat auch eine Reihe von Fehlern beseitigt. Dies verkürzt den Zeitraum der Imitatoren bis zur Stabilität.

Produktdifferenzierung kann aber auch eine gegenteilige Wirkung auslösen. Dies ist dann der Fall, wenn es A gelingt, seine Wettbewerbsvorteile durch *Umstellungskosten* bei den Kunden abzusichern. Hierbei handelt es sich um einmalige Kosten, die für einen Lieferantenwechsel aufgebracht werden müssen. Sind sie hoch, muß ein Imitator bessere Leistungen anbieten, um die verlorenen Kunden zurückzugewinnen.[381] Umstellungskosten werden durch unternehmensübergreifende Kopplung elektronischer Informationsbestände oder durch Zulassung des Kunden auf eigene Datenbanken erzeugt. Dies gilt um so mehr, wenn die Technologie (ggf. inklusive Software) beim Kunden gestellt oder ein Teil seiner Aufgaben erledigt werden.[382] Selbst wenn der neue Lieferant identische Leistungen anbietet, entstehen potentiellen Interessenten bei einem Wechsel Kosten für die Schulung der Mitarbeiter, für die neue Software, Test und Einarbeitung.

Durch ähnliche DV-Kopplungen können Konkurrenten aus ihren *Vertriebskanälen* verdrängt und deren Rückkehr durch hohe Umstellungskosten verzögert werden: Wird ein Zugriff auf eigene Datenbanken zwecks elektronischer Bestellung, Verfügbarkeitsprüfungen usw. gestattet und die dazugehörige Soft-

[381] Vgl. Porter [1999b], S. 41, auch wenn der hier untersuchte Sachverhalt nicht mit der von Porter untersuchten Fragestellung identisch ist.

[382] Vgl. z.B. Schumann [1992], S. 116.

ware gestellt und betreut, ist es für den Vertriebspartner häufig günstiger, seine Nachfrage nach den bisher bezogenen Produkten zu erweitern. Andernfalls müßte er bei Bestellungen entweder auf eigene Software zurückgreifen oder eine Zulassung auf die Datenbanken alternativer Lieferanten erhalten. Letzteres setzt die Nutzung der dort eingesetzten Hilfsmittel und damit i.d.R. Schulungs- und Einarbeitungsmaßnahmen voraus. Der erste Fall erfordert möglicherweise entsprechende Investitionen und versäumt die Ausschöpfung des Potentials unternehmensübergreifend verzahnter Geschäftsprozesse.

Das Argument hoher Umstellungskosten ist indes nur für Individualsoftware wirksam. Standardsoftware besitzt vereinheitlichte Schnittstellen und basiert auf einer festgesetzten Technologie, die mindestens von Lieferanten bestückt werden kann, die das gleiche Produkt einsetzen. Dies eröffnet dem Kunden die Gelegenheit, entsprechende Unternehmen wahlweise zu berücksichtigen oder ohne zusätzliche Kosten fallenzulassen.

Obige Aspekte spielten in der Vergangenheit eine bedeutende Rolle, werden in der Zukunft aber an Bedeutung verlieren: Der zunehmende Einsatz von Standardsoftware, sowie die ständig wachsende Vernetzung und Offenheit aller Systeme läßt die Intensität der DV-Kopplung zwischen den Marktteilnehmern beständig steigen. Dies zeigt auch die wachsende Anzahl von Normen, mit denen z.B. Standards für plattformen- und herstellerunabhängige Datenbankzugriffe gesetzt werden.[383] Begleitet und unterstützt wird dieser Prozeß durch die insbesondere im WAN-Bereich (= Wide Area Network) kontinuierlich wachsenden Kapazitäten, die immer bessere technische Voraussetzungen für den Datentransport schaffen. Im Zuge dieser Entwicklung sinken die oben erörterten Umstellungskosten. Die Software-Imitation (Phase C) endet, wenn sich die Nutzeneffekte von B erstmals monetär niederschlagen.

Insgesamt läßt sich die These formulieren, *daß die Software-Imitation eine ähnliche Länge wie die Software-Einführung aufweist, wenn es nicht gelingt, mit*

---

[383] Hier seien ODBC-Treiber (ODBC=Open Database Connectivity) und SQL (Structured Query Language) als Stichworte genannt.

Individualsoftware Umstellungskosten beim Kunden oder Lieferanten zu erzeugen oder bis zur Imitation Erfahrungen in einer integrierten, innovativen Technologie zu sammeln.

3.2.2.4 Software-Ersatz

a) Nachdem die Software der Imitatoren ebenfalls stabil ist (Software-Ersatz = Phase D), verändern sich die Ausgaben- und Wettbewerbsparameter bis zur Ersatz-Entscheidung nicht. Danach sinkt der Ressourcenbedarf für die Wartung. Die Einschränkung der Tätigkeiten bezieht sich jedoch auf die Sorgfalt, mit der gewartet wird, nicht auf die Realisation zwingend notwendiger Wartungsprozesse. Daher bleibt die Funktionsfähigkeit der Software und mit ihr die Ausgaben- und Wettbewerbsparameter bis zum endgültigen Ersatz in Phase D konstant.

b) Da Wartung die Funktionsfähigkeit der Software garantiert, ist die Erwägung einer Ersatz-Investition erst zweckmäßig, wenn eine neue, innovative Idee zur strategischen Nutzung von Software entsteht oder ein bisher nicht realisierbarer Wunsch durch technischen Fortschritt im Hard- oder Softwarebereich praktikabel wird.

3.2.3 Nutzung des Modellrahmens zur Generierung der Einnahmen

Soll das aufgestellte Wettbewerbs- und Phasenmodell direkt zur Generierung der Einnahmen von Standardsoftware und Individualsoftware herangezogen werden, sind eine Reihe von Informationen und Prämissen erforderlich: Neben der Frage nach der empirischen Gültigkeit eigener Preis-Absatz- und Kostenfunktionen gilt es, entsprechende Annahmen über die der Konkurrenten zu treffen. Darüber hinaus sind alle Veränderungen der Modellparameter durch Software nach Zeit und Ausmaß abzuschätzen. Während die Kostenrechnung und die in Kapitel 3.1.2, S. 137ff. skizzierten Instrumente eventuell Anhaltspunkte bezüglich der eigenen Situation liefern,[384] sind vergleichbare Daten über die Konkurrenten nur sehr schwer zu erhalten und zudem mit großen Unsicherheiten behaftet.

Das Modell ist zur Datengenerierung jedoch auch dann nützlich, wenn nicht alle notwendigen Informationen vorliegen, da unter Anwendung des Phasenschemas Zusammenhänge zwischen der Zeit und den Einnahmen durch Software-Investitionen untersucht werden können. Das Ergebnis sind Mustercharakteristiken, welche als Normkurven eine Quantifizierungsbasis begründen, die sich situativ mit einer geringen Anzahl von „Meßwerten" zu Einnahmen für den Vermögensendwert konkretisieren lassen. Dabei unterstützen die in Kapitel 3.1.2, S. 137ff. vorgestellten Ansätze die erforderliche Abschätzung ausgezeichneter Zeitpunkte (vgl. Abbildung 10, in Fortsetzung von Abbildung 9, S. 154).

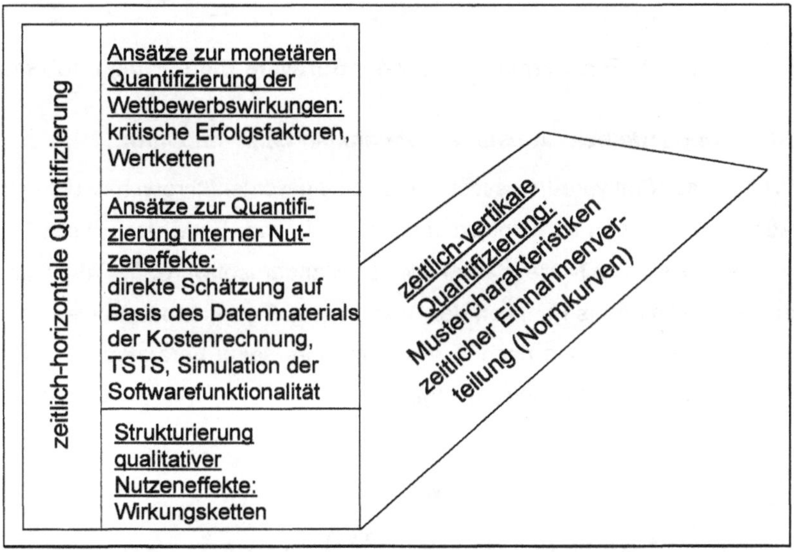

Abbildung 10: Ansätze zur Einnahmen-Quantifizierung in ihrer Bezugsebene

[384] Für eine Diskussion der Zuordnungs- und Verrechnungsproblematik vgl. die Literatur zur Kostenrechnung. Einen Überblick über Quantifizierungsansätze für Preis-Absatz-Funktionen liefert Simon [1992], S. 109ff.

3.3 Analyse der zeitlichen Einnahmenverteilung

Zeitliche Änderungen in den Datenkonstellationen werden typischerweise durch komparativ-statische Analysen untersucht.[385] Dazu eignen sich solche Zeitpunkte, die signifikante Änderungen der Datenkonstellation begründen, also Beginn bzw. Ende der in den vorangegangenen Kapiteln definierten Phasen Software-Einführung bis –Ersatz. Dabei wird von allen nicht durch Software bewirkten Änderungen der Unternehmens-/Marktdaten abstrahiert. Diese Prämisse ist zum einen notwendig, um grundsätzliche Zusammenhänge zwischen Software-Investitionen und Wettbewerbswirkungen frei von Überlagerungen herauszuarbeiten. Zum anderen soll die Analyse als Grundlage zur Datengenerierung für den Vermögensendwert fungieren, durch den genau die durch Standardsoftware bzw. Individualsoftware implizierten Veränderungen bewertet werden.

3.3.1 Temporale Einnahmenstruktur der Software-Einführung und -Reife

3.3.1.1 Steigende bzw. konstante Einnahmen beim Innovator

1. Wird mit der Software-Investition die Strategie Kostenführerschaft unterstützt, sinken die Ausgaben mit Produktionsbeginn bis zum Ende der Phase A, und zwar für Individualsoftware stärker als für Standardsoftware.[386] Faßt man die (Netto-)Einnahmen als Funktion der Ausgaben auf, so gibt das Vorzeichen der Ableitung dieser Funktion nach k_v Auskunft über seine Veränderung in Phase A. Mit den Formeln (21) und (23) folgt:

$$\begin{aligned}\frac{\delta DB_A}{\delta k_v} &= \frac{\delta(P_A - k_v)}{\delta k_v} \cdot x_A + (P_A - k_v) \cdot \frac{\delta x_A}{\delta k_v} \\ &= \underbrace{\left(\frac{2}{4-GF} - 1\right)}_{<0,\text{falls } GF<2} \cdot \underbrace{(x_A)}_{>0} + \underbrace{(P_A - k_v)}_{>0} \cdot \underbrace{\frac{b(GF-2)}{4-GF}}_{<0,\text{falls } GF<2} < 0.\end{aligned} \tag{26}$$

[385] Vgl. Simonis [1971], S. 51.

[386] Vgl. Kapitel 3.2.2.1, S. 169ff.

Da das Produkt GF kleiner als 2 vorausgesetzt wurde,[387] sind die Einnahmen streng monoton fallend in k_v. Sie steigen folglich mit Produktionsbeginn bis zum Ende der Phase A an und erreichen bei Individualsoftware ein höheres Niveau als bei Standardsoftware. Dieser mathematisch errechnete Sachverhalt läßt sich auch ökonomisch erklären: A gibt die gesunkenen Ausgaben teilweise über den Preis an die Kunden weiter.[388] Folglich steigt der Absatz,[389] wobei einige Kunden gewonnen werden, die bisher auf den Kauf gänzlich verzichteten, während andere vom Konkurrenten abwandern. Letzteres nimmt B nicht einfach so hin. Er ergreift vielmehr preispolitische Gegenmaßnahmen.[390] Die so ausgelösten, wechselseitigen Anpassungsprozesse schränken den Zuwachs zwar ein, können ihn aber nicht verhindern, da sich die Ausgangssituation von B relativ verschlechtert hat. Durch die Nutzung der Rationalisierungspotentiale aus der Software-Investition erhält A daher einen Wettbewerbsvorteil durch den seine Einnahmen in der ersten Phase steigen.

2. Für die Wettbewerbsstrategie Produktdifferenzierung ergibt sich analog unter Berücksichtigung der Formeln (21) und (23):

$$\begin{aligned}\frac{\delta DB_A}{\delta b} &= \frac{\delta(P_A - k_v)}{\delta b} \cdot x_A + (P_A - k_v) \cdot \frac{\delta x_A}{\delta b} \\ &= \underbrace{-\frac{G(d + eg_v) + 2a}{b^2(4 - GF)}}_{<0} \cdot \underbrace{(x_A)}_{>0} + \underbrace{(P_A - k_v)}_{>0} \cdot \underbrace{\frac{k_v(GF - 2)}{4 - GF}}_{<0, \text{falls } GF<2} < 0.\end{aligned} \tag{27}$$

Die Einnahmen sind streng monoton fallend in den durch die Software-Investition reduzierten Wettbewerbsparametern und steigen daher bis zur Stabilität, aber nicht mit identischen Raten: Da Individualsoftware die Wettbewerbsparameter stärker vermindert als Standardsoftware, führt letztere am Phasen-

387 Nur dann ist die Preiselastizität negativ (vgl. Formel (25)).

388 $\frac{\delta P_A}{\delta k_v} = \frac{2}{4 - GF} > 0 \cdot$

389 $\frac{\delta x_A}{\delta k_v} = \frac{b(GF - 2)}{4 - GF} < 0, \text{falls } GF < 2.$

390 In diesem Modell ist das seine einzige Option.

ende zu geringeren Einnahmen.[391] Ökonomisch gesehen erhöht die gestiegene Attraktivität den Preisspielraum von A, der begrenzte Preiserhöhungen ohne Kundenverluste vornehmen kann.[392] Damit löst er zwar wechselseitige Anpassungsprozesse aus, seine erreichte günstigere Position schützt ihn aber wirksam vor den kurzfristigen Gegenmaßnahmen seiner Konkurrenten. In dieser Phase verzeichnet er daher trotz gestiegener Preise einen Wettbewerbsvorteil.

3. Nach Abschluß von Phase A bleiben die Ausgaben- und Wettbewerbsparameter bis zum Ende der Phase B durch Software-Investitionen unbeeinflußt. Folglich gilt dies auch für die zeitliche Entwicklung der Einnahmen.[393]

Die bisherigen Überlegungen lassen sich in folgender These verdichten: *Wenn innovative, auf Produktdifferenzierung oder Kostensenkung abzielende Software produktiv wird, und die Prämissen des hier herangezogenen Wettbewerbsmodells gelten, dann führt die Investition unabhängig vom eingesetzten Softwaretyp und der damit unterstützten Wettbewerbsstrategie zu steigenden Einnahmen, deren Maximum am Ende der Phase A erreicht wird.* Hieraus folgt natürlich nicht, daß die Einnahmen gänzlich unabhängig vom Softwaretyp sind. Vielmehr erweist sich Individualsoftware bezüglich der erreichten absoluten Einnahmenhöhe als vorteilhaft, während die Vorzüge von Standardsoftware im früheren Produktionszeitpunkt und folglich in zeitlichen Aspekten liegen: *Alternative Softwaretypen wirken sich im vorliegenden Bedingungsrahmen auf verschiedene Dimensionen der Einnahmen vorteilhaft aus.*

---

[391] Obgleich Individualsoftware bei beiden Wettbewerbsstrategien zu höheren Einnahmen führt, ist diese Handlungsalternative nicht notwendig vorteilhaft, sondern gegen die geringeren Bereitstellungsausgaben und den früheren Produktionszeitpunkt von Standardsoftware abzuwägen (vgl. Kapitel 2, S. 23ff.).

[392] $\frac{\delta P_A}{\delta b} = -\frac{G(d + eg_v) + 2a}{b^2(4 - GF)} < 0$ und $\frac{\delta x_A}{\delta b} = \frac{k_v(GF - 2)}{4 - GF} < 0$, falls $GF < 2$.

[393] Das Ergebnis geht nicht unmittelbar in den Vermögensendwert ein, da vorher die monetären Konsequenzen der Unterlassungsalternative abzuziehen sind, die hier vereinbarungsgemäß separat analysiert werden.

3.3.1.2 Vorteilhaftigkeit verschiedener Wettbewerbsstrategien

Das Ergebnis des vorangegangenen Kapitels gilt zwar für Kostenführer und Produktdifferenzierer, sagt aber nichts über die Vorteilhaftigkeit einzelner Wettbewerbsstrategien im Hinblick auf Software-Investitionen aus. Genauer stellt sich die Frage, ob eine bestimmte Strategie besonders gut durch Software unterstützt werden kann. Bezüglich des hier exemplarisch genutzten Modellansatzes bedeutet dies, das Verhältnis zwischen $DB_A^{\Delta_1}$ und $DB_A^{\Delta_3}$, mit $DB_A^{\Delta_1} = DB_A(k_v - \Delta_1)$ und $DB_A^{\Delta_3} = DB_A(b - \Delta_3)$ auszuloten.

Dabei sind viele verschiedene Parameter zu beachten, welche die Wechselwirkungen mit dem Markt erfassen und die Beantwortung der Frage erschweren. Rein formal wird dies durch Einsetzen der Formeln (21) und (23) in DB_A ersichtlich. Zusätzlich ist die Vergleichbarkeit von Δ_1 und Δ_3, die die Reduktion der Kosten- und Wettbewerbsparameter mittels Software repräsentieren, in ihrer absoluten Höhe nicht gegeben, da sie sich auf gänzlich verschiedene Parametertypen beziehen. Aussagen setzen hier eine abstraktere Perspektive voraus: Durch Auffassung der (Netto-)Einnahmen DB_A als Funktion von k_v bzw. b folgt aus den Formeln (21) und (23), daß Konstanten C_i, $i \geq 1$ existieren, mit

$$
\begin{aligned}
DB_A &= (C_1 + C_2 k_v)(C_3 + C_4 k_v) = C_4 + C_6 + C_7 k_v^{\,2} \text{ und} \\
DB_A &= (C_8 + C_9 b)\frac{1}{b}(C_{10} + C_{11} b) = C_{12} + C_{13}\frac{1}{b} + C_{14}.
\end{aligned}
\qquad (28)
$$

M.a.W. ist DB_A eine quadratische Funktion in k_v, während sie in b von geringerer Ordnung ist. Angenommen, die stückbezogenen Ausgaben k_v und damit k_v^2 von A sind größer als eins. Infolge einer Reduktion von k_v steigen die Einnahmen DB_A von A dann stärker als linear. Ist der reziproke Wert der direkten Preiswirkung $1/b$ darüber hinaus ebenfalls kleiner als eins, steigt DB_A bei Reduktion von b weniger als linear. Dabei ist der Unterschied um so ausgeprägter, je größer k_v, b und Δ ausfallen. Da Kostenführer k_v und Produktdifferenzierer b mittels Software reduzieren, führt dies zu folgender These: *Wenn die direkte*

Preiswirkung und die stückbezogenen Ausgaben von A nicht „zu klein" (genauer: in Phase B größer als 1) sind, eignen sich Software-Investitionen bezüglich der erzielbaren Einnahmenhöhe in ihrer Tendenz für Kostenführer besser als für Produktdifferenzierer. Da Individualsoftware k_v, und b stärker zu reduzieren vermag als Standardsoftware, folgt weiter: *Das geringere Rationalisierungspotential einer Standardsoftware wirkt sich negativer als die weniger gute Produktdifferenzierung aus.* „Sehr kleine" Parameter k_v und b (genauer: k_v, $b < 1$ in Phase B) führen offensichtlich zu umgekehrten Ergebnissen. Die Resultate hängen jedoch empfindlich von der Linearität der herangezogenen Funktionen ab. Sie treten Ceteris paribus um so ausgeprägter zutage, je schneller die Kostenfunktion steigt. Hieraus folgt, daß Individualsoftware für Kostenführer bezüglich der maximalen Einnahmenhöhe um so vorteilhafter ist, je progressiver die Kostenfunktion verläuft. Die Ursache liegt darin, daß in diesem Fall mit der Absatzmenge auch die stückbezogenen Ausgaben steigen. Dann ist die vollständige Nutzung der Rationalisierungspotentiale durch Individualsoftware besonders wichtig. Liegen degressive Kostenverläufe vor oder zielt die beabsichtigte Investition auf Produktdifferenzierung (bei nicht zu kleinen direkten Preiswirkungen) ab, fällt der Unterschied zur Standardsoftware bezüglich der maximalen Einnahmenhöhe im hier untersuchten Modellrahmen tendenziell geringer aus.

3.3.1.3 Investitionsanreiz für den Imitator

1. B wird nur dann daran interessiert sein, die Investition zu imitieren, wenn er selber einen Vorteil davon hat bzw. einen Nachteil ausgleichen kann. Folglich sind die Auswirkungen der Software-Investition von A auf B ebenfalls zu untersuchen, wobei mit der Wettbewerbsstrategie Kostenführer begonnen wird. Aus den Formeln (22) und (24) folgt:

$$\frac{\delta DB_B}{\delta k_v} = \frac{\delta(P_B - g_v)}{\delta k_v} \cdot x_B + (P_B - g_v) \cdot \frac{\delta x_B}{\delta k_v}$$
$$= \underbrace{\left(\frac{Fb}{e(4-GF)}\right)}_{>0} \cdot \underbrace{(x_B)}_{>0} + \underbrace{(P_B - g_v)}_{>0} \cdot \underbrace{\frac{Fb}{4-GF}}_{>0} > 0. \tag{29}$$

Die Einnahmen von B sind streng monoton steigend in k_v. Folglich verzeichnet B durch die Software-Investition Verluste. Da das Rationalisierungspotential durch Individualsoftware höher ist, gilt dies auch für den Einnahmenausfall von B bei einer solchen Investition durch A. Bemerkenswert ist die Unabhängigkeit dieser Aussage von der Preiselastizität. Sie trifft nämlich selbst dann zu, wenn die Preiselastizität positiv, also $GF\text{-}2>0$ ist.[394]

Dem liegen folgende Prozesse zugrunde: B ergreift gegen die durch A ausgelöste Abwanderung seiner Kunden Gegenmaßnahmen, indem er ebenfalls seine Preise senkt.[395] Dabei fallen die Aktionen um so aggressiver aus, je größer der durch A ausgelöste Kundenverlust, je besser also sein Gut durch A substituierbar ist.[396] Da sich seine Ausgabensituation im Vergleich zu A verschlechtert hat, gelingt es ihm trotz des so ausgelösten wechselseitigen Anpassungsprozesses nicht, einen vollständigen Ausgleich herzustellen.[397] Er verzeichnet vielmehr einen Wettbewerbsnachteil.

Analoges stellt sich für Produktdifferenzierung durch A ein:

$$\frac{\delta DB_B}{\delta b} = \frac{\delta(P_B - g_v)}{\delta b} \cdot x_B + (P_B - g_v) \cdot \frac{\delta x_B}{\delta b}$$
$$= \underbrace{\left(\frac{Fk_v}{e(4-GF)}\right)}_{>0} \cdot \underbrace{(x_B)}_{>0} + \underbrace{(P_B - g_v)}_{>0} \cdot \underbrace{\frac{Fk_v}{4-GF}}_{>0} > 0. \tag{30}$$

394 Ist $GF\text{-}4$ nicht negativ, besteht kein Marktgleichgewicht.

395 $\frac{\delta P_B}{\delta k_v} = \frac{Fb}{e(4-GF)} > 0.$

396 Je größer Fb, desto höher ist die Ableitung in der vorangegangenen Fußnote, die das Ausmaß des Preisverfalls beschreibt.

397 $\frac{\delta x_B}{\delta k_v} = \frac{Fb}{4-GF} > 0.$

B erleidet einen Nachteil in Form verminderter Einnahmen durch die Investition von A. Da er die Vorteile einer solchen Investition (noch) nicht nutzen kann, beabsichtigt er, den erlittenen Nachteil durch Preispolitik auszugleichen. Trotz Preissenkungen[398] ist es B aber letztendlich nicht möglich, den Käuferverlust und damit die gestiegene Attraktivität des Konkurrenz-Produkts zu kompensieren.[399]

Interessant ist in diesem Zusammenhang, ob eine Wettbewerbsstrategie für B weniger nachteilig ist. Mit Überlegungen, wie sie auch für A angestellt wurden, erhält man, daß die (Netto-)Einnahmen DB_B von B quadratisch in b und k_v sind.[400] *Folglich weisen die Einnahmenverluste von B für beide Wettbewerbsstrategien die gleiche Größenordnung auf.*

2. Auf jeden Fall wird B bestrebt sein, den erlittenen Wettbewerbsnachteil aufzuholen und dazu die Zweckmäßigkeit einer Imitation prüfen: Aus

$$\begin{aligned}\frac{\delta DB_B}{\delta g_v} &= \frac{\delta(P_B - g_v)}{\delta g_v}\cdot x_B + (P_B - g_v)\cdot\frac{\delta x_B}{\delta g_v}\\ &= \underbrace{\left(\frac{2}{4-GF}-1\right)}_{<0,\text{falls } GF<2}\cdot\underbrace{(x_B)}_{>0}+\underbrace{(P_B - g_v)}_{>0}\cdot\underbrace{\frac{e(GF-2)}{4-GF}}_{<0,\text{falls } GF<2} < 0\end{aligned} \tag{31}$$

und

$$\begin{aligned}\frac{\delta DB_B}{\delta e} &= \frac{\delta(P_B - g_v)}{\delta e}\cdot x_B + (P_B - g_v)\cdot\frac{\delta x_B}{\delta e}\\ &= \underbrace{-\frac{F(a+bk_v)+2d}{e^2(4-GF)}}_{<0}\cdot\underbrace{(x_B)}_{>0}+\underbrace{(P_B - g_v)}_{>0}\cdot\underbrace{\frac{g_v(GF-2)}{4-GF}}_{<0,\text{falls } GF<2} < 0\end{aligned} \tag{32}$$

---

398 $\frac{\delta P_B}{\delta b} = \frac{Fk_v}{e(4-GF)} > 0.$

399 $\frac{\delta x_B}{\delta b} = \frac{Fk_v}{4-GF} > 0.$

400 Vgl. Kapitel 3.3.1.2, S. 183ff.

ist ersichtlich, daß die Einnahmen von B streng monoton fallend in e und g_v sind. Da e bzw. g_v durch Imitation gesenkt werden, *besteht folglich ein monetärer Anreiz, so schnell wie möglich ebenfalls in Software zu investieren*. Auch hier ist Individualsoftware unter dem Periodenziel „Einnahmenmaximierung" der Standardsoftware überlegen. Diesem Vorteil steht eine längere Zeitspanne bis zum Produktionsbeginn gegenüber, die mit dem Vermögensendwert abzuwägen ist.

3.3.2 Temporale Einnahmenstruktur der Software-Imitation und des Software-Ersatzes

3.3.2.1 Sinkende bzw. konstante Einnahmen beim Innovator

Natürlich bleibt die Imitation von B nicht ohne Rückwirkung auf die Einnahmen von A, dessen Situation sich bis zur Stabilität der Imitation wie folgt verändert:

$$\begin{aligned}\frac{\delta DB_A}{\delta g_v} &= \frac{\delta(P_A - k_v)}{\delta g_v}\cdot x_A + (P_A - k_v)\cdot\frac{\delta x_A}{\delta g_v}\\ &= \underbrace{\left(\frac{Ge}{b(4-GF)}\right)}_{>0,}\cdot\underbrace{(x_A)}_{>0}+\underbrace{(P_A - k_v)}_{>0}\cdot\underbrace{\frac{Ge}{4-GF}}_{>0}>0\end{aligned} \tag{33}$$

für den Kostenführer und

$$\begin{aligned}\frac{\delta DB_A}{\delta e} &= \frac{\delta(P_A - k_v)}{\delta e}\cdot x_A + (P_A - k_v)\cdot\frac{\delta x_A}{\delta e}\\ &= \underbrace{\frac{Gg_v}{b(4-GF)}}_{>0}\cdot\underbrace{(x_A)}_{>0}+\underbrace{(P_A - k_v)}_{>0}\cdot\underbrace{\frac{Gg_v}{4-GF}}_{>0}>0\end{aligned} \tag{34}$$

für den Produktdifferenzierer.

Die Überlegungen belegen folgende These: *Die Einnahmen sinken mit Produktionsbeginn der Imitation von B bis zur Stabilität, wobei der Effekt bei einer Standardsoftware-Investition durch B geringer als bei einer Individualsoftware-Investition ausfällt.*

Ökonomisch gibt der Kostenführer B einen Teil seiner Rationalisierungsvorteile über den Preis an die Kunden weiter. Hieraus resultiert neben dem Zufluß latenter Nachfrage auch ein Käuferwechsel von A nach B. A möchte die vormals von B abgezogenen Käufer aber nicht verlieren und ergreift durch eigene Preissenkungen Gegenmaßnahmen, und zwar um so aggressiver, je mehr Käufer zu B wechseln, je besser also A durch B substituierbar ist. Dies führt zwar zu wechselseitigen Anpassungsprozessen, letztendlich ist es A aber nicht möglich, den Wettbewerbsvorsprung vollständig zu verteidigen. Seine Einnahmen sinken. Mit einer ähnlichen Argumentation läßt sich das Verhalten im Fall der Produktdifferenzierung durch B erklären.

Nach Beendigung der Phase C führt Software so lange zu keinen weiteren Impulsen auf Ausgaben- und Wettbewerbsparameter, bis eine neue Investition erfolgt. Deren monetäre Implikationen fließen jedoch in die nachfolgende Wirtschaftlichkeitsberechnung ein. Die betrachtete Investition verzeichnet daher konstante Einnahmen in Bezug auf das zum Ende der Phase C erreichte Niveau.

3.3.2.2 Langfristige Wettbewerbsvorteile durch schlecht substituierbare Güter

Um die zeitliche Einnahmenverteilung möglichst gut zu beschreiben, ist die Frage zu beantworten, ob durch eine Imitation der gesamte Wettbewerbsvorsprung kompensiert wird oder ob A oder B Vorteile erzielen können, die über den Zeitpunkt der stabilen Imitation hinausgehen.

1. Angenommen, im Fall der Kostenführerschaft reduzieren A bzw. B durch Software ihre Ausgabenparameter um Δ_1 bzw. Δ_2.

Weiter bezeichne $P_A^{\Delta_1\Delta_2} := P_A(k_v - \Delta_1, g_v - \Delta_2)$ $\left(x_A^{\Delta_1\Delta_2}, DB_A^{\Delta_1\Delta_2}\text{analog}\right)$. Dann folgt aus den Formeln (21) und (23):

$$P_A^{\Delta_1\Delta_2} - (k_v - \Delta_1) = P_A - k_v - \frac{b\Delta_1(GF-2) + Ge\Delta_2}{b(4-GF)} \text{ und}$$

$$x_A^{\Delta_1\Delta_2} = x_A - \frac{b\Delta_1(GF-2) + Ge\Delta_2}{4-GF}. \text{ Also ist} \qquad (35)$$

$$\left[P_A^{\Delta_1\Delta_2} - (k_v - \Delta_1) \begin{Bmatrix} > \\ < \\ = \end{Bmatrix} P_A - k_v \text{ und } x_A^{\Delta_1\Delta_2} \begin{Bmatrix} > \\ < \\ = \end{Bmatrix} x_A \right] \Leftrightarrow Ge\Delta_2 \begin{Bmatrix} < \\ > \\ = \end{Bmatrix} b\Delta_1(2-GF).$$

A wird folglich um so eher einen dauerhaften Vorteil durchsetzen, je geringer die Verhältnisse zwischen den direkten und den indirekten Preiswirkungen F bzw. G von A bzw. B ausfallen. Anders ausgedrückt, erzielt A nach der Imitation von B um so eher zusätzliche Einnahmen,[401] je schlechter beide Güter substituierbar sind. Ferner ist eine Individualsoftware-Investition bezüglich des hier betrachteten Aspekts immer vorteilhafter als eine Standardsoftware-Investition. Schließlich besitzt die absolute Höhe der Ausgaben (k_v und g_v) von A und B für die Frage nach langfristigen Vorteilen keine Relevanz. Lediglich das genutzte Rationalisierungspotential (Δ_1 bzw. Δ_2) wirkt sich auf den berechneten Abstand aus. Genauer gesagt stellt A sich diesbezüglich um so besser, je mehr er und je weniger die Konkurrenten das mögliche Potential nutzen. Hierbei ist jedoch zu bedenken, daß rein formal eine lineare Kostenfunktion verwandt wird. Bei Rückgriff auf Kostenfunktionen höherer Ordnung wird das Ergebnis vermutlich weniger eindeutig zutage treten. Die Aussagen gelten für einen langfristigen Nachteil offensichtlich umgekehrt. Das Ausgangsniveau wird schließlich neben einigen Sonderfällen um so eher erreicht, je ähnlicher die Preis-Absatz-Funktionen, das Verhältnis der direkten und indirekten Preiswirkungen von A und B und das genutzte Rationalisierungspotential sind.

Bevor obige Ergebnisse ökonomisch interpretiert werden, seien die Verhältnisse für B untersucht: Mit $P_B^{\Delta_1\Delta_2} := P_B(k_v - \Delta_1, g_v - \Delta_2)$ $\left(x_B^{\Delta_1\Delta_2}, DB_B^{\Delta_1\Delta_2}\right.$ analog$\left.\right)$ folgt:

[401] Als Referenzalternative fungiert die Situation vor Produktionsbeginn.

$$P_B^{\Delta_1\Delta_2} - (g_v - \Delta_2) = P_B - g_v - \frac{e\Delta_2(GF-2) + Fb\Delta_1}{e(4-GF)} \text{ und}$$

$$x_B^{\Delta_1\Delta_2} = x_B - \frac{e\Delta_2(GF-2) + Fb\Delta_1}{4-GF}. \text{ Also ist}$$

$$\left[P_B^{\Delta_1\Delta_2} - (g_v - \Delta_1) \begin{Bmatrix} > \\ < \\ = \end{Bmatrix} P_B - g_v \text{ und } x_B^{\Delta_1\Delta_2} \begin{Bmatrix} > \\ < \\ = \end{Bmatrix} x_B \right] \Leftrightarrow Fb\Delta_1 \begin{Bmatrix} < \\ > \\ = \end{Bmatrix} e\Delta_2(2-GF). \quad (36)$$

Hier liegt m.a.W. dieselbe Sachlage wie bei A vor, so daß die dort getroffenen Aussagen analog gelten.

Die Ursache für dieses rein formal errechnete Ergebnis liegt darin, daß die Konkurrenten um so unabhängiger agieren können, je heterogener der Markt ist: Der strategische Charakter von Software-Investitionen führt dazu, daß der Investor sein Unternehmensziel durch Preisänderungen besser erfüllt. Neben der eigentlichen Investition werden folglich zusätzliche preispolitische Maßnahmen ausgelöst. Diese führen bei schlecht substituierbaren Gütern jedoch nur zu wenig Wanderungen zwischen den Unternehmen. Veränderungen resultieren vielmehr überwiegend aus der Aktivierung bzw. Stillegung latenter Nachfrage, da die Zielgruppen der Unternehmen nicht übereinstimmen. Folglich reagieren beide Wettbewerber auf Aktionen des Konkurrenten wenig sensibel mit preispolitischen Gegenmaßnahmen, wovon A und B langfristig profitieren. Umgekehrtes gilt für stark substituierbare Güter. Im Extremfall eines homogenen Marktes liegt das Bertrand-Paradox vor, nach dem kein Unternehmen mehr (Netto-)Einnahmen erzielt.[402]

2. Im Fall der Produktdifferenzierung folgt aus den Formeln (21) und (23) mit der Notation $P_A^{\Delta_3\Delta_4} := P_A(b-\Delta_3, e-\Delta_4)$ $\left(x_A^{\Delta_3\Delta_4}, DB_A^{\Delta_3\Delta_4}\text{analog}\right)$:

[402] Das in der Volkswirtschaftslehre bekannte Bertrand-Paradox legt dar, daß ausschließlich Preiswettbewerb treibende Unternehmen im Oligopol zu Grenzkosten verkaufen, wenn sie je ein homogenes Gut mit konstanten Skalenerträgen produzieren (vgl. Tirole [1999], S. 448ff.).

$$P_A^{\Delta_3\Delta_4} - k_v = (P_A - k_v)\frac{b}{b-\Delta_3} - \frac{k_v\Delta_3(GF-2)+Gg_v\Delta_4}{(b-\Delta_3)(4-GF)}\begin{Bmatrix}>\\<\\=\end{Bmatrix}P_A - k_v$$

$$\Leftrightarrow (P_A - k_v)\left(\frac{b}{b-\Delta_3} - \frac{b-\Delta_3}{b-\Delta_3}\right)\begin{Bmatrix}>\\<\\=\end{Bmatrix}\frac{k_v\Delta_3(GF-2)+Gg_v\Delta_4}{(b-\Delta_3)(4-GF)}$$

$$\Leftrightarrow \left[\frac{(a+bk_v)2+G(d+eg_v)}{b(4-GF)} - k\right]\frac{\Delta_3}{b-\Delta_3}\begin{Bmatrix}>\\<\\=\end{Bmatrix}\frac{k_v\Delta_3(GF-2)+Gg_v\Delta_4}{(b-\Delta_3)(4-GF)}$$

$$\Leftrightarrow (2a+G(d+eg_v)+k_vb(GF-2))\cdot\Delta_3\begin{Bmatrix}>\\<\\=\end{Bmatrix}(k_v\Delta_3(GF-2)+Gg_v\Delta_4)b$$

$$\Leftrightarrow 2a+Gd\begin{Bmatrix}>\\<\\=\end{Bmatrix}Gg_v\left(b\frac{\Delta_4}{\Delta_3}-e\right)\text{ und}$$

$$x_A^{\Delta_3\Delta_4} = x_A - \frac{k_v\Delta_3(GF-2)+Gg_v\Delta_4}{(4-GF)}$$

$$\Rightarrow x_A^{\Delta_3\Delta_4}\begin{Bmatrix}>\\<\\=\end{Bmatrix}x_A \Leftrightarrow Gg_v\Delta_4\begin{Bmatrix}<\\>\\=\end{Bmatrix}k_v\Delta_3(2-GF). \qquad (37)$$

Der Stück-Deckungsbeitrag, definiert als $(P_A - k_v)$, liegt praktisch immer höher als vor Produktionsbeginn. Sein Wert steigt mit dem Umfang der Käuferschicht a. Die Absatzmenge überschreitet ferner um so eher ihr Ausgangsniveau, je geringer das Verhältnis zwischen den direkten und indirekten Preiswirkungen von B und A und damit die Substituierbarkeit der Güter ist. Schließlich ist eine Individualsoftware-Investition bezüglich des hier betrachteten Aspekts immer vorteilhafter als eine Standardsoftware-Investition. Für beide Softwaretypen ist die Chance auf Einnahmen, die zeitlich weiter als die Imitation von B reichen, größer als bei Ausgabensenkungen, wo Preise und Mengen von der Substituierbarkeit abhängen. Die Gefahr dauerhafter Verluste ist aufgrund der quasi immer durchgesetzten höheren Preise dagegen gering. Das Ausgangsniveau wird schließlich nur zufällig erreicht.

Vor einer ökonomischen Interpretation der formal abgeleiteten Ergebnisse seien auch hier die Verhältnisse für B untersucht: Im Fall der Produktdifferenzierung durch B folgt mit der Notation $P_B^{\Delta_3\Delta_4} := P_B(b-\Delta_3, e-\Delta_4)$ $\left(x_B^{\Delta_3\Delta_4}, DB_B^{\Delta_3\Delta_4}\right.$ analog$\left.\right)$ aus den Formeln (22) und (24):

$$P_B^{\Delta_3\Delta_4} - g_v = (P_B - g_v)\frac{e}{e-\Delta_4} - \frac{g_v\Delta_4(GF-2) + Fk_v\Delta_3}{(e-\Delta_4)(4-GF)} \begin{Bmatrix} > \\ < \\ = \end{Bmatrix} P_B - g_v$$

$$\Leftrightarrow (P_B - g_v)\left(\frac{e}{e-\Delta_4} - \frac{e-\Delta_4}{e-\Delta_4}\right) \begin{Bmatrix} > \\ < \\ = \end{Bmatrix} \frac{g_v\Delta_4(GF-2) + Fk_v\Delta_3}{(e-\Delta_4)(4-GF)}$$

$$\Leftrightarrow \left[\frac{(d+eg_v)2 + F(a+bk_v)}{e(4-GF)} - g_v\right]\frac{\Delta_4}{e-\Delta_4} \begin{Bmatrix} > \\ < \\ = \end{Bmatrix} \frac{g_v\Delta_4(GF-2) + Fk_v\Delta_3}{(e-\Delta_4)(4-GF)}$$

$$\Leftrightarrow (2d + F(a+bk_v) + g_v e(GF-2))\cdot\Delta_4 \begin{Bmatrix} > \\ < \\ = \end{Bmatrix} (g_v\Delta_4(GF-2) + Fk_v\Delta_3)e$$

$$\Leftrightarrow 2d + Fa \begin{Bmatrix} > \\ < \\ = \end{Bmatrix} Fk_v\left(e\frac{\Delta_3}{\Delta_4} - b\right) \text{ und}$$

$$x_B^{\Delta_3\Delta_4} = x_B - \frac{g_v\Delta_4(GF-2) + Fk_v\Delta_3}{(4-GF)}$$

$$\Rightarrow x_B^{\Delta_3\Delta_4} \begin{Bmatrix} > \\ < \\ = \end{Bmatrix} x_B \Leftrightarrow Fk_v\Delta_3 \begin{Bmatrix} < \\ > \\ = \end{Bmatrix} g_v\Delta_4(2-GF). \qquad (38)$$

M.a.W. liegen bei B analoge Verhältnisse wie bei A vor. Folglich profitieren im hier exemplarisch benutzten Modell langfristig beide Anbieter von ihren Software-Investitionen.

Die Ursachen liegen in der Software selbst begründet: Als Instrument der Wettbewerbsstrategie wird sie im Hinblick auf die Optimierung der kritischen Erfolgsfaktoren mit dem Ziel entworfen, den Preisspielraum zu erhöhen. Dies ist um so erfolgreicher, je heterogener der Markt ist, da die jeweils ausgelösten Gegenmaßnahmen dann weniger aggressiv ausfallen. Im Rahmen der Produktdifferenzierung kommt ein weiterer Aspekt hinzu: Durch die Verbesserung der kritischen Erfolgsfaktoren ist das Gut als solches attraktiver geworden, so daß es beiden Anbietern gelingt, mehr latente Nachfrage zu aktivieren. Dies schwächt den Wettbewerb ab und zwar um so mehr, je höher der Umfang der Käuferschicht und damit die prinzipiell aktivierbare latente Nachfrage ist. Als Thesen bleiben festzuhalten:

Die Chance auf langfristige Einnahmen durch Software-Investitionen steigt für beide Wettbewerber mit der Heterogenität der angebotenen Güter (und umgekehrt).

Die Aussicht auf langfristige Einnahmen ist größer, wenn die Strategie Produktdifferenzierung durch Software unterstützt wird.

Beide Aussagen sind im Grundsatz, nicht aber in der situativ realisierten Einnahmehöhe und -dauer, unabhängig vom eingesetzten Softwaretyp.[403]

Die bisherigen Überlegungen zeigen, daß die durch Software unterstützte Wettbewerbsstrategie bezüglich ihrer Vorteilhaftigkeit mit genau einer Dimension der Einnahmen korrespondiert: Während Kostenführer tendenziell höhere Einnahmen erzielen,[404] sind letztere für Produktdifferenzierer langfristigerer Natur. Bei der Abwägung beider Aspekte darf der Faktor Zeit folglich nicht vernachlässigt werden, was erneut die Zweckmäßigkeit finanzmathematischer Investitionsmodelle für die vorliegende Fragestellung verdeutlicht.

---

[403] Die Gültigkeit obiger Aussagen ist nicht auf Standardsoftware oder Individualsoftware beschränkt, sondern umfaßt alle Investitionen, durch die Wettbewerbs- oder Kostenparameter im zugrunde liegenden Modellrahmen wie beschrieben verändert werden. Dies gilt auch für einige der folgenden Ergebnisse. Da die vorliegende Arbeit auf die Ableitung zeitlicher Software-Einnahmenstrukturen abzielt, wird auf diesen Aspekt nicht immer separat hingewiesen.

[404] Vgl. Kapitel 3.3.1.2, S. 183ff.

3.3.3 Unterlassungsalternative

Bisher wurden mögliche modellmäßige Grundlagen zur Generierung der Einnahmenströme infolge der *Durchführung* einer Standardsoftware- oder Individualsoftware-Investition untersucht. Bei den in eine Investitionsrechnung eingehenden Daten handelt es sich konzeptionsnotwendig jedoch um eine Differenzbetrachtung zwischen der Situation mit und ohne Durchführung der Investition. Daher gilt es, auch die Unterlassungsalternative im Hinblick auf mögliche Einnahmenänderungen zu analysieren, was im Zusammenhang mit Software-Investitionen besonders wichtig ist:[405] Der durch Vernachlässigung dieses Aspekts implizit unterstellte konstante Status quo kann aufgrund hoher Bereitstellungsausgaben nämlich leicht zu einem negativen oder sehr geringen Vermögensendwert führen. Verzichtet das Unternehmen infolge einer solchen Empfehlung auf die Investition, ist seine Wettbewerbsposition aber unter Umständen nicht mehr gesichert. Ergreifen die Konkurrenten ihrerseits die softwarepolitische Initiative, können Marktanteile verloren gehen.

Und selbst wenn lediglich zwischen zwei Alternativen gewählt werden kann, reicht eine vergleichende Bewertung der Wirkungen bei *Durchführung* nur dann aus, wenn ein vollkommener Kapitalmarkt vorliegt: Die Berücksichtigung der Unterlassungsalternative verändert die Einnahmen und Ausgaben von Standardsoftware und Individualsoftware auf die gleiche Weise. Während der so erzeugte konstante Abstand zweier Zahlungsreihen auf vollkommenem Kapitalmarkt zu identischen Entscheidungsempfehlungen führt, kann die absolute Höhe der Einnahmen und Ausgaben bei verschiedenen Soll- und Habenzinsfüßen relevant sein. Je nach Tilgungsform erfolgt nämlich die Gewichtung mit abweichenden Zinssätzen und impliziert so ungleiche Zahlungen. Besonders deutlich tritt dieser Effekt in Perioden zutage, in denen lediglich die Ausgaben einer Alternative durch Berücksichtigung erwarteter Einnahmenverluste bei Unterlassung ihr Vorzeichen wechseln. Abweichende Zinsen führen bei unvoll-

[405] Blohm/Lüder [1995], S. 240 beziehen die Relevanz dieses Aspekts auf strategische Investitionen jeder Art.

kommenem Kapitalmarkt also möglicherweise zur Umkehrung der Entscheidungsempfehlung.

Hiervon sind nicht nur seltene Grenzfälle ohne praktische Relevanz, sondern auch typische Zahlungsreihen aus Software-Investitionen betroffen, wie folgendes Beispiel zeigt: Gegeben seien Standardsoftware, Individualsoftware und Unterlassung, die den Istzustand durch die Zahlungsfolgen (-80, 40, 60, 60, 60, 60), (-40, -40, 50, 70, 70, 70) und (0, -30, -30, -30, -30, -30) verändern, sowie Tilgungsform A, $s = 20\%$, $h = 5\%$, g = 0. Unter Vernachlässigung der Unterlassungsalternative liegt der Vermögensendwert für Standardsoftware mit 108,16 über dem für Individualsoftware mit 96,08. Bei Einbezug steigt er für Standardsoftware auf 273,93 und für Individualsoftware auf 287,59.[406] Nach dem Vermögensendwert-Kriterium erweist sich folglich Individualsoftware als vorteilhaft.

Im vorangegangenen Kapitel wurde bereits festgestellt, daß die eigenen Einnahmen bei Software-Investitionen der Konkurrenten sinken. Dies gibt zwar erste Anhaltspunkte zur Datengenerierung, reicht aber allein nicht aus. Vielmehr ist die mögliche Verlusthöhe abzugrenzen. Besonders einfach ist die Datengenerierung, wenn die Einnahmenreduktionen durch Imitation und bei Unterlassung ähnliche Größenordnungen und Zeitpunkte aufweisen. Dieser Fall führt investitionsrechnerisch trotz Imitation sowie Preis- und Mengenänderungen zu konstanten Einnahmen, so daß sich die Prognose beider Größen erübrigt. Aber auch in anderen Fällen ist der absolute Vergleich zwischen dem Einnahmenverlust durch Imitation und bei Unterlassung hilfreich, da er Aussagen gestattet, ob die (Grenz-)Einnahmen langfristig höher oder geringer als in Phase B ausfallen. Dementsprechend ist zu untersuchen, welche Relation zwischen $DB_A^{\Delta_1\Delta_3} - DB_A^{\Delta_1\Delta_2\Delta_3\Delta_4}$ und $DB_A - DB_A^{\Delta_2\Delta_4}$ gilt. Bei Kostenführerschaft folgt:

[406] Dabei liegen Standardsoftware und Individualsoftware die Zahlungsströme (-80, 70, 90, 90, 90, 90) und (-40, -10, 80, 100, 100, 100) zugrunde, die durch Differenzenbildung zur Unterlassungsalternative entstehen.

Einnahmenverlust durch Imitation - Einnahmenverlust bei Unterlassung

$$= DB_A^{\Delta_1} - DB_A^{\Delta_1,\Delta_2} - \left[DB_A - DB_A^{\Delta_2}\right]$$

$$= \left(P_A - \frac{2b\Delta_1}{b(4-GF)} - k_v + \Delta_1\right)\left(x_A - \frac{b\Delta_1(GF-2)}{4-GF}\right) - (P_A - k_v)x_A$$

$$-\left(P_A - \frac{2b\Delta_1 + Ge\Delta_2}{b(4-GF)} - k_v + \Delta_1\right)\left(x_A - \frac{b\Delta_1(GF-2) + Ge\Delta_2}{4-GF}\right)$$

$$+\left(P_A - \frac{Ge\Delta_2}{b(4-GF)} - k_v\right)\left(x_A - \frac{Ge\Delta_2}{4-GF}\right)$$

$$= -\frac{Ge\Delta_2 GFb\Delta_1}{b(4-GF)^2} + \Delta_1 \frac{Ge\Delta_2}{4-GF}$$

$$= \frac{Ge\Delta_2}{(4-GF)}\left[\Delta_1\left(\frac{4-2GF}{4-GF}\right)\right] \geq 0, \text{ da } GF < 2, \text{ laut Voraussetzung.} \qquad (39)$$

Weiter ist

$$\frac{\delta}{\delta G}\left(\frac{Ge\Delta_2}{(4-GF)}\Delta_1\left(\frac{4-2GF}{4-GF}\right)\right) = \frac{4e\Delta_2\Delta_1(4-3GF)}{(4-GF)^3}\begin{Bmatrix}<\\>\\=\end{Bmatrix}0 \Leftrightarrow \frac{4}{3}\begin{Bmatrix}<\\>\\=\end{Bmatrix}GF. \qquad (40)$$

Im hier exemplarisch analysierten Modell übersteigt der Einnahmenverlust infolge einer Imitation den bei Unterlassung. Daher gehen in die Vermögensendwertberechnung langfristig geringere Einnahmen als in Phase B ein. Diese Aussage ist unabhängig vom eingesetzten Softwaretyp, der Ausgabensituation, des genutzten Rationalisierungspotentials und dem Substitutionsgrad der Güter. Die genannten Variablen bestimmen jedoch die Höhe der Differenz und damit der investitionsrechnerisch zu bewertenden Einnahmen:

- Je höher das beiderseitig genutzte Rationalisierungspotential (Δ_1, Δ_2), desto niedriger die Einnahmen. Diese Aussage ist unabhängig von der Ausgangssituation (k_v, g_v).[407]
- Auf sehr heterogenen und sehr homogenen Märkten erreichen die Einnahmen näherungsweise ihr Niveau vor der Imitation.[408]

[407] Vgl. die Formeln (39) und (40).

[408] Vgl. die Formeln (39) und (40). Die selbe Aussage erhält man in Formel (39) durch Grenzwertbildung (d.h. $F,G \to 0$ bzw. $F,G \to \infty$)

Analog erhält man im Fall der Produktdifferenzierung:

$$DB_A^{\Delta_3} - DB_A^{\Delta_3,\Delta_4} - \left[DB_A - DB_A^{\Delta_4}\right] \geq 0^{409}, \qquad (41)$$

was besagt, daß der positive Effekt vermiedener Wettbewerbsnachteile bei Unterlassung nicht ausreicht, um den Einnahmenverlust durch Imitation zu kompensieren. Die Einnahmen sinken in Phase C bei Durchführung der eigenen Investition stärker als bei deren Unterlassung und zwar unabhängig von der Wettbewerbsstrategie, dem Softwaretyp und konkreten Wettbewerbs- und Kostenparametern. Wenn Investitionen, wie hier, als Grenzhandlung aufgefaßt werden, dann liefert die dadurch realisierte Differenzenbetrachtung zunächst steigende Einnahmen (Phase A), die in Phase C wieder absinken und das ursprüngliche Niveau auch langfristig nicht mehr erreichen.

Die Ergebnisse der vorangegangenen Überlegungen lassen sich in folgender These verdichten: *Die mittels Investitionsrechnungen vergleichend zu bewertenden (Grenz-)Einnahmen weisen trotz Erfassung vermiedener Wettbewerbsnachteile unabhängig von der Wettbewerbsstrategie, dem Softwaretyp und konkreten Wettbewerbs- oder Kostenparametern, langfristig eine geringere Höhe als vor der Imitation auf.*[410]

3.3.4 Ableitung von Normkurven für Einnahmen

Will man die Einnahmen aus Standardsoftware und Individualsoftware für den Vermögensendwert generieren, so muß deren zeitliche Verteilung auf die Nutzungsdauer bestimmt werden. Die bisherigen Ergebnisse gestatten die Ableitung verschiedener Beziehungen zwischen der Zeit und den Einnahmen, die sich zu idealtypischen Normkurven verdichten lassen. Für die Unterscheidung ist zunächst der gewählte Investitionszeitpunkt relevant, der in Anlehnung an die bei Innovationen übliche Abgrenzung zu den drei Gruppen Führer, frühe

[409] Zum Beweis vgl. Anhang 2, S. 236ff.

[410] Vgl. Fußnote 403, S. 193.

Gefolgschaft und späte Gefolgschaft führt:[411] Dieser Aspekt wird durch das Kriterium der erwarteten Software-Politik der Konkurrenten überlagert, die deren Investitionszeitpunkt bestimmt.[412] Konkret soll zwischen defensiven und offensiven Maßnahmen der Wettbewerber unterschieden werden. Dabei beschreiben erste eine Situation, die sich ausschließlich durch Reaktion auf eigene Software-Investitionen auszeichnet. Offensiv ausgerichtete Konkurrenten werden dagegen auch dann die Initiative ergreifen, wenn auf die eigene Investition verzichtet wird. Die Klassifikation führt zu den in Abbildung 11 veranschaulichten Typen, die jeweils eine spezifische Beziehung zwischen Zeit und Einnahmen begründen.

Abbildung 11: Typisierung potentieller Softwarestrategien als Basis für Einnahmen-Normkurven aus Standardsoftware und Individualsoftware

3.3.4.1 Typ 1: Erzielung Wettbewerbsvorteil (Führer)

Ein Unternehmen vom Typ 1 betreibt offensive Software-Politik, indem es entsprechende Investitionen gezielt vornimmt, um den Wettbewerb zu seinen Gun-

[411] Vgl. Kapitel 3.1.1, S. 131ff.

[412] Zur Eruierung dieses Zeitpunkts kann z.B. auf die von Porter [1999b], S. 86ff. entwickelte Konkurrentenanalyse zurückgegriffen werden. Ausgehend von einer Untersuchung der Ziele, Annahmen, gegenwärtigen Strategie und Fähigkeiten wird dabei ein Reaktionsprofil der Konkurrenten erstellt.

sten zu beeinflussen. Es besitzt zudem eine innovative Idee für eine seine kritischen Erfolgsfaktoren verbessernde Software-Investition sowie das zur Realisation notwendige Know-how. Im hier herangezogenen Wettbewerbsmodell werden Unternehmen dieses Typs durch A repräsentiert. Zur Wahl stehen Standardsoftware und Individualsoftware. In der Praxis ist die alternative Verfügbarkeit ersterer in der hier beschriebenen Situation nicht immer gegeben. Dann ist der Frage nach der Wirtschaftlichkeit einer Individualsoftware-Investition nachzugehen, für die ggf. verschiedene Varianten zur Auswahl stehen. Das entwickelte Verfahren zur Einnahmen-Generierung wird in diesen Fällen nur auf die zur Verfügung stehenden Handlungsalternativen angewandt.

1a. Die Hauptkonkurrenten verfolgen eine defensive Software-Politik: Sie warten ab, bis Erfahrungen mit der neuen Software bestehen. Stellen sich Verluste von Marktanteilen ein, reagieren sie mit Imitation, ergreifen aber nicht ihrerseits die Initiative. Im Wettbewerbsmodell repräsentieren sie folglich die Position von B. In der Praxis hat sich gezeigt, daß innovative Ideen, die mit existierender Standardsoftware nicht umsetzbar sind, vom Hersteller derselben meistens zügig nachgearbeitet werden. Der Imitator wählt daher regelmäßig zwischen Standardsoftware und Individualsoftware als echten Investitionsalternativen.

Durch die Beschränkung der Konkurrenten-Aktivitäten auf *Reaktionen* wird der Status quo bei Unterlassung beibehalten. Daher bildet die Einnahmenentwicklung bei *Durchführung* der beabsichtigten Maßnahme die Informationsbasis für den Vermögensendwert. Die Einnahmen steigen, wie in der folgenden Abbildung 12 skizziert, zunächst unabhängig vom eingesetzten Softwaretyp bis zur Durchsetzung am Markt an (Phase A). Es folgt ein Zeitabschnitt konstanter Einnahmen (Phase B), die mit dem Produktionsbeginn erster Imitationen wieder rückläufig sind (Phase C) und sich nach der Etablierung am Markt auf einem niedrigen Niveau einpendeln (Phase D). Letzteres übersteigt um so eher die Einnahmen zu Beginn der Phase A, je heterogener der Markt ist. Die Ursache liegt darin, daß bei homogenen Gütern bereits geringfügige Änderungen der

Absatzpolitik[413] zu hohen Käuferfluktuationen führen und damit aggressive Gegenmaßnahmen der negativ betroffenen Wettbewerber auslösen. Während der auf Heterogenisierung abzielende Produktdifferenzierer dem Kostenführer diesbezüglich überlegen ist, erreicht letzterer in Phase B tendenziell ein höheres Einnahmenmaximum.

Der frühe Produktionszeitpunkt und die damit verbundene zeitige Einführung von Standardsoftware plazieren die Phasen A und B einerseits vor denen alternativer Individualsoftware. Andererseits führt die unscharfe Abdeckung der Anforderungen zu einem geringeren Einnahmenmaximum. Die kurze Durchlaufzeit potentieller Implementierungsprojekte ermöglicht den Wettbewerbern darüber hinaus eine zügige Imitation, was Phase B im Vergleich zur Alternative deutlich verkürzt. Infolge dieses Sachverhalts sinken die Einnahmen bis zur Einführung am Markt (Phase C) früher als bei alternativer Individualsoftware ab (vgl. Abbildung 12).

1b. Typ 1b ist durch Konkurrenten charakterisiert, die zwar grundsätzlich ebenfalls eine offensive Software-Politik verfolgen, aber bereits einen Wettbewerbsnachteil erlitten haben. Ihre Reaktion gleicht zunächst der in 1a. Sie projektieren zwecks Imitation rasch eine eigene Software-Investition, unterscheiden sich aber dahingehend, daß sie diese Maßnahme auf jeden Fall realisieren. Das betrachtete Unternehmen muß daher potentielle Verluste bei Unterlassung der Investition in sein Entscheidungskalkül einbeziehen, was zu der in Abbildung 13 skizzierten zeitlichen Einnahmenverteilung führt.

Die in Abbildung 13 durch (1) angedeutete Situation bei Durchführung der Investition stimmt mit Typ 1a überein und braucht nicht erneut erläutert werden. Als Konsequenz der für Investitionsrechnungen konzeptionsnotwendigen Differenzenbetrachtung wird der Einnahmenverlust, der sich bei Unterlassung durch entsprechende Investitionen der Konkurrenten einstellt, jedoch ebenfalls erfaßt

---

[413] Die einsetzbaren Instrumente sind im hier exemplarisch analysierten Modell auf die Preispolitik beschränkt.

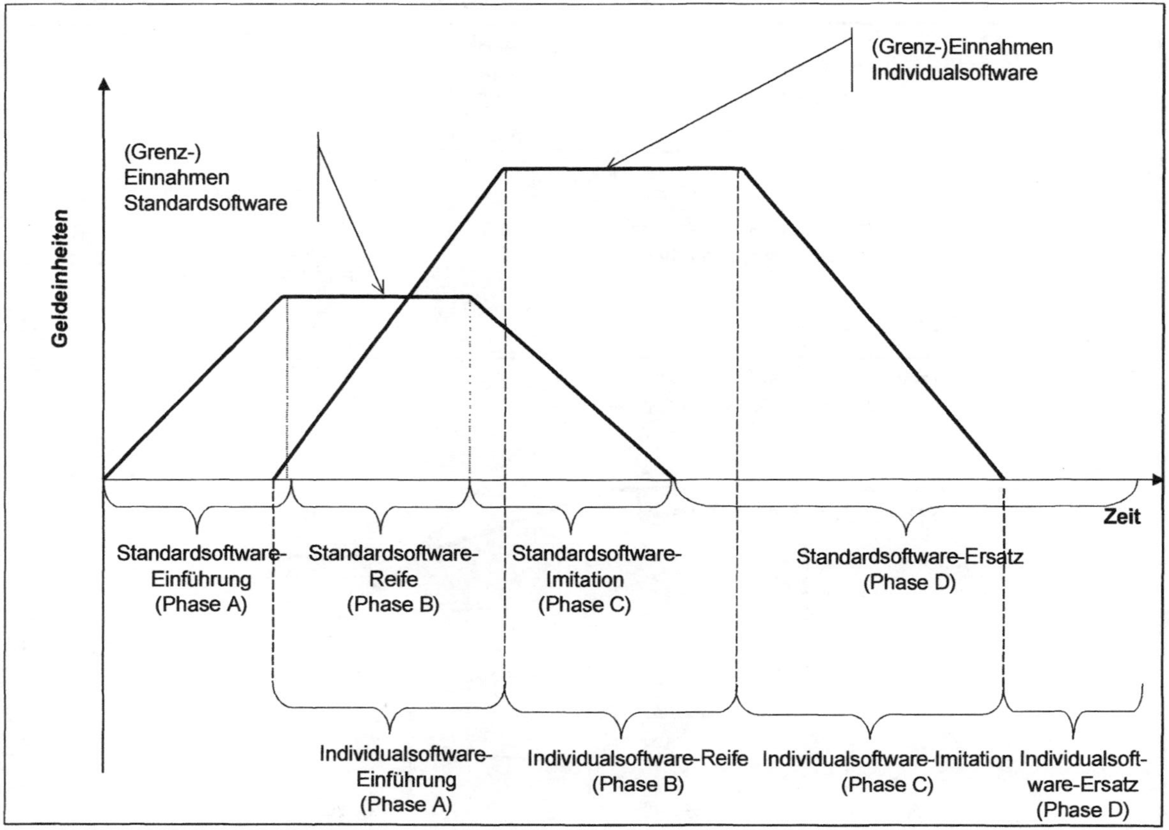

Abbildung 12: Zeitliche Einnahmenverteilung Typ 1a

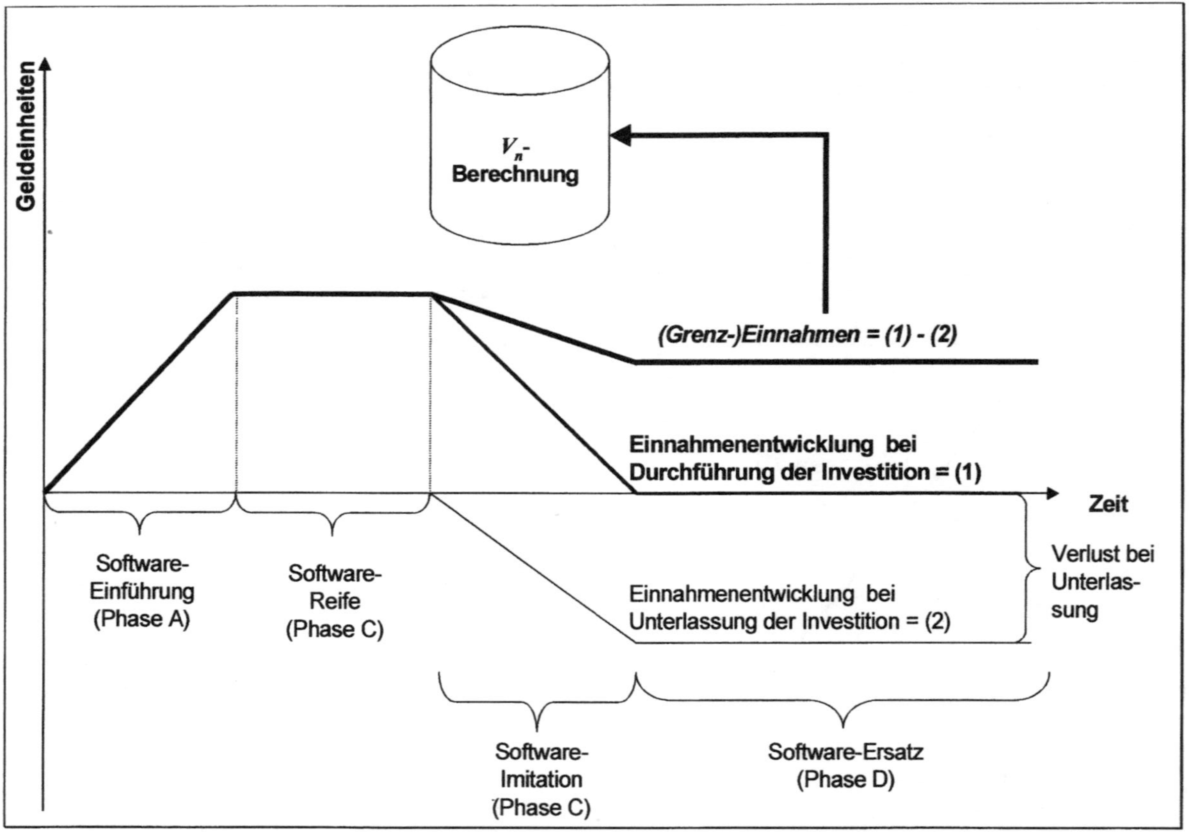

Abbildung 13: Zeitliche Einnahmenverteilung Typ 1b

(Abbildung 13, Kurve (2)). Dieser vermiedene monetäre Nachteil führt letztendlich zu positiven (Grenz-)Einnahmen in den Phasen C und D, deren Höhe jedoch hinter dem Maximum von Phase B zurückbleibt. Lediglich Kostenführer erreichen auf sehr homogenen oder sehr heterogenen Märkten einen ähnlichen Wert wie während der Software-Reife.

Dabei zeigt Abbildung 13 einen Spezialfall des Typs 1b, in dem die Konkurrenten bei Durchführung und Unterlassung der eigenen Investition zum gleichen Zeitpunkt mit ihrer Software produktiv werden. Dies trifft im konkreten Einzelfall nicht auf beide Softwaretypen gleichzeitig zu, da Standardsoftware i.d.R. früher als Individualsoftware imitiert wird. Liegt der Produktionszeitpunkt vor dem bei Unterlassung, fehlen den mittels Investitionsrechnungen strukturierten (Grenz-) Einnahmen für die Dauer dieses time-lags die Vorteile aus vermiedenen Verlusten, was zu einem temporären Absinken führt. In Abbildung 13 stellt sich eine solche Situation durch Rechtsverschiebung der Kurve (2) ein. Dieses Szenario wird in Kapitel 3.3.5, S. 208ff. anhand eines Beispiels verdeutlicht. Tabelle 25 faßt die Bedingungen und Spezifika von Typ 1 zusammen.

3.3.4.2 Typ 2: Reduktion Wettbewerbsnachteil (späte Gefolgschaft)

Unternehmen des Typs 2 zeichnen sich durch eine defensive Software-Politik aus. Neuen Ideen zur effektiveren oder effizienteren Nutzung von Informationen mittels Software stehen sie zurückhaltend gegenüber und warten erst einmal ab. Zum Zeitpunkt der Erwägung einer entsprechenden Investition treffen sie auf einen Markt, auf dem bereits einige Konkurrenten Wettbewerbsvorteile mittels Software erzielt haben. Im eigenen Unternehmen macht sich dieser Sachverhalt durch gesunkene Einnahmen bemerkbar. Ziel ist es, den eingetretenen Verlust durch Imitation zu kompensieren, was die Frage nach dem geeigneten Softwaretyp aufwirft.

Unternehmen des Typs 2 befinden sich im Wettbewerbsmodell m.a.W. in der Situation von B in Phase B. Folglich durchlaufen sie mit ihrer Investition zunächst die Phasen C und D. Eine Beschränkung auf diese beiden Zeitabschnitte reicht i.d.R. jedoch nicht aus. Vielmehr werden im Zeitablauf neue innovative Ideen zur Verbesserung der Informationsverarbeitung entstehen. Wird die Strategie beibehalten, wartet das Unternehmen auch hier erste Erfahrungen ab, während es die alte Software weiterhin einsetzt. Ein Ersatz erfolgt erst nach Ablauf der Phasen A und B im neuen Innovationszyklus. Daher müssen dessen Rückwirkungen auf die Einnahmen der beabsichtigten Investition ebenfalls erfaßt werden. Imitatoren durchlaufen das Phasenmodell folglich in der Reihenfolge C, D, A, B.

Typ 1: Eigenes Unternehmen: Ziel der Software-Investition: Wettbewerbsvorteil (Führer) Modell: A (Innovator) Software-Politik: offensiv, Marktgleichgewicht soll gezielt beeinflußt werden		
	Typ 1a) Konkurrenten imitieren bei Durchführung der Investition Modell: B (Imitator) Software-Politik: defensiv	**Typ 1b)** Konkurrenten imitieren bei Durchführung und Unterlassung Modell: B (Imitator) Software-Politik: eher offensiv
Phasen:	**zeitliche Einnahmenverteilung**	
Software-Einführung (Phase A):	steigend	steigend
Software-Reife (Phase B):	konstant	konstant
Software-Imitation (Phase C):	sinkend	konstant beim Kostenführer und sehr homogenem bzw. sehr heterogenem Markt, sonst leicht sinkend
Software-Ersatz (Phase D):	konstant, übersteigt Einnahmen vor Investition um so eher, je heterogener der Markt ist und bei Produktdifferenzierung eher als bei Kostenführerschaft	konstant

Tabelle 25: Zeitliche Einnahmenverteilung Typ 1

Die zeitliche Einnahmenstruktur wird darüber hinaus durch das Verhalten der Konkurrenten tangiert. In Analogie zum Typ 1 wird hier unterschieden, ob die neue Investition auf jeden Fall erfolgt (Typ 2b) oder lediglich als Reaktion auf den drohenden Verlust von Wettbewerbsvorteilen beim Konkurrenten zu verstehen ist (Typ 2a).

2a. Da Typ 2a bei Unterlassung zu keinerlei Verlusten im investierenden Unternehmen führt, reicht es aus, die Betrachtungen auf die monetären Wirkungen bei Durchführung der Investition einzuschränken. In Phase C gilt es zunächst, verlorengegangene Marktanteile zurückzuerobern. Dies schlägt sich in steigenden Einnahmen nieder,[414] die am Phasenende ihr Maximum erreichen und solange konstant bleiben (Phase D), bis neue innovative Ideen bessere Softwarelösungen hervorbringen. Mit deren Produktionsbeginn sinken die Einnahmen um so stärker ab, je homogener der Markt ist. Sie weisen folglich die in Abbildung 12, S. 201 für Typ 1a skizzierte zeitliche Verteilung mit den gleichen Unterschieden zwischen Standardsoftware und Individualsoftware auf. Nur die Zeit bis zum erneuten Einnahmenverlust infolge Konkurrenten-Investitionen übersteigt die von Typ 1a deutlich, da anstelle der Imitation bekannter Technologie neue Ideen entstehen und ggf. technischer Fortschritt abgewartet werden muß.

2b. Besitzen die Hauptkonkurrenten eine so stark ausgeprägte offensive Grundhaltung, daß sie auch dann in innovative Software investieren, wenn sie auf diesem Gebiet bereits einen Vorsprung aufweisen, führt die Annahme eines konstanten Status quo unter Umständen zu Fehlentscheidungen. Ausgehend vom Typ 2a müssen vermiedene Einnahmenverluste bei Unterlassung daher ebenfalls erfaßt werden. Hierbei handelt es sich selbstredend um keine echte Alternative, da ein Unternehmen, das dauerhaft auf Software-Investitionen verzichtet, keine Chancen hat, am Markt zu bestehen. Investitionsrechnerisch sind die Folgen als vermiedene Einnahmenverluste dennoch zu erfassen. Zur vollständigen Kompensation der in Phase A erfolgten Reduktionen bei Durchführung der Investition eigenen sie sich jedoch nur in Sonderfällen (z.B. Kostenführer auf sehr homogenem bzw. sehr heterogenem Markt).[415] Abbildung 14

---

[414] Beim bewußten Verzicht auf die Pionierrolle fungieren gesunkene Einnahmen möglicherweise als Anlaß, eine eigene Investition zu erwägen. Investitionsrechnungen strukturieren jedoch nur die *Folgen* einer solchen Handlung und nicht deren *Auslöser*. Insbesondere fließen vorhergehende Mindereinnahmen nicht in eine solche Entscheidung ein.

[415] Dies errechnet sich wie in Kapitel 3.3.3, S. 194ff. für A durchgeführt.

zeigt die resultierende zeitliche Einnahmenstruktur. Die Bedingungen und Spezifika des Typs 2 werden in Tabelle 26 zusammengefaßt.

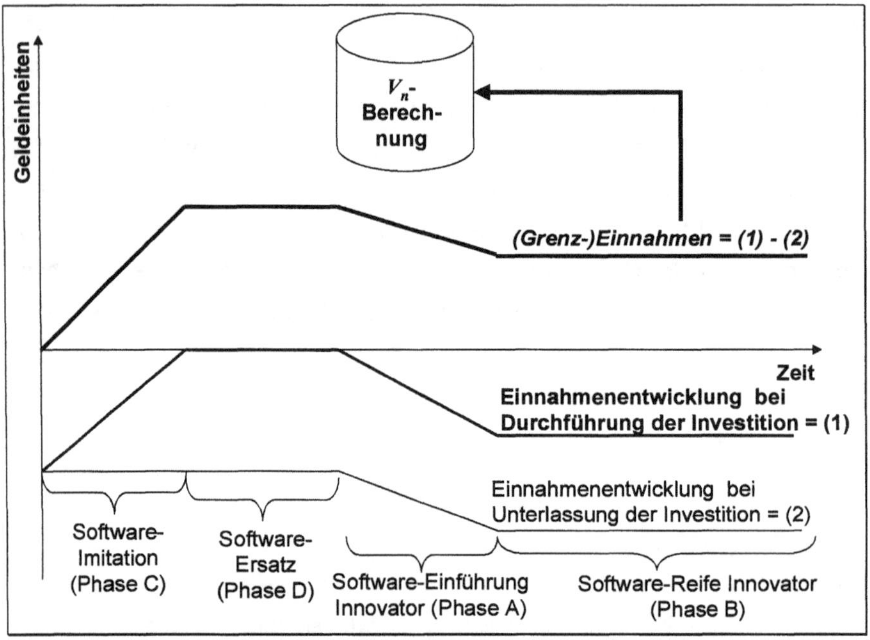

Abbildung 14: Zeitliche Einnahmenverteilung Typ 2b

Typ 2: Eigenes Unternehmen: Ziel der Software-Investition: Wettbewerbsnachteil aufholen (späte Gefolgschaft) Modell: B (Imitator) Software-Politik: defensiv		
	Typ 2a) Konkurrenten investieren bei Durchführung erneut Modell: A (Innovator) Software-Politik: eher offensiv	**Typ 2b)** Konkurrenten investieren bei Durchführung und Unterlassung erneut Modell: A (Innovator) Software-Politik: sehr offensiv
Phasen:	**zeitliche Einnahmenverteilung**	
Software-Imitation (Phase C)	steigend	steigend
Software-Ersatz (Phase D):	konstant	konstant
Software-Einführung (Phase A):	sinkend	konstant beim Kostenführer und sehr homogenem bzw. sehr heterogenem Markt; sonst leicht sinkend
Software-Reife (Phase B):	konstant	konstant

Tabelle 26: Zeitliche Einnahmenverteilung Typ 2

3.3.4.3 Typ 3: Erhaltung der Wettbewerbsposition (frühe Gefolgschaft)

Schließlich werden Unternehmen betrachtet, die zwar kein Vorreiter in Bezug auf Software-Investitionen sind, aber dennoch den Verlust von Marktanteilen zu verhindern suchen, indem sie die Entwicklung des Wettbewerbs vorhersehen und frühzeitig auf einen Wandel reagieren. Konkret erfordert dies, daß die eigene Software ähnlich schnell wie die der Konkurrenten produktiv ist.

Hier liegt eine Zwischenstufe von Typ 1 und Typ 2 vor, in der keines der Unternehmen eindeutig die Position von A oder B des zugrunde gelegten Wettbewerbsmodells einnimmt. Vielmehr sind Innovation und Imitation zeitlich nicht differenzierbar, so daß die Phasen A und C sowie B und D zusammenfallen. Die so definierte Zeitspanne reicht zur Abschätzung der Einnahmen aus. Denn wird die Strategie beibehalten, führt jede erneute Investition durch Konkurrenten zum Nutzungsdauerende der eigenen Software. Mithin sind deren Zahlungen der Folgeinvestition zuzurechnen. Die in Abbildung 15 skizzierte zeitliche Einnahmenverteilung des Typs 3 entsteht folglich aus Typ 1b durch Zusammenlegung von Investitions- und Imitationszeitpunkt (vgl. Abbildung 13, S.202):

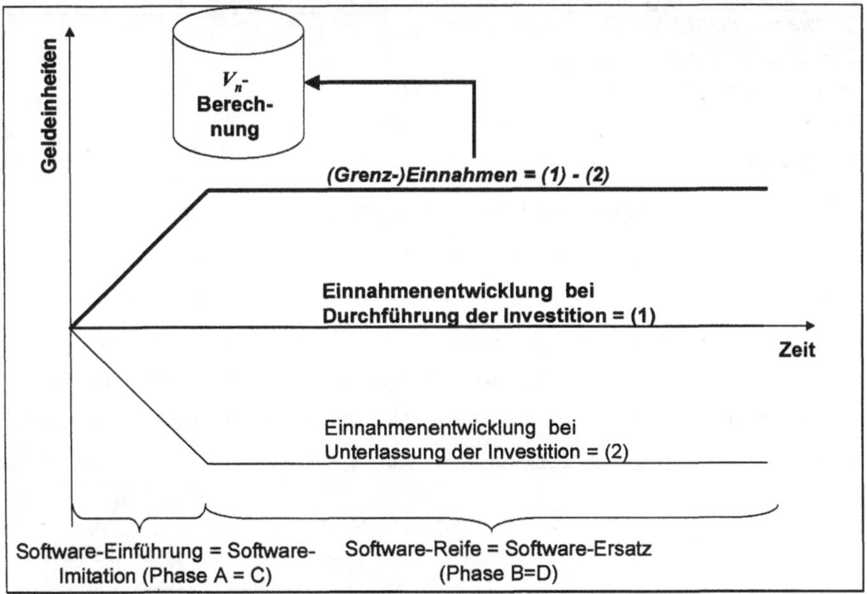

Abbildung 15: Zeitliche Einnahmenverteilung Typ 3

Bei *Durchführung* der Software-Investition entstehen durch die temporale Übereinstimmung von Investition und Imitation zwei gegenläufige Effekte: das Inkrafttreten möglicher Vorteile der Innovation und deren Kompensation infolge gleichen Verhaltens der Wettbewerber. Dabei überwiegt ersterer um so eher, je heterogener der Markt ist. Ferner erreichen Produktdifferenzierer eine solche Situation einfacher als Kostenführer. Während sich der frühe Produktionszeitpunkt von Standardsoftware positiv auf den ersten Zeitabschnitt auswirkt, führt Individualsoftware später zu höheren periodenbezogenen Einnahmen. Infolge der Notwendigkeit einer Differenzenbetrachtung ist hiervon die Situation bei Verzicht auf die Investition abzusetzen, die, wie erörtert, zu monetären Verlusten führt (Kurve (2) in Abbildung 15). Typ 3 ist in der folgenden Tabelle zusammengefaßt.

Typ 3: Eigenes Unternehmen: Ziel der Software-Investition: Wettbewerbsposition beibehalten (frühe Gefolgschaft) Modell: A=B (Innovation und Imitation fallen zeitlich zusammen) Software-Politik: eher defensiv	
Phasen	**zeitliche Einnahmenverteilung**
Software-Einführung (Phase A) = Software-Imitation (Phase C):	steigend
Software-Reife (Phase B) = Software-Ersatz (Phase D):	konstant

Tabelle 27: Zeitliche Einnahmenverteilung Typ 3

3.3.5 Beispiel

1. Im folgenden wird das Beispiel aus Kapitel 2.4, S. 114ff. mit dem Ziel fortgesetzt, das entwickelte Verfahren zur Einnahmen-Generierung zu verdeutlichen: Das zwischen Standardsoftware und Individualsoftware abwägende Unternehmen verfolgt die Wettbewerbsstrategie „Kostenführer" und agiert auf einem eher heterogenen Markt. Unter Hinzuziehung von Kostenrechnung, Marktforschung und Vertrieb erfolgt die Durchführung einer Wirkungskettenanalyse sowie die Bewertung der ermittelten Nutzeneffekte. Dies liefert folgende Ergebnisse:[416]

[416] Zur detaillierten Ermittlung auf Basis des vorliegenden Fachkonzepts vgl. Anhang 3, S. 237ff.

- Kostenfunktion ohne Software-Investition:[417] $k(x)=97{,}83x;$
  Kostenfunktion mit Standardsoftware-Investition: $k_{Sta}(x)=92{,}2x;$
  Kostenfunktion mit Individualsoftware-Investition: $k_{In}(x)=92x.$
- Die Erhöhung der Umsatzerlöse infolge verbesserter Produktmerkmale zum Ende der Phase A beträgt für Individualsoftware bei optimistischer Schätzung 273 TDM/Monat. Unter pessimistischen Annahmen werden mindestens 248 TDM erwartet. Die monatlichen Einnahmen liegen folglich zwischen 248 · (1 - 0,92) = 19,84 TDM und 273 · (1 - 0,92) = 21,84 TDM. Darüber hinaus sollen an die Kunden weitergegebene Ausgabensenkungen zusätzliche Einnahmen in Höhe von 40 TDM/Monat ermöglichen. Zum Ende der Phase A werden die zusätzlichen Einnahmen folglich zwischen 59,84 und 61,84 TDM schwanken.
- Unter pessimistischen Annahmen betragen die Einnahmen am Ende der Phase A für Standardsoftware 53,811 TDM/Monat. Höchstens werden 55,761 TDM/Monat prognostiziert.

Die beabsichtigte Investition zielt ferner für beide Softwaretypen auf Wettbewerbsvorteile ab. Da sich einige Konkurrenten in der Vergangenheit als innovationsfreudig erwiesen haben, wird angenommen, daß sie bei Unterlassung der Investition langfristig ebenfalls die Initiative ergreifen werden. Es liegt also Typ 1b vor. Unter Einbezug des Vertriebs läßt sich die Phasenlänge abschätzen (vgl. Tabelle 28).

Darüber hinaus wird davon ausgegangen, daß die Konkurrenten bei Durchführung und Unterlassung der Individualsoftware-Investition zum gleichen Zeitpunkt investieren. Auf der so geschaffenen Datenbasis können die Normkurven konkretisiert werden:

Die (Grenz-)Einnahmen der *Individualsoftware-Investition* steigen bis zur Durchsetzung der Wettbewerbsvorteile am Markt, also 18 Monate nach Pro-

[417] Gemeint sind hier nur die zahlungswirksamen Bestandteile.

duktionsbeginn, linear[418] an und bleiben anschließend konstant.[419] Also liegen die finanzmathematisch zu bewertenden Einnahmen E_j in der j-ten Periode nach Produktionsbeginn mindestens bei:[420]

$$E_j = j \cdot \frac{59{,}840}{19} \text{ für } j = 1{,}2{,}\ldots 19 \text{ bzw. } E_j = 59{,}84 \text{ für } j \geq 19$$

und höchstens bei

$$E_j = j \cdot \frac{61{,}840}{19} \text{ für } j = 1{,}2{,}\ldots 19 \text{ bzw. } E_j = 61{,}84 \text{ für } j \geq 19.$$

Phase	Phasenlänge bzw. Positionierung auf der Zeitachse
A (Software-Einführung)	18 Monate; Standardsoftware wird 4 Monate früher produktiv als Individualsoftware
B (Software-Reife)	12 Monate[421]
C (Software-Imitation)	3 Jahre; beginnt ein Jahr nach Durchsetzung der eigenen Individualsoftware-Investition am Markt und hat sich dort nach drei Jahren etabliert.[422]
D (Software-Ersatz)	endet mit neuer innovativer Idee

Tabelle 28: Beispiel - Abschätzung der Phasenlänge

Wird eine *Standardsoftware-Investition* realisiert, steigen die (Grenz-)Einnahmen ebenfalls bis zur Durchsetzung der Wettbewerbsvorteile am Markt, also 18

[418] In diesem Beispiel wird angenommen, daß alle Einnahmenerhöhungen und –senkungen stückweise linear sind.

[419] Infolge der Situation bei *Durchführung* der Investition steigen die Einnahmen in Phase A an, sinken zwei Jahre später durch die Imitation aber wieder ab. Bei *Unterlassung* würde sich ein Verlust einstellen. Die mittels Investitionsrechnungen zu strukturierende Differenz führt in diesem Beispiel wegen des zugrunde liegenden eher heterogenen Marktes langfristig zu (Grenz-)Einnahmen, die auf dem in Phase A erreichten Niveau bleiben.

[420] Bezieht man die Entwicklungsdauer von 13 Monaten aus dem ersten Teil des Beispiels in Kapitel 2.4, S. 114ff. mit ein, handelt es sich bei der j-ten Periode nach Produktionsbeginn um die Periode 13+j.

[421] Es wird unterstellt, daß die ersten Konkurrenten unverzüglich nach Durchsetzung der Wettbewerbsvorteile am Markt reagieren und mit Standardsoftware innerhalb eines Jahres produktiv werden.

[422] Es wird angenommen, daß einige Konkurrenten in Individualsoftware investieren und bis zum Produktionsbeginn 1,5 Jahre benötigen sowie 1,5 weitere Jahre, bis sie sich am Markt durchgesetzt haben. Umstellungskosten beim Kunden/Lieferanten fallen nicht an. Da Hardware und Betriebssystem im Unternehmen bereitstehen, erfolgt auch keine Integration technischer Innovationen.

Monate nach Produktionsbeginn an. Sie bleiben alsdann konstant, bis die Konkurrenten ein Jahr später mit Imitation reagieren. Infolge dieser Maßnahme sinken sie ab, solange sich keine vermiedenen Verluste aus der Unterlassung einstellen. Dies ist 30 Monate nach Produktionsbeginn der Individualsoftware (34 Monate nach Produktionsbeginn Standardsoftware) der Fall. Erst dann steigen die (Grenz-)Einnahmen wieder an.[423] Drei Jahre später, 70 Monate nach Produktionsbeginn der Standardsoftware, erreichen sie ihr altes Niveau, auf dem sie konstant verbleiben. Für das Ausmaß des Absinkens der Einnahmen zwischen der Reaktion der Konkurrenten bei Durchführung und Unterlassung der Standardsoftware-Investition wird zusätzlich angenommen, daß die Einnahmen bei Durchführung der Investition bis zur Durchsetzung der Imitatoren am Markt, 66 Monate nach Produktionsbeginn der Standardsoftware, linear auf Null sinken (vgl. Abbildung 16).

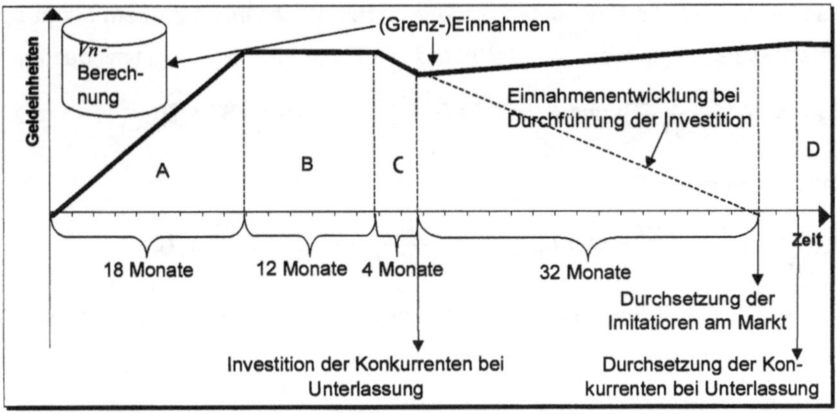

Abbildung 16: Beispiel - (Grenz-)Einnahmen infolge der Standardsoftware-Investition

Aufbauend auf diesen Überlegungen lassen sich die Einnahmen wie folgt berechnen:[424]

---

[423] Vornehmlich bedingt durch vermiedene Verluste bei Unterlassung.

[424] Bezieht man die Entwicklungsdauer von 9 Monaten aus dem ersten Teil des Beispiels in Kapitel 2.4, S. 114ff. mit ein, handelt es sich bei der j-ten Periode nach Produktionsbeginn um die Periode 9+j.

Phase A: Die Einnahmen steigen 18 Monate linear auf einen Wert zwischen 53,811 und 55,761 TDM/Monat an. Sie liegen für j = 1,2, ... 19 also mindestens bei $E_j = j \cdot \frac{53{,}811}{19}$ und umfassen höchstens $E_j = j \cdot \frac{55{,}761}{19}$.

Phase B: Die Einnahmen bleiben 12 Monate konstant, liegen also mindestens bei $E_j = 53{,}811$ und höchsten bei $E_j = 55{,}761$ für j = 19 - 30.

Phase C: Die Einnahmen sinken vier Monate linear so ab, daß sie bei gedanklicher Fortsetzung 36 Monate nach Imitation durch die Konkurrenten Null erreichen. Folglich gilt mindestens

$$E_{31} = 53{,}811 - \frac{53{,}811}{37} \text{ und } E_j = E_{j-1} - \frac{53{,}811}{37},\ j = 32, 33, 34$$

und höchstens

$$E_{31} = 55{,}761 - \frac{55{,}761}{37} \text{ und } E_j = E_{j-1} - \frac{55{,}761}{37},\ j = 32, 33, 34.$$

Alsdann steigen die Einnahmen bis Durchsetzung der Imitatoren am Markt bei Unterlassung der Investition, also 36 Monate linear an: Folglich gilt mindestens

$$E_{35} = E_{34} + \frac{53{,}811 - E_{34}}{37} \text{ und } E_j = E_{j-1} + \frac{53{,}811 - E_{34}}{37},\ j = 36, 37 \ldots 70$$

und höchstens

$$E_{35} = E_{34} + \frac{55{,}761 - E_{34}}{37} \text{ und } E_j = E_{j-1} + \frac{55{,}761 - E_{34}}{37},\ j = 36, 37 \ldots 70.$$

Phase D: Die Einnahmen bleiben konstant, umfassen also mindestens $E_j = 53{,}811$ und höchstens $E_j = 55{,}761,\ j \geq 71$.

2. Zeichnen sich die Nutzeneffekte durch umfangreiche Wechselwirkungen untereinander aus, könnte es sich als zweckmäßig erweisen, die Prognose durch ein Modell zu unterstützen, das - in Abhängigkeit vom vorliegenden Datenmaterial - zwar auf einer Reihe beschränkender Prämissen basiert, dafür aber die Interdependenzen zwischen den Nutzeneffekten besser erfaßt. Da die Abschätzung der Einnahmen mit obigen Normkurven auf ausgezeichnete Zeitpunkte reduziert bleibt, ist es mitunter gar nicht notwendig, die Reaktionen der Konkurrenten explizit zu modellieren. Vielmehr lassen sich im konkreten Ein-

zelfall unter Umständen Preis-Absatz-Funktionen heranziehen, die auf Basis vereinfachender Annahmen generiert werden. Dies soll im folgenden an einer Variante des obigen Beispiels gezeigt werden.

Angenommen, es existiert eine Preis-Absatz-Funktion, die sich im durch Software tangierten Bereich näherungsweise linear verhält. Da die gewünschte Prognose sich zeitlich auf das Ende der Phase A bezieht, in der noch keine Imitation durch Konkurrenten erfolgte, wird ferner unterstellt, daß deren Preisänderungen zu diesem Zeitpunkt keinen Einfluß auf die eigene Absatzmenge haben.[425] Folglich findet die Preis-Absatz-Funktion $x_{alt}=a-b_{alt}P_{alt}$. Verwendung.

Vor der beabsichtigten Investition betrage die Absatzmenge $x_{alt}=5000$ und der Absatzpreis $P_{alt}=100$.

Da sich in den vergangenen Jahren verschiedene Marktforschungsinstitute mit der Ermittlung optimaler Marktpreise beschäftigten und die Ergebnisse umgesetzt wurden, wird angenommen, daß der zur Zeit realisierte Preis gewinnoptimal gewählt ist. Mit diesen Prämissen, der Kostenfunktion aus 1. und der Absatzmenge läßt sich die aktuelle Preis-Absatz-Funktion aufstellen:

Aus $5000 = a_{alt} - b_{alt} \cdot 100$ und $\frac{\delta}{\delta P}(P_{alt} - 97{,}83) \cdot (a - b_{alt} \cdot 100) \overset{!}{=} 0$

folgt: $a = 235414{,}75$ und $b_{alt} = 2304{,}15$ und $x_{alt} = 235414{,}75 + 2304{,}15 \cdot P_{alt}$.

Ferner ist $DB_{alt} = (p_{alt} - k_{alt}) \cdot x_{alt} = 10850$.

Außerdem schätzt der Vertrieb eine Steigerung der Absatzmenge zwischen 2480 und 2730 für Individualsoftware sowie zwischen 2027,5 und 2277,5 für Standardsoftware.[426]

Damit läßt sich die Veränderung des Koeffizienten b folgendermaßen errechnen: $5000 + \text{zus. Menge} = 235414{,}75 - b_{neu} \cdot 100$:

[425] Natürlich kann auch einen Wert angenommen werden und in die folgenden Überlegungen einfließen. Wichtig ist, daß bei der beabsichtigten zeitpunktbezogenen Prognose keine weiteren Reaktionen und Wechselwirkungen berücksichtigt werden müssen.

[426] Für die Ermittlung vgl. Anhang 3, S. 237ff.

b_{neu}	**Handlungsalternative**
2279,35	Individualsoftware (pessimistisch)
2276,85	Individualsoftware (optimistisch)
2283,87	Standardsoftware (pessimistisch)
2281,37	Standardsoftware (optimistisch)

Tabelle 29: Beispiel - Koeffizienten der Preis-Absatz-Funktion

Hieraus ergibt sich der optimale Preis aus $0 = 235414{,}75 - 2b_{neu}p_{neu} + b_{neu}k_{neu}$:

P_{neu}	**Handlungsalternative**
97,64	Individualsoftware (pessimistisch)
97,7	Individualsoftware (optimistisch)
97,64	Standardsoftware (pessimistisch)
97,7	Standardsoftware (optimistisch)

Tabelle 30: Beispiel - Absatzpreise

Mit P_{neu} und b_{neu} wird die neue Absatzmenge berechnet:

x_{neu}	**Handlungsalternative**
12859,02	Individualsoftware (pessimistisch)
12966,51	Individualsoftware (optimistisch)
12417,68	Standardsoftware (pessimistisch)
12524,9	Standardsoftware (optimistisch)

Tabelle 31: Beispiel - Absatzmengen

Schließlich folgen die mittels Investitionsrechnungen zu strukturierenden Einnahmen zum Ende der Phase A aus $(p_{neu} - k_{neu})x_{neu} - (p_{alt} - k_{alt})x_{alt}$:

Einnahmen	**Handlungsalternative**
61674,87	Individualsoftware (pessimistisch)
63059,11	Individualsoftware (optimistisch)
56702,18	Standardsoftware (pessimistisch)
58036,95	Standardsoftware (optimistisch)

Tabelle 32: Beispiel - Einnahmen infolge der Software-Nutzung

Unter Hinzuziehung der Normkurven aus 1. lassen sich die mit dem Vermögensendwert zu strukturierenden monatlichen Einnahmen ermitteln.

3.4 Zusammenfassung

Im vorliegenden 3. Kapitel wird ein Verfahren zur Generierung der Einnahmenströme aus Standardsoftware und Individualsoftware für finanzmathematische Investitionsrechnungen entwickelt, das in folgender These niedergelegt ist:

Die investitionsrechnerisch zu bewertenden monetären Implikationen der Nutzeneffekte von Standardsoftware und Individualsoftware weisen Mustercharakteristiken auf, die sich situativ durch Einsatz weiterer Instrumente zu Einnahmen konkretisieren lassen.

Als Ergebnis dynamischer Wettbewerbsprozesse basieren die Einnahmen auf veränderten Interaktionen des investierenden Unternehmens mit Kunden und Konkurrenten. Dabei liegt den entsprechenden Handlungen ein Variablengefüge mit zeitlich-horizontaler und zeitlich-vertikaler Wirkungsrichtung zugrunde, das zwei verschiedene Quantifizierungsebenen aufzeigt: die Höhe der Einnahmen in einer festen Periode und deren zeitliche Verteilung. Eine Literaturanalyse bringt zwar einige Instrumente zur Unterstützung der ersten Aufgabe zutage, gibt aber keine Auskunft über den wichtigeren zeitlichen Aspekt. Defizite bestehen ferner hinsichtlich der Berücksichtigung von Wirkungsinterdependenzen mit der Umwelt, die lediglich auf intuitiven Abschätzungen basieren. Zur Verkleinerung dieser Lücken werden die wichtigsten (Markt-)Variablen und Beziehungen in einem dynamischen Wettbewerbsmodell exemplarisch konkretisiert und im Hinblick auf die zeitlich systematisierten Konsequenzen von Standardsoftware und Individualsoftware auf die Modellparameter analysiert. Das dabei herangezogene Phasenmodell muß die Auswirkungen von Software-Investitionen auf Marktvariablen strukturieren. Daher unterscheidet es sich grundlegend von dem auf die Aktivitäten der Software-Bereitstellung ausgerichteten Phasenmodell in Kapitel 2. Zusammenhänge existieren ausschließlich insoweit, als der Produktionsbeginn (und damit Phase V der Software-Bereitstellung) eine Voraussetzung zur Erzeugung von (Markt-)Wirkungen ist, und die vollständige Realisation des Nutzenpotentials unter anderem stabile Software (Phase VI und VII der Software-Bereitstellung) erfordert.

Die zeitabschnittsgeleitete Analyse führt zu folgenden Ergebnissen: Die Einnahmen des Innovators steigen in der Software-Einführung (Phase A) und zwar durch Individualsoftware stärker als durch Standardsoftware. In ihrer Tendenz erreichen sie beim Kostenführer ein höheres Niveau als beim Produktdifferenzierer. Der Konkurrent (Imitator) verzeichnet dagegen unabhängig von der verfolgten Wettbewerbsstrategie sinkende Einnahmen, wobei sich Individualsoftware bezüglich dieses Aspekts für ihn als nachteilig erweist. Die Phase A endet nur dann mit der Stabilität, wenn die Prämisse unendlicher Reaktionsgeschwindigkeit der Marktteilnehmer realitätsnah ist. Verzögerungen schlagen sich in der Länge des betrachteten Zeitabschnitts nieder. Auf jeden Fall liegen Beginn und Ende der Phase A bei Standardsoftware zeitlich vor den entsprechenden Zeitpunkten des anderen Softwaretyps.

In der Software-Reife (Phase B), die sich zeitlich bis zur Imitation erstreckt, entspricht das Einnahmenniveau der Wettbewerber dem Maximum des vorhergehenden Zeitabschnitts. Da sich das Patenrecht nicht auf Software bezieht und Imitationen das Potential zur Kompensation erlittener Wettbewerbsnachteile bergen, lassen sich entsprechende Investitionen grundsätzlich nicht verhindern. Mit dem risikobehafteten hohen Kapitalbedarf sowie der Notwendigkeit, das der Software zugrunde liegende Know-how zu erarbeiten und umzusetzen, existieren jedoch Barrieren, die ein time-lag erzeugen, das mindestens die Durchlaufzeit des ursprünglichen Software-Projekts umfaßt und folglich mit Standardsoftware früher als mit Individualsoftware überwunden wird.

In der Software-Imitation (Phase C) steigen die Einnahmen des Imitators, während der Innovator Verluste zu verbuchen hat und sich am Phasenende ein neues Gleichgewicht einstellt. Sachlich entspricht der Zeitabschnitt dem der Software-Einführung, indem nun der Imitator eine ähnliche Lernkurve durchläuft wie vor ihm der Innovator. Daher ist auch die Länge beider Phasen vergleichbar, wenn nicht spezielle Barrieren wie Umstellungskosten beim Kunden oder Lieferanten (nur Individualsoftware) entgegenstehen oder die Weiterentwicklung integrierter innovativer Komponenten eine schnellere Stabilität und damit auch das Ende der Software-Imitation begründet.

Der Software-Ersatz (Phase D) ist durch zeitlich konstante Einnahmen der Wettbewerber charakterisiert. Ein absoluter Vergleich mit dem Niveau zu Beginn der Software-Reife ergibt für beide um so eher einen langfristigen Vorteil, je heterogener der Markt ist (und umgekehrt). Die Ursache liegt darin, daß bei einem homogenen Markt bereits geringe Preisänderungen hohe Käuferfluktuationen und damit aggressive Gegenmaßnahmen des „Verlierers" auslösen. Bezüglich der Aussicht auf (beiderseitige) langfristige Vorteile läßt sich die Wettbewerbsstrategie Produktdifferenzierung besser als Kostenführerschaft durch Software-Investitionen unterstützen. Phase D endet mit dem Ersatz der Software, was eine neue innovative Idee und technischen Fortschritt voraussetzt.

Neben der Situation bei Durchführung der Software-Investition ist die Unterlassungsalternative investitionsrechnerisch zu bewerten, da die Nichtberücksichtigung möglicher Wettbewerbsnachteile zu Fehlentscheidungen führen kann. Hier stellt sich heraus, daß der Einnahmenverlust geringer als ein durch Imitation ausgelöster Nachteil ist. Ähnliche Größenordnungen, die investitionsrechnerisch zu konstanten Einnahmen in den Phasen Software-Reife, -Imitation, und -Ersatz führen, erreichen Kostenführer bei stark und schwach substituierbaren Gütern.

In Abhängigkeit vom Zusammenspiel der Produktionszeitpunkte des betrachteten Unternehmens und seiner Konkurrenten gestatten obige Ergebnisse die Generierung verschiedener Beziehungen zwischen der Zeit und den Einnahmen, die sich zu fünf idealtypischen Normkurven verdichten lassen. Dabei werden die zugrunde liegenden Phasen teilweise in ungleicher Reihenfolge oder parallel durchlaufen. Im Hinblick auf eine konkrete Investitionsentscheidung zwischen Standardsoftware und Individualsoftware weisen die Einnahmenströme zumeist gleiche Mustercharakteristiken, aber verschiedene Phasenlängen und Absolutwerte auf.

4 Schlußbetrachtungen

4.1 Beispielhafte Generierung einer Entscheidungsempfehlung

Im folgenden soll das Beispiel aus den Kapiteln 2.4, S. 114ff. und 3.3.5, S. 208ff. mit der Generierung einer Entscheidungsempfehlung abgeschlossen werden. Dies erfordert die Ermittlung der Vermögens(end)werte nach Ertragssteuern: Der monatliche Sollzinsfuß beträgt 0,5%, der monatliche Habenzinsfuß 0,3% und der monatliche Steuersatz 50%.[427] Zur Finanzierung der Investition steht kein Eigenkapital zur Verfügung. Der Kaufpreis der Standardsoftware wird über ein Annuitätendarlehen finanziert, das in Periode 3 aufgenommen und 30 Monate getilgt wird. Zusätzlich sind für Standardsoftware und Individualsoftware vornehmlich Personalausgaben zu finanzieren. Diese Zahlungen werden über ein Kontokorrent abgewickelt. Dazu wird der sogenannte „Kapitaldienst aus Überschüssen" unterstellt, bei welchem die Ausgaben und die aufgelaufenen Sollzinsen vorrangig aus den Einnahmen und gegebenenfalls Habenzinsen bestritten werden. Ein verbleibender Rest wird ertragbringend (zum Habenzinsfuß) reinvestiert.[428] Da die Leistungen für das Fachkonzept bereits erbracht sind, fließen alle Einnahmen und Ausgaben, die nach der 2. Periode anfallen, in die Investitionsrechnung ein.

---

[427] Die Investition verändert die Steuerbemessungsgrundlage. Diesbezüglich wird die Prämisse gesetzt, daß der Höchststeuersatz von 50% für alle Perioden gilt. Bei der monatlichen Steuerberechnung handelt es sich weiter um eine Vereinfachung. Die Ertragssteuerzahlungen erfolgen in der Praxis jährlich, wobei monatliche oder dreimonatliche Steuervorauszahlungen üblich sind. Gemäß der auf Zahlungszeitpunkte ausgerichteten Investitonsrechnung müßten sowohl die Vorauszahlungen als auch deren jährliche Abrechnung erfaßt werden. Dies könnte beispielsweise durch eine projektbezogene jährliche Steuerprognose in der Art erfolgen, daß der dabei ermittelte Betrag rückwirkend gleichmäßig auf die Perioden verteilt wird, wobei die durch die Zinseszinsrechnung entstehenden Unterschiede am Periodenende ausgeglichen werden. Durch die hier gewählte monatliche Steuerberechnung werden die Vorauszahlungen lediglich angenähert. Dieses Vorgehen wurde aus zwei Gründen gewählt: Erstens liegt das originäre Ziel dieses Beispiels in der Veranschaulichung des entwickelten Quantifizierungsverfahrens. Dies wird auch ohne die exakte Berechnung von Steuervorauszahlungen erreicht. Zweitens würde ein entsprechender Einbezug die Entscheidung für oder gegen Standardsoftware in diesem Beispiel nicht verändern: Die monatliche Steuerberechnung und die Steuervorauszahlungen unterscheiden sich nur durch geringfügige Zahlungszeitpunktverschiebungen, die für Standardsoftware und Individualsoftware in den meisten Perioden in die gleiche Richtung weisen. Die daraus folgenden Zinseszinseffekte sind im Vergleich zu den verschiedenen Einnahmen und Ausgaben beider Softwaretypen gering.

[428] Vgl. Schirmeister [1990], S. 68.

Periode	3	...	9	...	13	14	15	16	17	...	21
Standardsoftware	**Phase II-IV**			**Phase V**							
Ausgaben	246,16		73,025		35,622	51,271	26,92	22,57	18,219		0,816
Abschreibungen											
Einnahmen (optimistisch)		...		...	11,739	14,674	17,609	20,544	23,478	...	35,217
optimistische Zahlungen = Einnahmen (optimistisch) – Ausgaben	-246,16		-73,025		-23,883	-36,597	-9,312	-2,026	5,259		34,402
1. Vermögenswert in t-1	0,0		-415,67		-481,14	-494,29	-513,82	-519,76	-522,07		-494,86
2. Einnahmen in t	0,0		0,0		0,0	0,0	0,0	0,0	5,26		34,4
3. Habenzinsen in t	0,0		0,0		0,0	0,0	0,0	0,0	0,0		0,0
4. Ausgaben in t	246,16		73,03		23,88	36,6	9,31	2,03	0,0		0,0
5. Sollzinsen in t	0,0		2,08		2,41	2,47	2,57	2,6	2,61		2,47
6. Steuern in t	0,0	...	-37,55	...	-13,14	-19,53	-5,94	-2,31	1,32	...	15,96
Wiederanlagebetrag in t	0,0		0,0		0,0	0,0	0,0	0,0	0,0		0,0
Schuldenstand in t	46,16		290,87		357,66	383,7	396,19	405,08	410,37		395,29
Schuldenstand Annuität in t	200,0		162,36		136,63	130,12	123,57	116,99	110,38		83,61
Annuität in t			7,2		7,2	7,2	7,2	7,2	7,2		7,2
Tilgung in t			6,35		6,48	6,51	6,55	6,58	6,61		6,74
Steuerbemessungsbasis in t	0,0		-75,1		-26,29	-39,07	-11,88	-4,62	2,65		31,93
a) Vermögenswert in t	***-246,16***		***-453,22***		***-494,29***	***-513,82***	***-519,76***	***-522,07***	***-520,75***		***-478,9***
Individualsoftware	**Phase II-IV**					**Phase V**					
Ausgaben	20,246		60,416		84,84	78,858	72,875	66,893	60,911		36,982
Einnahmen (optimistisch)		...		...		3,255	6,509	9,764	13,019	...	26,038
optimistische Zahlungen = Einnahmen (optimistisch) – Ausgaben	-20,246		-60,416		-84,84	-75,603	-66,366	-57,129	-47,892		-10,944
1. Vermögenswert in t-1	0,0		-111,97		-250,96	-294,01	-332,54	-366,56	-396,04		-468,4
2. Einnahmen in t	0,0		0,0		0,0	0,0	0,0	0,0	0,0		0,0
3. Habenzinsen in t	0,0		0,0		0,0	0,0	0,0	0,0	0,0		0,0
4. Ausgaben in t	20,25		60,42		84,84	75,6	66,37	57,13	47,89		10,94
5. Sollzinsen in t	0,0		0,56		1,25	1,47	1,66	1,83	1,98		2,34
6. Steuern in t	0,0	...	-30,49	...	-43,05	-38,54	-34,01	-29,48	-24,94	...	-6,64
Wiederanlagebetrag in t	0,0		0,0		0,0	0,0	0,0	0,0	0,0		0,0
Schuldenstand in t	20,25		142,46		294,01	332,54	366,56	396,04	420,98		475,04
Steuerbemessungsbasis in t	0,0		-60,98		-86,09	-77,07	-68,03	-58,96	-49,87		-13,29
b) Vermögenswert in t	***-20,25***		***-142,46***		***-294,01***	***-332,54***	***-366,56***	***-396,04***	***-420,98***		***-475,04***
Differenz der Vermögenswerte: b)-a)	**225,91**		**310,76**		**200,28**	**181,28**	**153,2**	**126,03**	**99,77**		**3,85**

Tabelle 33: Beispiel - optimistische Vermögens(end)werte für Standardsoftware und Individualsoftware – Teil 1

Periode	22	23	...	37	38	...	43	44	...	84
Standardsoftware				**Phase VI**						**Phase VII**
Ausgaben Abschreibungen	-3,535	-3,535		-3,535	16,465		-3,535	-3,535		-3,535
Einnahmen (optimistisch)	38,152	41,087	...	55,761	55,761	...	49,741	49,902	... ...	55,682
optimistische Zahlungen = Einnahmen (optimistisch) – Ausgaben	41,687	44,622		59,296	39,296		53,276	53,437		59,217
1. Vermögenswert in t-1	-478,9	-459,25		-40,25	-10,71		123,31	150,13		1249,13
2. Einnahmen in t	41,69	44,62		59,3	39,3		53,28	53,44		59,22
3. Habenzinsen in t	0,0	0,0		0,0	0,0		0,37	0,45		3,75
4. Ausgaben in t	0,0	0,0		0,0	0,0		0,0	0,0		0,0
5. Sollzinsen in t	2,39	2,3		0,2	0,05		0,0	0,0		0,0
6. Steuern in t	19,65	21,16	...	29,55	19,62	...	26,82	26,94	... ...	31,48
Wiederanlagebetrag in t	0,0	0,0		0,0	8,91		150,13	177,07		1280,61
Schuldenstand in t	382,42	368,07		10,71	0,0		0,0	0,0		0,0
Schuldenstand Annuität in t	76,83	70,02		0,0	0,0		0,0	0,0		0,0
Annuität in t	7,2	7,2		0,0	0,0		0,0	0,0		0,0
Tilgung in t	6,78	6,81		0,0	0,0		0,0	0,0		0,0
Steuerbemessungsbasis in t	39,29	42,33		59,09	39,24		53,65	53,89		62,96
a) Vermögenswert in t	***-459,25***	***-438,09***		***-10,71***	***8,91***		***150,13***	***177,07***		***1280,61***
Individualsoftware	**Phase V**				**Phase VI**					**Phase VII**
Ausgaben	30,999	25,017		7,07	7,07		7,07	7,07		7,07
Einnahmen (optimistisch)	29,293	32,547	... ...	61,84	61,84	...	61,84	61,84	... ...	61,84
optimistische Zahlungen = Einnahmen (optimistisch) – Ausgaben	-1,707	7,53		54,77	54,77		54,77	54,77		54,77
1. Vermögenswert in t-1	-475,04	-477,08		-198,03	-171,14		-35,68	-8,38		1119,15
2. Einnahmen in t	0,0	7,53		54,77	54,77		54,77	54,77		54,77
3. Habenzinsen in t	0,0	0,0		0,0	0,0		0,0	0,0		3,36
4. Ausgaben in t	1,71	0,0		0,0	0,0		0,0	0,0		0,0
5. Sollzinsen in t	2,38	2,39		0,99	0,86		0,18	0,04		0,0
6. Steuern in t	-2,04	2,57	... ...	26,89	26,96	...	27,3	27,36	... ...	29,06
Wiederanlagebetrag in t	0,0	0,0		0,0	0,0		0,0	18,98		1148,21
Schuldenstand in t	477,08	474,51		171,14	144,18		8,38	0,0		0,0
Steuerbemessungsbasis in t	-4,08	5,15		53,78	53,91		54,59	54,73		58,13
b) Vermögenswert in t	***-477,08***	***-474,51***		***-171,14***	***-144,18***		***-8,38***	***18,98***		***1148,21***
Differenz der Vermögenswerte: b)-a)	**-17,83**	**-36,42**		**-160,43**	**-153,1**		**-158,51**	**-158,09**		**-132,4**

Tabelle 34: Beispiel - optimistische Vermögens(end)werte für Standardsoftware und Individualsoftware – Teil 2

Die vorstehenden beiden Tabellen skizzieren die Vermögens(end)werte bedeutsamer Perioden unter optimistischen Annahmen.[429] Die obere Hälfte bezieht sich jeweils auf Standardsoftware, die untere auf Individualsoftware. Für jede Alternative werden zunächst die Ausgaben und Einnahmen dargestellt und saldiert. Alsdann erfolgt die Berechnung der Vermögens(end)werte mit ihrem Ergebnis in Zeile ***a)*** bzw. ***b)***. Die letzte Tabellenzeile zeigt die Differenzen zwischen beiden Alternativen auf. Alle Werte besitzen die Dimension TDM. Ferner ist zu beachten, daß bei allen Berechnungen jeweils nur die Ergebnisse zwecks Vereinfachung der Darstellung gerundet werden. So entstehen geringfügige Abweichungen gegenüber einer Ermittlung mit gerundeten Zwischenergebnissen.

Bis zum Produktionsbeginn implizieren beide Handlungsalternativen ausschließlich Ausgaben. Daher sinken die Vermögenswerte bis zum Ende der Phase IV (Abnahme) rasch ab.[430] Dabei weist Standardsoftware in allen Perioden einen deutlich geringeren Wert als Individualsoftware auf. Verantwortlich hierfür ist zum einen der unmittelbar zu entrichtende Kaufpreis. Zum anderen verteilen sich die Implementierungs-Ausgaben aufgrund der kürzeren Projekt-Durchlaufzeit lediglich auf 9 statt 13 Perioden. Dabei gehen die vergleichsweise hohen Ausgaben zu Beginn nicht nur selbst in die Berechnung ein, sondern wirken sich auch indirekt über höhere Sollzinsen aus. Im vorliegenden Beispiel läßt sich dieser Effekt bis zum Individualsoftware-Produktionsbeginn nicht kompensieren, obwohl Standardsoftware dann bereits seit vier Perioden Einnahmen erwirtschaftet. Genauer beträgt V_{13}^{In} = -294,01 TDM und V_{13}^{Sta} = -494,29 TDM.

In Phase V (Einführung) gilt es zwei gegenläufige Tendenzen zu bewerten: Während die Wartungsausgaben (nicht immer monoton) geringer werden, steigen die Einnahmen durch die Software-Nutzung an. Dies führt letztendlich zu einem „Wendepunkt" in der Folge der Vermögenswerte, deren Minimum mit

---

429 Zur vollständigen Berechnung unter optimistischen und pessimistischen Annahmen vgl. Anhang 4, S. 256ff. Dort werden alternativ auch die ersten beiden Perioden einbezogen, um Aussagen über die absolute Wirtschaftlichkeit und die Amortisationszeitpunkte zu erhalten.

430 Zur Phasenabgrenzung vgl. insbesondere Kapitel 2.4, S. 114ff.

V_{16}^{Sta} = -522,08 TDM in Periode 16 bzw. V_{22}^{In} = -477,08 TDM in Periode 22 erreicht wird. Der letztgenannte Zeitabschnitt ist darüber hinaus bedeutsam, da Standardsoftware, die sich dann bereits in Phase VI (Stabilität) befindet, mit V_{22}^{Sta} = -459,25 TDM erstmalig den entsprechenden Vermögenswert der Alternative überschreitet, die ihrerseits nicht vor Periode 26 stabil ist.

Nach Erreichung dieses Zustands gelingt es beiden Handlungsalternativen, sich am Markt zu etablieren (Beendigung der Software-Einführung, Software-Reife und –Imitation). Somit erhöhen sich die Einnahmen tendenziell, auch wenn wettbewerbliche Prozesse zum Teil Schwankungen bedingen (vgl. insbesondere die Perioden 40-43). Infolge dieser Entwicklung steigen die Vermögenswerte und erreichen in Periode 38 bzw. 44 mit V_{38}^{Sta} = 8,91 TDM bzw. V_{44}^{In} = 18,98 TDM erstmalig einen positiven Wert. *Damit die Investition bei optimistischen Annahmen vorteilhaft ist, darf Standardsoftware m.a.W. nicht vor Periode 38 ersetzt werden, während Individualsoftware sogar vier Perioden länger produktiv sein muß.* Zum geplanten Ende der Nutzungsdauer in Periode 84 (Phase VII) steht dem Individualsoftware-Vermögensendwert von 1148,21 TDM ein Wert von 1280,61 TDM für Standardsoftware gegenüber.[431] M.a.W. überschreitet letztere die erforderlichen Ausgaben (einschließlich Sollzinsen) durch die gesamten Einnahmen (einschließlich Habenzinsen) nach Steuern um 1,28 Millionen. Dies sind 131,79 TDM mehr als die Alternative. *Die Entscheidungsempfehlung lautet daher unter optimistischen Randbedingungen: Standardsoftware.*

Da die Prognose möglicher Ersatz-Zeitpunkte auch von Innovationszyklen abhängt und folglich mit hohen Unsicherheiten behaftet ist, stellt sich die Frage nach der Stabilität des Ergebnisses im Hinblick auf alternative Nutzungsdauern und Umweltentwicklungen. Bezüglich des ersten Aspekts erteilt die letzte Tabellenzeile Auskunft, die lediglich in Periode 22 einen Vorzeichenwechsel aufweist. Mithin ist Standardsoftware bei einem beabsichtigten Ersatz zwischen

---

[431] Da keine Informationen über die nachfolgende Software-Investition vorliegen, wird eine durchschnittliche Projektlaufzeit (und damit Phasenlänge VII) von 12 Perioden unterstellt. Diese Prämisse tangiert die monetären Konsequenzen der betrachteten Handlungsalternativen nicht, sondern ist nur zur formalen Abgrenzung von Phase VII erforderlich.

den Zeitabschnitten 22 und 84 anzuraten. Dies gilt sogar für die Produktion über Periode 84 hinaus, wie weitere Berechnungen zeigen. Analog ergibt sich bei pessimistischer Einschätzung: Damit die Investition vorteilhaft ist, muß Standardsoftware mindestens 39 und Individualsoftware mehr als 45 Perioden produktiv sein. Der Vermögensendwert liegt für letztere mit V_n^{In} = 1082,99 TDM unter dem der Alternative mit V_n^{Sta} = 1215,84.[432] Insgesamt wird deutlich, daß die Art der Umweltentwicklung die Entscheidungsempfehlung nicht tangiert. Dies gilt auch für einen alternativen Ersatz zwischen den Perioden 22 und 84 (und später).

Da die Vorteilhaftigkeit der Standardsoftware sich in diesem Beispiel weder unter pessimistischen Annahmen, noch durch (begrenzte) Variation des geplanten Ersatz-Zeitpunktes ändert, ist das Ergebnis sowohl hinsichtlich der Nutzungsdauer als auch möglicher Umweltzustände als stabil zu bezeichnen.

4.2 Resümee und Ausblick

Unternehmen, die dem zunehmenden Wettbewerbsdruck standhalten wollen, müssen ihre kritischen Erfolgsfaktoren kennen und aktiv gestalten. Eine wichtige Rolle spielen hierbei Software-Investitionen, da sie der Handhabung von Informationen dienen, die letztendlich alle Aktivitäten im Unternehmen überlagern. Dabei stehen heute Standardsoftware und Individualsoftware als Investitionsalternativen bereit. Unterschiede, die sich nicht nur auf die Ausgaben, sondern auch auf zeitliche Aspekte, organisatorische Implikationen, Wettbewerbswirkungen usw. erstrecken, führen dazu, daß die Entscheidung für einen Softwaretyp eine hohe Relevanz für Unternehmen besitzt, die durch fundierte Wirtschaftlichkeitsanalysen unterstützt werden sollte. Vor allem die abweichenden zeitlichen Aspekte erfordern den Einsatz finanzmathematischer Investitionsrechnungen, deren Anwendung in der Praxis häufig an der notwendigen Informationsbasis scheitert.

---

[432] Selbst in dieser Situation werden die erforderlichen Standardsoftware-Ausgaben (einschließlich Sollzinsen) durch die gesamten Einnahmen (einschließlich Habenzinsen) mit 1,216 Millionen klar überschritten.

Anknüpfend an diese Ausgangssituation wird in der vorliegenden Arbeit ein Verfahren zur Quantifizierung der Einnahmen und Ausgaben von Standardsoftware und Individualsoftware mit dem Ziel entwickelt, die verschiedenen Handlungsalternativen einer Investitionsrechnung zugänglich zu machen.

Einnahmen und Ausgaben sind durch Höhe und Zeitpunkt determiniert, besitzen also zwei zu prognostizierende Dimensionen, wobei die existierenden Instrumente zur Datengenerierung die zeitliche Komponente vernachlässigen. Das im Kern auf der Separation beider Dimensionen aufbauende Verfahren ist in folgender Grundthese niedergelegt: *Die investitionsrechnerisch zu bewertenden Zahlungsströme von Standardsoftware und Individualsoftware weisen Mustercharakteristiken auf, die sich situativ durch Einsatz weiterer Instrumente zu Einnahmen und Ausgaben konkretisieren lassen.*

Liegen die finanziellen Wirkungen vor, gestatten Investitionsrechnungen die Vorteilhaftigkeit der Alternativen in einer Maßgröße zusammenzufassen, die den subjektiven Präferenzen der Entscheidungsträger entgegenkommt.[433] Dabei steuert das entwickelte Verfahren mit den Einnahmen und Ausgaben lediglich die in der Praxis oft fehlenden Elemente zur Informationsbasis bei. Die finanzmathematischen Entscheidungskriterien werden durch eine Reihe weiterer Einflußgrößen wie Finanzierungsmöglichkeiten, Steuern und Abschreibungen bestimmt. Daher besteht kein allgemeingültiger Zusammenhang zwischen der Investitionsrechnung und den (auf Phasenmodellen beruhenden) Mustercharakteristiken der Zahlungsströme, auch wenn entsprechende Korrespondenzen im Einzelfall nicht ausgeschlossen sind.

Das Verfahren basiert auf einer Reihe von Einzelergebnissen, die bereits im Rahmen der Zusammenfassungen thesenartig aufgelistet werden. Sie legen vor allem das den Zahlungsströmen zugrunde liegende Variablengefüge in seinen wichtigsten Faktoren und Beziehungen offen und leisten so einen Beitrag zum betriebswirtschaftlichen Verständnis von Software. Grundlegend verschiedene

[433] Vgl. Schirmeister [1990], S. 6.

Relationen und Variablen rechtfertigen dabei rückwirkend die separate Betrachtung von Einnahmen und Ausgaben. Im folgenden sollen einige im Zuge der Herleitung wesentliche Gedanken verdichtet und Anregungen für weitere Untersuchungen gegeben werden.

1. Den ersten Schwerpunkt der vorliegenden Arbeit bildet die Ausgaben-Generierung. Hier erweist sich eine Annäherung aus zwei verschiedenen Richtungen als fruchtbar, nämlich der Kostenrechnung (genauer: einer modifizierten Prozeßkostenplanung) und der Wirtschaftsinformatik. Beide Gebiete werden über den im Phasenschema niedergelegten *Prozeßgedanken* verbunden. Während die Überlegungen für Individualsoftware darüber hinaus auf eine fundierte Literaturbasis Bezug nehmen können, ergibt sich die Notwendigkeit, den Prozeß der Standardsoftware-Bereitstellung genauer zu untersuchen. Seine Strukturierung sowie die Identifikation erster Variablen und Beziehungen knüpft, mangels Alternativen, an der besser bekannten Individualsoftware und den diskutierten Unterschieden zur Standardsoftware an. Leitgedanke hierbei bildet ein *Vergleich von standardsoftwareeigenen Anpassungshilfsmitteln und Programmiersprachen,* der in die vier Charakteristiken Individualität, Komplexität, Rahmen und Mächtigkeit mündet, durch die sich beide unterscheiden und auf die letztendlich alle in der Literatur diskutierten Unterschiede zwischen Standardsoftware und Individualsoftware zurückgeführt werden können.

Der *Zeitaspekt* wird vor allem durch das Phasenmodell eingebracht, das als Leitlinie zur Prozeßanalyse und –planung fungiert. Dies führt zu *softwaretypabhängigen Mustercharakteristiken*, die unternehmensspezifisch aufzufüllen sind. Für die durch vielfältige Interdependenzen verschiedener Typen gekennzeichnete Entwicklung bzw. Implementierung basiert dieses Ergebnis vor allem auf dem zweckmäßigen Grad der Arbeitsteilung und geht als solches wesentlich aus einer Prozeßanalyse hervor. Bei der homogeneren Wartung steht dagegen eine konzeptionelle Prozeßmengenplanung im Vordergrund, mit der mögliche Wartungsursachen im Zeitablauf untersucht werden. Aufgrund der unternehmensspezifisch aufzufüllenden Handlungsspielräume besitzen die

Mustercharakteristiken in beiden Fällen sowohl *Vorschau-* als auch *Vorgabecharakter* und rechtfertigen rückwirkend den Begriff der „Planung“ (anstelle „Prognose“), der auch Gestaltungsspielräume beinhaltet.

Die *Ausgaben-Höhe* korrespondiert mit den Prozeßausgabensätzen einzelner Perioden und repräsentiert die monetären Folgen des überwiegend zugrunde liegenden Personalressourcenverbrauchs. Aufgrund der spezifischen Problemstruktur (Nichtexistenz betroffener Prozesse, wenig bekannte, komplexe technisch-kostenwirtschaftliche Zusammenhänge) bedürfen die von der Prozeßkostenrechnung für diesen Zweck bereitgestellten Instrumente einer gezielten Ergänzung. Die hierzu herangezogenen praxisnah entwickelten Schätzverfahren greifen auf Analogieschlüsse zurück, die auf systematisch strukturierter und elektronisch dokumentierter Erfahrung fußen, dem theoretischen Ideal analytischer Planungen aber nur sehr begrenzt entsprechen.

In weiteren Analysen gilt es zunächst, die formulierten Normkurven zu überprüfen. Methodisch eignen sich für ein solches Vorhaben Längsschnittanalysen, welche Software-Investitionen von ihrer Projektinitiierung bis zum endgültigen Ersatz begleiten. Letztere können auch zur Überprüfung der formulierten Zusammenhänge zwischen den Variablen der Standardsoftware-Bereitstellungsprozesse und deren phasenbezogene Entwicklung eingesetzt werden. Aufbauend auf diesen Ergebnissen lassen sich Erfahrungsdatenbanken zur Planung der Ausgaben bereitstellen. Schließlich ist es erforderlich, das in diesem Kontext für Individualsoftware zusammengetragene empirische Datenmaterial durch neue Studien zu aktualisieren und, bei Bedarf, die darauf aufbauenden Planungshilfen anzupassen.

Über das eigentliche Modell zur Datengenerierung hinaus ist es wünschenswert, die in ihrer Struktur noch weitgehend unbekannten Standardsoftware-Bereitstellungsprozesse besser zu verstehen. Hier findet man ein Bild vor, das dem der Individualsoftware zu Beginn der elektronischen Datenverarbeitung gleicht: Trotz ständig steigender Ausgaben wird deren Zweckmäßigkeit kaum hinterfragt. Nur wenige Beiträge gehen der Frage nach, wie die Implementierungs- bzw. Wartungsprozesse organisatorisch und technisch unter Wirtschaftlichkeitsgesichtspunkten auszugestalten sind.[434] Nach Ansicht der Verfasserin liegt eine wesentliche Ursache hierfür in mangelnden Kenntnissen über das Wesen der Standardsoftware(-Bereitstellungsprozesse). In dieser Arbeit wurde mit der Interpretation der standardsoftwareeigenen Anpassungshilfsmittel als Programmiersprache ein Zusammenhang zwischen Standardsoftware und der sehr viel besser bekannten Individualsoftware hergestellt, der die Generierung von Hypothesen erlaubt.

2. Den zweiten Schwerpunkt der Arbeit bildet die Einnahmen-Generierung. Ein Ansatz über Ausgabenreduktionen greift hier zu kurz, denn hinter dem Prognoseproblem verbergen sich *wettbewerbliche Prozesse*. Sie begründen die Notwendigkeit, zunächst die Einflüsse von Software auf den Wettbewerb zu analysieren und die so gewonnene Basis zur Abschätzung zukünftiger Einnahmen zu verwenden. Um diesem Aspekt Rechnung zu tragen, wird der Markt mit seinen wichtigsten Variablen und Beziehungen in einem Wettbewerbsmodell exemplarisch eingefangen und hinsichtlich seiner zeitlichen Entwicklung anhand eines Phasenschemas analysiert.

Aufgrund der Ausrichtung auf den Wettbewerb bilden die *Konkurrenten* eine wesentliche Untersuchungsvariable. Im Mittelpunkt stehen zunächst deren preis- und absatzpolitische Reaktionen auf die eigene Software-Investition, die letztendlich zu einem neuen Marktgleichgewicht führen. Ferner erweisen sich die Software-Investitionen der Mitwettbewerber als relevant, da sie ebenfalls marktliche Anpassungsprozesse auslösen, die nicht ohne Einfluß auf das eigene Unternehmen bleiben. Besonders deutlich tritt dies bei der *Unterlassungsalternative* zutage, wo Software-Investitionen durch Konkurrenten zu rückläufigen Einnahmen führen. Die vielen Wirtschaftlichkeitsrechnungen implizit innewohnende Annahme eines konstanten Status quo birgt daher die Gefahr von Fehlentscheidungen.

---

[434] Eine Ausnahme bildet Hüttenhain [1990], S. 133ff., der sich mit dem Projektmanagement der Standardsoftware-Implementierung befaßt.

Neben der Investition selbst bildet der *Investitionszeitpunkt* eine wichtige Bestimmungsgröße für Art, Umfang und Ergebnis der ausgelösten Wettbewerbsprozesse. Die zeitliche Anordnung der Software-Investitonen wird so zu einem Schlüsselelement für den Erfolg oder Mißerfolg, was sich letztendlich in den Mustercharakteristiken (Normkurven) der zu prognostizierenden Zahlungsströme niederschlägt. Vor diesem Hintergrund bekommt auch die Entscheidung zwischen Standardsoftware und Individualsoftware eine neue Relevanz, da sich beide gerade bezüglich des Faktors Zeit unterscheiden: So besitzt Individualsoftware durch ihre „100%-Anforderungsabdeckung" zwar grundsätzlich ein höheres Potential für Wettbewerbswirkungen. Ob sich dies letztendlich auch in höheren Gesamteinnahmen niederschlägt, kann durch den früheren Produktionszeitpunkt der Standardsoftware und deren schnellere Imitation durch Konkurrenten nur im konkreten Einzelfall eruiert und vergleichend bewertet werden.

Auch auf der Einnahmenseite finden sich Anknüpfungspunkte für weitergehende Analysen, die über die empirische Überprüfung der abgeleiteten Normkurven und die Aufhebung bzw. Modifikation der den Markt definierenden Modellprämissen hinausgehen. Zunächst liegt es nahe, den Ansatz zur Untersuchung weiterer möglicher Wirkungen infolge Software-Investitionen einzusetzen. Beispielsweise könnten absolute und relative Marktanteile sowie Preise im Zusammenhang mit Branchenentwicklungen hinsichtlich des Ziels analysiert werden, Hypothesen über die Veränderung von Marktstrukturen durch Software zu generieren. Zudem erlaubt es der Ansatz mit einigen Modifikationen, den Fokus auf die Steuerwirkungen von Standardsoftware und Individualsoftware zu richten. Im Kontext alternativer Finanzierungen können dann tiefergehende Einblikke in die Interdependenzen zwischen Software und Steuern gewonnen werden.

Schließlich wird heute in einer Vielzahl von (Entscheidungs-)Modellen der Kapitalwert und nicht der Vermögensendwert als Zielkriterium verwandt. Dies ist nicht immer auf seine höhere Zweckmäßigkeit bezüglich des gerade strukturierten Problems, sondern häufig auch auf seine formal bessere Handhabbarkeit zurückzuführen. Die in der vorliegenden Arbeit hergeleitete Darstellung des

Vermögensendwerts könnte in theoretischer Hinsicht helfen, diese Probleme abzumildern und auch in Modelle Eingang finden, die ganz andere Fragestellungen als die hier behandelten untersuchen.[435]

[435] Zu denken wäre z.B. an wettbewerbliche Prozesse aus Investitionen aller Art, insbesondere im Zusammenhang mit preispolitischen Fragestellungen.

Anhang 1: INVAS - Teilprodukte und Maßgrößen

Das Fachkonzept wird analog zur Individualsoftware in die von INVAS vorgesehenen drei Teile Anforderungskatalog, Pflichtenheft und Leistungsbeschreibung gesplittet. Weiter wird die dort verwandte Notation beibehalten.[436]

Teilprodukt/Prozeßergebnis	Maßgrößen/Prozeßmenge
A Anforderungskatalog	Anforderungen DIN A4-Seiten
B Pflichtenheft	Benutzerfunktionen DIN A4-Seiten
C Leistungsbeschreibung / Systementwurf	Systeme Systemschnittstellen
D Kenntnis der standardsoftwareeigenen Anpassungshilfsmittel	Einarbeitungstage
E Entwurf Parametrisierung	DIN A4 Seiten/Komponenten/Parameter
F Entwurf Auswertungen, User-Exits, Schnittstellen, Migrationsprogramme	Auswertungen User-Exits Schnittstellen Migrationsprogramme
G Parametrisierung vorgenommen und getestet	Parameter Testfälle
H Schnittstellen, User-Exits Auswertungen, Migrationsprogramme codiert und getestet	Lines of Code Testfälle
I Schnittstellen, User-Exits, Auswertungen, Parametrisierung, Migrationsprogramme gemeinsam getestet	Testfälle
J Benutzerdokumentation	DIN A4-Seiten

Tabelle A 1: INVAS-Teilprodukte und Maßgrößen

[436] Für die Originaltabellen vgl. Noth/Kretschmar [1986], S. 140ff. sowie Schmitz/Bons/van Megen [1980], S.253ff.

Die folgende Tabelle soll Anhaltspunkte für die Auswahl von Einflußgrößen liefern. Dabei wird eine möglichst umfassende, nicht eine überschneidungsfreie Liste potentieller Einflußgrößen angestrebt.[437]

Einflußgröße Individualsoftware (laut INVAS-Vorschlagsliste)	Einflußgröße Standardsoftware
Art des Produkts × Einordnung/Aufgaben des Programmsystems der Teilprogramme × Innovationsgrad erstes System seiner Art ⇒ Programmsystem ⇒ Teilprogramme Automation eines bestehenden Arbeitsverfahrens ⇒ Programmsystem ⇒ Teilprogramme	Art des Produkts × Funktionalität × Innovationsgrad Einsatz bei Unternehmen derselben Branche Automation eines bestehenden Arbeitsverfahrens
Qualität der Anforderungsspezifikation × Unbestimmtheit der Anforderungen × Stabilität der Anforderungen	Qualität der Anforderungsspezifikation × Unbestimmtheit der Anforderungen × Stabilität der Anforderungen
Programmiersprache × Programmsystem × Teilprogramm	Programmiersprache (Schnittstellen, User-Exits, Abfragen, Migrationsprogramme)

[437] Abweichend zum Original wird der Begriff EDV (für elektronische Datenverarbeitung) statt ADV (für automatisierte Datenverarbeitung) benutzt. Die Begriffe werden aber synonym verwendet.

Dokumentation × intern (Umfang) × extern (Umfang, Sprache)	Dokumentation × intern zu erstellen (Umfang) × vom Hersteller zur Verfügung gestellt (Umfang, Sprache)
Produktziele × Produktqualität × Mehrfach verwendbare Anwendungssoftware	Produktqualität
Häufigkeit des Betriebs	Häufigkeit des Betriebs
Umfang × Anzahl der Programme × Anzahl der Programmbausteine × Anzahl der Anweisungen × Anzahl wiederverwendbarer Teilprogramme	Umfang × Anzahl Parameter × Anzahl der Schnittstellen × Anzahl der Abfragen × Anzahl User-Exits × Anzahl Migrationsprogramme
Komplexität × der Schnittstellen zwischen dem Programmsystem und dem übrigen Aufgabensystem den Programmen des Programmsystems den Programmbausteinen × der Programmstruktur Programmverknüpfung Anzahl der Verzweigungen	Komplexität × der Schnittstellen zwischen der Standardsoftware und anderer Software × der Parametrisierungsregeln × der Programmstruktur User-Exits × der Programmstruktur Abfragen × der Programmstruktur Migrationsprogramme
Schwierigkeitsgrad × der Verarbeitung Kontrollfunktionen Ein-/Ausgabefunktionen	Schwierigkeitsgrad × der Parametrisierung × der Schnittstellen × der User-Exits

Datenmanipulationsfunktionen Algorithmische Funktionen Datenübertragungsfunktionen Zeitkritische Funktionen × der Eingaben Anzahl Formate Zugriff Speicherung × der Tabellen Anzahl Größenklassen Dimensionen × der Arbeitsdateien Anzahl Formate Zugriff Speicherung × der Ausgaben Anzahl Formate Zugriff Speicherung	× der Abfragen × der Migrationsprogramme
Personalqualifikation × Mitarbeitergruppenbezogen × Mitarbeiterbezogen	Personalqualifikation × Mitarbeitergruppenbezogen × Mitarbeiterbezogen
Personalproduktivität × Unternehmensbezogen × Mitarbeitergruppenbezogen	Personalproduktivität × Unternehmensbezogen × Mitarbeitergruppenbezogen

× Mitarbeiterbezogen	× Mitarbeiterbezogen
Erfahrung Hardware und Software × Mitarbeitergruppenbezogen × Mitarbeiterbezogen	Erfahrung × mit identischer Standardsoftware Mitarbeitergruppenbezogen Mitarbeiterbezogen × mit einer anderen Komponente der Standardsoftware Mitarbeitergruppenbezogen Mitarbeiterbezogen
EDV-Erfahrung des Anwenders	EDV-Erfahrung des Anwenders
Erfahrung mit Methoden und Verfahren der Software-Entwicklung × Mitarbeitergruppenbezogen × Mitarbeiterbezogen	Erfahrung mit dem Customizing von Standardsoftware × Mitarbeitergruppenbezogen × Mitarbeiterbezogen
Schulungsaufwand (Mitarbeiterbezogen)	Schulungsaufwand (Mitarbeiterbezogen)
Verfügbarkeit/Abhängigkeit von anderen Projekten × Mitarbeitergruppenbezogen × Mitarbeiterbezogen	Verfügbarkeit/Abhängigkeit von anderen Projekten × Mitarbeitergruppenbezogen × Mitarbeiterbezogen
Fluktuation	Fluktuation
Hardware × Systemverfügbarkeit × Antwortzeit × Übereinstimmung Entwicklung/Anwendungs-EDV-Anlage	Hardware × Systemverfügbarkeit × Antwortzeit × Übereinstimmung Entwicklung/Anwendungs-EDV-Anlage
Software × Werkzeuge der Software-Entwicklung für die einzelnen Phasen × Qualität des Übersetzers	Werkzeuge zur Unterstützung des Customizings

Methoden und Verfahren der Software-Entwicklung	Strukturiertes Vorgehen bei der Implementierung
Anzahl der Programmentwicklungsstellen	Anzahl der Implementierungsstellen
Termin-/Zeitanforderungen	Termin-/Zeitanforderungen
Gleichzeitiger Ausbau der EDVA-Anlage	Gleichzeitiger Ausbau der EDV-Anlage
Sicherheitseinstufungsgrad	Sicherheitseinstufungsgrad
Entfernung von Entwicklungs- und Anwendungsort	Entfernung von Implementierungs- und Anwendungsort
Mitarbeit des Anwenders bei der Entwicklung	Mitarbeit des Anwenders bei der Entwicklung
Anzahl der von der Produktentwicklung betroffenen × Geschäftsstellen × Abteilungen × Mitarbeiter	Anzahl der von der Produktentwicklung betroffenen × Geschäftsstellen × Abteilungen × Mitarbeiter
Organisation der Projektteams	Organisation der Projektteams

Tabelle A 2: INVAS Einflußgrößen

Anhang 2: Ergänzende Berechnungen zur Unterlassungsalternative

$$DB_A^{\Delta_3} - DB_A^{\Delta_3,\Delta_4} - \left[DB_A - DB_A^{\Delta_4}\right]$$

$$= DB_A^{\Delta_3} - DB_A - \left[DB_A^{\Delta_3,\Delta_4} - DB_A^{\Delta_3}\right]$$

$$= \left(P_A \frac{b}{b-\Delta_3} - \frac{2k_v\Delta_3}{(b-\Delta_3)(4-GF)} - k_v\right)\left(x_A - \frac{k_v\Delta_3(GF-2)}{4-GF}\right) - (P_A - k_v)x_A$$

$$-\left(P_A \frac{b}{b-\Delta_3} - \frac{2k_v\Delta_3 + Gg\Delta_4}{(b-\Delta_3)(4-GF)} - k_v\right)\left(x_A - \frac{k_v\Delta_3(GF-2) + Gg_v\Delta_4}{4-GF}\right)$$

$$+\left(P_A - \frac{Gg_v\Delta_4}{b(4-GF)} - k_v\right)\left(x_A - \frac{Gg_v\Delta_4}{(4-GF)}\right)$$

$$= x_A\left(-\frac{2k_v\Delta_3}{(b-\Delta_3)(4-GF)}-\frac{Gg_v\Delta_4}{b(4-GF)}+\frac{2k_v\Delta_3+Gg\Delta_4}{(b-\Delta_3)(4-GF)}\right)$$

$$\underbrace{-(P_A-k_v)\left(\frac{Gg_v\Delta_4}{4-GF}\right)}_{\geq 0}+\left(P_A\frac{b}{b-\Delta_3}-k_v\right)\left(-\frac{k_v\Delta_3(GF-2)}{4-GF}+\frac{k_v\Delta_3(GF-2)+Gg_v\Delta_4}{4-GF}\right)$$

$$+\frac{k_v\Delta_3(GF-2)}{4-GF}\cdot\frac{2k_v\Delta_3}{(b-\Delta_3)(4-GF)}-\frac{2k_v\Delta_3+Gg\Delta_4}{(b-\Delta_3)(4-GF)}\cdot\frac{k_v\Delta_3(GF-2)+Gg_v\Delta_4}{4-GF}+\frac{(Gg_v\Delta_4)^2}{b(4-GF)^2}$$

$$\geq\left(\frac{Gg_v\Delta_4}{4-GF}\right)\left\{x_A\left(\frac{\Delta_3}{(b-\Delta_3)b}\right)-\frac{k_v\Delta_3FGb+\Delta_3Gg\Delta_4}{(b-\Delta_3)(4-GF)b}+P_A\frac{b}{b-\Delta_3}-k_v\right\}$$

$$\geq\left(\frac{Gg_v\Delta_4}{4-GF}\right)\left\{\frac{\Delta_3(2a+bk_v(GF-2)+G(d+eg_v))-k_v\Delta_3FGb+\Delta_3Gg\Delta_4}{(b-\Delta_3)b(4-GF)}+P_A\frac{b}{b-\Delta_3}-k_v\right\}$$

$$\geq\left(\frac{Gg_v\Delta_4}{4-GF}\right)\left\{\underbrace{\frac{\Delta_3(2a+Gd+Gg_v(e-\Delta_4))}{(b-\Delta_3)b(4-GF)}}_{\geq 0}-\frac{2k_v\Delta_3}{(b-\Delta_3)(4-GF)}+P_A\frac{b}{b-\Delta_3}-k_v\right\}$$

$$\geq\left(\frac{Gg_v\Delta_4}{4-GF}\right)\left\{-\frac{2k_v\Delta_3}{(b-\Delta_3)(4-GF)}+\underbrace{\frac{2(a+bk_v)+G(d+eg_v)-k_vb(4-GF)}{(b-\Delta_3)(4-GF)}}_{\geq 0,\ \text{da}\ P_A-k_v\geq 0}+\frac{\Delta_3k_v(4-GF)}{(b-\Delta_3)(4-GF)}\right\}$$

$$\geq\left(\frac{Gg_v\Delta_4}{4-GF}\right)\left\{\frac{\Delta_3k_v(2-GF)}{(b-\Delta_3)(4-GF)}\right\}\geq 0.$$

Anhang 3: Beispiel – Fachkonzept und Quantifizierung isolierter Nutzeneffekte

A.3.1 Fachkonzept

Das vorliegende Fachkonzept besteht aus einer kurzen Beschreibung des Istzustands, einer Istanalyse und einem Sollkonzept.[438]

[438] Bei dem im folgenden skizzierten Fachkonzept handelt es sich um ein fiktives Beispiel, das im wesentlichen auf der Erfahrung der Verfasserin fußt. Zusätzlich herangezogene Quellen sind entsprechend vermerkt. Es ist jedoch nicht auszuschließen, daß weitere Einzelaspekte

A.3.1.1 Istaufnahme

Telefonisch oder schriftlich eingehende Bestellungen werden von den Sachbearbeitern im Verkauf aufgenommen. Diese prüfen in ihrer Vertriebssoftware die Einhaltung des Kreditlimits. Bei positivem Ergebnis erfassen sie im Altsystem einen internen Auftragsbeleg, indem sie Kunden- und Artikelnummer, Konditionen, Liefertermin, Vertriebsweg usw. eintragen. Dabei wird von der Anwendung ein Vorschlag für den Liefertermin auf Basis der aktuellen Bestandssituation erzeugt. Letztere wird vom dort eingesetzten System täglich aktualisiert. Falls nötig, erfolgt eine Rücksprache mit Mitarbeitern der Produktionsplanung oder Produktion. Für die Zuordnung der Konditionen wird ein Eintrag aus einer Vorschlagsliste ausgewählt. Kundenspezifische Zuordnungen können nicht abgelegt werden.

Jede Nacht veranlaßt ein Batch-Job den Druck aller Auftragsbestätigungen des Tages und deren Versand an die Kunden. Zusätzlich werden die Daten in einer Excel-Datei abgelegt und dem Lager per elektronische Post zur Verfügung gestellt. Dort fertigen Mitarbeiter anhand dieser Informationen Lieferscheine und Versandpapiere an, wobei standardisierte Textbausteine zum Einsatz kommen. Sie veranlassen ferner den Versand der Waren. Schließlich erfassen sie die Bestandsveränderung in der separat betriebenen Anwendung „Fertigungssteuerung und -überwachung“, mit der auch die Lagerbestände verwaltet werden. Jeden Abend wird eine Datei mit allen vorgenommenen Lieferungen des Tages erzeugt, auf deren Basis die Aufträge im Vertriebssystem ein Lieferkennzeichen erhalten. Das dazu eingesetzte Programm schreibt alsdann Rechnungen und erzeugt die hieraus resultierenden Buchungen.

In der Finanzbuchhaltung werden die elektronisch abgelegten Buchungssätze manuell nachkontiert und anschließend automatisiert in der separat betriebenen Anwendung „Finanzbuchhaltung“ gebucht. Dieses Verfahren ist historisch bedingt. Zunächst existierten die Anwendungen „Finanzbuchhaltung“ und „Ver-

---

in ähnlicher Weise - beispielsweise in (populärwissenschaftlichen) Erfahrungsberichten - dokumentiert sind.

triebssystem“ nebeneinander und die Rechnungen wurden von den Sachbearbeitern der Finanzbuchhaltung kontiert und manuell eingegeben. Nachträglich entschloß man sich, die Daten automatisiert zu übertragen. Jedoch hätte die Aufnahme der Kontierungen in dem Altsystem erhebliche Änderungen verursacht, die aufgrund mangelhafter Dokumentation sowie der nicht mehr vorhandenen Spezialisten nur mit sehr hohem Zeitbedarf realisierbar wären.[439] Da der Ersatz der Vertriebssoftware ohnehin erwogen wurde, entschied man sich damals für diese Zwischenlösung, um kurzfristig wenigstens einen Teil des Erfassungsaufwands einzusparen. Die Zahlungseingänge werden schließlich in der Finanzbuchhaltung erfaßt und von dort zum Vertrieb gesandt, der die Fakturen als bezahlt markiert und damit den Ausschöpfungsgrad des Kreditlimits automatisch korrigiert.

Mit der Wartung der aktuell eingesetzten Software sind schließlich 1,5 Programmierer beschäftigt.

A.3.1.2 Istanalyse

a) Beim Erfassen interner Aufträge durch den Vertrieb treten immer wieder Fehler bei der Zuordnung der Konditionen aus der mittlerweile unübersichtlichen Liste auf. Ferner führten Verzögerungen bei der Korrektur des Kreditlimits in der Vergangenheit häufiger zu Beschwerden. Daher sind die meisten Sachbearbeiter dazu übergegangen, Aufträge auch dann anzunehmen, wenn eine entsprechende Systemwarnung erfolgt, was wiederum uneinbringliche Forderungen zur Folge hat. Schließlich stimmen die Lieferterminzusagen für Lagerartikel nicht, da gleiche Bestände mehrfach reserviert werden. Dies führt zu einer Reihe von Kundenbeschwerden bis hin zu Konventionalstrafen.[440]

---

[439] Aus dem gleichen Grund erfolgte keine stärkere Integration des Vertriebssystems mit der Anwendung „Fertigungssteuerung und –überwachung“.

[440] IBM [1984], S. 15 stellt an einem Beispiel Software vor, die einige ähnliche Schwachstellen beseitigen soll. Dabei handelt es sich genauer um falsche Konditionen, unvollständige Überwachung des Kreditmlimits, wenn ein Kunde gleichzeitig mehrere Aufträge erteilt und falsche Lieferterminzusagen aufgrund von Mehrfachreservierungen. Die ursprünglichen Tätigkeiten werden jedoch ohne EDV durchgeführt.

b) Die Annahme von Bestellungen und die anschließende Erfassung interner Auftragsbelege bindet hohe Personalkapazitäten. Bei Ausweitung der Vertriebsaktivitäten auf das Internet würde ein Teil dieser Aufgaben auf die Kunden verlagert.
c) Eine Marktanalyse zeigt, daß gerade jüngere Kunden durch einen Vertrieb über das Internet angesprochen werden. In der Branche ist das bisher nicht üblich.
d) Kunden subtrahieren zum Teil auch dann Skonto, wenn die gesetzte Frist bereits überzogen ist. Bei der Prüfung des Zahlungseingangs fällt dies nicht immer auf.
e) Individuelle Auswertungen über den vorgehaltenen Datenbestand sind sehr schwierig. Sie setzen detaillierte Programm-, Datenbank- und Datenstrukturkenntnisse voraus, die nach Pensionierung der Spezialisten nicht in ausreichendem Maße vorhanden sind. Die dabei entstehenden Berichte sind entsprechend fehlerhaft und niemals zeitnah zu erhalten. Dies führt dazu, daß die Wirksamkeit von Werbemaßnahmen nicht detailliert verfolgt werden kann. Daher wird das Werbebudget nach Schlüsseln, gutem Gefühl und persönlichen Beziehungen verteilt. Auch die Unternehmensleitung und die Verantwortlichen für die Produktpolitik beschweren sich immer wieder über fehlerhafte, veraltete und fehlende Daten.

A.3.1.3 Sollkonzept

1. Zukünftig sollen schriftlich oder mündlich bestellte Artikel vom Verkauf mit Kundennummer und gewünschter Menge eingegeben werden. Weitere Angaben, insbesondere die Konditionen und der Liefertermin, werden automatisch von der Software eingestellt. Dabei wird der Liefertermin durch einen Online-Zugriff auf die Bestandsdaten/Fertigungsaufträge ermittelt und die entsprechende Menge reserviert. Die Auftragserfassung ist jedoch nur dann möglich, wenn der Kreditrahmen ausreicht. Aufträge mit Limitüberschreitung darf nur der Abteilungsleiter des Verkaufs einbuchen. Die Software ordnet dem Auftrag ferner automatisch Kontierungen für die Finanzbuchhaltung zu. Bei allen Daten handelt es sich um Vorschlagswerte, die vom Sachbearbeiter überschrieben

werden können. Kunden, die über das Internet bestellen, prüfen die Verfügbarkeit der Artikel selbst und nehmen auch entsprechende Reservierungen vor. An die Erfassung schließen sich Druck und Versand der Auftragsbestätigungen im Rechenzentrum an, die wie bisher über Massendrucker und eine Poststraße abgewickelt werden.

Die Lagerarbeiter sehen am Bildschirm die von ihnen auszuliefernden Aufträge und können auf Knopfdruck die Versandpapiere und den Lieferschein erstellen und ausdrucken. Nach der Bestätigung der Auslieferung durch den Lagerarbeiter wird automatisch die Faktur erstellt und wie bisher verschickt. Dabei wird auch die Bestandsveränderung über einen Online-Zugriff auf die Anwendung „Fertigungssteuerung und –überwachung" gebucht.

Die Buchung der Zahlungseingänge erfolgt automatisiert durch Nutzung einer von der Hausbank zur Verfügung gestellten Schnittstelle. Dabei wird das Kreditlimit zeitnah korrigiert. Da die Software die Berechnung von Skonto beinhaltet, kann es nicht mehr vorkommen, daß ein unberechtigter Skontoabzug nicht bemerkt wird. Schließlich erfolgt die Erstellung einer Datei mit allen nötigen Buchungssätzen, die jede Nacht in die Anwendung „Finanzbuchhaltung" übertragen werden.

Durch die zentrale Speicherung aller Aufträge, Fakturen, Lieferscheine und Zahlungseingänge in einer Datenbank, die mit einfachen, standardisierten Abfragesprachen aufbereitet werden kann, sind individuelle Auswertungen über diese Informationen zeitnah möglich. Dabei konkretisieren sich häufig notwendige Berichte in sogenannten Standardreports, die beim Aufruf eine Spezifikation durch wenige Parameter (wie Zeitraum, Kundengruppe usw.) gestatten. Zusätzlich wird eine Oberfläche programmiert, auf der Anwender mit einfachen Mitteln eigene Berichte erstellen können. Ein separates Modul „Werbung" erlaubt außerdem die Verwaltung von Werbebudgets, Werbemaßnahmen usw. Es erzeugt auch Vorschläge zur Verteilung des Werbebudgets.

2. Für die so spezifizierte Software bietet sich zunächst eine Individualsoftware-Entwicklung an. Zur Projektabwicklung stehen keine freien Personalkapazitäten zur Verfügung. Technisch soll die Anwendung in diesem Fall als Client/Serverarchitektur realisiert werden. Da jeder betroffene Sachbearbeiter bereits einen PC besitzt und auch ein Server mit genügend Platz vorhanden ist, sind keine Hardwarebeschaffungen erforderlich.

Alternativ steht eine Standardsoftware-Handlungsalternative zur Disposition. Ihr Kaufpreis beträgt 200 TDM und ist innerhalb von 30 Tagen nach Erwerb fällig. Zusätzlich kann eine Wartungslizenz für 10% vom Kaufpreis jährlich erworben werden. Zur Implementierung der Standardsoftware stehen ebenfalls keine freien Personalkapazitäten zur Verfügung. Die Realisation ist auf der für Individualsoftware beschlossenen Hardwareumgebung möglich. Bezüglich ihrer Funktionalität weist die Standardsoftware im Vergleich zur Individualsoftware folgende ausgabenrelevante Unterschiede auf:

a) Ein Online-Zugriff auf die Bestandsdaten kann nicht realisiert werden. Die entsprechenden Reservierungen werden jede Nacht mit einem Batch-Job gebucht. Im Anschluß daran erfolgt ein Import der Informationen über die Bestandssituation und die geplanten Fertigungsaufträge in die Standardsoftware.
b) Die genutzten Kontierungen passen nicht zu denen in der Finanzbuchhaltung. Ein kompliziertes Programm, welches die Schnittstelle bestückt, ist erforderlich.
c) Die Plausibilitäten für Konditionen fangen nur grobe Fehler ab. Ferner erfolgt bei Eingabe von Aufträgen mit überschrittenem Kreditlimit lediglich eine Warnung.
d) Die bisher benutzten alphanumerischen zwanzigstelligen Kundennummern müssen auf zehnstellige numerische Identifikationsmerkmale umgestellt werden.
e) Die Auswertungen können vom Anwender nach dessen Wünschen nur in Grenzen flexibel realisiert werden. Die Handhabung ist zudem komplizierter.

Da das Datenbankdesign der Standardsoftware nicht auf das hier betrachtete Unternehmen zugeschnitten ist, besitzen die Auswertungen eine längere Laufzeit als bei Individualsoftware. Erste Berechnungen lassen bis zu 30 Minuten als realistisch erscheinen.

f) Eine Internetverbindung ist zwar vorhanden, aber nicht völlig frei konfigurierbar. Beispielsweise können Bestände nicht direkt reserviert, sondern nur zur Vormerkung in der nächsten Nacht gekennzeichnet werden.

A.3.2 Quantifizierung isolierter Nutzeneffekte

A.3.2.1 Strukturierung qualitativer Nutzeneffekte

Ausgehend von den mittelbar und unmittelbar betroffenen Unternehmensbereichen ergeben sich die im folgenden dargestellten Wirkungsketten. Dabei sind mindestens die in Tabelle A 3, S. 246 niedergelegten Randbedingungen zu beachten. Wirkungsketten und Randbedingungen gelten in diesem Beispiel für Standardsoftware und Individualsoftware.
Die Randbedingungen der Wirkungsketten g und i werden als realisierbar eingestuft, die anderen werden im Rahmen der monetären Quantifizierung zugehöriger Nutzeneffekte separat erörtert.

Unterschiede zwischen Standardsoftware und Individualsoftware bestehen in der Höhe der durch die Wirkungsketten ausgelösten Einnahmen. Sie resultieren aus:

- dem unterschiedlichen Zugriff auf die Bestandsdaten (Wirkungskette g/h)
- verschiedenen Plausibilitäten (Wirkungskette d/e)
- Zeitnähe und Flexibilität der Berichte bzw. Auswertungen (Wirkungskette j/k)
- Flexibilität der Internetkonfiguration (Wirkungskette i)

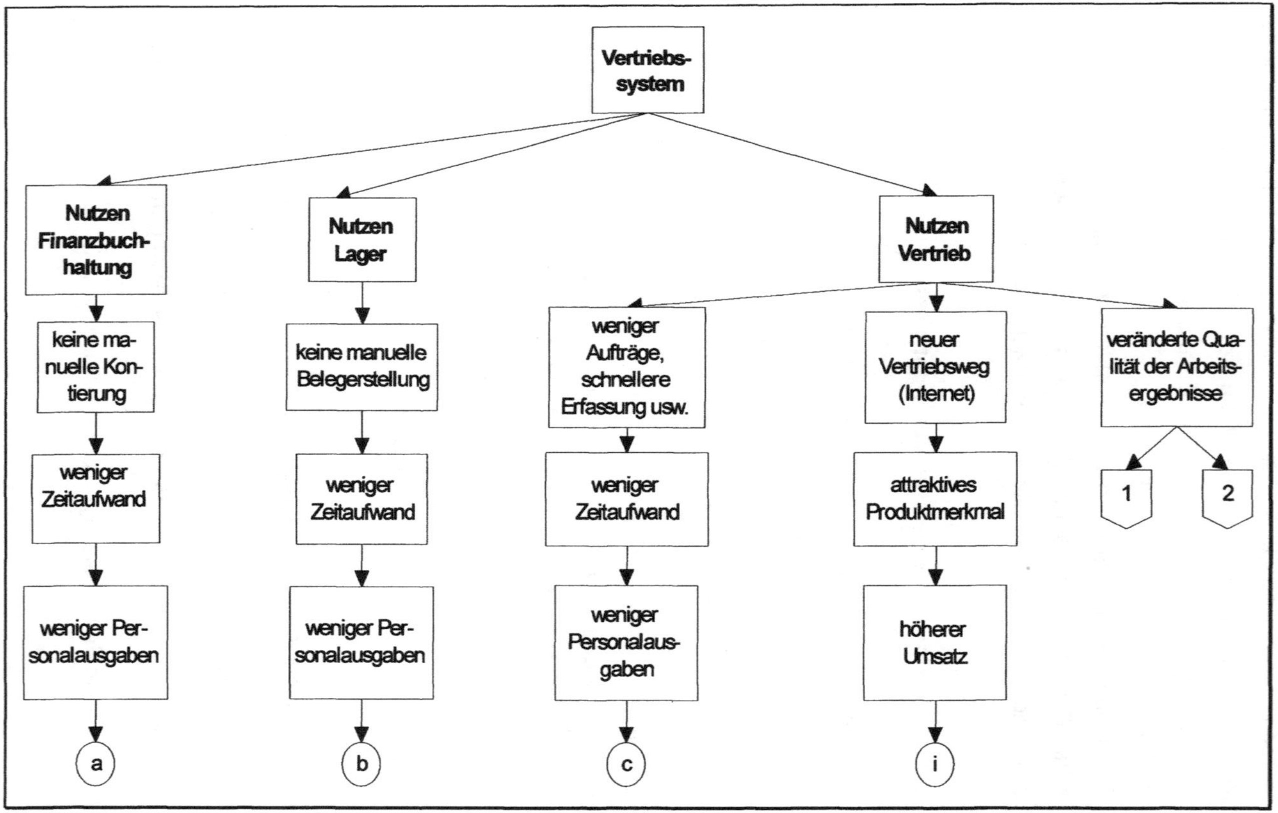

Abbildung A 1: Beispiel - Wirkungsketten Vertriebssystem -1-

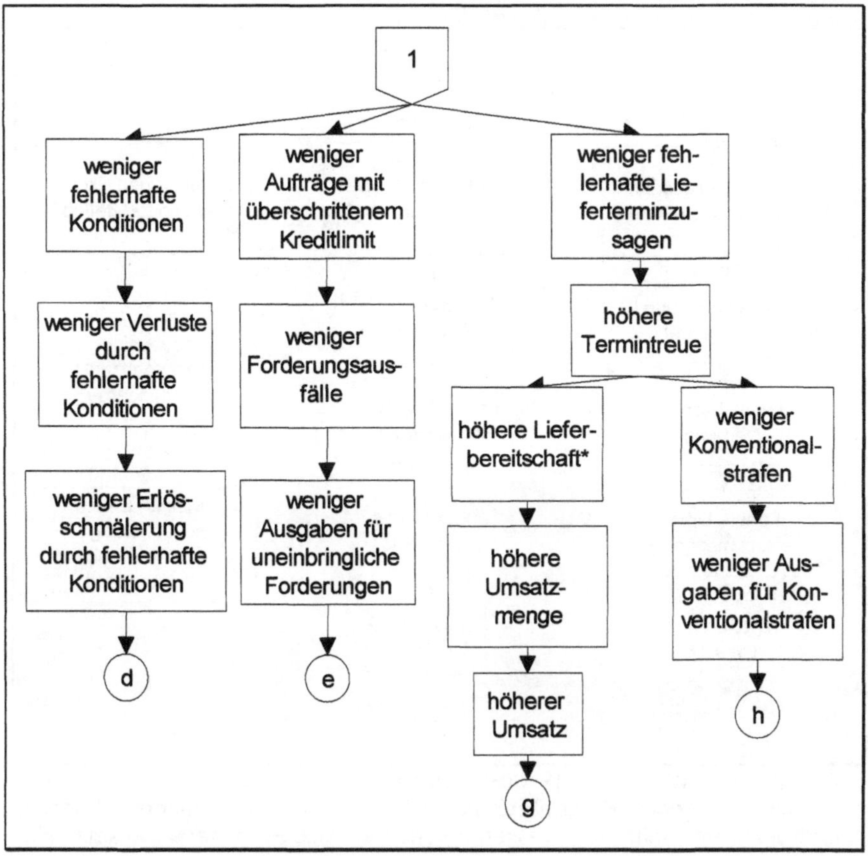

* Anselstetter [1986], S. 119 dokumentiert mit „schnellere Angebotserstellung und Auftragsabwicklung → größere Termintreue, weniger Verzug → höherer Umsatz" eine ähnliche Wirkungskette.

Abbildung A 2: Beispiel - Wirkungsketten Vertriebssystem -2-

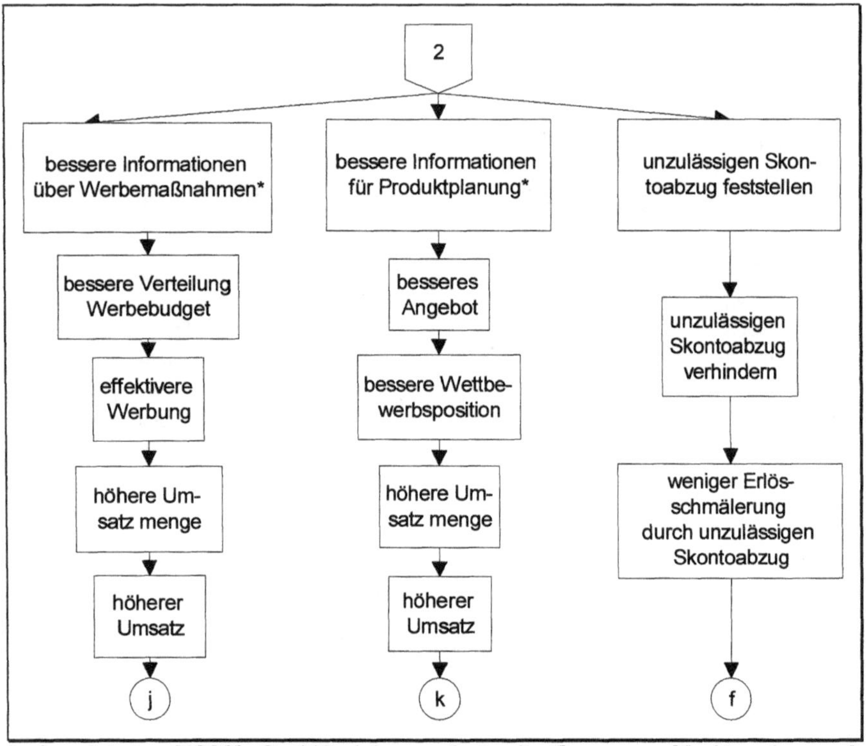

* Anselstetter [1986], S. 119 dokumentiert mit „Genauere Marktanalysen → besseres Angebot → größere Flexibilität → bessere Wettbewerbsposition/Konkurrenzfähigkeit→ besserer Kundenservice → höherer Umsatz" eine ähnliche Wirkungskette.

Abbildung A 3: Beispiel - Wirkungsketten Vertriebssystem -3-

Wirkungskette	**Randbedingungen für die monetäre Realisation der Wirkungen**
a, b, c	Realisierbarkeit Personalabbau, beachte Rückwirkungen aus Einnahmen mit Wettbewerbswirkungen
g	keine höheren Sicherheitsbestände; Wirkung veranlaßt Kunden, ihren Bestellumfang zu erhöhen/erweitert Kundenkreis
i	Internetpräsenz erweitert den Kundenkreis
j, k	Umsetzung der Information in verbesserte menschliche Entscheidungen; Wirkung veranlaßt Kunden, ihren Bestellumfang zu erhöhen/erweitert Kundenkreis

Tabelle A 3: Beispiel - Randbedingungen

A.3.2.2 Quantifizierung interner Nutzeneffekte

Im folgenden werden die Nutzeneffekte der Wirkungsketten a, b, c, d, e, f, g und h quantitativ erfaßt.

Wirkungskette a (Personalausgaben Finanzbuchhaltung)

In der Finanzbuchhaltung wurden in den vergangenen 5 Jahren durchschnittlich 500 Rechnungen/Monat kontiert und ähnlich viele Zahlungseingänge erfaßt. Ein Vorgang dauert durchschnittlich 7 Minuten, wie Zeitstudien und Selbstaufschreibung belegen. Insgesamt ergibt sich ein Einsparpotential von circa 14,58 Arbeitstagen. Da es in der Finanzbuchhaltung in den vergangenen Monaten immer wieder zu massiven Überstunden kam, wird die neu zur Verfügung stehende Zeit dringend für andere Arbeiten benötigt. Bei angenommenen 20 monatlichen Arbeitstagen und Personalausgaben von 7 TDM/Sachbearbeiter folgt insgesamt eine Ausgabenreduktion von circa 5,1 TDM/Monat.

Wirkungskette b (Personalausgaben Lager)

Die Lagerarbeiter erstellen monatlich Versandpapiere für circa 500 Lieferungen. Anschließend buchen sie die zugehörigen Bestandsveränderungen. Bei einem durchschnittlichen Zeitaufwand von 5 Minuten für die erste und 2,25 Minuten für die zweite Tätigkeit stehen also circa 7,55 Tage/Monat zur Disposition. Nach einer längeren Diskussion zwischen der Investitionsrechnerin und den Leitern der Personalplanung/Organisation stellt sich heraus, daß diese 7,55 Tage erst mit der Pensionierung eines älteren Sachbearbeiters in zwei Jahren realisiert werden könnten. Kurzfristig ist jedoch eine Steigerung der Absatzmenge zu erwarten (vgl. Wirkungsketten g, j, k, i), die der ältere Lagerarbeiter auffangen kann. Daher kann angenommen werden, daß das Einsparpotential mit Ende der Phase A vollständig realisiert wird. Bei monatlichen Personalausgaben von 7 TDM/Sachbearbeiter führt das zu einer Ausgabereduktion von 2,64 TDM/Monat.

Wirkungskette c (Personalausgaben Vertrieb)

Unter Rückgriff auf arbeitswissenschaftliche Methoden wird im Vertrieb eine Zeit von circa 75 Minuten zur Annahme und Erfassung einer Bestellung ermittelt. Das Arbeitsvolumen beträgt circa 500 Bestellungen/Monat. Durch Wegfall der Telefonate mit der Produktion und einer benutzerfreundlicheren Bedienungsoberfläche sollen 50%, also 37,5 Minuten eingespart werden. Weiter ergeben Marktstudien, daß nach der Einführung circa ein Fünftel aller bisherigen Bestellungen über das Internet eingehen. Folglich lassen sich circa 39 Personentage monatlich einsparen. Schließlich wird das Kreditlimit über die Schnittstelle zur Bank automatisch und zeitnah korrigiert. Bei durchschnittlich 500 Zahlungseingängen pro Monat und circa 10 Minuten Bearbeitungszeit stehen weitere 10,5 Tage zur Disposition. Berücksichtigt man zusätzlich den Wegfall gelegentlicher Rückfragen aus der Finanzbuchhaltung, lassen sich ca. 51,5 Arbeitstage einsparen. Sie werden zunächst zur Bewältigung des temporär ansteigenden Auftragsvolumens (vgl. Wirkungsketten g, j, k, i) benötigt. Bei monatlichen Personalausgaben in Höhe von 7 TDM/Sachbearbeiter lassen sich infolgedessen Einsparungen in Höhe von ca. 18 TDM/Monat realisieren.

Wirkungskette g, h (höhere Lieferbereitschaft, Reduktion Konventionalstrafen)

Es wird ein Modell konstruiert, welches die durchschnittliche Lieferzeit und den durchschnittlichen Lieferbereitschaftsgrad mit der bereinigten Bestandssituation und den bereinigten Auftragseingängen der vergangenen 5 Jahre simuliert.

a) Wirkungskette h für Individualsoftware:

Aufgrund des Online-Zugriffs auf die Bestandsdaten und die Fertigungsplanung sind fehlerhafte Lieferterminzusagen zukünftig ausschließlich auf Abweichungen zwischen der Fertigung und der Fertigungsplanung zurückzuführen.[441] Diese wurden in der Vergangenheit ausführlich dokumentiert. Daher erfolgt eine neue Simulation mit den aus der Fertigungsplanung der letzten fünf Jahre resultierenden Bestandsdaten. Aus einem Vergleich der Liefertermine für die

[441] Hierbei werden die Abweichungen innerhalb eines Zeitraums berücksichtigt, der die durchschnittliche Lieferzeit umfaßt.

einzelnen Aufträge errechnet das Modell die Anzahl der fehlerhaften Zusagen, während der Istzustand auf Basis von Beschwerdebriefen geschätzt wird. Hieraus folgt, daß die erwartete Reduktion fehlerhafter Lieferversprechen 50% beträgt. In den vergangenen fünf Jahren wurden durchschnittlich 12 TDM/Jahr für Konventionalstrafen gezahlt. Eine Begutachtung der Fälle ergab, daß circa 6 TDM/Jahr auf nicht eingehaltene Liefertermine zurückzuführen sind. Demnach betragen die Einnahmen durch Reduktion von Ausgaben für Konventionalstrafen 3 TDM/Jahr.[442]

b) Wirkungskette h für Standardsoftware:
Der Datenbestand wird bezüglich der Auswirkungen des zeitverzögerten Zugriffs auf die aktuellen Bestandsdaten modifiziert und erneut simuliert. Ein Vergleich mit dem Ergebnis der ersten Berechnungen ergibt eine Reduktion fehlerhafter Lieferterminzusagen um 30%. Damit fallen 30% von 6 TDM = 1,8 TDM/ Jahr = 0,15 TDM/Monat Konventionalstrafen zukünftig weg.

Wirkungskette d, e (falsche Konditionen, überschrittenes Kreditlimit) für Individualsoftware

Eine Stichprobe von 3% der Aufträge aus den letzten 5 Jahren wird auf Verluste durch falsche Konditionen und überschrittene Kreditlimits bei der Auftragserteilung untersucht. Hochgerechnet ergibt sich daraus ein Einsparungspotential von 20 TDM/Jahr für nicht mehr überschrittene Kreditlimits (Wirkungskette e) und 1 TDM/Monat für richtige Konditionen (Wirkungskette d).[443] Restriktive Plausibilitäten, kundenspezifisch abgelegte automatisch vorgeschlagene Konditionen, sowie die Ablehnung von Aufträgen mit überschrittenem Kreditlimit (bei zeitnaher Rückbuchung), lassen die Einsparungen in voller Höhe als realisierbar erscheinen.

---

442 IBM [1984], S. 18 schlägt anhand eines Beispiels ebenfalls vor, Beschwerdebriefe zur Schätzung der Konsequenzen nicht eingehaltener Liefertermine heranzuziehen.

443 IBM [1984], S. 17f. zieht zur Abschätzung der Konsequenzen falscher Konditionen Verluste des vergangenen Jahres heran, die über eine Stichprobe ermittelt werden.

Wirkungsketten d, e (falsche Konditionen/überschrittenes Kreditlimit) für Standardsoftware

Die aus der Standardsoftware resultierenden Nachteile rechtfertigen keine detaillierte Berechnung. Eine grobe Schätzung liefert Einnahmen in Höhe von 0,5 TDM/Monat bzw. 15,2 TDM/Jahr für die Wirkungsketten d bzw. e.

Wirkungskette f (unzulässiger Skontoabzug)

Eine Stichprobe von 3% der Forderungen aus den letzten 5 Jahren ergibt hochgerechnet, daß durchschnittlich für 6 TDM/Jahr unberechtigt Skonto abgezogen wurde. Dies ist zukünftig unmöglich.

A.3.2.3 Veränderung der Kostenfunktion durch Software

Mit einer Absatzmenge von 5000 Stück/Monat und einem Verkaufspreis von 100 DM/Stück folgt:

Wirkungs-kette	**Einsparung Individual-software (TDM/ Monat)**	**Einsparung Standardsoft-ware (TDM/ Monat)**	**Einspa-rung/Stück Individual-software (DM)**	**Einspa-rung/Stück Standard-software (DM)**
a	5,1	5,1	1,02	1,02
b	2,64	2,64	0,53	0,53
c	18	18	3,6	3,6
h	0,25	0,15	0,05	0,03
d	1	0,5	0,2	0,1
e	1,667	1,2667	0,33	0,25
f	0,5	0,5	0,1	0,1
Summe	**29,157**	**28,157**	**5,83**	**5,63**

Tabelle A 4: Beispiel - Ausgabenreduktion durch Standardsoftware und Individualsoftware

Liegt vor der Software-Investition die Kostenfunktion[444] $k(x)=97,83x$ vor, folgt:

Kostenfunktion nach der Standardsoftware-Investition: $k_{Sta}(x)=92,2x$;

Kostenfunktion nach der Individualsoftware-Investition: $k_{In}(x)=92x$.

[444] Gemeint sind hier wiederum nur die zahlungswirksamen Bestandteile.

A.3.2.4 Quantifizierung isolierter Wettbewerbswirkungen

Wirkungskette g (höhere Lieferbereitschaft)

Der Lieferbereitschaftsgrad (LBG) als Quotient zwischen den unmittelbaren Auslieferungen und den vorliegenden Bestellungen gilt als kritischer Erfolgsfaktor. Definiert ist er durch:

$$\text{LBG} = \frac{\text{Anzahl sofort gelieferte Artikel/Periode}}{\text{Anzahl bestellte Artikel/Periode}} \cdot 100.$$ [445]

Diese Kennzahl wurde für Standardsoftware und Individualsoftware im Rahmen der Quantifizierung interner Nutzeneffekte simuliert. Der in den vergangenen 5 Jahren tatsächlich erreichte LBG ist aufgrund seiner Eigenschaft als kritischer Erfolgsfaktor im Unternehmen dokumentiert. Ein Vergleich ergibt eine erwartete Erhöhung von 10% für Individualsoftware und 8% für Standardsoftware.

Zwischen der Veränderung des LBGs und dem Marktanteil wird langfristig ein Zusammenhang unterstellt, dessen zugehörige Funktion MA folgender Klasse angehören soll:[446]

$$MA(kef) = MA_{min} + (MA_{max-min}) \frac{(kef)^{\beta}}{\delta + (kef)^{\beta}}$$

kef = veränderte Ausprägung des kritischen Erfolgsfaktors

β, δ = nicht negative Konstante

Dann ist $MA(kef) \in [0,1] \; \forall \, kef \geq 0$.[447]

Zur Interpolation genügt es, folgende Wertepaare abzuschätzen:

- den Marktanteil (MA_{min}) bei zeitlich konstanter Ausprägung des kritischen Erfolgsfaktors,

[445] Vgl. Anselstetter [1986], S. 124.

[446] Vgl. Schumann [1992], S. 211ff., der ein analoges Vorgehen für die Durchlaufzeit (anstatt des LBGs) wählt. Dieselbe Funktionenklasse nutzt Little [1977], S. 122ff. im Decision Calculus.

[447] $MA(0)=MA_{min} \in [0,1]$, da MA_{min} ein geschätzter Marktanteil ist (erstes Wertepaar). $MA' \geq 0$, also ist MA monoton wachsend. Weiter ist MA nach oben durch den geschätzten Marktanteil MA_{max} beschränkt (zweites Wertepaar), also $0 \leq MA \leq 1$.

- den maximalen Marktanteil (MA_{max}), der sich aufgrund von Ausprägungsänderungen des kritischen Erfolgsfaktors erzielen läßt,
- die Höhe der Ausprägungsänderung des kritischen Erfolgsfaktors, die erforderlich ist, damit keine Marktanteilsveränderung entsteht,
- ein beliebiges viertes Tupel „Marktanteil - veränderte Ausprägung des kritischern Erfolgsfaktors".

Vertrieb und Marketing schätzen:

LBG	**Marktanteil**
konstant	sinkt von gegenwärtig 4 auf 3%
100%	steigt auf 10%
steigt um 9%	4%
steigt um 5%	3,5%

Tabelle A 5: Beispiel - Abschätzung von Wertepaaren (LBG/Marktanteil)

Mit diesen Informationen läßt sich obige Funktion interpolieren:

a) $0{,}035 = M(0{,}05) = 0{,}03 + (0{,}1 - 0{,}03) \cdot \frac{0{,}05^{\beta}}{\delta + 0{,}05^{\beta}}$

$$\Rightarrow \frac{0{,}05^{\beta}}{\delta + 0{,}05^{\beta}} = 0{,}071428571$$

$$\Rightarrow 0{,}05^{\beta} = 0{,}071428571 \cdot \left(\delta + 0{,}05^{\beta}\right)$$

$$\Rightarrow 13 \cdot 0{,}05^{\beta} = \delta$$

b) $0{,}04 = M(0{,}09) = 0{,}03 + (0{,}1 - 0{,}03) \cdot \frac{0{,}09^{\beta}}{\delta + 0{,}09^{\beta}}$

$$\Rightarrow \frac{0{,}09^{\beta}}{\delta + 0{,}09^{\beta}} = 0{,}142857142$$

$$\Rightarrow 0{,}09^{\beta} = 0{,}142857142 \cdot \left(\delta + 0{,}09^{\beta}\right)$$

$$\Rightarrow 6 \cdot 0{,}09^{\beta} = \delta$$

a) = b)

$$\Rightarrow 13 \cdot 0{,}05^{\beta} = 6 \cdot 0{,}09^{\beta}$$

$$\Rightarrow \ln 13 + \beta \cdot \ln 0{,}05 = \ln 6 + \beta \cdot \ln 0{,}09$$

$\Rightarrow \beta = 1{,}315426045$, einsetzen in a) oder b)

$$\Rightarrow \delta = 0{,}252658905$$

Für Individualsoftware folgt: *MA* (0,1) - *MA* (0) = 0,01124. Bei einem Gesamtvolumen des Marktes von 12,5 Mio./Monat, ergibt dies eine Umsatzerhöhung von 12500 · 0,01124 = 140,5 TDM/Monat. Bei Ausgaben von 0,92 TDM je 1 TDM Umsatz[448] folgen hieraus monatliche Einnahmen von 140,5 · (1 - 0,92) = 11,240 TDM.

Für Standardsoftware liefert eine analoge Berechnung: *MA* (0,08) - *MA* (0) = 0,00874. Bei einem Marktvolumen von 12,5 Mio./Monat entfällt somit auf das Unternehmen eine Umsatzerhöhung von 12500 · 0,00874 = 109,25 TDM/Monat. Abzüglich der zusätzlichen Ausgaben von 0,922 TDM je 1 TDM Umsatz folgen Einnahmen in Höhe von 109,25 · (1 - 0,922) = 8,521 TDM/Monat.

Wirkungskette j, k (bessere Informationen bezüglich Werbung bzw. Produktplanung) für Individualsoftware

Hier sind die Konsequenzen veränderter Entscheidungen infolge verbesserter Informationen zu quantifizieren. Die verantwortlichen Abteilungsleiter schätzen genauer deren Auswirkung auf die Absatzmenge. Dazu begründen sie in einem ersten Schritt an Beispielen, welche Erfolge sie in der Vergangenheit mit diesen zusätzlichen Informationen erzielt hätten. Auf dieser Basis erstellen sie im zweiten Schritt eine Schätzung. Die Ergebnisse, die dabei zugrunde gelegten Prämissen und herangezogenen Fakten werden schriftlich niedergelegt.

a) Wirkungskette k:

Geschätzt wird eine Steigerung der Absatzmenge zwischen 10 und 15%. Die Informationen sind aufgrund einer einfachen Bedienungsoberfläche sowie ausführlichen Schulungen leicht zugänglich. Ferner sind die betroffenen Personen signifikant am Umsatz beteiligt, so daß sie diese Informationen auch nutzen werden. Daher werden 4 - 6 TDM/Monat zusätzliche Einnahmen angenommen.

---

[448] Vgl. die Ermittlung der neuen Kostenfunktionen auf Seite 250.

b) Wirkungskette j

Geschätzt wird eine Steigerung der Absatzmenge von 4 bis 5%. Zwar sind die Informationen ebenfalls leicht zugänglich, die betroffenen Personen sind aber an den Umsatzsteigerungen finanziell nicht beteiligt. Dafür spielen die persönlichen Beziehungen, die bisher bei der Verteilung des Werbebudgets wichtig waren, auch weiterhin eine bedeutende Rolle. Daher wird lediglich eine Steigerung der Absatzmenge von 4% für realisierbar gehalten, die zusätzliche Einnahmen von 1,6 TDM/Monat nach sich zieht. Gleichzeitig wird ein Berichtswesen eingeführt, das die Geschäftsleitung schriftlich über jede Abweichung zwischen der tatsächlichen und von der Software vorgeschlagenen Verteilung des Werbebudgets informiert.

Wirkungsketten j, k (bessere Informationen bezüglich Werbung und Produktplanung) für Standardsoftware

Um die eingeschränkte Flexibilität der Auswertungen monetär zu bewerten, werden die für Individualsoftware herangezogenen Beispiele auf kurzfristige Machbarkeit, Handhabung und Laufzeit untersucht. Auf dieser Basis schätzen Vertrieb und Produktplaner eine 2% geringere Steigerung der Absatzmenge bei Wirkungskette k, die folglich zu Einnahmen zwischen 3,12 TDM und 5,07 TDM führt. Darüber hinaus wird angenommen, daß die Absatzmengenerhöhung von Wirkungskette j um 0,5% geringer als die alternativer Individualsoftware ausfällt. Mithin sind 1,37 TDM anzusetzen.

Wirkungskette i (zusätzlicher Vertriebsweg Internet)

Auf Basis vorliegender Marktuntersuchungen schätzt der Vertrieb eine Steigerung der Absatzmenge um 7,5% für Individualsoftware und 7,2% für Standardsoftware, die zusätzliche monatliche Einnahmen in Höhe von 3 TDM bzw. 2,8 TDM implizieren.

Wettbewerbswirkungen durch Ausgabenreduktion:

Würde das Unternehmen sich als Produktdifferenzierer verhalten, wäre die explizite Prognose der Wettbewerbswirkungen durch Ausgabenreduktion entbehrlich. Im hier betrachteten Beispiel ist das nicht der Fall, denn ein wesentliches Ziel der Software-Investition besteht gerade darin, durch eine günstige Ausgabensituation Wettbewerbsvorteile zu erziehlen. Grundsätzlich kommen zur Quantifizierung der mit Ende der Phase A erreichten monetären Konsequenzen alle Instrumente zur Bewertung von Wettbewerbswirkungen in Betracht. Nach Abwägung der vorliegenden Materialien schätzt der Vertrieb eine Nettoerhöhung von 40 TDM für Individualsoftware und 38 TDM für Standardsoftware.

Die zum Ende der Phase A prognostizierten Umsatzerhöhungen und Einnahmen sind in den folgenden Tabellen zusammengestellt:

Wirkungskette	**Steigerung der Absatzmenge infolge Produktdifferenzierung (Individualsoftware)**	**Steigerung der Absatzmenge infolge Produktdifferenzierung (Standardsoftware)**
g	1405	1092,5
j	500-750	400-650
k	200	175
i	375	360
Summe	**2480-2730**	**2027,5-2277,5**

Tabelle A 6: Beispiel - Steigerung der Absatzmenge infolge Produktdifferenzierung durch Standardsoftware und Individualsoftware

Wirkungskette	**Einnahmen Individualsoftware (TDM)**	**Einnahmen Standardsoftware (TDM)**
g	11,24	8,521
j	1,6	1,37
k	4-6	3,12-5,07
i	3	2,8
Wettbewerbswirkungen durch Ausgabenreduktion	40	38
Summe	**59,84-61,84**	**53,811-55,761**

Tabelle A 7: Beispiel - Einnahmen durch Standardsoftware und Individualsoftware

Anhang 4: Beispiel – Berechnung der Vermögensendwerte

A.4.1 Berechnung auf Basis optimistischer Schätzungen

Die folgenden Tabellen zeigen die Berechnung der Vermögens(end)werte bei optimistischer Einnahmen-Prognose auf. Ihr Aufbau gleicht dem von Tabelle 33, S. 220. Insbesondere stammen die Ausgaben aus Kapitel 2.4, S. 114ff. und die Einnahmen aus Kapitel 3.3.5, S. 208ff. Alle Werte sind in TDM angegeben. Darüber hinaus wird mit nicht gerundeten Zwischenergebnissen gerechnet.

Periode	3	4	5	6	7	8	9	10	11	12
Standardsoftware		**Phase II**		**Phase III**		**Phase IV**			**Phase V**	
Ausgaben	246,16	63,632	50,098	66,965	79,59	71,005	73,025	48,674	44,323	39,973
Abschreibungen										66,6667
Einnahmen (optimistisch)								2,935	5,87	8,804
optimistische Zahlungen = Einnahmen (optimistisch) – Ausgaben	-246,16	-63,632	-50,098	-66,965	-79,59	-71,005	-73,025	-45,739	-38,454	-31,168
1. Vermögenswert in t-1	0,0	-246,16	-278,59	-304,34	-338,58	-379,22	-415,67	-453,22	-477,23	-497,65
2. Einnahmen in t	0,0	0,0	0,0	0,0	0,0	0,0	0,0	0,0	0,0	0,0
3. Habenzinsen in t	0,0	0,0	0,0	0,0	0,0	0,0	0,0	0,0	0,0	0,0
4. Ausgaben in t	246,16	63,63	50,1	66,97	79,59	71,01	73,03	45,74	38,45	31,17
5. Sollzinsen in t	0,0	1,23	1,39	1,52	1,69	1,9	2,08	2,27	2,39	2,49
6. Steuern in t	0,0	-32,43	-25,75	-34,24	-40,64	-36,45	-37,55	-24,0	-20,42	-50,16
Wiederanlagebetrag in t	0,0	0,0	0,0	0,0	0,0	0,0	0,0	0,0	0,0	0,0
Schuldenstand in t	46,16	84,79	116,76	157,26	204,19	246,96	290,87	321,25	348,09	338,03
Schuldenstand Annuität in t	200,0	193,8	187,58	181,32	175,03	168,71	162,36	155,97	149,56	143,11
Annuität in t		7,2	7,2	7,2	7,2	7,2	7,2	7,2	7,2	7,2
Tilgung in t		6,2	6,23	6,26	6,29	6,32	6,35	6,38	6,42	6,45
Steuerbemessungsbasis in t	0,0	-64,86	-51,49	-68,49	-81,28	-72,9	-75,1	-48,01	-40,84	-100,32
a) Vermögenswert in t	***-246,16***	***-278,59***	***-304,34***	***-338,58***	***-379,22***	***-415,67***	***-453,22***	***-477,23***	***-497,65***	***-481,14***
Individualsoftware		**Phase II**				**Phase III**			**Phase IV**	
Ausgaben	20,246	26,352	28,923	31,494	37,6	57,845	60,416	66,522	69,093	78,734
Einnahmen (optimistisch)										
optimistische Zahlungen = Einnahmen (optimistisch) – Ausgaben	-20,246	-26,352	-28,923	-31,494	-37,6	-57,845	-60,416	-66,522	-69,093	-78,734
1. Vermögenswert in t-1	0,0	-20,25	-33,47	-48,02	-63,88	-82,84	-111,97	-142,46	-176,08	-211,07
2. Einnahmen in t	0,0	0,0	0,0	0,0	0,0	0,0	0,0	0,0	0,0	0,0
3. Habenzinsen in t	0,0	0,0	0,0	0,0	0,0	0,0	0,0	0,0	0,0	0,0
4. Ausgaben in t	20,25	26,35	28,92	31,49	37,6	57,85	60,42	66,52	69,09	78,73
5. Sollzinsen in t	0,0	0,1	0,17	0,24	0,32	0,41	0,56	0,71	0,88	1,06
6. Steuern in t	0,0	-13,23	-14,55	-15,87	-18,96	-29,13	-30,49	-33,62	-34,99	-39,89
Wiederanlagebetrag in t	0,0	0,0	0,0	0,0	0,0	0,0	0,0	0,0	0,0	0,0
Schuldenstand in t	20,25	33,47	48,02	63,88	82,84	111,97	142,46	176,08	211,07	250,96
Steuerbemessungsbasis in t	0,0	-26,45	-29,09	-31,73	-37,92	-58,26	-60,98	-67,23	-69,97	-79,79
b) Vermögenswert in t	***-20,25***	***-33,47***	***-48,02***	***-63,88***	***-82,84***	***-111,97***	***-142,46***	***-176,08***	***-211,07***	***-250,96***
Differenz der Vermögenswerte: b)-a)	**225,91**	**245,12**	**256,32**	**274,7**	**296,38**	**303,7**	**310,76**	**301,15**	**286,58**	**230,18**

Tabelle A 8: Beispiel - Berechnung optimistischer Vermögensendwerte für Standardsoftware und Individualsoftware - Jahr 1

Periode	13	14	15	16	17	18	19	20	21	22	23	24
Standardsoftware					Phase V						Phase VI	
Ausgaben	35,622	51,271	26,92	22,57	18,219	13,868	9,517	5,167	0,816	-3,535	-3,535	-3,535
Abschreibungen												66,6667
Einnahmen (optimistisch)	11,739	14,674	17,609	20,544	23,478	26,413	29,348	32,283	35,217	38,152	41,087	44,022
optimistische Zahlungen = Einnahmen (optimistisch) – Ausgaben	-23,883	-36,597	-9,312	-2,026	5,259	12,545	19,831	27,116	34,402	41,687	44,622	47,557
1. Vermögenswert in t-1	-481,14	-494,29	-513,82	-519,76	-522,07	-520,75	-515,78	-507,15	-494,86	-478,9	-459,25	-438,09
2. Einnahmen in t	0,0	0,0	0,0	0,0	5,26	12,55	19,83	27,12	34,4	41,69	44,62	47,56
3. Habenzinsen in t	0,0	0,0	0,0	0,0	0,0	0,0	0,0	0,0	0,0	0,0	0,0	0,0
4. Ausgaben in t	23,88	36,6	9,31	2,03	0,0	0,0	0,0	0,0	0,0	0,0	0,0	0,0
5. Sollzinsen in t	2,41	2,47	2,57	2,6	2,61	2,6	2,58	2,54	2,47	2,39	2,3	2,19
6. Steuern in t	-13,14	-19,53	-5,94	-2,31	1,32	4,97	8,63	12,29	15,96	19,65	21,16	-10,65
Wiederanlagebetrag in t	0,0	0,0	0,0	0,0	0,0	0,0	0,0	0,0	0,0	0,0	0,0	0,0
Schuldenstand in t	357,66	383,7	396,19	405,08	410,37	412,04	410,09	404,51	395,29	382,42	368,07	318,9
Schuldenstand Annuität in t	136,63	130,12	123,57	116,99	110,38	103,74	97,06	90,35	83,61	76,83	70,02	63,17
Annuität in t	7,2	7,2	7,2	7,2	7,2	7,2	7,2	7,2	7,2	7,2	7,2	7,2
Tilgung in t	6,48	6,51	6,55	6,58	6,61	6,64	6,68	6,71	6,74	6,78	6,81	6,85
Steuerbemessungsbasis in t	-26,29	-39,07	-11,88	-4,62	2,65	9,94	17,25	24,58	31,93	39,29	42,33	-21,3
a) Vermögenswert in t	***-494,29***	***-513,82***	***-519,76***	***-522,07***	***-520,75***	***-515,78***	***-507,15***	***-494,86***	***-478,9***	***-459,25***	***-438,09***	***-382,07***
Individualsoftware							Phase V					
Ausgaben	84,84	78,858	72,875	66,893	60,911	54,928	48,946	42,964	36,982	30,999	25,017	19,035
Einnahmen (optimistisch)		3,255	6,509	9,764	13,019	16,274	19,528	22,783	26,038	29,293	32,547	35,802
optimistische Zahlungen = Einnahmen (optimistisch) – Ausgaben	-84,84	-75,603	-66,366	-57,129	-47,892	-38,655	-29,418	-20,181	-10,944	-1,707	7,53	16,767
1. Vermögenswert in t-1	-250,96	-294,01	-332,54	-366,56	-396,04	-420,98	-441,36	-457,17	-468,4	-475,04	-477,08	-474,51
2. Einnahmen in t	0,0	0,0	0,0	0,0	0,0	0,0	0,0	0,0	0,0	0,0	7,53	16,77
3. Habenzinsen in t	0,0	0,0	0,0	0,0	0,0	0,0	0,0	0,0	0,0	0,0	0,0	0,0
4. Ausgaben in t	84,84	75,6	66,37	57,13	47,89	38,65	29,42	20,18	10,94	1,71	0,0	0,0
5. Sollzinsen in t	1,25	1,47	1,66	1,83	1,98	2,1	2,21	2,29	2,34	2,38	2,39	2,37
6. Steuern in t	-43,05	-38,54	-34,01	-29,48	-24,94	-20,38	-15,81	-11,23	-6,64	-2,04	2,57	7,2
Wiederanlagebetrag in t	0,0	0,0	0,0	0,0	0,0	0,0	0,0	0,0	0,0	0,0	0,0	0,0
Schuldenstand in t	294,01	332,54	366,56	396,04	420,98	441,36	457,17	468,4	475,04	477,08	474,51	467,31
Steuerbemessungsbasis in t	-86,09	-77,07	-68,03	-58,96	-49,87	-40,76	-31,62	-22,47	-13,29	-4,08	5,15	14,39
b) Vermögenswert in t	***-294,01***	***-332,54***	***-366,56***	***-396,04***	***-420,98***	***-441,36***	***-457,17***	***-468,4***	***-475,04***	***-477,08***	***-474,51***	***-467,31***
Differenz der Vermögenswerte: b)-a)	**200,28**	**181,28**	**153,2**	**126,03**	**99,77**	**74,42**	**49,98**	**26,46**	**3,85**	**-17,83**	**-36,42**	**-85,24**

Tabelle A 9: Beispiel - Berechnung optimistischer Vermögensendwerte für Standardsoftware und Individualsoftware - Jahr 2

Periode	25	26	27	28	29	30	31	32	33	34	35	36
Standardsoftware	Phase VI											
Ausgaben	-3,535	16,465	-3,535	-3,535	-3,535	-3,535	-3,535	-3,535	10,605	10,605	10,605	-3,535
Abschreibungen												66,667
Einnahmen (optimistisch)	46,957	49,891	52,826	55,761	55,761	55,761	55,761	55,761	55,761	55,761	55,761	55,761
optimistische Zahlungen = Einnahmen (optimistisch) – Ausgaben	50,492	33,426	56,361	59,296	59,296	59,296	59,296	59,296	45,156	45,156	45,156	59,296
1. Vermögenswert in t-1	-382,07	-357,78	-341,96	-314,64	-285,78	-256,84	-227,84	-198,76	-169,61	-147,45	-125,24	-102,98
2. Einnahmen in t	50,49	33,43	56,36	59,3	59,3	59,3	59,3	59,3	45,16	45,16	45,16	59,3
3. Habenzinsen in t	0,0	0,0	0,0	0,0	0,0	0,0	0,0	0,0	0,0	0,0	0,0	0,0
4. Ausgaben in t	0,0	0,0	0,0	0,0	0,0	0,0	0,0	0,0	0,0	0,0	0,0	0,0
5. Sollzinsen in t	1,91	1,79	1,71	1,57	1,43	1,28	1,14	0,99	0,85	0,74	0,63	0,51
6. Steuern in t	24,29	15,82	27,33	28,86	28,93	29,01	29,08	29,15	22,15	22,21	22,26	-3,94
Wiederanlagebetrag in t	0,0	0,0	0,0	0,0	0,0	0,0	0,0	0,0	0,0	0,0	0,0	0,0
Schuldenstand in t	301,49	292,58	272,21	250,33	228,42	206,46	184,47	162,45	147,45	125,24	102,98	40,25
Schuldenstand Annuität in t	56,29	49,38	42,43	35,45	28,43	21,37	14,28	7,16	0,0	0,0	0,0	0,0
Annuität in t	7,2	7,2	7,2	7,2	7,2	7,2	7,2	7,2	7,2	0,0	0,0	0,0
Tilgung in t	6,88	6,91	6,95	6,98	7,02	7,05	7,09	7,12	7,16	0,0	0,0	0,0
Steuerbemessungsbasis in t	48,58	31,64	54,65	57,72	57,87	58,01	58,16	58,3	44,31	44,42	44,53	-7,89
a) Vermögenswert in t	***-357,78***	***-341,96***	***-314,64***	***-285,78***	***-256,84***	***-227,84***	***-198,76***	***-169,61***	***-147,45***	***-125,24***	***-102,98***	***-40,25***
Individualsoftware		Phase VI										
Ausgaben	13,052	7,07	7,07	7,07	7,07	7,07	7,07	7,07	7,07	7,07	7,07	7,07
Einnahmen (optimistisch)	39,057	42,312	45,566	48,821	52,076	55,331	58,585	61,84	61,84	61,84	61,84	61,84
optimistische Zahlungen = Einnahmen (optimistisch) – Ausgaben	26,005	35,242	38,496	41,751	45,006	48,261	51,515	54,77	54,77	54,77	54,77	54,77
1. Vermögenswert in t-1	-467,31	-455,48	-439,0	-420,85	-401,02	-379,52	-356,34	-331,48	-304,92	-278,3	-251,61	-224,85
2. Einnahmen in t	26,0	35,24	38,5	41,75	45,01	48,26	51,52	54,77	54,77	54,77	54,77	54,77
3. Habenzinsen in t	0,0	0,0	0,0	0,0	0,0	0,0	0,0	0,0	0,0	0,0	0,0	0,0
4. Ausgaben in t	0,0	0,0	0,0	0,0	0,0	0,0	0,0	0,0	0,0	0,0	0,0	0,0
5. Sollzinsen in t	2,34	2,28	2,19	2,1	2,01	1,9	1,78	1,66	1,52	1,39	1,26	1,12
6. Steuern in t	11,83	16,48	18,15	19,82	21,5	23,18	24,87	26,56	26,62	26,69	26,76	26,82
Wiederanlagebetrag in t	0,0	0,0	0,0	0,0	0,0	0,0	0,0	0,0	0,0	0,0	0,0	0,0
Schuldenstand in t	455,48	439,0	420,85	401,02	379,52	356,34	331,48	304,92	278,3	251,61	224,85	198,03
Steuerbemessungsbasis in t	23,67	32,96	36,3	39,65	43,0	46,36	49,73	53,11	53,25	53,38	53,51	53,65
b) Vermögenswert in t	***-455,48***	***-439,0***	***-420,85***	***-401,02***	***-379,52***	***-356,34***	***-331,48***	***-304,92***	***-278,3***	***-251,61***	***-224,85***	***-198,03***
Differenz der Vermögenswerte: b)-a)	**-97,7**	**-97,04**	**-106,21**	**-115,25**	**-122,68**	**-128,51**	**-132,72**	**-135,31**	**-130,84**	**-126,36**	**-121,87**	**-157,77**

Tabelle A 10: Beispiel - Berechnung optimistischer Vermögensendwerte für Standardsoftware und Individualsoftware - Jahr 3

Periode	37	38	39	40	41	42	43	44	45	46	47	48
Standardsoftware						**Phase VI**						
Ausgaben Abschreibungen	-3,535	16,465	-3,535	-3,535	-3,535	-3,535	-3,535	-3,535	-3,535	-3,535	-3,535	-3,535
Einnahmen (optimistisch)	55,761	55,761	55,761	54,256	52,751	51,246	49,741	49,902	50,062	50,223	50,383	50,544
optimistische Zahlungen = Einnahmen (optimistisch) – Ausgaben	59,296	39,296	59,296	57,791	56,286	54,781	53,276	53,437	53,597	53,758	53,918	54,079
1. Vermögenswert in t-1	-40,25	-10,71	8,91	38,58	67,53	95,77	123,31	150,13	177,07	204,14	231,32	258,63
2. Einnahmen in t	59,3	39,3	59,3	57,79	56,29	54,78	53,28	53,44	53,6	53,76	53,92	54,08
3. Habenzinsen in t	0,0	0,0	0,03	0,12	0,2	0,29	0,37	0,45	0,53	0,61	0,69	0,78
4. Ausgaben in t	0,0	0,0	0,0	0,0	0,0	0,0	0,0	0,0	0,0	0,0	0,0	0,0
5. Sollzinsen in t	0,2	0,05	0,0	0,0	0,0	0,0	0,0	0,0	0,0	0,0	0,0	0,0
6. Steuern in t	29,55	19,62	29,66	28,95	28,24	27,53	26,82	26,94	27,06	27,19	27,31	27,43
Wiederanlagebetrag in t	0,0	8,91	38,58	67,53	95,77	123,31	150,13	177,07	204,14	231,32	258,63	286,06
Schuldenstand in t	10,71	0,0	0,0	0,0	0,0	0,0	0,0	0,0	0,0	0,0	0,0	0,0
Schuldenstand Annuität in t	0,0	0,0	0,0	0,0	0,0	0,0	0,0	0,0	0,0	0,0	0,0	0,0
Annuität in t	0,0	0,0	0,0	0,0	0,0	0,0	0,0	0,0	0,0	0,0	0,0	0,0
Tilgung in t	0,0	0,0	0,0	0,0	0,0	0,0	0,0	0,0	0,0	0,0	0,0	0,0
Steuerbemessungsbasis in t	59,09	39,24	59,32	57,91	56,49	55,07	53,65	53,89	54,13	54,37	54,61	54,85
a) Vermögenswert in t	***-10,71***	***8,91***	***38,58***	***67,53***	***95,77***	***123,31***	***150,13***	***177,07***	***204,14***	***231,32***	***258,63***	***286,06***
Individualsoftware						**Phase VI**						
Ausgaben	7,07	7,07	7,07	7,07	7,07	7,07	7,07	7,07	7,07	7,07	7,07	7,07
Einnahmen (optimistisch)	61,84	61,84	61,84	61,84	61,84	61,84	61,84	61,84	61,84	61,84	61,84	61,84
optimistische Zahlungen = Einnahmen (optimistisch) – Ausgaben	54,77	54,77	54,77	54,77	54,77	54,77	54,77	54,77	54,77	54,77	54,77	54,77
1. Vermögenswert in t-1	-198,03	-171,14	-144,18	-117,16	-90,07	-62,91	-35,68	-8,38	18,98	46,4	73,85	101,35
2. Einnahmen in t	54,77	54,77	54,77	54,77	54,77	54,77	54,77	54,77	54,77	54,77	54,77	54,77
3. Habenzinsen in t	0,0	0,0	0,0	0,0	0,0	0,0	0,0	0,0	0,06	0,14	0,22	0,3
4. Ausgaben in t	0,0	0,0	0,0	0,0	0,0	0,0	0,0	0,0	0,0	0,0	0,0	0,0
5. Sollzinsen in t	0,99	0,86	0,72	0,59	0,45	0,31	0,18	0,04	0,0	0,0	0,0	0,0
6. Steuern in t	26,89	26,96	27,02	27,09	27,16	27,23	27,3	27,36	27,41	27,45	27,5	27,54
Wiederanlagebetrag in t	0,0	0,0	0,0	0,0	0,0	0,0	0,0	18,98	46,4	73,85	101,35	128,88
Schuldenstand in t	171,14	144,18	117,16	90,07	62,91	35,68	8,38	0,0	0,0	0,0	0,0	0,0
Steuerbemessungsbasis in t	53,78	53,91	54,05	54,18	54,32	54,46	54,59	54,73	54,83	54,91	54,99	55,07
b) Vermögenswert in t	***-171,14***	***-144,18***	***-117,16***	***-90,07***	***-62,91***	***-35,68***	***-8,38***	***18,98***	***46,4***	***73,85***	***101,35***	***128,88***
Differenz der Vermögenswerte: b)-a)	**-160,43**	**-153,1**	**-155,73**	**-157,59**	**-158,68**	**-158,98**	**-158,51**	**-158,09**	**-157,74**	**-157,47**	**-157,28**	**-157,17**

Tabelle A 11: Beispiel - Berechnung optimistischer Vermögensendwerte für Standardsoftware und Individualsoftware - Jahr 4

Periode	49	50	51	52	53	54	55	56	57	58	59	60
Standardsoftware	Phase VI											
Ausgaben	-3,535	16,465	-3,535	-3,535	-3,535	-3,535	-3,535	-3,535	10,605	10,605	10,605	-3,535
Abschreibungen												
Einnahmen (optimistisch)	50,705	50,865	51,026	51,186	51,347	51,507	51,668	51,829	51,989	52,15	52,31	52,471
optimistische Zahlungen = Einnahmen (optimistisch) – Ausgaben	54,24	34,4	54,561	54,721	54,882	55,042	55,203	55,364	41,384	41,545	41,705	56,006
1. Vermögenswert in t-1	286,06	313,61	331,28	359,05	386,95	414,97	443,12	471,38	499,77	521,21	542,77	564,44
2. Einnahmen in t	54,24	34,4	54,56	54,72	54,88	55,04	55,2	55,36	41,38	41,54	41,71	56,01
3. Habenzinsen in t	0,86	0,94	0,99	1,08	1,16	1,24	1,33	1,41	1,5	1,56	1,63	1,69
4. Ausgaben in t	0,0	0,0	0,0	0,0	0,0	0,0	0,0	0,0	0,0	0,0	0,0	0,0
5. Sollzinsen in t	0,0	0,0	0,0	0,0	0,0	0,0	0,0	0,0	0,0	0,0	0,0	0,0
6. Steuern in t	27,55	17,67	27,78	27,9	28,02	28,14	28,27	28,39	21,44	21,55	21,67	28,85
Wiederanlagebetrag in t	313,61	331,28	359,05	386,95	414,97	443,12	471,38	499,77	521,21	542,77	564,44	593,29
Schuldenstand in t	0,0	0,0	0,0	0,0	0,0	0,0	0,0	0,0	0,0	0,0	0,0	0,0
Schuldenstand Annuität in t	0,0	0,0	0,0	0,0	0,0	0,0	0,0	0,0	0,0	0,0	0,0	0,0
Annuität in t	0,0	0,0	0,0	0,0	0,0	0,0	0,0	0,0	0,0	0,0	0,0	0,0
Tilgung in t	0,0	0,0	0,0	0,0	0,0	0,0	0,0	0,0	0,0	0,0	0,0	0,0
Steuerbemessungsbasis in t	55,1	35,34	55,55	55,8	56,04	56,29	56,53	56,78	42,88	43,11	43,33	57,7
a) Vermögenswert in t	***313,61***	***331,28***	***359,05***	***386,95***	***414,97***	***443,12***	***471,38***	***499,77***	***521,21***	***542,77***	***564,44***	***593,29***
Individualsoftware	Phase VI											
Ausgaben	7,07	7,07	7,07	7,07	7,07	7,07	7,07	7,07	7,07	7,07	7,07	7,07
Einnahmen (optimistisch)	61,84	61,84	61,84	61,84	61,84	61,84	61,84	61,84	61,84	61,84	61,84	61,84
optimistische Zahlungen = Einnahmen (optimistisch) – Ausgaben	54,77	54,77	54,77	54,77	54,77	54,77	54,77	54,77	54,77	54,77	54,77	54,77
1. Vermögenswert in t-1	128,88	156,46	184,08	211,74	239,44	267,19	294,97	322,8	350,67	378,58	406,54	434,53
2. Einnahmen in t	54,77	54,77	54,77	54,77	54,77	54,77	54,77	54,77	54,77	54,77	54,77	54,77
3. Habenzinsen in t	0,39	0,47	0,55	0,64	0,72	0,8	0,88	0,97	1,05	1,14	1,22	1,3
4. Ausgaben in t	0,0	0,0	0,0	0,0	0,0	0,0	0,0	0,0	0,0	0,0	0,0	0,0
5. Sollzinsen in t	0,0	0,0	0,0	0,0	0,0	0,0	0,0	0,0	0,0	0,0	0,0	0,0
6. Steuern in t	27,58	27,62	27,66	27,7	27,74	27,79	27,83	27,87	27,91	27,95	27,99	28,04
Wiederanlagebetrag in t	156,46	184,08	211,74	239,44	267,19	294,97	322,8	350,67	378,58	406,54	434,53	462,57
Schuldenstand in t	0,0	0,0	0,0	0,0	0,0	0,0	0,0	0,0	0,0	0,0	0,0	0,0
Steuerbemessungsbasis in t	55,16	55,24	55,32	55,41	55,49	55,57	55,65	55,74	55,82	55,91	55,99	56,07
b) Vermögenswert in t	***156,46***	***184,08***	***211,74***	***239,44***	***267,19***	***294,97***	***322,8***	***350,67***	***378,58***	***406,54***	***434,53***	***462,57***
Differenz der Vermögenswerte: b)-a)	**-157,14**	**-147,2**	**-147,31**	**-147,51**	**-147,79**	**-148,14**	**-148,58**	**-149,1**	**-142,63**	**-136,23**	**-129,91**	**-130,72**

Tabelle A 12: Beispiel - Berechnung optimistischer Vermögensendwerte für Standardsoftware und Individualsoftware - Jahr 5

Periode	61	62	63	64	65	66	67	68	69	70	71	72
Standardsoftware						Phase VI						
Ausgaben	-3,535	16,465	-3,535	-3,535	-3,535	-3,535	-3,535	-3,535	-3,535	-3,535	-3,535	-3,535
Abschreibungen												
Einnahmen (optimistisch)	52,631	52,792	52,953	53,113	53,274	53,434	53,595	53,755	53,916	54,077	54,237	54,398
optimistische Zahlungen = Einnahmen (optimistisch) – Ausgaben	56,166	36,327	56,488	56,648	56,809	56,969	57,13	57,29	57,451	57,612	57,772	57,933
1. Vermögenswert in t-1	593,29	622,26	641,36	670,56	699,89	729,35	758,92	788,63	818,46	848,41	878,49	908,69
2. Einnahmen in t	56,17	36,33	56,49	56,65	56,81	56,97	57,13	57,29	57,45	57,61	57,77	57,93
3. Habenzinsen in t	1,78	1,87	1,92	2,01	2,1	2,19	2,28	2,37	2,46	2,55	2,64	2,73
4. Ausgaben in t	0,0	0,0	0,0	0,0	0,0	0,0	0,0	0,0	0,0	0,0	0,0	0,0
5. Sollzinsen in t	0,0	0,0	0,0	0,0	0,0	0,0	0,0	0,0	0,0	0,0	0,0	0,0
6. Steuern in t	28,97	19,1	29,21	29,33	29,45	29,58	29,7	29,83	29,95	30,08	30,2	30,33
Wiederanlagebetrag in t	622,26	641,36	670,56	699,89	729,35	758,92	788,63	818,46	848,41	878,49	908,69	939,02
Schuldenstand in t	0,0	0,0	0,0	0,0	0,0	0,0	0,0	0,0	0,0	0,0	0,0	0,0
Schuldenstand Annuität in t	0,0	0,0	0,0	0,0	0,0	0,0	0,0	0,0	0,0	0,0	0,0	0,0
Annuität in t	0,0	0,0	0,0	0,0	0,0	0,0	0,0	0,0	0,0	0,0	0,0	0,0
Tilgung in t	0,0	0,0	0,0	0,0	0,0	0,0	0,0	0,0	0,0	0,0	0,0	0,0
Steuerbemessungsbasis in t	57,95	38,19	58,41	58,66	58,91	59,16	59,41	59,66	59,91	60,16	60,41	60,66
a) Vermögenswert in t	***622,26***	***641,36***	***670,56***	***699,89***	***729,35***	***758,92***	***788,63***	***818,46***	***848,41***	***878,49***	***908,69***	***939,02***
Individualsoftware						Phase VI						
Ausgaben	7,07	7,07	7,07	7,07	7,07	7,07	7,07	7,07	7,07	7,07	7,07	7,07
Einnahmen (optimistisch)	61,84	61,84	61,84	61,84	61,84	61,84	61,84	61,84	61,84	61,84	61,84	61,84
optimistische Zahlungen = Einnahmen (optimistisch) – Ausgaben	54,77	54,77	54,77	54,77	54,77	54,77	54,77	54,77	54,77	54,77	54,77	54,77
1. Vermögenswert in t-1	462,57	490,65	518,77	546,93	575,14	603,38	631,67	660,01	688,38	716,8	745,26	773,76
2. Einnahmen in t	54,77	54,77	54,77	54,77	54,77	54,77	54,77	54,77	54,77	54,77	54,77	54,77
3. Habenzinsen in t	1,39	1,47	1,56	1,64	1,73	1,81	1,9	1,98	2,07	2,15	2,24	2,32
4. Ausgaben in t	0,0	0,0	0,0	0,0	0,0	0,0	0,0	0,0	0,0	0,0	0,0	0,0
5. Sollzinsen in t	0,0	0,0	0,0	0,0	0,0	0,0	0,0	0,0	0,0	0,0	0,0	0,0
6. Steuern in t	28,08	28,12	28,16	28,21	28,25	28,29	28,33	28,38	28,42	28,46	28,5	28,55
Wiederanlagebetrag in t	490,65	518,77	546,93	575,14	603,38	631,67	660,01	688,38	716,8	745,26	773,76	802,31
Schuldenstand in t	0,0	0,0	0,0	0,0	0,0	0,0	0,0	0,0	0,0	0,0	0,0	0,0
Steuerbemessungsbasis in t	56,16	56,24	56,33	56,41	56,5	56,58	56,67	56,75	56,84	56,92	57,01	57,09
b) Vermögenswert in t	***490,65***	***518,77***	***546,93***	***575,14***	***603,38***	***631,67***	***660,01***	***688,38***	***716,8***	***745,26***	***773,76***	***802,31***
Differenz der Vermögenswerte: b)-a)	**-131,61**	**-122,59**	**-123,63**	**-124,76**	**-125,96**	**-127,25**	**-128,62**	**-130,07**	**-131,61**	**-133,23**	**-134,93**	**-136,71**

Tabelle A 13: Beispiel - Berechnung optimistischer Vermögensendwerte für Standardsoftware und Individualsoftware - Jahr 6

Periode	73	74	75	76	77	78	79	80	81	82	83	84
Standardsoftware						Phase VII						
Ausgaben	-3,535	16,465	-3,535	-3,535	-3,535	-3,535	-3,535	-3,535	10,605	10,605	10,605	-3,535
Abschreibungen												
Einnahmen (optimistisch)	54,558	54,719	54,879	55,04	55,201	55,361	55,522	55,682	55,682	55,682	55,682	55,682
optimistische Zahlungen = Einnahmen (optimistisch) – Ausgaben	58,093	38,254	58,414	58,575	58,736	58,896	59,057	59,217	45,077	45,077	45,077	59,217
1. Vermögenswert in t-1	939,02	969,48	990,06	1020,75	1051,57	1082,51	1113,58	1144,78	1176,11	1200,41	1224,75	1249,13
2. Einnahmen in t	58,09	38,25	58,41	58,57	58,74	58,9	59,06	59,22	45,08	45,08	45,08	59,22
3. Habenzinsen in t	2,82	2,91	2,97	3,06	3,15	3,25	3,34	3,43	3,53	3,6	3,67	3,75
4. Ausgaben in t	0,0	0,0	0,0	0,0	0,0	0,0	0,0	0,0	0,0	0,0	0,0	0,0
5. Sollzinsen in t	0,0	0,0	0,0	0,0	0,0	0,0	0,0	0,0	0,0	0,0	0,0	0,0
6. Steuern in t	30,46	20,58	30,69	30,82	30,95	31,07	31,2	31,33	24,3	24,34	24,38	31,48
Wiederanlagebetrag in t	969,48	990,06	1020,75	1051,57	1082,51	1113,58	1144,78	1176,11	1200,41	1224,75	1249,13	1280,61
Schuldenstand in t	0,0	0,0	0,0	0,0	0,0	0,0	0,0	0,0	0,0	0,0	0,0	0,0
Schuldenstand Annuität in t	0,0	0,0	0,0	0,0	0,0	0,0	0,0	0,0	0,0	0,0	0,0	0,0
Annuität in t	0,0	0,0	0,0	0,0	0,0	0,0	0,0	0,0	0,0	0,0	0,0	0,0
Tilgung in t	0,0	0,0	0,0	0,0	0,0	0,0	0,0	0,0	0,0	0,0	0,0	0,0
Steuerbemessungsbasis in t	60,91	41,16	61,38	61,64	61,89	62,14	62,4	62,65	48,61	48,68	48,75	62,96
a) Vermögenswert in t	***969,48***	***990,06***	***1020,75***	***1051,57***	***1082,51***	***1113,58***	***1144,78***	***1176,11***	***1200,41***	***1224,75***	***1249,13***	***1280,61***
Individualsoftware						Phase VII						
Ausgaben	7,07	7,07	7,07	7,07	7,07	7,07	7,07	7,07	7,07	7,07	7,07	7,07
Einnahmen (optimistisch)	61,84	61,84	61,84	61,84	61,84	61,84	61,84	61,84	61,84	61,84	61,84	61,84
optimistische Zahlungen = Einnahmen (optimistisch) – Ausgaben	54,77	54,77	54,77	54,77	54,77	54,77	54,77	54,77	54,77	54,77	54,77	54,77
1. Vermögenswert in t-1	802,31	830,9	859,53	888,2	916,92	945,68	974,48	1003,33	1032,22	1061,15	1090,13	1119,15
2. Einnahmen in t	54,77	54,77	54,77	54,77	54,77	54,77	54,77	54,77	54,77	54,77	54,77	54,77
3. Habenzinsen in t	2,41	2,49	2,58	2,66	2,75	2,84	2,92	3,01	3,1	3,18	3,27	3,36
4. Ausgaben in t	0,0	0,0	0,0	0,0	0,0	0,0	0,0	0,0	0,0	0,0	0,0	0,0
5. Sollzinsen in t	0,0	0,0	0,0	0,0	0,0	0,0	0,0	0,0	0,0	0,0	0,0	0,0
6. Steuern in t	28,59	28,63	28,67	28,72	28,76	28,8	28,85	28,89	28,93	28,98	29,02	29,06
Wiederanlagebetrag in t	830,9	859,53	888,2	916,92	945,68	974,48	1003,33	1032,22	1061,15	1090,13	1119,15	1148,21
Schuldenstand in t	0,0	0,0	0,0	0,0	0,0	0,0	0,0	0,0	0,0	0,0	0,0	0,0
Steuerbemessungsbasis in t	57,18	57,26	57,35	57,43	57,52	57,61	57,69	57,78	57,87	57,95	58,04	58,13
b) Vermögenswert in t	***830,9***	***859,53***	***888,2***	***916,92***	***945,68***	***974,48***	***1003,33***	***1032,22***	***1061,15***	***1090,13***	***1119,15***	***1148,21***
Differenz der Vermögenswerte: b)-a)	**-138,58**	**-130,53**	**-132,55**	**-134,65**	**-136,83**	**-139,1**	**-141,45**	**-143,89**	**-139,26**	**-134,62**	**-129,98**	**-132,4**

Tabelle A 14: Beispiel - Berechnung optimistischer Vermögensendwerte für Standardsoftware und Individualsoftware - Jahr 7

A.4.2 Berechnung auf Basis pessimistischer Schätzungen

Die folgenden Tabellen zeigen die Berechnung der Vermögens(end)werte bei pessimistischer Einnahmen-Prognose auf. Ihr Aufbau entspricht dem der vorangegangenen Tabellen.

Periode	1	2	3	4	5	6	7	8	9	10	11	12
Standardsoftware	**Phase I**		**Phase II**			**Phase III**	**Phase IV**			**Phase V**		
Ausgaben			246,16	63,632	50,098	66,965	79,59	71,005	73,025	48,674	44,323	39,973
Abschreibungen												66,6667
Einnahmen (pessimistisch)										2,832	5,664	8,496
pessimistische Zahlungen = Einnahmen (pessimistisch) – Ausgaben			-246,16	-63,632	-50,098	-66,965	-79,59	-71,005	-73,025	-45,842	-38,659	-31,476
1. Vermögenswert in t-1			0,0	-246,16	-278,59	-304,34	-338,58	-379,22	-415,67	-453,22	-477,28	-497,8
2. Einnahmen in t			0,0	0,0	0,0	0,0	0,0	0,0	0,0	0,0	0,0	0,0
3. Habenzinsen in t			0,0	0,0	0,0	0,0	0,0	0,0	0,0	0,0	0,0	0,0
4. Ausgaben in t			246,16	63,63	50,1	66,97	79,59	71,01	73,03	45,84	38,66	31,48
5. Sollzinsen in t			0,0	1,23	1,39	1,52	1,69	1,9	2,08	2,27	2,39	2,49
6. Steuern in t			0,0	-32,43	-25,75	-34,24	-40,64	-36,45	-37,55	-24,05	-20,52	-50,32
Wiederanlagebetrag in t			0,0	0,0	0,0	0,0	0,0	0,0	0,0	0,0	0,0	0,0
Schuldenstand in t			46,16	84,79	116,76	157,26	204,19	246,96	290,87	321,3	348,24	338,34
Schuldenstand Annuität in t			200,0	193,8	187,58	181,32	175,03	168,71	162,36	155,97	149,56	143,11
Annuität in t				7,2	7,2	7,2	7,2	7,2	7,2	7,2	7,2	7,2
Tilgung in t				6,2	6,23	6,26	6,29	6,32	6,35	6,38	6,42	6,45
Steuerbemessungsbasis in t			0,0	-64,86	-51,49	-68,49	-81,28	-72,9	-75,1	-48,11	-41,05	-100,63
a) Vermögenswert in t			***-246,16***	***-278,59***	***-304,34***	***-338,58***	***-379,22***	***-415,67***	***-453,22***	***-477,28***	***-497,8***	***-481,45***
Individualsoftware	**Phase I**		**Phase II**			**Phase III**					**Phase IV**	
Ausgaben			20,246	26,352	28,923	31,494	37,6	57,845	60,416	66,522	69,093	78,734
Einnahmen (pessimistisch)												
pessimistische Zahlungen = Einnahmen (pessimistisch) – Ausgaben			-20,246	-26,352	-28,923	-31,494	-37,6	-57,845	-60,416	-66,522	-69,093	-78,734
1. Vermögenswert in t-1			0,0	-20,25	-33,47	-48,02	-63,88	-82,84	-111,97	-142,46	-176,08	-211,07
2. Einnahmen in t			0,0	0,0	0,0	0,0	0,0	0,0	0,0	0,0	0,0	0,0
3. Habenzinsen in t			0,0	0,0	0,0	0,0	0,0	0,0	0,0	0,0	0,0	0,0
4. Ausgaben in t			20,25	26,35	28,92	31,49	37,6	57,85	60,42	66,52	69,09	78,73
5. Sollzinsen in t			0,0	0,1	0,17	0,24	0,32	0,41	0,56	0,71	0,88	1,06
6. Steuern in t			0,0	-13,23	-14,55	-15,87	-18,96	-29,13	-30,49	-33,62	-34,99	-39,89
Wiederanlagebetrag in t			0,0	0,0	0,0	0,0	0,0	0,0	0,0	0,0	0,0	0,0
Schuldenstand in t			20,25	33,47	48,02	63,88	82,84	111,97	142,46	176,08	211,07	250,96
Steuerbemessungsbasis in t			0,0	-26,45	-29,09	-31,73	-37,92	-58,26	-60,98	-67,23	-69,97	-79,79
b) Vermögenswert in t			***-20,25***	***-33,47***	***-48,02***	***-63,88***	***-82,84***	***-111,97***	***-142,46***	***-176,08***	***-211,07***	***-250,96***
Differenz der Vermögenswerte: b)-a)			**225,91**	**245,12**	**256,32**	**274,7**	**296,38**	**303,7**	**310,76**	**301,2**	**286,73**	**230,49**

Tabelle A 15: Beispiel - Berechnung pessimistischer Vermögensendwerte für Standardsoftware und Individualsoftware - Jahr 1

Periode	13	14	15	16	17	18	19	20	21	22	23	24
Standardsoftware	Phase V									Phase VI		
Ausgaben	35,622	51,271	26,92	22,57	18,219	13,868	9,517	5,167	0,816	-3,535	-3,535	-3,535
Abschreibungen												66,6667
Einnahmen (pessimistisch)	11,329	14,161	16,993	19,825	22,657	25,489	28,322	31,154	33,986	36,818	39,65	42,482
pessimistische Zahlungen = Einnahmen (pessimistisch) – Ausgaben	-24,293	-37,11	-9,927	-2,745	4,438	11,621	18,804	25,987	33,17	40,353	43,185	46,017
1. Vermögenswert in t-1	-481,45	-494,8	-514,59	-520,84	-523,52	-522,61	-518,1	-510,0	-498,28	-482,94	-463,97	-443,54
2. Einnahmen in t	0,0	0,0	0,0	0,0	4,44	11,62	18,8	25,99	33,17	40,35	43,19	46,02
3. Habenzinsen in t	0,0	0,0	0,0	0,0	0,0	0,0	0,0	0,0	0,0	0,0	0,0	0,0
4. Ausgaben in t	24,29	37,11	9,93	2,74	0,0	0,0	0,0	0,0	0,0	0,0	0,0	0,0
5. Sollzinsen in t	2,41	2,47	2,57	2,6	2,62	2,61	2,59	2,55	2,49	2,41	2,32	2,22
6. Steuern in t	-13,35	-19,79	-6,25	-2,67	0,91	4,5	8,11	11,72	15,34	18,97	20,43	-11,43
Wiederanlagebetrag in t	0,0	0,0	0,0	0,0	0,0	0,0	0,0	0,0	0,0	0,0	0,0	0,0
Schuldenstand in t	358,17	384,48	397,27	406,52	412,22	414,36	412,93	407,93	399,33	387,14	373,52	325,13
Schuldenstand Annuität in t	136,63	130,12	123,57	116,99	110,38	103,74	97,06	90,35	83,61	76,83	70,02	63,17
Annuität in t	7,2	7,2	7,2	7,2	7,2	7,2	7,2	7,2	7,2	7,2	7,2	7,2
Tilgung in t	6,48	6,51	6,55	6,58	6,61	6,64	6,68	6,71	6,74	6,78	6,81	6,85
Steuerbemessungsbasis in t	-26,7	-39,58	-12,5	-5,35	1,82	9,01	16,21	23,44	30,68	37,94	40,87	-22,87
a) Vermögenswert in t	***-494,8***	***-514,59***	***-520,84***	***-523,52***	***-522,61***	***-518,1***	***-510,0***	***-498,28***	***-482,94***	***-463,97***	***-443,54***	***-388,3***
Individualsoftware		Phase V										
Ausgaben	84,84	78,858	72,875	66,893	60,911	54,928	48,946	42,964	36,982	30,999	25,017	19,035
Einnahmen (pessimistisch)		3,149	6,299	9,448	12,598	15,747	18,897	22,046	25,196	28,345	31,495	34,644
pessimistische Zahlungen = Einnahmen (pessimistisch) – Ausgaben	**-84,84**	**-75,708**	**-66,576**	**-57,445**	**-48,313**	**-39,181**	**-30,049**	**-20,918**	**-11,786**	**-2,654**	**6,478**	**15,61**
1. Vermögenswert in t-1	-250,96	-294,01	-332,6	-366,72	-396,36	-421,5	-442,15	-458,28	-469,88	-476,95	-479,47	-477,43
2. Einnahmen in t	0,0	0,0	0,0	0,0	0,0	0,0	0,0	0,0	0,0	0,0	6,48	15,61
3. Habenzinsen in t	0,0	0,0	0,0	0,0	0,0	0,0	0,0	0,0	0,0	0,0	0,0	0,0
4. Ausgaben in t	84,84	75,71	66,58	57,44	48,31	39,18	30,05	20,92	11,79	2,65	0,0	0,0
5. Sollzinsen in t	1,25	1,47	1,66	1,83	1,98	2,11	2,21	2,29	2,35	2,38	2,4	2,39
6. Steuern in t	-43,05	-38,59	-34,12	-29,64	-25,15	-20,64	-16,13	-11,6	-7,07	-2,52	2,04	6,61
Wiederanlagebetrag in t	0,0	0,0	0,0	0,0	0,0	0,0	0,0	0,0	0,0	0,0	0,0	0,0
Schuldenstand in t	294,01	332,6	366,72	396,36	421,5	442,15	458,28	469,88	476,95	479,47	477,43	470,82
Steuerbemessungsbasis in t	-86,09	-77,18	-68,24	-59,28	-50,29	-41,29	-32,26	-23,21	-14,14	-5,04	4,08	13,22
b) Vermögenswert in t	***-294,01***	***-332,6***	***-366,72***	***-396,36***	***-421,5***	***-442,15***	***-458,28***	***-469,88***	***-476,95***	***-479,47***	***-477,43***	***-470,82***
Differenz der Vermögenswerte: b)-a)	**200,79**	**182,0**	**154,13**	**127,16**	**101,1**	**75,95**	**51,72**	**28,39**	**5,99**	**-15,5**	**-33,89**	**-82,51**

Tabelle A 16: Beispiel - Berechnung pessimistischer Vermögensendwerte für Standardsoftware und Individualsoftware - Jahr 2

Periode	25	26	27	28	29	30	31	32	33	34	35	36
Standardsoftware	Phase VI											
Ausgaben	-3,535	16,465	-3,535	-3,535	-3,535	-3,535	-3,535	-3,535	10,605	10,605	10,605	-3,535
Abschreibungen												66,667
Einnahmen (pessimistisch)	45,315	48,147	50,979	53,811	53,811	53,811	53,811	53,811	53,811	53,811	53,811	53,811
pessimistische Zahlungen = Einnahmen (pessimistisch) – Ausgaben	48,85	31,682	54,514	57,346	57,346	57,346	57,346	57,346	43,206	43,206	43,206	57,346
1. Vermögenswert in t-1	-388,3	-364,85	-349,92	-323,54	-295,67	-267,74	-239,74	-211,66	-183,52	-162,37	-141,18	-119,93
2. Einnahmen in t	48,85	31,68	54,51	57,35	57,35	57,35	57,35	57,35	43,21	43,21	43,21	57,35
3. Habenzinsen in t	0,0	0,0	0,0	0,0	0,0	0,0	0,0	0,0	0,0	0,0	0,0	0,0
4. Ausgaben in t	0,0	0,0	0,0	0,0	0,0	0,0	0,0	0,0	0,0	0,0	0,0	0,0
5. Sollzinsen in t	1,94	1,82	1,75	1,62	1,48	1,34	1,2	1,06	0,92	0,81	0,71	0,6
6. Steuern in t	23,45	14,93	26,38	27,86	27,93	28,0	28,07	28,14	21,14	21,2	21,25	-4,96
Wiederanlagebetrag in t	0,0	0,0	0,0	0,0	0,0	0,0	0,0	0,0	0,0	0,0	0,0	0,0
Schuldenstand in t	308,56	300,54	281,11	260,23	239,31	218,36	197,38	176,36	162,37	141,18	119,93	58,22
Schuldenstand Annuität in t	56,29	49,38	42,43	35,45	28,43	21,37	14,28	7,16	0,0	0,0	0,0	0,0
Annuität in t	7,2	7,2	7,2	7,2	7,2	7,2	7,2	7,2	7,2	0,0	0,0	0,0
Tilgung in t	6,88	6,91	6,95	6,98	7,02	7,05	7,09	7,12	7,16	0,0	0,0	0,0
Steuerbemessungsbasis in t	46,91	29,86	52,76	55,73	55,87	56,01	56,15	56,29	42,29	42,39	42,5	-9,92
a) Vermögenswert in t	***-364,85***	***-349,92***	***-323,54***	***-295,67***	***-267,74***	***-239,74***	***-211,66***	***-183,52***	***-162,37***	***-141,18***	***-119,93***	***-58,22***
Individualsoftware		Phase VI										
Ausgaben	13,052	7,07	7,07	7,07	7,07	7,07	7,07	7,07	7,07	7,07	7,07	7,07
Einnahmen (pessimistisch)	37,794	40,943	44,093	47,242	50,392	53,541	56,691	59,84	59,84	59,84	59,84	59,84
pessimistische Zahlungen = Einnahmen (pessimistisch) – Ausgaben	**24,741**	**33,873**	**37,023**	**40,172**	**43,322**	**46,471**	**49,621**	**52,77**	**52,77**	**52,77**	**52,77**	**52,77**
1. Vermögenswert in t-1	-470,82	-459,62	-443,84	-426,43	-407,41	-386,77	-364,5	-340,6	-315,07	-289,47	-263,81	-238,09
2. Einnahmen in t	24,74	33,87	37,02	40,17	43,32	46,47	49,62	52,77	52,77	52,77	52,77	52,77
3. Habenzinsen in t	0,0	0,0	0,0	0,0	0,0	0,0	0,0	0,0	0,0	0,0	0,0	0,0
4. Ausgaben in t	0,0	0,0	0,0	0,0	0,0	0,0	0,0	0,0	0,0	0,0	0,0	0,0
5. Sollzinsen in t	2,35	2,3	2,22	2,13	2,04	1,93	1,82	1,7	1,58	1,45	1,32	1,19
6. Steuern in t	11,19	15,79	17,4	19,02	20,64	22,27	23,9	25,53	25,6	25,66	25,73	25,79
Wiederanlagebetrag in t	0,0	0,0	0,0	0,0	0,0	0,0	0,0	0,0	0,0	0,0	0,0	0,0
Schuldenstand in t	459,62	443,84	426,43	407,41	386,77	364,5	340,6	315,07	289,47	263,81	238,09	212,3
Steuerbemessungsbasis in t	22,39	31,58	34,8	38,04	41,28	44,54	47,8	51,07	51,19	51,32	51,45	51,58
b) Vermögenswert in t	***-459,62***	***-443,84***	***-426,43***	***-407,41***	***-386,77***	***-364,5***	***-340,6***	***-315,07***	***-289,47***	***-263,81***	***-238,09***	***-212,3***
Differenz der Vermögenswerte: b)-a)	**-94,78**	**-93,92**	**-102,9**	**-111,74**	**-119,03**	**-124,77**	**-128,94**	**-131,55**	**-127,1**	**-122,64**	**-118,16**	**-154,08**

Tabelle A 17: Beispiel - Berechnung pessimistischer Vermögensendwerte für Standardsoftware und Individualsoftware - Jahr 3

Periode	37	38	39	40	41	42	43	44	45	46	47	48
Standardsoftware						**Phase VI**						
Ausgaben	-3,535	16,465	-3,535	-3,535	-3,535	-3,535	-3,535	-3,535	-3,535	-3,535	-3,535	-3,535
Abschreibungen												
Einnahmen (pessimistisch)	53,811	53,811	53,811	52,357	50,902	49,448	47,994	48,151	48,308	48,465	48,622	48,78
pessimistische Zahlungen = Einnahmen (pessimistisch) – Ausgaben	57,346	37,346	57,346	55,892	54,437	52,983	51,529	51,686	51,843	52,0	52,157	52,315
1. Vermögenswert in t-1	-58,22	-29,69	-11,09	17,55	45,52	72,81	99,41	125,32	151,35	177,5	203,77	230,15
2. Einnahmen in t	57,35	37,35	57,35	55,89	54,44	52,98	51,53	51,69	51,84	52,0	52,16	52,31
3. Habenzinsen in t	0,0	0,0	0,0	0,05	0,14	0,22	0,3	0,38	0,45	0,53	0,61	0,69
4. Ausgaben in t	0,0	0,0	0,0	0,0	0,0	0,0	0,0	0,0	0,0	0,0	0,0	0,0
5. Sollzinsen in t	0,29	0,15	0,06	0,0	0,0	0,0	0,0	0,0	0,0	0,0	0,0	0,0
6. Steuern in t	28,53	18,6	28,65	27,97	27,29	26,6	25,91	26,03	26,15	26,27	26,38	26,5
Wiederanlagebetrag in t	0,0	0,0	17,55	45,52	72,81	99,41	125,32	151,35	177,5	203,77	230,15	256,66
Schuldenstand in t	29,69	11,09	0,0	0,0	0,0	0,0	0,0	0,0	0,0	0,0	0,0	0,0
Schuldenstand Annuität in t	0,0	0,0	0,0	0,0	0,0	0,0	0,0	0,0	0,0	0,0	0,0	0,0
Annuität in t	0,0	0,0	0,0	0,0	0,0	0,0	0,0	0,0	0,0	0,0	0,0	0,0
Tilgung in t	0,0	0,0	0,0	0,0	0,0	0,0	0,0	0,0	0,0	0,0	0,0	0,0
Steuerbemessungsbasis in t	57,05	37,2	57,29	55,94	54,57	53,2	51,83	52,06	52,3	52,53	52,77	53,01
a) Vermögenswert in t	***-29,69***	***-11,09***	***17,55***	***45,52***	***72,81***	***99,41***	***125,32***	***151,35***	***177,5***	***203,77***	***230,15***	***256,66***
Individualsoftware						**Phase VI**						
Ausgaben	7,07	7,07	7,07	7,07	7,07	7,07	7,07	7,07	7,07	7,07	7,07	7,07
Einnahmen (pessimistisch)	59,84	59,84	59,84	59,84	59,84	59,84	59,84	59,84	59,84	59,84	59,84	59,84
pessimistische Zahlungen = Einnahmen (pessimistisch) – Ausgaben	**52,77**	**52,77**	**52,77**	**52,77**	**52,77**	**52,77**	**52,77**	**52,77**	**52,77**	**52,77**	**52,77**	**52,77**
1. Vermögenswert in t-1	-212,3	-186,44	-160,52	-134,54	-108,49	-82,38	-56,2	-29,95	-3,64	22,73	49,15	75,61
2. Einnahmen in t	52,77	52,77	52,77	52,77	52,77	52,77	52,77	52,77	52,77	52,77	52,77	52,77
3. Habenzinsen in t	0,0	0,0	0,0	0,0	0,0	0,0	0,0	0,0	0,0	0,07	0,15	0,23
4. Ausgaben in t	0,0	0,0	0,0	0,0	0,0	0,0	0,0	0,0	0,0	0,0	0,0	0,0
5. Sollzinsen in t	1,06	0,93	0,8	0,67	0,54	0,41	0,28	0,15	0,02	0,0	0,0	0,0
6. Steuern in t	25,85	25,92	25,98	26,05	26,11	26,18	26,24	26,31	26,38	26,42	26,46	26,5
Wiederanlagebetrag in t	0,0	0,0	0,0	0,0	0,0	0,0	0,0	0,0	22,73	49,15	75,61	102,11
Schuldenstand in t	186,44	160,52	134,54	108,49	82,38	56,2	29,95	3,64	0,0	0,0	0,0	0,0
Steuerbemessungsbasis in t	51,71	51,84	51,97	52,1	52,23	52,36	52,49	52,62	52,75	52,84	52,92	53,0
b) Vermögenswert in t	***-186,44***	***-160,52***	***-134,54***	***-108,49***	***-82,38***	***-56,2***	***-29,95***	***-3,64***	***22,73***	***49,15***	***75,61***	***102,11***
Differenz der Vermögenswerte: b)-a)	**-156,75**	**-149,43**	**-152,09**	**-154,01**	**-155,19**	**-155,61**	**-155,28**	**-155,0**	**-154,77**	**-154,62**	**-154,54**	**-154,55**

Tabelle A 18: Beispiel - Berechnung pessimistischer Vermögensendwerte für Standardsoftware und Individualsoftware – Jahr 4

Periode	**49**	**50**	**51**	**52**	**53**	**54**	**55**	**56**	**57**	**58**	**59**	**60**
Standardsoftware						**Phase VI**						
Ausgaben	-3,535	16,465	-3,535	-3,535	-3,535	-3,535	-3,535	-3,535	10,605	10,605	10,605	-3,535
Abschreibungen												
Einnahmen (pessimistisch)	48,937	49,094	49,251	49,408	49,565	49,723	49,88	50,037	50,194	50,351	50,509	50,666
pessimistische Zahlungen = Einnahmen (pessimistisch) – Ausgaben	52,472	32,629	52,786	52,943	53,1	53,258	53,415	53,572	39,589	39,746	39,904	54,201
1. Vermögenswert in t-1	256,66	283,28	300,02	326,86	353,82	380,9	408,1	435,42	462,86	483,35	503,95	524,66
2. Einnahmen in t	52,47	32,63	52,79	52,94	53,1	53,26	53,41	53,57	39,59	39,75	39,9	54,2
3. Habenzinsen in t	0,77	0,85	0,9	0,98	1,06	1,14	1,22	1,31	1,39	1,45	1,51	1,57
4. Ausgaben in t	0,0	0,0	0,0	0,0	0,0	0,0	0,0	0,0	0,0	0,0	0,0	0,0
5. Sollzinsen in t	0,0	0,0	0,0	0,0	0,0	0,0	0,0	0,0	0,0	0,0	0,0	0,0
6. Steuern in t	26,62	16,74	26,84	26,96	27,08	27,2	27,32	27,44	20,49	20,6	20,71	27,89
Wiederanlagebetrag in t	283,28	300,02	326,86	353,82	380,9	408,1	435,42	462,86	483,35	503,95	524,66	552,54
Schuldenstand in t	0,0	0,0	0,0	0,0	0,0	0,0	0,0	0,0	0,0	0,0	0,0	0,0
Schuldenstand Annuität in t	0,0	0,0	0,0	0,0	0,0	0,0	0,0	0,0	0,0	0,0	0,0	0,0
Annuität in t	0,0	0,0	0,0	0,0	0,0	0,0	0,0	0,0	0,0	0,0	0,0	0,0
Tilgung in t	0,0	0,0	0,0	0,0	0,0	0,0	0,0	0,0	0,0	0,0	0,0	0,0
Steuerbemessungsbasis in t	53,24	33,48	53,69	53,92	54,16	54,4	54,64	54,88	40,98	41,2	41,42	55,77
a) Vermögenswert in t	***283,28***	***300,02***	***326,86***	***353,82***	***380,9***	***408,1***	***435,42***	***462,86***	***483,35***	***503,95***	***524,66***	***552,54***
Individualsoftware						**Phase VI**						
Ausgaben	7,07	7,07	7,07	7,07	7,07	7,07	7,07	7,07	7,07	7,07	7,07	7,07
Einnahmen (pessimistisch)	59,84	59,84	59,84	59,84	59,84	59,84	59,84	59,84	59,84	59,84	59,84	59,84
pessimistische Zahlungen = Einnahmen (pessimistisch) – Ausgaben	**52,77**	**52,77**	**52,77**	**52,77**	**52,77**	**52,77**	**52,77**	**52,77**	**52,77**	**52,77**	**52,77**	**52,77**
1. Vermögenswert in t-1	102,11	128,65	155,22	181,84	208,5	235,2	261,93	288,71	315,53	342,39	369,29	396,23
2. Einnahmen in t	52,77	52,77	52,77	52,77	52,77	52,77	52,77	52,77	52,77	52,77	52,77	52,77
3. Habenzinsen in t	0,31	0,39	0,47	0,55	0,63	0,71	0,79	0,87	0,95	1,03	1,11	1,19
4. Ausgaben in t	0,0	0,0	0,0	0,0	0,0	0,0	0,0	0,0	0,0	0,0	0,0	0,0
5. Sollzinsen in t	0,0	0,0	0,0	0,0	0,0	0,0	0,0	0,0	0,0	0,0	0,0	0,0
6. Steuern in t	26,54	26,58	26,62	26,66	26,7	26,74	26,78	26,82	26,86	26,9	26,94	26,98
Wiederanlagebetrag in t	128,65	155,22	181,84	208,5	235,2	261,93	288,71	315,53	342,39	369,29	396,23	423,21
Schuldenstand in t	0,0	0,0	0,0	0,0	0,0	0,0	0,0	0,0	0,0	0,0	0,0	0,0
Steuerbemessungsbasis in t	53,08	53,16	53,24	53,32	53,4	53,48	53,56	53,64	53,72	53,8	53,88	53,96
b) Vermögenswert in t	***128,65***	***155,22***	***181,84***	***208,5***	***235,2***	***261,93***	***288,71***	***315,53***	***342,39***	***369,29***	***396,23***	***423,21***
Differenz der Vermögenswerte: b)-a)	**-154,63**	**-144,79**	**-145,02**	**-145,32**	**-145,71**	**-146,17**	**-146,71**	**-147,33**	**-140,96**	**-134,66**	**-128,43**	**-129,34**

Tabelle A 19: Beispiel - Berechnung pessimistischer Vermögensendwerte für Standardsoftware und Individualsoftware - Jahr 5

Periode	61	62	63	64	65	66	67	68	69	70	71	72
Standardsoftware						**Phase VI**						
Ausgaben	-3,535	16,465	-3,535	-3,535	-3,535	-3,535	-3,535	-3,535	-3,535	-3,535	-3,535	-3,535
Abschreibungen												
Einnahmen (pessimistisch)	50,823	50,98	51,137	51,295	51,452	51,609	51,766	51,923	52,081	52,238	52,395	52,552
pessimistische Zahlungen = Einnahmen (pessimistisch) – Ausgaben	54,358	34,515	54,672	54,83	54,987	55,144	55,301	55,458	55,616	55,773	55,93	56,087
1. Vermögenswert in t-1	552,54	580,55	598,68	626,91	655,27	683,75	712,34	741,06	769,9	798,87	827,95	857,16
2. Einnahmen in t	54,36	34,52	54,67	54,83	54,99	55,14	55,3	55,46	55,62	55,77	55,93	56,09
3. Habenzinsen in t	1,66	1,74	1,8	1,88	1,97	2,05	2,14	2,22	2,31	2,4	2,48	2,57
4. Ausgaben in t	0,0	0,0	0,0	0,0	0,0	0,0	0,0	0,0	0,0	0,0	0,0	0,0
5. Sollzinsen in t	0,0	0,0	0,0	0,0	0,0	0,0	0,0	0,0	0,0	0,0	0,0	0,0
6. Steuern in t	28,01	18,13	28,23	28,36	28,48	28,6	28,72	28,84	28,96	29,08	29,21	29,33
Wiederanlagebetrag in t	580,55	598,68	626,91	655,27	683,75	712,34	741,06	769,9	798,87	827,95	857,16	886,49
Schuldenstand in t	0,0	0,0	0,0	0,0	0,0	0,0	0,0	0,0	0,0	0,0	0,0	0,0
Schuldenstand Annuität in t	0,0	0,0	0,0	0,0	0,0	0,0	0,0	0,0	0,0	0,0	0,0	0,0
Annuität in t	0,0	0,0	0,0	0,0	0,0	0,0	0,0	0,0	0,0	0,0	0,0	0,0
Tilgung in t	0,0	0,0	0,0	0,0	0,0	0,0	0,0	0,0	0,0	0,0	0,0	0,0
Steuerbemessungsbasis in t	56,02	36,26	56,47	56,71	56,95	57,2	57,44	57,68	57,93	58,17	58,41	58,66
a) Vermögenswert in t	***580,55***	***598,68***	***626,91***	***655,27***	***683,75***	***712,34***	***741,06***	***769,9***	***798,87***	***827,95***	***857,16***	***886,49***
Individualsoftware						**Phase VI**						
Ausgaben	7,07	7,07	7,07	7,07	7,07	7,07	7,07	7,07	7,07	7,07	7,07	7,07
Einnahmen (pessimistisch)	59,84	59,84	59,84	59,84	59,84	59,84	59,84	59,84	59,84	59,84	59,84	59,84
pessimistische Zahlungen = Einnahmen (pessimistisch) – Ausgaben	**52,77**	**52,77**	**52,77**	**52,77**	**52,77**	**52,77**	**52,77**	**52,77**	**52,77**	**52,77**	**52,77**	**52,77**
1. Vermögenswert in t-1	423,21	450,23	477,29	504,39	531,53	558,71	585,93	613,2	640,5	667,85	695,24	722,66
2. Einnahmen in t	52,77	52,77	52,77	52,77	52,77	52,77	52,77	52,77	52,77	52,77	52,77	52,77
3. Habenzinsen in t	1,27	1,35	1,43	1,51	1,59	1,68	1,76	1,84	1,92	2,0	2,09	2,17
4. Ausgaben in t	0,0	0,0	0,0	0,0	0,0	0,0	0,0	0,0	0,0	0,0	0,0	0,0
5. Sollzinsen in t	0,0	0,0	0,0	0,0	0,0	0,0	0,0	0,0	0,0	0,0	0,0	0,0
6. Steuern in t	27,02	27,06	27,1	27,14	27,18	27,22	27,26	27,3	27,35	27,39	27,43	27,47
Wiederanlagebetrag in t	450,23	477,29	504,39	531,53	558,71	585,93	613,2	640,5	667,85	695,24	722,66	750,13
Schuldenstand in t	0,0	0,0	0,0	0,0	0,0	0,0	0,0	0,0	0,0	0,0	0,0	0,0
Steuerbemessungsbasis in t	54,04	54,12	54,2	54,28	54,36	54,45	54,53	54,61	54,69	54,77	54,86	54,94
b) Vermögenswert in t	***450,23***	***477,29***	***504,39***	***531,53***	***558,71***	***585,93***	***613,2***	***640,5***	***667,85***	***695,24***	***722,66***	***750,13***
Differenz der Vermögenswerte: b)-a)	**-130,33**	**-121,39**	**-122,53**	**-123,74**	**-125,03**	**-126,41**	**-127,86**	**-129,4**	**-131,02**	**-132,72**	**-134,49**	**-136,35**

Tabelle A 20: Beispiel - Berechnung pessimistischer Vermögensendwerte für Standardsoftware und Individualsoftware - Jahr 6

Periode	73	74	75	76	77	78	79	80	81	82	83	84
Standardsoftware						Phase VII						
Ausgaben	-3,535	16,465	-3,535	-3,535	-3,535	-3,535	-3,535	-3,535	10,605	10,605	10,605	-3,535
Abschreibungen												
Einnahmen (pessimistisch)	52,709	52,866	53,024	53,181	53,338	53,495	53,652	53,81	53,81	53,81	53,81	53,81
pessimistische Zahlungen = Einnahmen (pessimistisch) – Ausgaben	56,244	36,401	56,559	56,716	56,873	57,03	57,187	57,345	43,205	43,205	43,205	57,345
1. Vermögenswert in t-1	886,49	915,94	935,51	965,2	995,0	1024,93	1054,98	1085,16	1115,46	1138,73	1162,05	1185,39
2. Einnahmen in t	56,24	36,4	56,56	56,72	56,87	57,03	57,19	57,34	43,2	43,2	43,2	57,34
3. Habenzinsen in t	2,66	2,75	2,81	2,9	2,99	3,07	3,16	3,26	3,35	3,42	3,49	3,56
4. Ausgaben in t	0,0	0,0	0,0	0,0	0,0	0,0	0,0	0,0	0,0	0,0	0,0	0,0
5. Sollzinsen in t	0,0	0,0	0,0	0,0	0,0	0,0	0,0	0,0	0,0	0,0	0,0	0,0
6. Steuern in t	29,45	19,57	29,68	29,81	29,93	30,05	30,18	30,3	23,28	23,31	23,35	30,45
Wiederanlagebetrag in t	915,94	935,51	965,2	995,0	1024,93	1054,98	1085,16	1115,46	1138,73	1162,05	1185,39	1215,84
Schuldenstand in t	0,0	0,0	0,0	0,0	0,0	0,0	0,0	0,0	0,0	0,0	0,0	0,0
Schuldenstand Annuität in t	0,0	0,0	0,0	0,0	0,0	0,0	0,0	0,0	0,0	0,0	0,0	0,0
Annuität in t	0,0	0,0	0,0	0,0	0,0	0,0	0,0	0,0	0,0	0,0	0,0	0,0
Tilgung in t	0,0	0,0	0,0	0,0	0,0	0,0	0,0	0,0	0,0	0,0	0,0	0,0
Steuerbemessungsbasis in t	58,9	39,15	59,37	59,61	59,86	60,11	60,35	60,6	46,55	46,62	46,69	60,9
a) Vermögenswert in t	***915,94***	***935,51***	***965,2***	***995,0***	***1024,93***	***1054,98***	***1085,16***	***1115,46***	***1138,73***	***1162,05***	***1185,39***	***1215,84***
Individualsoftware						Phase VII						
Ausgaben	7,07	7,07	7,07	7,07	7,07	7,07	7,07	7,07	7,07	7,07	7,07	7,07
Einnahmen (pessimistisch)	59,84	59,84	59,84	59,84	59,84	59,84	59,84	59,84	59,84	59,84	59,84	59,84
pessimistische Zahlungen = Einnahmen (pessimistisch) – Ausgaben	**52,77**	**52,77**	**52,77**	**52,77**	**52,77**	**52,77**	**52,77**	**52,77**	**52,77**	**52,77**	**52,77**	**52,77**
1. Vermögenswert in t-1	750,13	777,64	805,19	832,79	860,42	888,1	915,81	943,57	971,37	999,21	1027,1	1055,02
2. Einnahmen in t	52,77	52,77	52,77	52,77	52,77	52,77	52,77	52,77	52,77	52,77	52,77	52,77
3. Habenzinsen in t	2,25	2,33	2,42	2,5	2,58	2,66	2,75	2,83	2,91	3,0	3,08	3,17
4. Ausgaben in t	0,0	0,0	0,0	0,0	0,0	0,0	0,0	0,0	0,0	0,0	0,0	0,0
5. Sollzinsen in t	0,0	0,0	0,0	0,0	0,0	0,0	0,0	0,0	0,0	0,0	0,0	0,0
6. Steuern in t	27,51	27,55	27,59	27,63	27,68	27,72	27,76	27,8	27,84	27,88	27,93	27,97
Wiederanlagebetrag in t	777,64	805,19	832,79	860,42	888,1	915,81	943,57	971,37	999,21	1027,1	1055,02	1082,99
Schuldenstand in t	0,0	0,0	0,0	0,0	0,0	0,0	0,0	0,0	0,0	0,0	0,0	0,0
Steuerbemessungsbasis in t	55,02	55,1	55,19	55,27	55,35	55,43	55,52	55,6	55,68	55,77	55,85	55,94
b) Vermögenswert in t	***777,64***	***805,19***	***832,79***	***860,42***	***888,1***	***915,81***	***943,57***	***971,37***	***999,21***	***1027,1***	***1055,02***	***1082,99***
Differenz der Vermögenswerte: b)-a)	**-138,3**	**-130,32**	**-132,41**	**-134,58**	**-136,83**	**-139,17**	**-141,59**	**-144,09**	**-139,52**	**-134,95**	**-130,37**	**-132,85**

Tabelle A 21: Beispiel - Berechnung pessimistischer Vermögensendwerte für Standardsoftware und Individualsoftware - Jahr 7

A.4.3 Berechnung der Vorteilhaftigkeit einzelner Handlungsalternativen auf Basis optimistischer Schätzungen

Die folgenden Tabellen zeigen die Berechnung der Vermögens(end)werte bei optimistischer Einnahmen-Prognose inklusive der ersten beiden Perioden, in denen das Fachkonzept erstellt wurde. Der Aufbau entspricht dem der vorangegangenen Tabellen. Die Standardsoftware-Investition rentiert sich nach 35 Perioden, während eine Individualsoftware-Investition 44 Perioden benötigt.

Periode	1	2	3	4	5	6	7	8	9	10	11	12
Standardsoftware	**Phase I**		**Phase II**			**Phase III**	**Phase IV**			**Phase V**		
Ausgaben	17,675	17,675	246,16	63,632	50,098	66,965	79,59	71,005	73,025	48,674	44,323	39,973
Abschreibungen												66,6667
Einnahmen (optimistisch)										2,935	5,87	8,804
optimistische Zahlungen = Einnahmen (optimistisch) – Ausgaben	-17,675	-17,675	-246,16	-63,632	-50,098	-66,965	-79,59	-71,005	-73,025	-45,739	-38,454	-31,168
1. Vermögenswert in t-1	0,0	-17,68	-26,56	-149,7	-181,94	-207,46	-241,46	-281,86	-318,07	-355,37	-379,13	-399,31
2. Einnahmen in t	0,0	0,0	0,0	0,0	0,0	0,0	0,0	0,0	0,0	0,0	0,0	0,0
3. Habenzinsen in t	0,0	0,0	0,0	0,15	0,04	0,0	0,0	0,0	0,0	0,0	0,0	0,0
4. Ausgaben in t	17,68	17,68	246,16	63,63	50,1	66,97	79,59	71,01	73,03	45,74	38,45	31,17
5. Sollzinsen in t		0,09	0,13	1,0	0,97	1,04	1,21	1,41	1,59	1,78	1,9	2,0
6. Steuern in t	0,0	-8,88	-123,15	-32,24	-25,52	-34,0	-40,4	-36,21	-37,31	-23,76	-20,17	-49,92
Wiederanlagebetrag in t	0,0	0,0	50,3	11,86	0,0	0,0	0,0	0,0	0,0	0,0	0,0	0,0
Schuldenstand in t	17,68	26,56	0,0	0,0	19,88	60,14	106,83	149,36	193,02	223,16	249,75	239,45
Schuldenstand Annuität in t			200,0	193,8	187,58	181,32	175,03	168,71	162,36	155,97	149,56	143,11
Annuität in t				7,2	7,2	7,2	7,2	7,2	7,2	7,2	7,2	7,2
Tilgung in t				6,2	6,23	6,26	6,29	6,32	6,35	6,38	6,42	6,45
Steuerbemessungsbasis in t		-17,76	-246,29	-64,48	-51,03	-68,0	-80,8	-72,41	-74,62	-47,52	-40,35	-99,83
a) Vermögenswert in t	***-17,68***	***-26,56***	***-149,7***	***-181,94***	***-207,46***	***-241,46***	***-281,86***	***-318,07***	***-355,37***	***-379,13***	***-399,31***	***-382,56***
Individualsoftware	**Phase I**		**Phase II**			**Phase III**					**Phase IV**	
Ausgaben	17,675	17,675	20,246	26,352	28,923	31,494	37,6	57,845	60,416	66,522	69,093	78,734
Einnahmen (optimistisch)												
optimistische Zahlungen = Einnahmen (optimistisch) – Ausgaben	-17,675	-17,675	-20,246	-26,352	-28,923	-31,494	-37,6	-57,845	-60,416	-66,522	-69,093	-78,734
1. Vermögenswert in t-1	0,0	-17,68	-26,56	-36,75	-50,01	-64,6	-80,51	-99,51	-128,68	-159,21	-192,87	-227,9
2. Einnahmen in t	0,0	0,0	0,0	0,0	0,0	0,0	0,0	0,0	0,0	0,0	0,0	0,0
3. Habenzinsen in t	0,0	0,0	0,0	0,0	0,0	0,0	0,0	0,0	0,0	0,0	0,0	0,0
4. Ausgaben in t	17,68	17,68	20,25	26,35	28,92	31,49	37,6	57,85	60,42	66,52	69,09	78,73
5. Sollzinsen in t		0,09	0,13	0,18	0,25	0,32	0,4	0,5	0,64	0,8	0,96	1,14
6. Steuern in t	0,0	-8,88	-10,19	-13,27	-14,59	-15,91	-19,0	-29,17	-30,53	-33,66	-35,03	-39,94
Wiederanlagebetrag in t	0,0	0,0	0,0	0,0	0,0	0,0	0,0	0,0	0,0	0,0	0,0	0,0
Schuldenstand in t	17,68	26,56	36,75	50,01	64,6	80,51	99,51	128,68	159,21	192,87	227,9	267,84
Steuerbemessungsbasis in t		-17,76	-20,38	-26,54	-29,17	-31,82	-38,0	-58,34	-61,06	-67,32	-70,06	-79,87
b) Vermögenswert in t	***-17,68***	***-26,56***	***-36,75***	***-50,01***	***-64,6***	***-80,51***	***-99,51***	***-128,68***	***-159,21***	***-192,87***	***-227,9***	***-267,84***
Differenz der Vermögenswerte: b)-a)	**0,0**	**0,0**	**112,96**	**131,93**	**142,86**	**160,95**	**182,35**	**189,39**	**196,16**	**186,26**	**171,41**	**114,72**

Tabelle A 22: Beispiel – optimistische Berechnung unter Einbezug von Periode 1 und 2 – Jahr 1

Periode	13	14	15	16	17	18	19	20	21	22	23	24
Standardsoftware					Phase V						Phase VI	
Ausgaben	35,622	51,271	26,92	22,57	18,219	13,868	9,517	5,167	0,816	-3,535	-3,535	-3,535
Abschreibungen												66,6667
Einnahmen (optimistisch)	11,739	14,674	17,609	20,544	23,478	26,413	29,348	32,283	35,217	38,152	41,087	44,022
optimistische Zahlungen = Einnahmen (optimistisch) – Ausgaben	-23,883	-36,597	-9,312	-2,026	5,259	12,545	19,831	27,116	34,402	41,687	44,622	47,557
1. Vermögenswert in t-1	-382,56	-395,45	-414,74	-420,43	-422,5	-420,92	-415,7	-406,83	-394,29	-378,07	-358,17	-336,76
2. Einnahmen in t	0,0	0,0	0,0	0,0	5,26	12,55	19,83	27,12	34,4	41,69	44,62	47,56
3. Habenzinsen in t	0,0	0,0	0,0	0,0	0,0	0,0	0,0	0,0	0,0	0,0	0,0	0,0
4. Ausgaben in t	23,88	36,6	9,31	2,03	0,0	0,0	0,0	0,0	0,0	0,0	0,0	0,0
5. Sollzinsen in t	1,91	1,98	2,07	2,1	2,11	2,1	2,08	2,03	1,97	1,89	1,79	1,68
6. Steuern in t	-12,9	-19,29	-5,69	-2,06	1,57	5,22	8,88	12,54	16,22	19,9	21,42	-10,4
Wiederanlagebetrag in t	0,0	0,0	0,0	0,0	0,0	0,0	0,0	0,0	0,0	0,0	0,0	0,0
Schuldenstand in t	258,82	284,62	296,86	305,5	310,54	311,97	309,77	303,94	294,46	281,34	266,74	217,32
Schuldenstand Annuität in t	136,63	130,12	123,57	116,99	110,38	103,74	97,06	90,35	83,61	76,83	70,02	63,17
Annuität in t	7,2	7,2	7,2	7,2	7,2	7,2	7,2	7,2	7,2	7,2	7,2	7,2
Tilgung in t	6,48	6,51	6,55	6,58	6,61	6,64	6,68	6,71	6,74	6,78	6,81	6,85
Steuerbemessungsbasis in t	-25,8	-38,57	-11,39	-4,13	3,15	10,44	17,75	25,08	32,43	39,8	42,83	-20,79
a) Vermögenswert in t	***-395,45***	***-414,74***	***-420,43***	***-422,5***	***-420,92***	***-415,7***	***-406,83***	***-394,29***	***-378,07***	***-358,17***	***-336,76***	***-280,49***
Individualsoftware							Phase V					
Ausgaben	84,84	78,858	72,875	66,893	60,911	54,928	48,946	42,964	36,982	30,999	25,017	19,035
Einnahmen (optimistisch)		3,255	6,509	9,764	13,019	16,274	19,528	22,783	26,038	29,293	32,547	35,802
optimistische Zahlungen = Einnahmen (optimistisch) – Ausgaben	-84,84	-75,603	-66,366	-57,129	-47,892	-38,655	-29,418	-20,181	-10,944	-1,707	7,53	16,767
1. Vermögenswert in t-1	-267,84	-310,93	-349,5	-383,56	-413,08	-438,06	-458,49	-474,34	-485,62	-492,3	-494,39	-491,86
2. Einnahmen in t	0,0	0,0	0,0	0,0	0,0	0,0	0,0	0,0	0,0	0,0	7,53	16,77
3. Habenzinsen in t	0,0	0,0	0,0	0,0	0,0	0,0	0,0	0,0	0,0	0,0	0,0	0,0
4. Ausgaben in t	84,84	75,6	66,37	57,13	47,89	38,65	29,42	20,18	10,94	1,71	0,0	0,0
5. Sollzinsen in t	1,34	1,55	1,75	1,92	2,07	2,19	2,29	2,37	2,43	2,46	2,47	2,46
6. Steuern in t	-43,09	-38,58	-34,06	-29,52	-24,98	-20,42	-15,86	-11,28	-6,69	-2,08	2,53	7,15
Wiederanlagebetrag in t	0,0	0,0	0,0	0,0	0,0	0,0	0,0	0,0	0,0	0,0	0,0	0,0
Schuldenstand in t	310,93	349,5	383,56	413,08	438,06	458,49	474,34	485,62	492,3	494,39	491,86	484,7
Steuerbemessungsbasis in t	-86,18	-77,16	-68,11	-59,05	-49,96	-40,85	-31,71	-22,55	-13,37	-4,17	5,06	14,31
b) Vermögenswert in t	***-310,93***	***-349,5***	***-383,56***	***-413,08***	***-438,06***	***-458,49***	***-474,34***	***-485,62***	***-492,3***	***-494,39***	***-491,86***	***-484,7***
Differenz der Vermögenswerte: b)-a)	**84,53**	**65,24**	**36,87**	**9,41**	**-17,14**	**-42,78**	**-67,51**	**-91,33**	**-114,23**	**-136,21**	**-155,1**	**-204,22**

Tabelle A 23: Beispiel - optimistische Berechnung unter Einbezug von Periode 1 und 2 - Jahr 2

Periode	25	26	27	28	29	30	31	32	33	34	35	36
Standardsoftware	Phase VI											
Ausgaben	-3,535	16,465	-3,535	-3,535	-3,535	-3,535	-3,535	-3,535	10,605	10,605	10,605	-3,535
Abschreibungen												66,667
Einnahmen (optimistisch)	46,957	49,891	52,826	55,761	55,761	55,761	55,761	55,761	55,761	55,761	55,761	55,761
optimistische Zahlungen = Einnahmen (optimistisch) – Ausgaben	50,492	33,426	56,361	59,296	59,296	59,296	59,296	59,296	45,156	45,156	45,156	59,296
1. Vermögenswert in t-1	-280,49	-255,94	-239,87	-212,29	-183,17	-153,98	-124,72	-95,38	-65,97	-43,56	-21,09	1,43
2. Einnahmen in t	50,49	33,43	56,36	59,3	59,3	59,3	59,3	59,3	45,16	45,16	45,16	59,3
3. Habenzinsen in t	0,0	0,0	0,0	0,0	0,0	0,0	0,0	0,0	0,0	0,0	0,0	0,0
4. Ausgaben in t	0,0	0,0	0,0	0,0	0,0	0,0	0,0	0,0	0,0	0,0	0,0	0,0
5. Sollzinsen in t	1,4	1,28	1,2	1,06	0,92	0,77	0,62	0,48	0,33	0,22	0,11	0,0
6. Steuern in t	24,54	16,07	27,58	29,12	29,19	29,26	29,34	29,41	22,41	22,47	22,53	-3,68
Wiederanlagebetrag in t	0,0	0,0	0,0	0,0	0,0	0,0	0,0	0,0	0,0	0,0	1,43	64,42
Schuldenstand in t	199,65	190,49	169,86	147,73	125,55	103,35	81,1	58,81	43,56	21,09	0,0	0,0
Schuldenstand Annuität in t	56,29	49,38	42,43	35,45	28,43	21,37	14,28	7,16	0,0	0,0	0,0	0,0
Annuität in t	7,2	7,2	7,2	7,2	7,2	7,2	7,2	7,2	7,2	0,0	0,0	0,0
Tilgung in t	6,88	6,91	6,95	6,98	7,02	7,05	7,09	7,12	7,16	0,0	0,0	0,0
Steuerbemessungsbasis in t	49,09	32,15	55,16	58,23	58,38	58,53	58,67	58,82	44,83	44,94	45,05	-7,37
a) Vermögenswert in t	***-255,94***	***-239,87***	***-212,29***	***-183,17***	***-153,98***	***-124,72***	***-95,38***	***-65,97***	***-43,56***	***-21,09***	***1,43***	***64,42***
Individualsoftware		Phase VI										
Ausgaben	13,052	7,07	7,07	7,07	7,07	7,07	7,07	7,07	7,07	7,07	7,07	7,07
Einnahmen (optimistisch)	39,057	42,312	45,566	48,821	52,076	55,331	58,585	61,84	61,84	61,84	61,84	61,84
optimistische Zahlungen = Einnahmen (optimistisch) – Ausgaben	26,005	35,242	38,496	41,751	45,006	48,261	51,515	54,77	54,77	54,77	54,77	54,77
1. Vermögenswert in t-1	-484,7	-472,91	-456,47	-438,37	-418,59	-397,13	-373,99	-349,17	-322,66	-296,08	-269,44	-242,72
2. Einnahmen in t	26,0	35,24	38,5	41,75	45,01	48,26	51,52	54,77	54,77	54,77	54,77	54,77
3. Habenzinsen in t	0,0	0,0	0,0	0,0	0,0	0,0	0,0	0,0	0,0	0,0	0,0	0,0
4. Ausgaben in t	0,0	0,0	0,0	0,0	0,0	0,0	0,0	0,0	0,0	0,0	0,0	0,0
5. Sollzinsen in t	2,42	2,36	2,28	2,19	2,09	1,99	1,87	1,75	1,61	1,48	1,35	1,21
6. Steuern in t	11,79	16,44	18,11	19,78	21,46	23,14	24,82	26,51	26,58	26,64	26,71	26,78
Wiederanlagebetrag in t	0,0	0,0	0,0	0,0	0,0	0,0	0,0	0,0	0,0	0,0	0,0	0,0
Schuldenstand in t	472,91	456,47	438,37	418,59	397,13	373,99	349,17	322,66	296,08	269,44	242,72	215,95
Steuerbemessungsbasis in t	23,58	32,88	36,21	39,56	42,91	46,27	49,65	53,02	53,16	53,29	53,42	53,56
b) Vermögenswert in t	***-472,91***	***-456,47***	***-438,37***	***-418,59***	***-397,13***	***-373,99***	***-349,17***	***-322,66***	***-296,08***	***-269,44***	***-242,72***	***-215,95***
Differenz der Vermögenswerte: b)-a)	**-216,97**	**-216,6**	**-226,08**	**-235,42**	**-243,15**	**-249,27**	**-253,79**	**-256,69**	**-252,52**	**-248,34**	**-244,16**	**-280,36**

Tabelle A 24: Beispiel - optimistische Berechnung unter Einbezug von Periode 1 und 2 - Jahr 3

Periode	37	38	39	40	41	42	43	44	45	46	47	48
Standardsoftware						Phase VI						
Ausgaben	-3,535	16,465	-3,535	-3,535	-3,535	-3,535	-3,535	-3,535	-3,535	-3,535	-3,535	-3,535
Abschreibungen												
Einnahmen (optimistisch)	55,761	55,761	55,761	54,256	52,751	51,246	49,741	49,902	50,062	50,223	50,383	50,544
optimistische Zahlungen = Einnahmen (optimistisch) – Ausgaben	59,296	39,296	59,296	57,791	56,286	54,781	53,276	53,437	53,597	53,758	53,918	54,079
1. Vermögenswert in t-1	64,42	94,16	113,95	143,77	172,88	201,28	228,98	255,96	283,06	310,28	337,63	365,09
2. Einnahmen in t	59,3	39,3	59,3	57,79	56,29	54,78	53,28	53,44	53,6	53,76	53,92	54,08
3. Habenzinsen in t	0,19	0,28	0,34	0,43	0,52	0,6	0,69	0,77	0,85	0,93	1,01	1,1
4. Ausgaben in t	0,0	0,0	0,0	0,0	0,0	0,0	0,0	0,0	0,0	0,0	0,0	0,0
5. Sollzinsen in t	0,0	0,0	0,0	0,0	0,0	0,0	0,0	0,0	0,0	0,0	0,0	0,0
6. Steuern in t	29,74	19,79	29,82	29,11	28,4	27,69	26,98	27,1	27,22	27,34	27,47	27,59
Wiederanlagebetrag in t	94,16	113,95	143,77	172,88	201,28	228,98	255,96	283,06	310,28	337,63	365,09	392,68
Schuldenstand in t	0,0	0,0	0,0	0,0	0,0	0,0	0,0	0,0	0,0	0,0	0,0	0,0
Schuldenstand Annuität in t	0,0	0,0	0,0	0,0	0,0	0,0	0,0	0,0	0,0	0,0	0,0	0,0
Annuität in t	0,0	0,0	0,0	0,0	0,0	0,0	0,0	0,0	0,0	0,0	0,0	0,0
Tilgung in t	0,0	0,0	0,0	0,0	0,0	0,0	0,0	0,0	0,0	0,0	0,0	0,0
Steuerbemessungsbasis in t	59,49	39,58	59,64	58,22	56,8	55,39	53,96	54,2	54,45	54,69	54,93	55,17
a) Vermögenswert in t	***94,16***	***113,95***	***143,77***	***172,88***	***201,28***	***228,98***	***255,96***	***283,06***	***310,28***	***337,63***	***365,09***	***392,68***
Individualsoftware						Phase VI						
Ausgaben	7,07	7,07	7,07	7,07	7,07	7,07	7,07	7,07	7,07	7,07	7,07	7,07
Einnahmen (optimistisch)	61,84	61,84	61,84	61,84	61,84	61,84	61,84	61,84	61,84	61,84	61,84	61,84
optimistische Zahlungen = Einnahmen (optimistisch) – Ausgaben	54,77	54,77	54,77	54,77	54,77	54,77	54,77	54,77	54,77	54,77	54,77	54,77
1. Vermögenswert in t-1	-215,95	-189,1	-162,19	-135,21	-108,16	-81,05	-53,87	-26,61	0,7	28,09	55,52	82,98
2. Einnahmen in t	54,77	54,77	54,77	54,77	54,77	54,77	54,77	54,77	54,77	54,77	54,77	54,77
3. Habenzinsen in t	0,0	0,0	0,0	0,0	0,0	0,0	0,0	0,0	0,0	0,08	0,17	0,25
4. Ausgaben in t	0,0	0,0	0,0	0,0	0,0	0,0	0,0	0,0	0,0	0,0	0,0	0,0
5. Sollzinsen in t	1,08	0,95	0,81	0,68	0,54	0,41	0,27	0,13	0,0	0,0	0,0	0,0
6. Steuern in t	26,85	26,91	26,98	27,05	27,11	27,18	27,25	27,32	27,39	27,43	27,47	27,51
Wiederanlagebetrag in t	0,0	0,0	0,0	0,0	0,0	0,0	0,0	0,7	28,09	55,52	82,98	110,49
Schuldenstand in t	189,1	162,19	135,21	108,16	81,05	53,87	26,61	0,0	0,0	0,0	0,0	0,0
Steuerbemessungsbasis in t	53,69	53,82	53,96	54,09	54,23	54,36	54,5	54,64	54,77	54,85	54,94	55,02
b) Vermögenswert in t	***-189,1***	***-162,19***	***-135,21***	***-108,16***	***-81,05***	***-53,87***	***-26,61***	***0,7***	***28,09***	***55,52***	***82,98***	***110,49***
Differenz der Vermögenswerte: b)-a)	**-283,26**	**-276,14**	**-278,98**	**-281,04**	**-282,33**	**-282,84**	**-282,57**	**-282,36**	**-282,19**	**-282,11**	**-282,11**	**-282,19**

Tabelle A 25: Beispiel - optimistische Berechnung unter Einbezug von Periode 1 und 2 - Jahr 4

Periode	49	50	51	52	53	54	55	56	57	58	59	60
Standardsoftware						Phase VI						
Ausgaben Abschreibungen	-3,535	16,465	-3,535	-3,535	-3,535	-3,535	-3,535	-3,535	10,605	10,605	10,605	-3,535
Einnahmen (optimistisch)	50,705	50,865	51,026	51,186	51,347	51,507	51,668	51,829	51,989	52,15	52,31	52,471
optimistische Zahlungen = Einnahmen (optimistisch) – Ausgaben	54,24	34,4	54,561	54,721	54,882	55,042	55,203	55,364	41,384	41,545	41,705	56,006
1. Vermögenswert in t-1	392,68	420,39	438,22	466,16	494,22	522,4	550,71	579,13	607,68	629,29	651,0	672,83
2. Einnahmen in t	54,24	34,4	54,56	54,72	54,88	55,04	55,2	55,36	41,38	41,54	41,71	56,01
3. Habenzinsen in t	1,18	1,26	1,31	1,4	1,48	1,57	1,65	1,74	1,82	1,89	1,95	2,02
4. Ausgaben in t	0,0	0,0	0,0	0,0	0,0	0,0	0,0	0,0	0,0	0,0	0,0	0,0
5. Sollzinsen in t	0,0	0,0	0,0	0,0	0,0	0,0	0,0	0,0	0,0	0,0	0,0	0,0
6. Steuern in t	27,71	17,83	27,94	28,06	28,18	28,3	28,43	28,55	21,6	21,72	21,83	29,01
Wiederanlagebetrag in t	420,39	438,22	466,16	494,22	522,4	550,71	579,13	607,68	629,29	651,0	672,83	701,84
Schuldenstand in t	0,0	0,0	0,0	0,0	0,0	0,0	0,0	0,0	0,0	0,0	0,0	0,0
Schuldenstand Annuität in t	0,0	0,0	0,0	0,0	0,0	0,0	0,0	0,0	0,0	0,0	0,0	0,0
Annuität in t	0,0	0,0	0,0	0,0	0,0	0,0	0,0	0,0	0,0	0,0	0,0	0,0
Tilgung in t	0,0	0,0	0,0	0,0	0,0	0,0	0,0	0,0	0,0	0,0	0,0	0,0
Steuerbemessungsbasis in t	55,42	35,66	55,88	56,12	56,36	56,61	56,86	57,1	43,21	43,43	43,66	58,02
a) Vermögenswert in t	***420,39***	***438,22***	***466,16***	***494,22***	***522,4***	***550,71***	***579,13***	***607,68***	***629,29***	***651,0***	***672,83***	***701,84***
Individualsoftware						Phase VI						
Ausgaben	7,07	7,07	7,07	7,07	7,07	7,07	7,07	7,07	7,07	7,07	7,07	7,07
Einnahmen (optimistisch)	61,84	61,84	61,84	61,84	61,84	61,84	61,84	61,84	61,84	61,84	61,84	61,84
optimistische Zahlungen = Einnahmen (optimistisch) – Ausgaben	54,77	54,77	54,77	54,77	54,77	54,77	54,77	54,77	54,77	54,77	54,77	54,77
1. Vermögenswert in t-1	110,49	138,05	165,64	193,27	220,95	248,66	276,42	304,22	332,06	359,94	387,87	415,84
2. Einnahmen in t	54,77	54,77	54,77	54,77	54,77	54,77	54,77	54,77	54,77	54,77	54,77	54,77
3. Habenzinsen in t	0,33	0,41	0,5	0,58	0,66	0,75	0,83	0,91	1,0	1,08	1,16	1,25
4. Ausgaben in t	0,0	0,0	0,0	0,0	0,0	0,0	0,0	0,0	0,0	0,0	0,0	0,0
5. Sollzinsen in t	0,0	0,0	0,0	0,0	0,0	0,0	0,0	0,0	0,0	0,0	0,0	0,0
6. Steuern in t	27,55	27,59	27,63	27,67	27,72	27,76	27,8	27,84	27,88	27,92	27,97	28,01
Wiederanlagebetrag in t	138,05	165,64	193,27	220,95	248,66	276,42	304,22	332,06	359,94	387,87	415,84	443,84
Schuldenstand in t	0,0	0,0	0,0	0,0	0,0	0,0	0,0	0,0	0,0	0,0	0,0	0,0
Steuerbemessungsbasis in t	55,1	55,18	55,27	55,35	55,43	55,52	55,6	55,68	55,77	55,85	55,93	56,02
b) Vermögenswert in t	***138,05***	***165,64***	***193,27***	***220,95***	***248,66***	***276,42***	***304,22***	***332,06***	***359,94***	***387,87***	***415,84***	***443,84***
Differenz der Vermögenswerte: b)-a)	**-282,34**	**-272,58**	**-272,89**	**-273,27**	**-273,74**	**-274,29**	**-274,91**	**-275,62**	**-269,34**	**-263,13**	**-257,0**	**-258,0**

Tabelle A 26: Beispiel - optimistische Berechnung unter Einbezug von Periode 1 und 2 - Jahr 5

Periode	61	62	63	64	65	66	67	68	69	70	71	72
Standardsoftware						**Phase VI**						
Ausgaben	-3,535	16,465	-3,535	-3,535	-3,535	-3,535	-3,535	-3,535	-3,535	-3,535	-3,535	-3,535
Abschreibungen												
Einnahmen (optimistisch)	52,631	52,792	52,953	53,113	53,274	53,434	53,595	53,755	53,916	54,077	54,237	54,398
optimistische Zahlungen = Einnahmen (optimistisch) – Ausgaben	56,166	36,327	56,488	56,648	56,809	56,969	57,13	57,29	57,451	57,612	57,772	57,933
1. Vermögenswert in t-1	701,84	730,98	750,24	779,61	809,1	838,72	868,46	898,33	928,32	958,44	988,69	1019,05
2. Einnahmen in t	56,17	36,33	56,49	56,65	56,81	56,97	57,13	57,29	57,45	57,61	57,77	57,93
3. Habenzinsen in t	2,11	2,19	2,25	2,34	2,43	2,52	2,61	2,69	2,78	2,88	2,97	3,06
4. Ausgaben in t	0,0	0,0	0,0	0,0	0,0	0,0	0,0	0,0	0,0	0,0	0,0	0,0
5. Sollzinsen in t	0,0	0,0	0,0	0,0	0,0	0,0	0,0	0,0	0,0	0,0	0,0	0,0
6. Steuern in t	29,14	19,26	29,37	29,49	29,62	29,74	29,87	29,99	30,12	30,24	30,37	30,49
Wiederanlagebetrag in t	730,98	750,24	779,61	809,1	838,72	868,46	898,33	928,32	958,44	988,69	1019,05	1049,55
Schuldenstand in t	0,0	0,0	0,0	0,0	0,0	0,0	0,0	0,0	0,0	0,0	0,0	0,0
Schuldenstand Annuität in t	0,0	0,0	0,0	0,0	0,0	0,0	0,0	0,0	0,0	0,0	0,0	0,0
Annuität in t	0,0	0,0	0,0	0,0	0,0	0,0	0,0	0,0	0,0	0,0	0,0	0,0
Tilgung in t	0,0	0,0	0,0	0,0	0,0	0,0	0,0	0,0	0,0	0,0	0,0	0,0
Steuerbemessungsbasis in t	58,27	38,52	58,74	58,99	59,24	59,49	59,74	59,99	60,24	60,49	60,74	60,99
a) Vermögenswert in t	***730,98***	***750,24***	***779,61***	***809,1***	***838,72***	***868,46***	***898,33***	***928,32***	***958,44***	***988,69***	***1019,05***	***1049,55***
Individualsoftware						**Phase VI**						
Ausgaben	7,07	7,07	7,07	7,07	7,07	7,07	7,07	7,07	7,07	7,07	7,07	7,07
Einnahmen (optimistisch)	61,84	61,84	61,84	61,84	61,84	61,84	61,84	61,84	61,84	61,84	61,84	61,84
optimistische Zahlungen = Einnahmen (optimistisch) – Ausgaben	54,77	54,77	54,77	54,77	54,77	54,77	54,77	54,77	54,77	54,77	54,77	54,77
1. Vermögenswert in t-1	443,84	471,9	499,99	528,12	556,3	584,52	612,78	641,09	669,43	697,82	726,25	754,73
2. Einnahmen in t	54,77	54,77	54,77	54,77	54,77	54,77	54,77	54,77	54,77	54,77	54,77	54,77
3. Habenzinsen in t	1,33	1,42	1,5	1,58	1,67	1,75	1,84	1,92	2,01	2,09	2,18	2,26
4. Ausgaben in t	0,0	0,0	0,0	0,0	0,0	0,0	0,0	0,0	0,0	0,0	0,0	0,0
5. Sollzinsen in t	0,0	0,0	0,0	0,0	0,0	0,0	0,0	0,0	0,0	0,0	0,0	0,0
6. Steuern in t	28,05	28,09	28,13	28,18	28,22	28,26	28,3	28,35	28,39	28,43	28,47	28,52
Wiederanlagebetrag in t	471,9	499,99	528,12	556,3	584,52	612,78	641,09	669,43	697,82	726,25	754,73	783,24
Schuldenstand in t	0,0	0,0	0,0	0,0	0,0	0,0	0,0	0,0	0,0	0,0	0,0	0,0
Steuerbemessungsbasis in t	56,1	56,19	56,27	56,35	56,44	56,52	56,61	56,69	56,78	56,86	56,95	57,03
b) Vermögenswert in t	***471,9***	***499,99***	***528,12***	***556,3***	***584,52***	***612,78***	***641,09***	***669,43***	***697,82***	***726,25***	***754,73***	***783,24***
Differenz der Vermögenswerte: b)-a)	**-259,09**	**-250,25**	**-251,49**	**-252,8**	**-254,2**	**-255,68**	**-257,25**	**-258,89**	**-260,62**	**-262,43**	**-264,33**	**-266,31**

Tabelle A 27: Beispiel - optimistische Berechnung unter Einbezug von Periode 1 und 2 - Jahr 6

Periode	73	74	75	76	77	78	79	80	81	82	83	84
Standardsoftware						**Phase VII**						
Ausgaben	-3,535	16,465	-3,535	-3,535	-3,535	-3,535	-3,535	-3,535	10,605	10,605	10,605	-3,535
Abschreibungen												
Einnahmen (optimistisch)	54,558	54,719	54,879	55,04	55,201	55,361	55,522	55,682	55,682	55,682	55,682	55,682
optimistische Zahlungen = Einnahmen (optimistisch) – Ausgaben	58,093	38,254	58,414	58,575	58,736	58,896	59,057	59,217	45,077	45,077	45,077	59,217
1. Vermögenswert in t-1	1049,55	1080,17	1100,92	1131,78	1162,76	1193,87	1225,11	1256,48	1287,97	1312,44	1336,95	1361,49
2. Einnahmen in t	58,09	38,25	58,41	58,57	58,74	58,9	59,06	59,22	45,08	45,08	45,08	59,22
3. Habenzinsen in t	3,15	3,24	3,3	3,4	3,49	3,58	3,68	3,77	3,86	3,94	4,01	4,08
4. Ausgaben in t	0,0	0,0	0,0	0,0	0,0	0,0	0,0	0,0	0,0	0,0	0,0	0,0
5. Sollzinsen in t	0,0	0,0	0,0	0,0	0,0	0,0	0,0	0,0	0,0	0,0	0,0	0,0
6. Steuern in t	30,62	20,75	30,86	30,99	31,11	31,24	31,37	31,49	24,47	24,51	24,54	31,65
Wiederanlagebetrag in t	1080,17	1100,92	1131,78	1162,76	1193,87	1225,11	1256,48	1287,97	1312,44	1336,95	1361,49	1393,14
Schuldenstand in t	0,0	0,0	0,0	0,0	0,0	0,0	0,0	0,0	0,0	0,0	0,0	0,0
Schuldenstand Annuität in t	0,0	0,0	0,0	0,0	0,0	0,0	0,0	0,0	0,0	0,0	0,0	0,0
Annuität in t	0,0	0,0	0,0	0,0	0,0	0,0	0,0	0,0	0,0	0,0	0,0	0,0
Tilgung in t	0,0	0,0	0,0	0,0	0,0	0,0	0,0	0,0	0,0	0,0	0,0	0,0
Steuerbemessungsbasis in t	61,24	41,49	61,72	61,97	62,22	62,48	62,73	62,99	48,94	49,01	49,09	63,3
a) Vermögenswert in t	***1080,17***	***1100,92***	***1131,78***	***1162,76***	***1193,87***	***1225,11***	***1256,48***	***1287,97***	***1312,44***	***1336,95***	***1361,49***	***1393,14***
Individualsoftware						**Phase VII**						
Ausgaben	7,07	7,07	7,07	7,07	7,07	7,07	7,07	7,07	7,07	7,07	7,07	7,07
Einnahmen (optimistisch)	61,84	61,84	61,84	61,84	61,84	61,84	61,84	61,84	61,84	61,84	61,84	61,84
optimistische Zahlungen = Einnahmen (optimistisch) – Ausgaben	54,77	54,77	54,77	54,77	54,77	54,77	54,77	54,77	54,77	54,77	54,77	54,77
1. Vermögenswert in t-1	783,24	811,8	840,41	869,05	897,74	926,47	955,25	984,07	1012,93	1041,83	1070,78	1099,77
2. Einnahmen in t	54,77	54,77	54,77	54,77	54,77	54,77	54,77	54,77	54,77	54,77	54,77	54,77
3. Habenzinsen in t	2,35	2,44	2,52	2,61	2,69	2,78	2,87	2,95	3,04	3,13	3,21	3,3
4. Ausgaben in t	0,0	0,0	0,0	0,0	0,0	0,0	0,0	0,0	0,0	0,0	0,0	0,0
5. Sollzinsen in t	0,0	0,0	0,0	0,0	0,0	0,0	0,0	0,0	0,0	0,0	0,0	0,0
6. Steuern in t	28,56	28,6	28,65	28,69	28,73	28,77	28,82	28,86	28,9	28,95	28,99	29,03
Wiederanlagebetrag in t	811,8	840,41	869,05	897,74	926,47	955,25	984,07	1012,93	1041,83	1070,78	1099,77	1128,8
Schuldenstand in t	0,0	0,0	0,0	0,0	0,0	0,0	0,0	0,0	0,0	0,0	0,0	0,0
Steuerbemessungsbasis in t	57,12	57,21	57,29	57,38	57,46	57,55	57,64	57,72	57,81	57,9	57,98	58,07
b) Vermögenswert in t	***811,8***	***840,41***	***869,05***	***897,74***	***926,47***	***955,25***	***984,07***	***1012,93***	***1041,83***	***1070,78***	***1099,77***	***1128,8***
Differenz der Vermögenswerte: b)-a)	**-268,37**	**-260,51**	**-262,72**	**-265,02**	**-267,4**	**-269,86**	**-272,41**	**-275,04**	**-270,61**	**-266,17**	**-261,72**	**-264,34**

Tabelle A 28: Beispiel - optimistische Berechnung unter Einbezug von Periode 1 und 2 - Jahr 7

A.4.4 Berechnung der Vorteilhaftigkeit einzelner Handlungsalternativen auf Basis pessimistischer Schätzungen

Die folgenden Tabellen zeigen die Berechnung der Vermögens(end)werte bei pessimistischer Einnahmen-Prognose inklusive der ersten beiden Perioden, in denen das Fachkonzept erstellt wurde. Ihr Aufbau gleicht den vorangegangenen Tabellen. Die Standardsoftware-Investition rentiert sich nach 36 Perioden, während eine Individualsoftware-Investition 45 Perioden benötigt.

Periode	1	2	3	4	5	6	7	8	9	10	11	12
Standardsoftware	**Phase I**		**Phase II**			**Phase III**	**Phase IV**			**Phase V**		
Ausgaben	17,675	17,675	246,16	63,632	50,098	66,965	79,59	71,005	73,025	48,674	44,323	39,973
Abschreibungen												66,6667
Einnahmen (pessimistisch)										2,832	5,664	8,496
pessimistische Zahlungen = Einnahmen (pessimistisch) – Ausgaben	-17,675	-17,675	-246,16	-63,632	-50,098	-66,965	-79,59	-71,005	-73,025	-45,842	-38,659	-31,476
1. Vermögenswert in t-1	0,0	-17,68	-26,56	-149,7	-181,94	-207,46	-241,46	-281,86	-318,07	-355,37	-379,18	-399,46
2. Einnahmen in t	0,0	0,0	0,0	0,0	0,0	0,0	0,0	0,0	0,0	0,0	0,0	0,0
3. Habenzinsen in t	0,0	0,0	0,0	0,15	0,04	0,0	0,0	0,0	0,0	0,0	0,0	0,0
4. Ausgaben in t	17,68	17,68	246,16	63,63	50,1	66,97	79,59	71,01	73,03	45,84	38,66	31,48
5. Sollzinsen in t		0,09	0,13	1,0	0,97	1,04	1,21	1,41	1,59	1,78	1,9	2,0
6. Steuern in t	0,0	-8,88	-123,15	-32,24	-25,52	-34,0	-40,4	-36,21	-37,31	-23,81	-20,28	-50,07
Wiederanlagebetrag in t	0,0	0,0	50,3	11,86	0,0	0,0	0,0	0,0	0,0	0,0	0,0	0,0
Schuldenstand in t	17,68	26,56	0,0	0,0	19,88	60,14	106,83	149,36	193,02	223,21	249,9	239,75
Schuldenstand Annuität in t			200,0	193,8	187,58	181,32	175,03	168,71	162,36	155,97	149,56	143,11
Annuität in t				7,2	7,2	7,2	7,2	7,2	7,2	7,2	7,2	7,2
Tilgung in t				6,2	6,23	6,26	6,29	6,32	6,35	6,38	6,42	6,45
Steuerbemessungsbasis in t		-17,76	-246,29	-64,48	-51,03	-68,0	-80,8	-72,41	-74,62	-47,62	-40,56	-100,14
a) Vermögenswert in t	***-17,68***	***-26,56***	***-149,7***	***-181,94***	***-207,46***	***-241,46***	***-281,86***	***-318,07***	***-355,37***	***-379,18***	***-399,46***	***-382,86***
Individualsoftware	**Phase I**		**Phase II**			**Phase III**					**Phase IV**	
Ausgaben	17,675	17,675	20,246	26,352	28,923	31,494	37,6	57,845	60,416	66,522	69,093	78,734
Einnahmen (pessimistisch)												
pessimistische Zahlungen = Einnahmen (pessimistisch) – Ausgaben	-17,675	-17,675	-20,246	-26,352	-28,923	-31,494	-37,6	-57,845	-60,416	-66,522	-69,093	-78,734
1. Vermögenswert in t-1	0,0	-17,68	-26,56	-36,75	-50,01	-64,6	-80,51	-99,51	-128,68	-159,21	-192,87	-227,9
2. Einnahmen in t	0,0	0,0	0,0	0,0	0,0	0,0	0,0	0,0	0,0	0,0	0,0	0,0
3. Habenzinsen in t	0,0	0,0	0,0	0,0	0,0	0,0	0,0	0,0	0,0	0,0	0,0	0,0
4. Ausgaben in t	17,68	17,68	20,25	26,35	28,92	31,49	37,6	57,85	60,42	66,52	69,09	78,73
5. Sollzinsen in t		0,09	0,13	0,18	0,25	0,32	0,4	0,5	0,64	0,8	0,96	1,14
6. Steuern in t	0,0	-8,88	-10,19	-13,27	-14,59	-15,91	-19,0	-29,17	-30,53	-33,66	-35,03	-39,94
Wiederanlagebetrag in t	0,0	0,0	0,0	0,0	0,0	0,0	0,0	0,0	0,0	0,0	0,0	0,0
Schuldenstand in t	17,68	26,56	36,75	50,01	64,6	80,51	99,51	128,68	159,21	192,87	227,9	267,84
Steuerbemessungsbasis in t		-17,76	-20,38	-26,54	-29,17	-31,82	-38,0	-58,34	-61,06	-67,32	-70,06	-79,87
b) Vermögenswert in t	***-17,68***	***-26,56***	***-36,75***	***-50,01***	***-64,6***	***-80,51***	***-99,51***	***-128,68***	***-159,21***	***-192,87***	***-227,9***	***-267,84***
Differenz der Vermögenswerte: b)-a)	**0,0**	**0,0**	**112,96**	**131,93**	**142,86**	**160,95**	**182,35**	**189,39**	**196,16**	**186,31**	**171,56**	**115,03**

Tabelle A 29: Beispiel – pessimistische Berechnung unter Einbezug von Periode 1 und 2 – Jahr 1

Periode	13	14	15	16	17	18	19	20	21	22	23	24
Standardsoftware	Phase V									Phase VI		
Ausgaben	35,622	51,271	26,92	22,57	18,219	13,868	9,517	5,167	0,816	-3,535	-3,535	-3,535
Abschreibungen												66,6667
Einnahmen (pessimistisch)	11,329	14,161	16,993	19,825	22,657	25,489	28,322	31,154	33,986	36,818	39,65	42,482
pessimistische Zahlungen = Einnahmen (pessimistisch) – Ausgaben	-24,293	-37,11	-9,927	-2,745	4,438	11,621	18,804	25,987	33,17	40,353	43,185	46,017
1. Vermögenswert in t-1	-382,86	-395,97	-415,51	-421,52	-423,94	-422,78	-418,03	-409,67	-397,7	-382,11	-362,89	-342,2
2. Einnahmen in t	0,0	0,0	0,0	0,0	4,44	11,62	18,8	25,99	33,17	40,35	43,19	46,02
3. Habenzinsen in t	0,0	0,0	0,0	0,0	0,0	0,0	0,0	0,0	0,0	0,0	0,0	0,0
4. Ausgaben in t	24,29	37,11	9,93	2,74	0,0	0,0	0,0	0,0	0,0	0,0	0,0	0,0
5. Sollzinsen in t	1,91	1,98	2,08	2,11	2,12	2,11	2,09	2,05	1,99	1,91	1,81	1,71
6. Steuern in t	-13,1	-19,55	-6,0	-2,43	1,16	4,75	8,36	11,97	15,59	19,22	20,69	-11,18
Wiederanlagebetrag in t	0,0	0,0	0,0	0,0	0,0	0,0	0,0	0,0	0,0	0,0	0,0	0,0
Schuldenstand in t	259,34	285,4	297,94	306,95	312,4	314,29	312,61	307,35	298,5	286,06	272,19	223,55
Schuldenstand Annuität in t	136,63	130,12	123,57	116,99	110,38	103,74	97,06	90,35	83,61	76,83	70,02	63,17
Annuität in t	7,2	7,2	7,2	7,2	7,2	7,2	7,2	7,2	7,2	7,2	7,2	7,2
Tilgung in t	6,48	6,51	6,55	6,58	6,61	6,64	6,68	6,71	6,74	6,78	6,81	6,85
Steuerbemessungsbasis in t	-26,21	-39,09	-12,01	-4,85	2,32	9,51	16,71	23,94	31,18	38,44	41,37	-22,36
a) Vermögenswert in t	***-395,97***	***-415,51***	***-421,52***	***-423,94***	***-422,78***	***-418,03***	***-409,67***	***-397,7***	***-382,11***	***-362,89***	***-342,2***	***-286,72***
Individualsoftware		Phase V										
Ausgaben	84,84	78,858	72,875	66,893	60,911	54,928	48,946	42,964	36,982	30,999	25,017	19,035
Einnahmen (pessimistisch)		3,149	6,299	9,448	12,598	15,747	18,897	22,046	25,196	28,345	31,495	34,644
pessimistische Zahlungen = Einnahmen (pessimistisch) – Ausgaben	**-84,84**	**-75,708**	**-66,576**	**-57,445**	**-48,313**	**-39,181**	**-30,049**	**-20,918**	**-11,786**	**-2,654**	**6,478**	**15,61**
1. Vermögenswert in t-1	-267,84	-310,93	-349,56	-383,72	-413,4	-438,59	-459,28	-475,45	-487,1	-494,21	-496,77	-494,77
2. Einnahmen in t	0,0	0,0	0,0	0,0	0,0	0,0	0,0	0,0	0,0	0,0	6,48	15,61
3. Habenzinsen in t	0,0	0,0	0,0	0,0	0,0	0,0	0,0	0,0	0,0	0,0	0,0	0,0
4. Ausgaben in t	84,84	75,71	66,58	57,44	48,31	39,18	30,05	20,92	11,79	2,65	0,0	0,0
5. Sollzinsen in t	1,34	1,55	1,75	1,92	2,07	2,19	2,3	2,38	2,44	2,47	2,48	2,47
6. Steuern in t	-43,09	-38,63	-34,16	-29,68	-25,19	-20,69	-16,17	-11,65	-7,11	-2,56	2,0	6,57
Wiederanlagebetrag in t	0,0	0,0	0,0	0,0	0,0	0,0	0,0	0,0	0,0	0,0	0,0	0,0
Schuldenstand in t	310,93	349,56	383,72	413,4	438,59	459,28	475,45	487,1	494,21	496,77	494,77	488,21
Steuerbemessungsbasis in t	-86,18	-77,26	-68,32	-59,36	-50,38	-41,37	-32,35	-23,29	-14,22	-5,13	3,99	13,14
b) Vermögenswert in t	***-310,93***	***-349,56***	***-383,72***	***-413,4***	***-438,59***	***-459,28***	***-475,45***	***-487,1***	***-494,21***	***-496,77***	***-494,77***	***-488,21***
Differenz der Vermögenswerte: b)-a)	**85,04**	**65,96**	**37,8**	**10,54**	**-15,81**	**-41,25**	**-65,78**	**-89,4**	**-112,1**	**-133,88**	**-152,57**	**-201,49**

Tabelle A 30: Beispiel - pessimistische Berechnung unter Einbezug von Periode 1 und 2 - Jahr 2

Periode	25	26	27	28	29	30	31	32	33	34	35	36
Standardsoftware						Phase VI						
Ausgaben	-3,535	16,465	-3,535	-3,535	-3,535	-3,535	-3,535	-3,535	10,605	10,605	10,605	-3,535
Abschreibungen												66,667
Einnahmen (pessimistisch)	45,315	48,147	50,979	53,811	53,811	53,811	53,811	53,811	53,811	53,811	53,811	53,811
pessimistische Zahlungen = Einnahmen (pessimistisch) – Ausgaben	48,85	31,682	54,514	57,346	57,346	57,346	57,346	57,346	43,206	43,206	43,206	57,346
1. Vermögenswert in t-1	-286,72	-263,01	-247,83	-221,19	-193,07	-164,88	-136,62	-108,29	-79,88	-58,48	-37,02	-15,51
2. Einnahmen in t	48,85	31,68	54,51	57,35	57,35	57,35	57,35	57,35	43,21	43,21	43,21	57,35
3. Habenzinsen in t	0,0	0,0	0,0	0,0	0,0	0,0	0,0	0,0	0,0	0,0	0,0	0,0
4. Ausgaben in t	0,0	0,0	0,0	0,0	0,0	0,0	0,0	0,0	0,0	0,0	0,0	0,0
5. Sollzinsen in t	1,43	1,32	1,24	1,11	0,97	0,82	0,68	0,54	0,4	0,29	0,19	0,08
6. Steuern in t	23,71	15,18	26,64	28,12	28,19	28,26	28,33	28,4	21,4	21,46	21,51	-4,7
Wiederanlagebetrag in t	0,0	0,0	0,0	0,0	0,0	0,0	0,0	0,0	0,0	0,0	0,0	46,45
Schuldenstand in t	206,72	198,45	178,76	157,62	136,45	115,25	94,0	72,72	58,48	37,02	15,51	0,0
Schuldenstand Annuität in t	56,29	49,38	42,43	35,45	28,43	21,37	14,28	7,16	0,0	0,0	0,0	0,0
Annuität in t	7,2	7,2	7,2	7,2	7,2	7,2	7,2	7,2	7,2	0,0	0,0	0,0
Tilgung in t	6,88	6,91	6,95	6,98	7,02	7,05	7,09	7,12	7,16	0,0	0,0	0,0
Steuerbemessungsbasis in t	47,42	30,37	53,27	56,24	56,38	56,52	56,66	56,8	42,81	42,91	43,02	-9,4
a) Vermögenswert in t	***-263,01***	***-247,83***	***-221,19***	***-193,07***	***-164,88***	***-136,62***	***-108,29***	***-79,88***	***-58,48***	***-37,02***	***-15,51***	***46,45***
Individualsoftware							Phase VI					
Ausgaben	13,052	7,07	7,07	7,07	7,07	7,07	7,07	7,07	7,07	7,07	7,07	7,07
Einnahmen (pessimistisch)	37,794	40,943	44,093	47,242	50,392	53,541	56,691	59,84	59,84	59,84	59,84	59,84
pessimistische Zahlungen = Einnahmen (pessimistisch) – Ausgaben	**24,741**	**33,873**	**37,023**	**40,172**	**43,322**	**46,471**	**49,621**	**52,77**	**52,77**	**52,77**	**52,77**	**52,77**
1. Vermögenswert in t-1	-488,21	-477,06	-461,31	-443,95	-424,98	-404,38	-382,15	-358,3	-332,81	-307,26	-281,64	-255,96
2. Einnahmen in t	24,74	33,87	37,02	40,17	43,32	46,47	49,62	52,77	52,77	52,77	52,77	52,77
3. Habenzinsen in t	0,0	0,0	0,0	0,0	0,0	0,0	0,0	0,0	0,0	0,0	0,0	0,0
4. Ausgaben in t	0,0	0,0	0,0	0,0	0,0	0,0	0,0	0,0	0,0	0,0	0,0	0,0
5. Sollzinsen in t	2,44	2,39	2,31	2,22	2,12	2,02	1,91	1,79	1,66	1,54	1,41	1,28
6. Steuern in t	11,15	15,74	17,36	18,98	20,6	22,22	23,85	25,49	25,55	25,62	25,68	25,75
Wiederanlagebetrag in t	0,0	0,0	0,0	0,0	0,0	0,0	0,0	0,0	0,0	0,0	0,0	0,0
Schuldenstand in t	477,06	461,31	443,95	424,98	404,38	382,15	358,3	332,81	307,26	281,64	255,96	230,21
Steuerbemessungsbasis in t	22,3	31,49	34,72	37,95	41,2	44,45	47,71	50,98	51,11	51,23	51,36	51,49
b) Vermögenswert in t	***-477,06***	***-461,31***	***-443,95***	***-424,98***	***-404,38***	***-382,15***	***-358,3***	***-332,81***	***-307,26***	***-281,64***	***-255,96***	***-230,21***
Differenz der Vermögenswerte: b)-a)	**-214,05**	**-213,48**	**-222,76**	**-231,91**	**-239,5**	**-245,54**	**-250,01**	**-252,93**	**-248,78**	**-244,62**	**-240,45**	**-276,67**

Tabelle A 31: Beispiel - pessimistische Berechnung unter Einbezug von Periode 1 und 2 - Jahr 3

Periode	37	38	39	40	41	42	43	44	45	46	47	48
Standardsoftware						**Phase VI**						
Ausgaben	-3,535	16,465	-3,535	-3,535	-3,535	-3,535	-3,535	-3,535	-3,535	-3,535	-3,535	-3,535
Abschreibungen												
Einnahmen (pessimistisch)	53,811	53,811	53,811	52,357	50,902	49,448	47,994	48,151	48,308	48,465	48,622	48,78
pessimistische Zahlungen = Einnahmen (pessimistisch) – Ausgaben	57,346	37,346	57,346	55,892	54,437	52,983	51,529	51,686	51,843	52,0	52,157	52,315
1. Vermögenswert in t-1	46,45	75,2	93,98	122,8	150,93	178,37	205,13	231,2	257,39	283,7	310,12	336,67
2. Einnahmen in t	57,35	37,35	57,35	55,89	54,44	52,98	51,53	51,69	51,84	52,0	52,16	52,31
3. Habenzinsen in t	0,14	0,23	0,28	0,37	0,45	0,54	0,62	0,69	0,77	0,85	0,93	1,01
4. Ausgaben in t	0,0	0,0	0,0	0,0	0,0	0,0	0,0	0,0	0,0	0,0	0,0	0,0
5. Sollzinsen in t	0,0	0,0	0,0	0,0	0,0	0,0	0,0	0,0	0,0	0,0	0,0	0,0
6. Steuern in t	28,74	18,79	28,81	28,13	27,45	26,76	26,07	26,19	26,31	26,43	26,54	26,66
Wiederanlagebetrag in t	75,2	93,98	122,8	150,93	178,37	205,13	231,2	257,39	283,7	310,12	336,67	363,33
Schuldenstand in t	0,0	0,0	0,0	0,0	0,0	0,0	0,0	0,0	0,0	0,0	0,0	0,0
Schuldenstand Annuität in t	0,0	0,0	0,0	0,0	0,0	0,0	0,0	0,0	0,0	0,0	0,0	0,0
Annuität in t	0,0	0,0	0,0	0,0	0,0	0,0	0,0	0,0	0,0	0,0	0,0	0,0
Tilgung in t	0,0	0,0	0,0	0,0	0,0	0,0	0,0	0,0	0,0	0,0	0,0	0,0
Steuerbemessungsbasis in t	57,49	37,57	57,63	56,26	54,89	53,52	52,14	52,38	52,62	52,85	53,09	53,32
a) Vermögenswert in t	***75,2***	***93,98***	***122,8***	***150,93***	***178,37***	***205,13***	***231,2***	***257,39***	***283,7***	***310,12***	***336,67***	***363,33***
Individualsoftware						**Phase VI**						
Ausgaben	7,07	7,07	7,07	7,07	7,07	7,07	7,07	7,07	7,07	7,07	7,07	7,07
Einnahmen (pessimistisch)	59,84	59,84	59,84	59,84	59,84	59,84	59,84	59,84	59,84	59,84	59,84	59,84
pessimistische Zahlungen = Einnahmen (pessimistisch) – Ausgaben	**52,77**	**52,77**	**52,77**	**52,77**	**52,77**	**52,77**	**52,77**	**52,77**	**52,77**	**52,77**	**52,77**	**52,77**
1. Vermögenswert in t-1	-230,21	-204,41	-178,53	-152,59	-126,59	-100,52	-74,39	-48,19	-21,92	4,41	30,8	57,23
2. Einnahmen in t	52,77	52,77	52,77	52,77	52,77	52,77	52,77	52,77	52,77	52,77	52,77	52,77
3. Habenzinsen in t	0,0	0,0	0,0	0,0	0,0	0,0	0,0	0,0	0,0	0,01	0,09	0,17
4. Ausgaben in t	0,0	0,0	0,0	0,0	0,0	0,0	0,0	0,0	0,0	0,0	0,0	0,0
5. Sollzinsen in t	1,15	1,02	0,89	0,76	0,63	0,5	0,37	0,24	0,11	0,0	0,0	0,0
6. Steuern in t	25,81	25,87	25,94	26,0	26,07	26,13	26,2	26,26	26,33	26,39	26,43	26,47
Wiederanlagebetrag in t	0,0	0,0	0,0	0,0	0,0	0,0	0,0	0,0	4,41	30,8	57,23	83,7
Schuldenstand in t	204,41	178,53	152,59	126,59	100,52	74,39	48,19	21,92	0,0	0,0	0,0	0,0
Steuerbemessungsbasis in t	51,62	51,75	51,88	52,01	52,14	52,27	52,4	52,53	52,66	52,78	52,86	52,94
b) Vermögenswert in t	***-204,41***	***-178,53***	***-152,59***	***-126,59***	***-100,52***	***-74,39***	***-48,19***	***-21,92***	***4,41***	***30,8***	***57,23***	***83,7***
Differenz der Vermögenswerte: b)-a)	**-279,6**	**-272,51**	**-275,39**	**-277,52**	**-278,89**	**-279,52**	**-279,39**	**-279,32**	**-279,29**	**-279,33**	**-279,44**	**-279,63**

Tabelle A 32: Beispiel - pessimistische Berechnung unter Einbezug von Periode 1 und 2 – Jahr 4

Periode	49	50	51	52	53	54	55	56	57	58	59	60
Standardsoftware						**Phase VI**						
Ausgaben	-3,535	16,465	-3,535	-3,535	-3,535	-3,535	-3,535	-3,535	10,605	10,605	10,605	-3,535
Abschreibungen												
Einnahmen (pessimistisch)	48,937	49,094	49,251	49,408	49,565	49,723	49,88	50,037	50,194	50,351	50,509	50,666
pessimistische Zahlungen = Einnahmen (pessimistisch) – Ausgaben	52,472	32,629	52,786	52,943	53,1	53,258	53,415	53,572	39,589	39,746	39,904	54,201
1. Vermögenswert in t-1	363,33	390,11	407,01	434,01	461,14	488,38	515,74	543,22	570,82	591,47	612,23	633,1
2. Einnahmen in t	52,47	32,63	52,79	52,94	53,1	53,26	53,41	53,57	39,59	39,75	39,9	54,2
3. Habenzinsen in t	1,09	1,17	1,22	1,3	1,38	1,47	1,55	1,63	1,71	1,77	1,84	1,9
4. Ausgaben in t	0,0	0,0	0,0	0,0	0,0	0,0	0,0	0,0	0,0	0,0	0,0	0,0
5. Sollzinsen in t	0,0	0,0	0,0	0,0	0,0	0,0	0,0	0,0	0,0	0,0	0,0	0,0
6. Steuern in t	26,78	16,9	27,0	27,12	27,24	27,36	27,48	27,6	20,65	20,76	20,87	28,05
Wiederanlagebetrag in t	390,11	407,01	434,01	461,14	488,38	515,74	543,22	570,82	591,47	612,23	633,1	661,15
Schuldenstand in t	0,0	0,0	0,0	0,0	0,0	0,0	0,0	0,0	0,0	0,0	0,0	0,0
Schuldenstand Annuität in t	0,0	0,0	0,0	0,0	0,0	0,0	0,0	0,0	0,0	0,0	0,0	0,0
Annuität in t	0,0	0,0	0,0	0,0	0,0	0,0	0,0	0,0	0,0	0,0	0,0	0,0
Tilgung in t	0,0	0,0	0,0	0,0	0,0	0,0	0,0	0,0	0,0	0,0	0,0	0,0
Steuerbemessungsbasis in t	53,56	33,8	54,01	54,25	54,48	54,72	54,96	55,2	41,3	41,52	41,74	56,1
a) Vermögenswert in t	***390,11***	***407,01***	***434,01***	***461,14***	***488,38***	***515,74***	***543,22***	***570,82***	***591,47***	***612,23***	***633,1***	***661,15***
Individualsoftware						**Phase VI**						
Ausgaben	7,07	7,07	7,07	7,07	7,07	7,07	7,07	7,07	7,07	7,07	7,07	7,07
Einnahmen (pessimistisch)	59,84	59,84	59,84	59,84	59,84	59,84	59,84	59,84	59,84	59,84	59,84	59,84
pessimistische Zahlungen = Einnahmen (pessimistisch) – Ausgaben	**52,77**	**52,77**	**52,77**	**52,77**	**52,77**	**52,77**	**52,77**	**52,77**	**52,77**	**52,77**	**52,77**	**52,77**
1. Vermögenswert in t-1	83,7	110,21	136,76	163,35	189,98	216,65	243,36	270,11	296,9	323,73	350,6	377,51
2. Einnahmen in t	52,77	52,77	52,77	52,77	52,77	52,77	52,77	52,77	52,77	52,77	52,77	52,77
3. Habenzinsen in t	0,25	0,33	0,41	0,49	0,57	0,65	0,73	0,81	0,89	0,97	1,05	1,13
4. Ausgaben in t	0,0	0,0	0,0	0,0	0,0	0,0	0,0	0,0	0,0	0,0	0,0	0,0
5. Sollzinsen in t	0,0	0,0	0,0	0,0	0,0	0,0	0,0	0,0	0,0	0,0	0,0	0,0
6. Steuern in t	26,51	26,55	26,59	26,63	26,67	26,71	26,75	26,79	26,83	26,87	26,91	26,95
Wiederanlagebetrag in t	110,21	136,76	163,35	189,98	216,65	243,36	270,11	296,9	323,73	350,6	377,51	404,46
Schuldenstand in t	0,0	0,0	0,0	0,0	0,0	0,0	0,0	0,0	0,0	0,0	0,0	0,0
Steuerbemessungsbasis in t	53,02	53,1	53,18	53,26	53,34	53,42	53,5	53,58	53,66	53,74	53,82	53,9
b) Vermögenswert in t	***110,21***	***136,76***	***163,35***	***189,98***	***216,65***	***243,36***	***270,11***	***296,9***	***323,73***	***350,6***	***377,51***	***404,46***
Differenz der Vermögenswerte: b)-a)	**-279,9**	**-270,25**	**-270,66**	**-271,16**	**-271,73**	**-272,38**	**-273,11**	**-273,92**	**-267,74**	**-261,63**	**-255,59**	**-256,69**

Tabelle A 33: Beispiel - pessimistische Berechnung unter Einbezug von Periode 1 und 2 - Jahr 5

Periode	61	62	63	64	65	66	67	68	69	70	71	72
Standardsoftware						Phase VI						
Ausgaben	-3,535	16,465	-3,535	-3,535	-3,535	-3,535	-3,535	-3,535	-3,535	-3,535	-3,535	-3,535
Abschreibungen												
Einnahmen (pessimistisch)	50,823	50,98	51,137	51,295	51,452	51,609	51,766	51,923	52,081	52,238	52,395	52,552
pessimistische Zahlungen = Einnahmen (pessimistisch) – Ausgaben	54,358	34,515	54,672	54,83	54,987	55,144	55,301	55,458	55,616	55,773	55,93	56,087
1. Vermögenswert in t-1	661,15	689,33	707,62	736,01	764,53	793,17	821,93	850,82	879,82	908,95	938,2	967,57
2. Einnahmen in t	54,36	34,52	54,67	54,83	54,99	55,14	55,3	55,46	55,62	55,77	55,93	56,09
3. Habenzinsen in t	1,98	2,07	2,12	2,21	2,29	2,38	2,47	2,55	2,64	2,73	2,81	2,9
4. Ausgaben in t	0,0	0,0	0,0	0,0	0,0	0,0	0,0	0,0	0,0	0,0	0,0	0,0
5. Sollzinsen in t	0,0	0,0	0,0	0,0	0,0	0,0	0,0	0,0	0,0	0,0	0,0	0,0
6. Steuern in t	28,17	18,29	28,4	28,52	28,64	28,76	28,88	29,01	29,13	29,25	29,37	29,49
Wiederanlagebetrag in t	689,33	707,62	736,01	764,53	793,17	821,93	850,82	879,82	908,95	938,2	967,57	997,07
Schuldenstand in t	0,0	0,0	0,0	0,0	0,0	0,0	0,0	0,0	0,0	0,0	0,0	0,0
Schuldenstand Annuität in t	0,0	0,0	0,0	0,0	0,0	0,0	0,0	0,0	0,0	0,0	0,0	0,0
Annuität in t	0,0	0,0	0,0	0,0	0,0	0,0	0,0	0,0	0,0	0,0	0,0	0,0
Tilgung in t	0,0	0,0	0,0	0,0	0,0	0,0	0,0	0,0	0,0	0,0	0,0	0,0
Steuerbemessungsbasis in t	56,34	36,58	56,8	57,04	57,28	57,52	57,77	58,01	58,25	58,5	58,74	58,99
a) Vermögenswert in t	***689,33***	***707,62***	***736,01***	***764,53***	***793,17***	***821,93***	***850,82***	***879,82***	***908,95***	***938,2***	***967,57***	***997,07***
Individualsoftware						Phase VI						
Ausgaben	7,07	7,07	7,07	7,07	7,07	7,07	7,07	7,07	7,07	7,07	7,07	7,07
Einnahmen (pessimistisch)	59,84	59,84	59,84	59,84	59,84	59,84	59,84	59,84	59,84	59,84	59,84	59,84
pessimistische Zahlungen = Einnahmen (pessimistisch) – Ausgaben	**52,77**	**52,77**	**52,77**	**52,77**	**52,77**	**52,77**	**52,77**	**52,77**	**52,77**	**52,77**	**52,77**	**52,77**
1. Vermögenswert in t-1	404,46	431,46	458,49	485,56	512,67	539,83	567,02	594,26	621,54	648,85	676,21	703,61
2. Einnahmen in t	52,77	52,77	52,77	52,77	52,77	52,77	52,77	52,77	52,77	52,77	52,77	52,77
3. Habenzinsen in t	1,21	1,29	1,38	1,46	1,54	1,62	1,7	1,78	1,86	1,95	2,03	2,11
4. Ausgaben in t	0,0	0,0	0,0	0,0	0,0	0,0	0,0	0,0	0,0	0,0	0,0	0,0
5. Sollzinsen in t	0,0	0,0	0,0	0,0	0,0	0,0	0,0	0,0	0,0	0,0	0,0	0,0
6. Steuern in t	26,99	27,03	27,07	27,11	27,15	27,19	27,24	27,28	27,32	27,36	27,4	27,44
Wiederanlagebetrag in t	431,46	458,49	485,56	512,67	539,83	567,02	594,26	621,54	648,85	676,21	703,61	731,05
Schuldenstand in t	0,0	0,0	0,0	0,0	0,0	0,0	0,0	0,0	0,0	0,0	0,0	0,0
Steuerbemessungsbasis in t	53,98	54,06	54,15	54,23	54,31	54,39	54,47	54,55	54,63	54,72	54,8	54,88
b) Vermögenswert in t	***431,46***	***458,49***	***485,56***	***512,67***	***539,83***	***567,02***	***594,26***	***621,54***	***648,85***	***676,21***	***703,61***	***731,05***
Differenz der Vermögenswerte: b)-a)	**-257,87**	**-249,13**	**-250,45**	**-251,86**	**-253,34**	**-254,91**	**-256,56**	**-258,29**	**-260,1**	**-261,99**	**-263,96**	**-266,02**

Tabelle A 34: Beispiel - pessimistische Berechnung unter Einbezug von Periode 1 und 2 - Jahr 6

Periode	73	74	75	76	77	78	79	80	81	82	83	84
Standardsoftware						Phase VII						
Ausgaben	-3,535	16,465	-3,535	-3,535	-3,535	-3,535	-3,535	-3,535	10,605	10,605	10,605	-3,535
Abschreibungen												
Einnahmen (pessimistisch)	52,709	52,866	53,024	53,181	53,338	53,495	53,652	53,81	53,81	53,81	53,81	53,81
pessimistische Zahlungen = Einnahmen (pessimistisch) – Ausgaben	56,244	36,401	56,559	56,716	56,873	57,03	57,187	57,345	43,205	43,205	43,205	57,345
1. Vermögenswert in t-1	997,07	1026,69	1046,43	1076,28	1106,25	1136,34	1166,56	1196,91	1227,37	1250,82	1274,3	1297,81
2. Einnahmen in t	56,24	36,4	56,56	56,72	56,87	57,03	57,19	57,34	43,2	43,2	43,2	57,34
3. Habenzinsen in t	2,99	3,08	3,14	3,23	3,32	3,41	3,5	3,59	3,68	3,75	3,82	3,89
4. Ausgaben in t	0,0	0,0	0,0	0,0	0,0	0,0	0,0	0,0	0,0	0,0	0,0	0,0
5. Sollzinsen in t	0,0	0,0	0,0	0,0	0,0	0,0	0,0	0,0	0,0	0,0	0,0	0,0
6. Steuern in t	29,62	19,74	29,85	29,97	30,1	30,22	30,34	30,47	23,44	23,48	23,51	30,62
Wiederanlagebetrag in t	1026,69	1046,43	1076,28	1106,25	1136,34	1166,56	1196,91	1227,37	1250,82	1274,3	1297,81	1328,43
Schuldenstand in t	0,0	0,0	0,0	0,0	0,0	0,0	0,0	0,0	0,0	0,0	0,0	0,0
Schuldenstand Annuität in t	0,0	0,0	0,0	0,0	0,0	0,0	0,0	0,0	0,0	0,0	0,0	0,0
Annuität in t	0,0	0,0	0,0	0,0	0,0	0,0	0,0	0,0	0,0	0,0	0,0	0,0
Tilgung in t	0,0	0,0	0,0	0,0	0,0	0,0	0,0	0,0	0,0	0,0	0,0	0,0
Steuerbemessungsbasis in t	59,24	39,48	59,7	59,94	60,19	60,44	60,69	60,94	46,89	46,96	47,03	61,24
a) Vermögenswert in t	***1026,69***	***1046,43***	***1076,28***	***1106,25***	***1136,34***	***1166,56***	***1196,91***	***1227,37***	***1250,82***	***1274,3***	***1297,81***	***1328,43***
Individualsoftware						Phase VII						
Ausgaben	7,07	7,07	7,07	7,07	7,07	7,07	7,07	7,07	7,07	7,07	7,07	7,07
Einnahmen (pessimistisch)	59,84	59,84	59,84	59,84	59,84	59,84	59,84	59,84	59,84	59,84	59,84	59,84
pessimistische Zahlungen = Einnahmen (pessimistisch) – Ausgaben	**52,77**	**52,77**	**52,77**	**52,77**	**52,77**	**52,77**	**52,77**	**52,77**	**52,77**	**52,77**	**52,77**	**52,77**
1. Vermögenswert in t-1	731,05	758,53	786,06	813,62	841,22	868,87	896,56	924,29	952,06	979,87	1007,73	1035,63
2. Einnahmen in t	52,77	52,77	52,77	52,77	52,77	52,77	52,77	52,77	52,77	52,77	52,77	52,77
3. Habenzinsen in t	2,19	2,28	2,36	2,44	2,52	2,61	2,69	2,77	2,86	2,94	3,02	3,11
4. Ausgaben in t	0,0	0,0	0,0	0,0	0,0	0,0	0,0	0,0	0,0	0,0	0,0	0,0
5. Sollzinsen in t	0,0	0,0	0,0	0,0	0,0	0,0	0,0	0,0	0,0	0,0	0,0	0,0
6. Steuern in t	27,48	27,52	27,56	27,61	27,65	27,69	27,73	27,77	27,81	27,85	27,9	27,94
Wiederanlagebetrag in t	758,53	786,06	813,62	841,22	868,87	896,56	924,29	952,06	979,87	1007,73	1035,63	1063,56
Schuldenstand in t	0,0	0,0	0,0	0,0	0,0	0,0	0,0	0,0	0,0	0,0	0,0	0,0
Steuerbemessungsbasis in t	54,96	55,05	55,13	55,21	55,29	55,38	55,46	55,54	55,63	55,71	55,79	55,88
b) Vermögenswert in t	***758,53***	***786,06***	***813,62***	***841,22***	***868,87***	***896,56***	***924,29***	***952,06***	***979,87***	***1007,73***	***1035,63***	***1063,56***
Differenz der Vermögenswerte: b)-a)	**-268,15**	**-260,37**	**-262,66**	**-265,02**	**-267,47**	**-270,0**	**-272,62**	**-275,31**	**-270,94**	**-266,57**	**-262,18**	**-264,87**

Tabelle A 35: Beispiel - pessimistische Berechnung unter Einbezug von Periode 1 und 2 - Jahr 7

LITERATURVERZEICHNIS

Abels, H. / Degen, H. [1989]: Geschäftsgraphik in DTP-Anwendungen, in: Angewandte Informatik, S. 302-311.

Adrian, W. [1987]: Strategische Unternehmensführung und Informationssystemgestaltung auf der Grundlage kritischer Erfolgsfaktoren, Köln.

Ahlert, D. / Franz, K.-P. [1992]: Industrielle Kostenrechnung, 5. Auflage, 1992.

Albrecht, A. J. [1979]: Measuring Application Development Productivity, in: Proceedings of the Joint SHARE/GUIDE/IBM Application Development Symposium, S. 83-92.

Allbach, H. [1988]: Kosten, Transaktionen und externe Effekte im betrieblichen Rechnungswesen, in: ZfB, S. 1143-1170.

Anselstetter, R. [1986]: Betriebswirtschaftliche Nutzeffekte der Datenverarbeitung - Anhaltspunkte für Nutzen-Kosten-Schätzungen, 2. Auflage, Berlin u.a.

Bahlmann, A. R. [1982]: Informationsbedarfsanalyse für das Beschaffungsmanagement. Betriebswirtschaftliche Schriften zur Unternehmensführung, Band 41, Betriebliche Logistik, Gelsenkirchen.

Bamberg, G. / Coenenberg, A. [1996]: Betriebswirtschaftliche Entscheidungslehre, 9. Auflage, München.

Berkau, C. / Kraemer, W. / Scheer, A. W. [1989]: Strategische CIM-Konzepte durch Eigenentwicklung von CIM-Modulen und Einsatz von Standardsoftware, Veröffentlichungen des Instituts für Wirtschaftsinformatik, Nr. 64, Saarbrücken.

Berndt, R. [1995]: Marketing 2, Berlin u.a.

Biel, A. [1991]: Einführung der Prozeßkostenrechnung, in: KRP, S. 85-90.

Biethahn, J. / Mucksch, H. / Ruf, W. [1996]: Ganzheitliches Informationsmanagement, Band I, 4. Auflage, München, Wien.

Biggs, C. L. / Birks, E. G. / Atkins, W. [1980]: Managing the Systems Development Cycle, Englewood Cliffs, N. J.

Blohm, H. / Lüder, K. [1995]: Investition, 8. Auflage, München.

Boehm, B. W. [1986]: Wirtschaftliche Software-Produktion, Wiesbaden, Einheitssachtitel: Software Engineering economics – Auch als Sonderauflage zum HMD – aus dem Englischen übersetzt.

Bohr, K. / Schwab, H. [1984]: Überlegungen zu einer Theorie der Kostenrechnung, in: ZfB S. 139-159.

Braun, S. [1999]: Die Prozeßkostenrechnung - Ein fortschrittliches Kostenrechnungssystem? 3. Auflage, Berlin.

Brenner, B. [1990]: Auswahl von Standardsoftware, in: Österle, H. (Hrsg.): Integrierte Standardsoftware - Entscheidungshilfen für den Einsatz von Softwarepakten - Auswahl, Einführung und Betrieb von Standardsoftware, Band 2, Hallbergmoos, S. 9-24.

Bretzke, W.-R. [1975]: Möglichkeiten und Grenzen einer wissenschaftlichen Lösung praktischer Prognoseprobleme, in: BFuP, S. 495-515.

Buhl, H. U. [1993]: Finanzanalyse von Entscheidungsalternativen bei der Software-Vertragsgestaltung, in: ZfbF, S.911-932.

Burger, A. [1999]: Kostenmanagement, 3. Auflage, München.

Burke, T. / Genn-Bash, A. / Haines, B. [1988]: Competition in Theory and Practice, London u.a.

Buxmann, P. / König, W. [1997]: Empirische Ergebnisse zum Einsatz der betrieblichen Standardsoftware R/3, in: WI, S. 331-338.

Carpers, J. [1991]: Applied Software Measurement: Assuring Productivity and Quality, New York u.a.

Cave, W. C. / Maymon, G. W. [1988]: Leitfaden des Software-Projektmanagements, Forkel-Verlag, Wiesbaden.

Chmielewicz, K. [1994]: Forschungskonzeptionen der Wirtschaftswissenschaften, 3. Auflage, Stuttgart.

Clemons, E. K. / Knez, M. [1988]: Competition and Cooperation in Information Systems Innovation, in: Information & Management 15, S. 25-35.

Coenenberg, G. [1997]: Kostenrechnung und Kostenanalyse, 3. Auflage, Landsberg am Lech.

Cooper, R. / Kaplan, R. S. [1988]: Measure Costs Right - Make the right Decision, in: Harvard Business Review, Heft 5, S. 96-103.

Cooper, R. [1992]: Activity-Based Costing, in: Männel, W. (Hrsg): Handbuch Kostenrechnung, Wiesbaden, S. 360 - 383.

Davenport, H. D. [1999]: Paßt Ihr Unternehmen zur Software? In: HAVARD BUSINESS Manager, S. 89-00.

Degen, H. / Lorscheid, P. [1998]: Statistik-Aufgabensammlung: mit ausführlichen Lösungen; Übungsbuch zur Statistik im wirtschaftswissenschaftlichen Grundstudium, 3. Auflage, München, Wien.

Degen, H. [1989]: Zur Evaluierung ökonometrischer Modelle, CH Grüsch.

Dichtl, E. [1987]: Der Weg zum Käufer, München.

Droste, F. [1986]: Die Kosten-Nutzen-Analyse von EDV-Projekten im Phasenkonzept - Problemlösungsansätze in Form von Modellen und standardisierten Verfahren, Aschaffenburg.

End, W. / Gotthardt, H. / Winkelmann, R. [1984]: Softwareentwicklung, Berlin, München.

Erlen, H. [1972]: Kostenprognose für F&E-Projekte, München, Wien.

Feyhl, A. W. / Feyhl E. [1996]: Management und Controlling von Softwareprojekten - Software wirtschaftlich entwickeln, einsetzen und nutzen, Wiesbaden.

Franz, K.-P. / Kajüter, P. [1997]: Kostenmanagement – Wettbewerbsvorteile durch systematische Kostensteuerung, Stuttgart.

Franz, K.-P. [1991]: Prozeßkostenrechnung – Renaissance der Vollkostenidee? Stellungnahme zu Coenenberg A. G. / Fischer Th. M: Prozeßkostenrechnung – strategische Neuorientierung in der Kostenrechnung, in: DBW, S. 21-38.

Franz, K.-P. [1992]: Die Prozeßkostenrechnung – Entstehungsgründe, Aufbau und Abgrenzung von anderen Kostenrechnungssystemen, in: WiSt, Heft 12, S. 605 – 610.

Freidank, C.-C. [1993]: Die Prozeßkostenrechnung als Instrument des strategischen Kostenmanagements, in: Die Unternehmung, S. 387-405.

Friedrichs, J. [1990]: Methoden empirischer Sozialforschung, 14. Auflage, Opladen, [Nachdruck, Opladen, 1999].

Fritz, W. / Oelsnitz, von der D. [1998]: Marketing: Elemente marktorientierter Unternehmensführung, 2. Auflage, Stuttgart u.a.

Fritz, W. [1990]: Ansätze der Wettbewerbstheorie aus Sicht der Marketingwissenschaft, in: DBW, S. 491-513.

Fröhling, O. [1989]: Prozeßkostenrechnung - System mit Zukunft? In: IO Management Zeitschrift, Heft 10, S. 67-69.

Fröhling, O. [1992]: Thesen zur Prozeßkostenrechnung, in: ZfB, S. 723-741.

Füglistaler, G. [1990]: Technische Integration von Standardsoftware, in: Österle, H. (Hrsg.): Integrierte Standardsoftware - Entscheidungshilfen für den Einsatz von Softwarepaketen, Band 2, Hallbergmoos, S. 153-168.

Füller, E. / Thomae, K. [1990]: Entscheidung für Standardsoftware - am Beispiel der Firma Dr. Karl Themae GmbH, in: Österle, H. (Hrsg.): Integrierte Standardsoftware - Entscheidungshilfen für den Einsatz von Softwarepaketen, Band 1, Hallbergmoos, S. 37-53.

Gantenbein, H. / Zanga, R. [1990]: Aufgabenverteilung zwischen Fach- und Informatikabteilung bei Auswahl, Einsatz und Betrieb von Standardsoftware, in: Österle, H. (Hrsg.): Integrierte Standardsoftware - Entscheidungshilfen für den Einsatz von Softwarepaketen, Band 2, S. 75-91.

Gelfond, S. M. / Davis, J. E. [1987]: Now, the "Paperless" Expense Account, Business Week vom 07.09., S. 106.

Gewald, K. / Schelle, H. [1981]: Prognose von Softwareentwicklungskosten, in: Molzberger, P. / Schelle, H.: Software, München, Wien, S. 144-189.

Giesecke, M. [1994]: Meist ist die Kombination der richtige Weg - Einsatz von Standard- und Individualsoftware, in: Office Management Heft 5, S. 52-54.

Götze, U. / Meyerhoff, J. C. [1993]: Die Prozeßkostenrechnung - Stand und Entwicklungstendenzen, in: Zeitschrift für Planung, S. 65-96.

Gremillion, L. L. [1982]: Improving productivity with applications packages, in: Business Horizons, March/April, S. 51-54.

Griese, J. u.a. [1987]: Ergebnisse des Arbeitskreises Wirtschaftlichkeit der Informationsverarbeitung, in: ZfbF, S. 515-551.

Grupp, B. [1994]: Standard-Software richtig auswählen und einführen - Mit System zur kostengünstigen und umfassenden DV-Lösung, Wuppertal.

Gsell, P. [1971]: Software Beschaffung - Methoden zur Prüfung der Vorteile einer Eigenentwicklung oder Beschaffung von Software, in: Bürotechnik, S. 30-35.

Gutenberg, E. [1984]: Grundlagen der Betriebswirtschaftslehre – Der Absatz, 2. Band, 17. Auflage, Berlin u.a.

Gutenberg, E. [1985]: Rückblick auf die Betriebswirtschaftslehre des Absatzes, in: ZfB, S. 1200-1213.

Hansen, H. R. [1978]: Entwicklungstendenzen der Systemanalyse, München, Wien.

Hansen, H. R. [1996]: Wirtschaftsinformatik I, 7. Auflage, Stuttgart.

Hansen, R. / Maier, B. [1980]: 10. Lektion: Standardsoftware, in: WiSt, Heft 1, S. 21-25.

Hauschildt, J. [1997]: Innovationsmanagement, 2. Auflage, München.

Heilmann, H. [1976]: 5. Jahrbuch der EDV, Wiesbaden.

Heinrich, L. J. [1996a]: Informationsmanagement - Planung, Überwachung und Steuerung der Informationsinfrastruktur, 5. Auflage, München.

Heinrich, L. J. [1996b]: Systemplanung - Planung und Realisierung von Informatik-Projekten - Der Prozeß der Systemplanung, der Vorstudie und der Feinstudie, Band 1, 7. Auflage, München.

Herrmann, O. [1983]: Kalkulation von Softwareentwicklungen, München, Wien.

Hesse, W. u.a. [1984]: Ein Begriffssystem für Softwaretechnik, in: Informatik-Spektrum, Band 7, Heft 4, S. 200-213.

Hilke, W. [1973]: Statische und dynamische Oligopolmodelle - Ein Beitrag zur Entscheidungstheorie in Oligopolsituationen, Wiesbaden.

Hoare, C. A. R. [1991]: How Did Software Get so Reliable Without Proof? In: Lecture Notes in Computer Science, S. 1-17.

Holzwarth, J. [1993]: Strategische Kostenrechnung? Zum Bedarf an einer modifizierten Kostenrechnung für die Bewertung der Alternativen strategischer Entscheidungen, Stuttgart.

Hopperdietzel, W. [1968]: Rechner mit Rendite? Wirtschaftlichkeitsrechnung für EDV, in: Plus 2, S. 17-23.

Horváth, P. / Brokemper, A. [1998]: Strategieorientiertes Kostenmanagement, in: ZfB, S. 581-604.

Horváth, P. / Mayer, R. [1993]: Prozeßkostenrechnung - Konzeption und Entwicklungen, in: KRP, S. 15-27.

Horváth, P. / Mayer, R. [1998]: Konzeption und Entwicklungen der Prozeßkostenrechnung, in: Männel, W. (Hrsg.): Prozeßkostenrechnung - Bedeutung - Methoden - Branchenerfahrungen - Softwarelösungen, Wiesbaden.

Horváth, P. u.a. [1993]: Prozeßkostenrechnung - oder wie die Praxis die Theorie überholt - Kritik und Gegenkritik, in: DBW, S. 609-628.

Hoyer, R. / Kölzer, G. [1987]: Wirtschaftlichkeitsberechnungen im Bürobereich – Konzepte und Erfahrungen, Berlin.

Hürten, R. [1993]: Das Datenmodell als Grundlage für die Aufwandschätzung, in: Handbuch der modernen Datenverarbeitung - Theorie und Praxis der Wirtschaftsinformatik, S. 94-104.

Hüttenhain, T. [1990]: Managementregeln zur Einführung von Standardsoftware, in: Österle, H. (Hrsg.): Integrierte Standardsoftware - Entscheidungshilfen für den Einsatz von Softwarepaketen, Band 1, Hallbergmoos, S. 131-146.

IBM [1983]: Die Function Point Methode - Eine Schätzmethode für IS-Anwendungs-Projekte, IBM Deutschland GmbH.

IBM [1984]: Datenverarbeitung - Gewinnquelle des Unternehmens – Nutzenanalyse als Basis einer Wirtschaftlichkeitsrechnung für Datenverarbeitungsanlagen/Informationssysteme, IBM Form GE12-1307-4.

IFUA Horváth & Partner GmbH [1991]: Prozeßkostenmanagement – Methodik, Implementierung, Erfahrungen -, München.

Kajüter, P. [1997]: Prozeßmanagement und Kostenrechnung, in: Franz, K.-P. / Kajüter, P.: Kostenmanagement – Wettbewerbsvorteile durch systematische Kostensteuerung, Stuttgart.

Keil, C. / Lang, C. [1998]: Standardsoftware und organisatorische Flexibilität, in: ZfbF, S. 847-862.

Kemerer, C. F. [1987]: An Empirical Validation of Software Cost Estimation Models, in: Communications of the ACM, S. 416-429.

Kemmner, A. [1991]: Effizienzorientierte Wirtschaftlichkeitsbetrachtungen, in: CIM-Management, S. 18-24.

Kieser, A. / Kubicek, H. [1992]: Organisation, 3. Auflage, Berlin, New York.

Kilger, W. [1993]: Flexible Plankostenrechnung und Deckungsbeitragsrechnung, 10 Auflage, Wiesbaden.

Kirchmer, M. [1993]: Prozeßorientierte Planung und Realisierung des Einsatzes von Standardsoftware, in: Management & Computer, Heft 2, S. 135-144.

Kitzinger, G. [1990]: Standardsoftware - Integrierte Lösung oder optimierte Inseln? In: Österle, H. (Hrsg.): Integrierte Standardsoftware - Entscheidungshilfen für den Einsatz von Softwarepaketen, Band 1, Hallbergmoos, S. 147-159.

Köberle, G. [1994]: Die Bedeutung der Prozeßkostenrechnung im Entscheidungsablauf des Unternehmens, München.

Koch, G. R. [1988]: Software für die Fertigung, in: AWF (Hrsg.): Software für die Fertigung, Eschborn, S. 25-36.

Köhler, R. / Zimmermann, H.-J. [1977]: Entscheidungshilfen im Marketing, Stuttgart.

Königsberger, K. [1997]: Analysis 2, 2. Auflage, Berlin.

Kortzfleisch, H. [1995]: Werkzeuge für die computergestützte Organisationsgestaltung - Marktübersicht und betriebswirtschaftliche Beurteilung, in: WI, S. 384-392.

Kremar, H. [1986]: Innovation durch strategische Informationssysteme, Working Paper des Center for Research on IS der New York University, New York.

Kröger, C. [1999]: Analysen und Empfehlungen zur aktuellen Fragen der Informationsverarbeitung, in: Diebold Management Report, 1/99.

Kruschwitz, L. [1998]: Investitionsrechnung, 7. Auflage, Berlin, New York.

Kuhlmann, C. [1997]: Diffusion von Informationstechnik, Wiesbaden.

Kullmann, W. [1988]: Der Schutz von Computerprogrammen und -chips in der Bundesrepublik Deutschland und in den USA, 2. Auflage, Berlin.

Kunesch, H. [1993]: Grundlagen des Prozeßmanagements, Wien.

Kurbel, K. / Dornhoff, P. [1993]: Aufwandsschätzung für Software-Entwicklungsprojekte mit Hilfe fallbasierter Wissensverarbeitung, in: ZfB, S. 1047-1065.

Lehner, F. [1989]: Nutzung und Wartung von Software, München, Wien.

Lehner, F. [1992]: Kosten- und Aufwandsschätzung bei der Softwareentwicklung, in: Journal für Betriebswirtschaft, Heft 1, S. 21-40.

Lientz, B. P. / Swanson, E. B. [1980]: Software Maintenance Management - A Study of the Maintenance of Computer Application Software in 487 Data processing Organisations, Massachusetts u.a.

Little, J.D.C. [1977]: Modelle und Manager - Das Konzept des Decision Calculus, in: Köhler, R. und Zimmermann H.-J.: Entscheidungshilfen im Marketing, Stuttgart, S. 122-147.

Loeffelholz, F. [1995]: Make or buy - das ist eine alte Frage mit neuer Brisanz, in: Computerwoche, Nr. 39, S. 66-68.

Männel, W. [1992]: Handbuch Kostenrechnung, Wiesbaden.

Männel, W. [1998]: Prozeßkostenrechnung - Bedeutung - Methoden - Branchenerfahrungen - Softwarelösungen, Wiesbaden.

Marent, C. [1995]: Branchenspezifische Referenzmodelle für betriebswirtschaftliche IV-Anwendungsbereiche, in: WI, S. 303-313.

Mayer, R. [1990]: Prozeßkostenrechnung, in: KRP, S. 307-312.

Mayer, R. [1991]: Prozeßkostenrechnung und Prozeßkostenmanagement - Konzept, Vorgehensweise und Einsatzmöglichkeiten, in: IFUA Horváth & Partner GmbH Stuttgart (Hrsg.): Prozeßkostenmanagement – Methodik, Implementierung, Erfahrungen, München.

Meffert, H. [1994]: Marketing-Management: Analyse, Strategie, Implementierung, 1. Auflage, Wiesbaden [Nachdruck, Wiesbaden, 1997].

Meffert, H. [1998]: Marketing: Grundlagen marktorientierter Unternehmensführung: Konzepte – Instrumente – Praxisbeispiele; 8. Auflage, Wiesbaden.

Meister, C. [1990]: Customizing von Standardsoftware, in: Österle, H. (Hrsg.): Integrierte Standardsoftware - Entscheidungshilfen für den Einsatz von Softwarepaketen, Band 2, Hallbergmoos, S. 25-44.

Mertens, P. / Hartinger, M. / Dittrich, J. [1991]: Der Arbeitsplatz eines Disponenten für die Aufgabe "Einstellung der CIMAPPS-Parameter", Studie, Nürnberg.

Mertens, P. / Wedel, Th. / Hartinger, M. [1991]: Management by Parameters? In: ZfB 61, S. 569-588.

Mertens, P. u.a. [1998]: Grundzüge der Wirtschaftsinformatik, 5. Auflage, Berlin u.a.

Molzberger, P. / Schelle, H. [1981]: Software, München, Wien.

Müller, A. [1998]: Gemeinkosten-Management - Vorteile der Prozeßkostenrechnung, 2. Auflage, Wiesbaden.

Müller-Merbach, H. [1978]: Quantitative Ansätze in der Betriebswirtschaftslehre, München.

Nagel, K. [1990]: Nutzen der Informationsverarbeitung - Methoden zur Bewertung von strategischen Wettbewerbsvorteilen, Produktivitätsverbesserungen und Kosteneinsparung, 2. Auflage, Oldenbourg-Verlag, München.

Nash, J. F. [1951]: Non-cooperative games, in: Annals of Mathematics 54, S. 286-295ff.

Nieschlag, R. / Dichtl, E. / Hörschgen, H. [1997]: Marketing, 18. Auflage, Berlin.

Noak, H. [1969]: Der Aufbau eines elektronischen Datenverarbeitungssystems als rationelle Investitionsentscheidung, Berlin.

Noth, T. / Kretschmar, M. [1986]: Aufwandsschätzung von DV-Projekten, 2. Auflage, Springer Verlag, Berlin, Heidelberg, New York.

O.V. [1973]: Methodenlehre des Arbeitsstudiums - Datenermittlung, Teil 2, REFA, Verband für Arbeitsstudien und Betriebsorganisation e.V., 5. Auflage, München.

O.V. [1996]: SAP-Einführung - SAP soll vor allem die Qualität der Abläufe verbessern, in: Standardsoftware Nutzen, IT Verlag für innovative Technologien GmbH, S. 21-22.

Österle, H. [1990a]: Integrierte Standardsoftware - Entscheidungshilfen für den Einsatz von Softwarepakten - Managemententscheidungen, Band 1, Hallbergmoos.

Österle, H. [1990b]: Integrierte Standardsoftware - Entscheidungshilfen für den Einsatz von Softwarepakten - Auswahl, Einführung und Betrieb von Standardsoftware, Band 2, Hallbergmoos.

Ott, H. J. [1991]: Software-Systementwicklung, München.

Overlack, J. [1988]: Wettbewerbsvorteile durch Informationstechnologie. Peter Lang, Frankfurt am Main u.a.

Pfeiffer, W. / Bischof, P. [1974]: Produktlebenszyklen als Basis der Unternehmensplanung, in: ZfB, S. 635- 666.

Pietsch, M. [1994]: Beiträge zur Konfiguration von Standardsoftware am Beispiel der Geschäftsprozeßimplementierung und der Parametereinstellung bei der Einführung eines großintegrierten PPS-Systems, Nürnberg.

Pocsay, A. [1987]: Datenermittlungsverfahren zur Unterstützung von Wirtschaftlichkeitsberechnungen beim Ersatz von Software, München 1987.

Porter, M. E. [1999a]: Wettbewerbsvorteile, Spitzenleistungen erreichen und behaupten, 5. Auflage, Frankfurt.

Porter, M. E. [1999b]: Wettbewerbsstrategie, Methoden zur Analyse von Branchen und Konkurrenten, 10. Auflage, Frankfurt.

Preßmar, D. B. [1993]: Informationsmanagement, Gabler, Wiesbaden.

Putnam, L. H. / Fitzsimmons, A. [1979]: Estimation Software Cost, in: DATAMATION, Volume 25, Nr. 9, S. 189-198; Nr. 10, S. 171-178; Nr. 11, S.137-140.

Raffée, H. / Abel, B. [1979]: Wissenschaftstheoretische Grundfragen der Wirtschaftswissenschaften, München.

Rall, K. [1991]: Berechnung der Wirtschaftlichkeit von CIM-Komponenten, in: CIM-Management, S. 12-16.

Rands, T. [1993]: A framework for managing software make or buy, in: European Journal of Information Systems, Heft 4, Band 2, S. 273-282.

Retter, G. / Bastian, M. [1995]: Kombination einer Prozeß- und Wirkungskettenanalyse zur Aufdeckung der Nutzenpotentiale von Informations- und Kommunikationssystemen, in: WI, S. 117-128.

Riebel, P. [1978]: Überlegungen zur Formulierung eines entscheidungsorientierten Kostenbegriffs, in: Müller-Merbach, H. (Hrsg.): Quantitative Ansätze in der Betriebswirtschaftslehre, München, S. 127-146.

Rieder, B. [1988]: Die Gestaltung des Implementierungsprozesses bei der Einführung integrierter Standardsoftware, Regensburg.

Rockart J. F. [1979]: Chief Executives Define Their Own Data Needs, in: Harvard Business Review, S. 81-93.

Romano, P. L. [1988]: Activity Accounting, in: Management Accounting, S. 73-74.

Rosen, S. [1974]: Hedonic Prices and Implicit Markets - Product Differentiation in Pure Competition, in: Journal of Political Economy 1, S. 34-55.

Sassone, P. G. / Schwartz, A. P. [1986]: Cost-Justifying OA, in: Datamation, February 15, S. 83-88.

Sassone, P. G. [1987]: Cost Benefit Methodology for Office Systems, in: ACM Transactions on Office Systems, S. 273-289.

Sattler, P. [1984]: Software-Kalkulation, Seminarunterlagen des Control Data Instituts, Frankfurt.

Schäfer, G / Wolfram, G [1987]: Kosten-/ Nutzenbewertung von Bürosystemen – Die praktische Verwendbarkeit von Ergebnissen, in: Hoyer, R. / Kölzer,

G.: Wirtschaftlichkeitsberechnungen im Bürobereich – Konzepte und Erfahrungen, Berlin.

Scheer, A. W. [1978]: Wirtschaftlichkeitsanalyse von Informationssystemen, in: Hansen, H. R. (Hrsg.): Entwicklungstendenzen der Systemanalyse, München, Wien, S. 305-329.

Schellhaas, K.-U. / Beinhauer, M. [1992]: Entscheidungsrelevanz in der Prozeßkostenrechnung, in: KRP, S. 301-309.

Schirmeister, R. [1990]: Theorie finanzmathematischer Investitionsrechnungen bei unvollkommenem Kapitalmarkt, München.

Schmalen, H. [1995]: Preispolitik, 2. Auflage, Stuttgart, New York.

Schmid, W. [1990]: Qualitätsanforderungen an Standardsoftware, in: Österle, H. (Hrsg.): Integrierte Standardsoftware - Entscheidungshilfen für den Einsatz von Softwarepaketen, Band 2, Hallbergmoos, S. 169-182.

Schmidt, G [1996]: Informationsmanagement - Modelle, Methoden, Techniken, Berlin. Heidelberg.

Schmitz, P. / Bons, H. / van Megen, R. [1980]: Abschlußbericht zum Forschungsprojekt Softwaretechnologische Methoden für das Programmtesten und für die Aufwandsschätzung, Köln.

Schneeweiß, C. / Steinbach, J. [1996]: Zur Beurteilung der Prozeßkostenrechnung als Planungsinstrument, in: DBW S. 459-473.

Schneider, D. [1992]: Investition, Finanzierung und Besteuerung, 7. Auflage, Wiesbaden.

Schneider, D. [1995]: Informations- und Entscheidungstheorie, München, Wien.

Schreuder, S. / Upmann, R. [1988]: CIM-Wirtschaftlichkeit - Vorgehensweise zur Ermittlung des Nutzens einer Integration von CAD, CAP, CAM, PPS und CAQ, Köln.

Schuh, G. [1997]: Wohin bewegt sich das Kostenmanagement? Methoden zur verursachungsgerechten Zuweisung von Gemeinkosten auf die einzelnen Produkte, in: KRP, S. 34-39.

Schulte, C. [1989]: Produzieren Sie zu viele Varianten? In: Harvard Manager, S. 60-66.

Schumann, M. / Linß, H. [1993]: Wirtschaftlichkeitsbeurteilung von DV-Projekten, in: Preßmar, D. B.: Informationsmanagement, Wiesbaden, S. 70-92.

Schumann, M. [1992]: Betriebliche Nutzeneffekte und Strategiebeiträge der großintegrierten Informationsverarbeitung, Berlin u.a.

Schumann, M. [1993]: Wirtschaftlichkeitsbeurteilung für IV Systeme, in: WI, S. 467-178.

Schumm, A. [1996]: Wirtschaftlichkeitsanalyse von PC-Infrastrukturen als Aufgabe des IS-Controlling, Frankfurt am Main.

Schwarze, J. [1997]: Einführung in die Wirtschaftsinformatik, 4. Auflage, Herne, Berlin.

Schwarzer, B. / Kremar, H. [1996]: Wirtschaftsinformatik - Grundzüge der betrieblichen Datenverarbeitung, Stuttgart.

Schwermer, S. [1994]: Industriepolitik auf Oligopolmärkten - Eine wohlfahrtstheoretische Analyse, Frankfurt am Main.

Seibt , D. [1987]: Die Function-Point-Methode - Vorgehensweise, Einsatzbedingungen und Anwendungserfahrungen, in: Angewandte Informatik, S. 3-11.

Sieben, G. / Schildbach, T. [1994]: Betriebswirtschaftliche Entscheidungstheorie, 4. Auflage, Düsseldorf.

Simon, H. [1992]: Preismanagement - Analyse - Strategie – Umsetzung, 2. Auflage, Wiesbaden.

Simonis, B. [1971]: Die Aussagen der neueren Oligopolpreistheorie und ihre Bedeutung für die Wettbewerbspolitik, Heisenheim am Glan.

Sneed, H. / Rothhardt, G. [1996]: Software-Messung, in: WI, Heft 2, S. 172-180.

Sneed, H. [1976]: Planung, Organisation und Steuerung der Software-Erstellung und -wartung, in: Heilmann, H. (Hrsg.): 5. Jahrbuch der EDV, Wiesbaden, S. 82-119.

Sneed, H. [1987]: Software Management, Köln.

Sneed, H. [1990]: Die Data-Point-Methode, in: Online, Heft 5, S. 48-55.

Sohl, H. M. [1996]: Wettbewerbsorientierte Gestaltung der Prozeßorganisation, Passau.

Stahlknecht, R. [1995]: Einführung in die Wirtschaftsinformatik, 7. Auflage, Berlin, Heidelberg, New York.

Stapperfend, T [1991]: Die steuer- und bilanzrechtliche Behandlung von Software, Köln.

Steinmann, D. [1988]: Standard- und/oder Individualsoftware, in: AWF (Hrsg.) Software für die Fertigung, Eschborn, S. 236-272.

Stickel, E. / Groffmann, H.-D. / Rau, K.-H. [1997]: Wirtschaftsinformatik Lexikon, Wiesbaden.

Strebel, H. [1975]: Forschungsplanung mit Scoring-Modellen, Baden-Baden.

Strecker, A. [1991]: Prozeßkostenrechnung in Forschung und Entwicklung, München.

Striening, H. D. [1989]: Prozeßmanagement im indirekten Bereich - Neue Herausforderungen an die Controller, in: Controlling, S. 324-331.

Swanson, E. B. [1976]: The Dimensions of Maintenance, in: Proceedings of the 2nd International Conference on Software Engineering, San Francisco, S. 492-487.

Thome, R. [1999]: Werkzeuge zur Adaption individueller Informationssysteme aus Standard-Anwendungssoftware, in: WISU, S. 568-578.

Thompson, J. D. [1967]: Organisations in Action, New York u.a.

Tiemeyer, E. [1995]: Software zur Modellierung und Simulation organisatorischer Systeme, in: Zeitschrift Führung + Organisation, S. 247-254.

Tirole, J. [1999]: Industrieökonomik, 2. deutschsprachige Auflage, München, Wien. Einheitssachtitel: The theory of industrial organization – Aus dem Englischen übersetzt.

Tödtli, B. [1990]: Technische Kriterien bei der Auswahl und der Einführung von Standardsoftware, in: Österle, H. (Hrsg.): Integrierte Standardsoftware-Entscheidungshilfen für den Einsatz von Softwarepaketen, Band 2, Hallbergmoos, S. 125-151.

Töpfer, A. [1983]: Meinungsspiegel zum Thema „Betriebswirtschaftliche Planungs- und Prognoseverfahren“, BFuP, S. 526-550.

Treiber, K. [1993]: Die Behandlung von Software in Handels- und Steuerbilanz, in: Deutsches Steuerrecht, Heft 24, S. 887-890.

Vogel, F. [1997]: Beschreibende und schließende Statistik – Formeln, Definitionen, Erläuterungen, Stichwörter und Tabellen, 10. Auflage, München, Wien.

Vollmann, S. [1990]: Aufwandsschätzung im Software Engineering, München.

Wied-Nebbeling, S. [1997]: Markt- und Preistheorie, 3. Auflage, Berlin u.a.

Wildemann, H. [1987]: Investitionsplanung und Wirtschaftlichkeitsrechnung für flexible Fertigungssysteme (FFS), Stuttgart.

Wiskot, G. [1996]: Standardsoftware - Stärken erhalten, in: Business Computing Spezial, S. 28-31.

Zangemeister, C. [1976]: Nutzwertanalyse in der Systemtechnik, 4. Auflage, München.

Zanger, C. [1991]: Software als Gegenstand betriebswirtschaftlicher Betrachtungen, Arbeitspapiere der TU Dresden.

Zangl, H. [1990]: Wirtschaftlichkeitsnachweis beim Einsatz von Standardsoftware, in: Österle, H. (Hrsg.): Integrierte Standardsoftware - Entscheidungshilfen für den Einsatz von Softwarepaketen, Band 2, Hallbergmoos, S. 93-124.

Zäpfel, G. [1989a]: Wirtschaftliche Rechtfertigung einer computerintegrierten Produktion (CIM), Probleme und Anforderungen an die Investitionsrechnung, in: ZfB, S. 1058-1073.

Zäpfel, G. [1989b]: Strategisches Produktions-Management, Berlin, New York.

Peter Lang · Europäischer Verlag der Wissenschaften

Klaus Rösgen

Investitionscontrolling

Konzeption eines lebenszyklusorientierten Controllings von Sachanlagen

Frankfurt/M., Berlin, Bern, Bruxelles, New York, Oxford, Wien, 2000.
XVII, 371 S., zahlr. Abb.
Europäische Hochschulschriften: Reihe 5, Volks- und Betriebswirtschaft. Bd. 2589
ISBN 3-631-36182-3 · br. DM 118.–*

Die unternehmerische Investitionspolitik bildet durch die Bereitstellung von Kapazitäten die zentrale Grundlage für die Schaffung von Erfolgspotentialen. Hierbei bedarf es für die Unternehmensführung einer differenzierenden Fundierung der Investitionsentscheidungen. In diesem Kontext ist ein Investitionscontrolling notwendig, das planende, koordinierende und kontrollierende Aufgaben während sämtlicher Phasen des Investitionsprozesses einer Sachanlage wahrnimmt. Diese Arbeit präsentiert eine Konzeption des Investitionscontrollings, die sowohl auf die Sachziele als auch die Erfolgsziele der Investitionstätigkeiten hin ausgerichtet ist. Merkmal dieser Konzeption ist eine ganzheitliche Sichtweise der in den verschiedenen Phasen des Anlagenlebenszyklus anfallenden Aufgaben und der einzusetzenden Instrumente.

Aus dem Inhalt: Konzeptionelle Grundlagen des Investitionscontrollings · Sachzielbezogene Aufgaben und Instrumente · Erfolgszielbezogene Aufgaben und Instrumente · Phasenübergreifende Investitionskontrollen · Phasenspezifische Anliegen des Investitionscontrollings

Frankfurt/M · Berlin · Bern · Bruxelles · New York · Oxford · Wien
Auslieferung: Verlag Peter Lang AG
Jupiterstr. 15, CH-3000 Bern 15
Telefax (004131) 9402131
*inklusive Mehrwertsteuer
Preisänderungen vorbehalten